북한

'적'인가, '동포'인가

시종성, 이충희, 김남용 공저

북 한

'적'인가, '동포'인가?

시종성, 이충희, 김남용 공저

2026년 02월 20일 초판 인쇄
2026년 03월 01일 초판 발행

발행인 박 진 영
발행처 도서출판 진영사
인천광역시 부평구 주부토로 236번지 인천테크노밸리 U1 지식산업센터 B동 1507호
전화 : 032)505-4207
팩스 : 032)505-4206
E-mail : 0183734207@hanmail.net
신고번호 : 제2007-000001호

ISBN 978-89-6541-739-2 (93390)
값 24,000원

목 차

I 북한 개관

II 북한 사회

Ⅲ 북한 군사

Ⅳ 북한 교육

Ⅴ 북한 경제

부록

머리말

북한 정권은 세계에서 유래를 찾아 볼 수 없는 김일성-김정일-김정은으로 이어지는 3대 세습으로 이루어진 체제이다. 김정은 체제는 당 조직과 군부 장악을 통해 통치체제 공고화에 주력하면서 **2025년 노동당 창건 80주년 기념 열병식**에서 대한민국과 미국을 겨냥한 극초음속 단거리 탄도미사일과 장거리순항미사일 등 신무기들을 대거 공개하였다. 대외적으로는 **2025년 중국 전승절 80주년 기념식**에서 김정은과 시진핑, 푸틴이 무려 66년 만에 한 자리에 섰다. 이는 북한이 중국과 러시아와의 결속을 강화하기 위해 노력하고 있음을 입증하는 장면이다.

남북관계는 2018년 남북한의 최고당국자가 직접 만나 「판문점 선언」을 발표했다. 판문점 선언의 결실로 2018년 9월 개성공단에 대한민국 국민의 혈세 약 300억 원을 투입하여 남북공동연락사무소를 건립 하였으나 2020년 6월 16일 건립된 지 21개월도 안된 시점에서 북한이 관계 단절 선언과 전선 재무장 통보와 함께 남북공동연락사무소를 일방적으로 폭파하였다. 대한민국 국민의 혈세가 폭음과 함께 먼지 속으로 사라졌고 판문점 선언은 평화의 모래성이 되는 순간이었다. 또한 **2024년 1월, 김정은의 대한민국을 향한 '적대국', '제1의 적대국'발언**은 북한의 통일방안이'2국가론'으로 전환되면서 남한을 섬멸의 대상으로 규정하였음을 증명하였다.

이러한 상황 속에서 국가안보를 위해 헌신하고 있는 국군장병과 미래 국가의 간성으로 거듭나기 위해 굵은 땀방울로 하루를 열어 늦은 밤까지 강의실에서 노력하고 있는 군사학계열학과 학생들에게 북한의 실체를 올바로 이해할 수 있는 서적의 필요성을 느껴 본 서적을 발간하게 되었다.

본 서적은 제1장 북한 개관, 제2장 북한 사회, 제3장 북한 군사, 제4장 북한 교육, 제5장 북한 경제, 부록으로 구성하였다. 특히 **제1장 4절 북한은 '적(敵)'인가, '동포(同胞)'인가?와 제3장 북한 군사에 수록된 내용은 이 서적의 하이라이트(highlight)** 부분이다. 따라서 국군장병과 군사학계열학과 학생들은 이 부분을 정독하는 것을 적극 권장한다.

끝으로 본서 집필 기간 동안 아낌없이 증언(證言)해 주신 전 북한군 군관 김OO목사님, 북한이탈주민 김OO · 한OO, 최OO 선생님과 유원대학교 국방인재개발학과 교수님들께 진심으로 감사드리고, 출판을 위해 관심과 배려를 아끼지 않으신 도서출판 진영사 대표님과 관계자 여러분의 노고에 감사드립니다.

2026년 따스한 봄날에 유원대학교 아산캠퍼스에서
시종성 · 이충희 · 김남용

I

북한 개관

제1절

북한 이해

북한의 두 얼굴

남한과 북한은 같은 역사와 문화 및 언어를 공유한 한 민족이었다. 그러나 일본군의 무장해제를 명분으로 남한과 북한에 진주한 미군과 소련군은 38도선을 경계로 군정(軍政)을 실시했고 1945년 8월 25일 민간인 왕래 차단, 전화와 우체국, 철도 운행을 금지했다. 8월 29일 북한 전역을 점령한 소련군은 9월 6일 해주 – 서울 간의 유선전화를 단절하면서 38도선은 고정된 선으로 자리 잡았고 남한과 북한은 분단되었다.

1948년 8월 15일 남한에 대한민국 정부가 수립되자, 북한은 1948년 9월 9일 김일성을 수상으로 박헌영을 부수상으로 '조선민주주의인민공화국을 수립했다. 1949년 6월 29일 주한미군이 철수했다. 이 무렵 남북한은 38도선을 경계로 군사 충돌이 잦았다. 1950년 6월 25일 새벽 4시, 북한군은 적화통일을 목적으로 38도선 전역에서 전면남침을 개시했다. 이후 남북한은 다른 정치적 실체로서, 체제 경쟁과 대립 속에 이질성과 적대감을 키워 오면서도 다른 한편으로는 화해와 협력을 통해 통일을 모색해 왔다. 즉 북한은 **민족적 시각으로 볼 때는 '동포'**이고, **안보적 시각에서는 '적'**이기도 한 두 얼굴을 가진 집단인 것이다.

남북한의 분단이 장기화되면서 북한의 도발은 끊임없이 이어졌다. 남한의 국가원수

살해시도(청와대 습격 및 현충문 폭파, 74년 광복절 기념식장에서 박정희 대통령 암살 미수, 아웅산 묘지 폭탄 테러). 울진 · 삼척 무장공비 침투, 남침용 땅굴 구축, 판문점에서 미군 장교 2명을 도끼로 살해, KAL-858기 공중폭파, 천안함 폭침과 연평도 포격도발, 핵실험, 장거리 미사일 발사, 목함지뢰 도발사건, 해수부 공무원 총격사살 등 수없이 많은 군사도발로 한국 국민의 안전과 국가안보를 심하게 위협해왔다. 이와 같은 북한의 군사도발은 결국 우리 국민들로 하여금 굳건한 안보 의식을 갖게 하였다. 이러한 가운데서도 한반도의 평화와 번영의 장애가 되고있는 분단을 탈피하기 위하여 남북한은 화해협력과 신뢰구축을 위한 노력을 역대정부에서 부터 추진해 오고 있다. 역대정부별 추진현황은 다음과 같다.

박정희 정부(1963.12.27~1979.10.26)에서는 1972년 당시 중앙정보부장이었던 이후락을 비밀리에 평양에 특사로 파견시켜 7월 4일 남북한 당국자가 동시에 **7 · 4 남북 공동 성명**[1]을 발표하였으나 북한의 끊임없는 도발 (60년대 약 1,340회, 70년대 약 400회)에도 성명 발표에 그쳤다.

전두환 정부(1980.9.1~1988.2.24)에서는 1985년 민족 화합 민주 통일 방안을 제시하고 **이산가족 고향 방문과 예술 공연단 교환**을 실현시켰으나, 북한의 끊임없는 도발 (80년대 약 200회)로 일회성 행사로 그쳤다.

노태우 정부(1988.2.25~1993.2.24)에서는 1990년 남북통일축구대회 개최, 1991년 **남북한 유엔 동시 가입, 한반도 비핵화 공동 선언, 남북 기본합의서 채택**[2] 등을 추진하였다.

김영삼 정부(1993.2.25~1998.2.24)에서는 1994년 북한의 경수로 개발 지원을 위해 KEDO **설립**과 **한민족 공동체** 건설을 위한 3단계 통일 방안[3]을 제시했었다.

김대중 정부(1998.2.25~2003.2.24)에서는 대립과 견제 대신 교류와 협력을 우선시하는 **햇볕 정책**을 기본 정책으로 1998년 6월과 10월, 두 차례에 걸쳐 고 정주영 현대

1) 분단 이후 최초로 남북한이 통일 3대 원칙(자주통일, 평화통일, 민족적 대단결)에 합의하고 남북 조절 위원회의를 구성하여 남북 대화를 진행하자 라고 한 성명서이다.
2) 남북 사이의 화해와 불가침 및 교류 · 협력에 관한 합의서로 남북 관계를 통일로 가는 잠정적 특수 관계로 규정하였고, 남북이 상대방의 체제를 인정하는 합의서이다.
3) 화해와 협력 → 남북 연합 → 통일 국가 완성으로 이어지는 3단계 통일 방안 이다.

그룹 명예회장이 **소떼 약 1,000여 마리**를 이끌고 판문점을 넘어 북한을 방문하였고, 이후 1998년 11월 18일 **금강산 해로관광**(금강호가 동해항에서 북한의 장전항을 향해 출항)이 시작되었다. **6·15 남북 정상 회담**4) 실시 등 한반도에 평화가 정착되나 싶었다. 그러나 1999년 6월 15일 오전 연평도 해상에서 7척의 북한 함정이 한국해역을 침범하였고, 한국 해군이 맞대응 하자 소총 사격과 25㎜ 기관포 발사 등으로 공격을 해왔다.

2002년 6월 29일에는 북한의 경비정이 연평도 해상에서 계획적으로 NLL을 침범하면서 한국 해군의 경비정에 85㎜포를 비롯한 모든 함포를 동원하여 선제 기습포격을 시작하였고, 한국 해군은 이에 대응하였다. 교전결과 북한 경비정은 반파되었고 전사 13명, 부상 25명 이상의 피해(추정)를 입었다. 한국 해군은 고 윤영하 소령 등 6명이 전사, 19명 부상, 고속정이 침몰했다.

노무현 정부 (2003.2.25~2008.2.24)에서는 김대중 정부의 햇볕정책을 이어 받아 대북 포용 정책을 기본으로 2003년 9월부터 **금강산 육로관광 시작**, 금강산 이산가족 면회소 설치 합의, 2004년 개성공단 입주, 2007년 **경의선 복구** 완료, 2007년 **제 2차 남북 정상 회담**5) 개최 등 포용정책을 시행하였다. 그러나 북한은 2004년 제네바 합의 파기 선언, 2005년 핵무기 보유 선언, 2006년 대포동2호 등 미사일 6기 시험발사, 제 1차 핵실험 등을 강행하였다.

이명박 정부(2008.2.25~2013.2.24)에서는 햇볕정책으로 표기되던 지난 김대중·노무현 정권의 대북정책과 근본적 차이를 가져왔다. 김대중, 노무현정부의 '묻지마式' 대북지원(약 70억 달러 규모)은 북한군의 군비증강과 핵 개발에 악용되어 안보위협 가중이라는 부메랑으로 돌아왔고, 김정일 독재정권의 존속을 도와줌으로써 한반도 평화를 더욱 어렵게 만들기도 하였다는 주장도 있었다. 이명박 정부는 취임 초기 '북핵 폐기와 북한의 개혁·개방 유도'라는 원칙을 설정하고, 2008년 **'비핵·개방'** 등을, 2009년 **'한반도 新평화 구상'**과 2010년 **'3대 공동체 통일 구상'**등을 북한에 연이어 제의했다.

---

4) 2000년 6월 13일부터 6월 15일까지 김대중 대통령과 김정일 위원장이 평양에서 제1차 남북 정상회담을 진행했고 회담결과로 6·15 남북 공동선언을 발표했다.

5) 2007년 10월 2일부터 10월 4일까지 평양에서 열린 노무현대통령과 김정일 위원장 간에 남북 정상회담을 진행했다. 10.4 남북정상회담이라 불리기도 한다. 회담 결과로 남북 양측은 '남북관계 발전과 평화번영을 위한 선언'을 발표했다.

그러나 북한은 **2008년 7월 금강산 관광**을 **즐기던 한국 관광객을 총격으로 사망**케 했고, **2009년 5월에는 2차 핵실험을 강행**했다. 또한 정전협정 백지화, 남북간의 모든 통신선차단, 미군에 대한 사격대기 지시, 남북관계 전시상황 돌입 선언, **2010년 천안함 폭침**[6]과 **연평도 포격 도발**[7]에 이어 **2011년 8월에는 개성공단에 있던 한국측 인원을 전원 추방**하는 등 도발과 제재가 가파르게 진행되기도 하였다.

박근혜 정부(2013.2.25~2017.3.10)에서는 대통령 당선 이전부터 남북관계 정상화를 위한 전략으로 **'한반도 신뢰 프로세스'**를 강조했다. 그 골간은 책임 있는 대화를 통한 남북간 신뢰구축 및 합의이행, 인도적 지원, 호혜적 교류협력, 이를 통해 북핵문제를 해결하는 평화적인 선순환 구조를 만들겠다는 것이었다. 그러나 북학은 영변 핵시설 재가동 발표, 2013년 2월 제3차 핵실험 강행, 3월말 개성공단 입·출경 중단, 4월 9일 개성공단에서 북한 근로자 전면 철수, 2016년 1월 제4차 핵실험 강행, 2월 장거리 미사일 발사와 잠수함 탄도 미사일 시험발사, 9월 5차 핵실험, 2017년 장거리 미사일 시험발사와 9월 6차 핵실험 강행 등 약 100여 차례 도발을 실시함으로써 남북관계는 경색되고 악화 일로를 걷게 되었다.

문재인 정부(2017.5.10~2022.5.9)에서는 2018년 4월 27일 **판문점 선언**[8]과 9월 19일 **군사 분야 이행합의서 채택** 등 김대중, 노무현 대통령의 정책을 이어받아 교류와 협력을 우선시하는 정책을 추진하였다, 그러나 **북한은 장거리탄도 미사일 시험발사**, 2019년 10월 25일 금강산의 남측시설 철거요구, 2020년 6월 16일 한국 국민의 혈세로 준공한 **남북공동연락사무소를 일방적으로 폭파**[9]시켰고, 2020년 9월 22일에는 한국 해수부 공무원을 잔인하게 사살하고, 시신을 불에 태우는 만행을 저질렀다. 그리고 2020년 10월 10일 노동당 창건 75주년 열병식에서는 한국을 직접적으로 위협 하는

6) 2010년 3월 26일 밤 9시22분께 백령도 인근 해상에서 우리 해군 초계함인 1200톤급 천안함을 북한의 잠수함이 어뢰로 공격하여 침몰시켰다. 천안함에 탑승했던 승조원 104명 중 58명은 구조됐으나, 40명은 사망, 6명은 실종됐다.

7) 2010년 11월 23일 오후 2시 30분 경, 북한이 연평도에 포격을 가해 우리 해병대원 2명이 전사하고, 16명의 군인이 중경상, 2명의 민간인 사망, 3명의 민간인이 중경상을 당했고 각종 시설 및 가옥이 파괴 되었다.

8) 2018년 4월 27일 판문점 평화의 집에서 열린 남한의 문재인 대통령과 북한의 김정은 위원장이 합의해 발표한 공동선언이다.

9) 남한이 170억 원을 투입하여 개성에 설치된 외교공관. 남한과 북한의 인원이 공동으로 상주하면서 남북관련 연락 업무를 수행하는 기관이자 건물이다. 6월 16일 오후 2시 49분 북한에 의해 폭파되면서 국민혈세 170억 원도 폭음과 함께 먼지 속으로 사라졌다.

최신형 방사포와 전차, 미사일, 특수전부대 전투장비 등 최 첨단화된 강력한 신형무기를 공개하기도 했다.

이와 같이 북한은 평화를 노래하면서 다른 한편으로는 끊임없이 도발을 이어왔고, 지금도 도발을 준비하고 있다. 이러한 북한의 행동에서 우리에게 필요한 것은 건전한 안보관을 바탕으로 북한의 바람직한 변화를 유도하여 남북관계를 실질적인 협력관계로 이끌어가는 지혜와 노력이 필요하다. 북한을 적(敵)으로만 생각하면 남북 간의 적대관계 해소에 어려움이 있고 반대로 화해협력 대상으로만 인식한다면 끊임없는 도발과 비핵화, 개혁 · 개방을 거부하고 있는 현실을 경시하는 통일지상주의에 빠질 우려가 있다. 두 얼굴을 가진 북한의 존재를 올바로 인식하고, 평화통일을 지향해 나가는 과정에서 바람직한 대북관을 정립하는 것이 매우 중요한 과제라고 할 수 있다.

윤석열 정부(2022.5.10~2025.4.4)에서는 문재인 정부가 북한의 인권 문제에 소홀했던 것과 달리, 북한 인권 문제에 집중하기 시작하여 미국 등 국제사회의 호평을 받았었다.

특히 북한이탈주민을 포용하고 성공적인 정착을 격려하기 위해 2024년 1월 16일 국무회의 의결을 통해 7월 14일을 **'북한이탈주민의 날'**로 제정하였다.

또한 남북간의 개방과 소통을 위해서 북한방송을 개방하여 민족동질성 회복을 목표로 북한방송 개방정책을 추진하였다.

2022년부터는 외국환거래법에 근거한 국제평화 및 안전유지 등의 의무이행을 위한 지급 및 영수허가지침과 공중 등 협박목적 및 대량살상무기확산을 위해 자금조달행위의 금지에 관한 법률에 따른 조치와 북한의 해당 기관 및 개인과의 불법 자금거래를 차단하고 이들 대상과의 거래 위험성을 국내 및 국제사회에 환기하는 효과를 기대하기 위해서 독자 대북제제를 시작하였다.

윤석열 대통령은 2022년 광복절 경축사에서 대북 로드맵을 발표하면서 비핵화 협상에 나서는 것 자체를 조건으로 **"대규모 식량 공급과 발전과 송배전 인프라 지원, 국제 교역을 위한 항만과 공항의 현대화 프로젝트, 농업 생산성 제고를 위한 기술 지원, 병**

원과 의료 인프라의 현대화 지원, 국제투자 및 금융 지원 프로그램 구축" 등 6가지 지원을 보장하겠다고 하였다.

그러나 북한의 '김여정'은 조선중앙통신을 통해 "허망한 꿈을 꾸지 말라"며 비난을 쏟아냈고 '조 바이든' 미국 대통령과 '기시다 후미오' 일본 총리는 담대한 구상에 대해 지지를 표명했다.

이재명 정부(2025.6.4~현재)는 북한과의 대화 복원을 중시하고 있다. 남북대화는 대북 정책 목표를 달성하기 위한 수단이지만, 프로세스로서의 가치도 있고 남북 관계 관리에도 도움이 되므로 비생산적 대화라도 안 하는 것보다는 낫다.

그렇지만 현 상황에서는 대화의 성사 가능성은 매우 낮다. 현재 북한은 한국과 미국과의 대화에는 별 관심이 없다.

그 이유는 2024년 6월에 러시아와의 동맹 체결로 가장 다급한 문제였던 '무기 수출과 파병, 가상 화폐 해킹' 등을 이용하여 대규모 외화벌이가 가능해졌으므로 이제 아쉬울 것이 별로 없게 된 것이다.

북한의 김정은은 남북 간의 체제 경쟁에서 더 이상 승산이 없다는 냉엄한 현실 인식과 한국 주도의 흡수 통일에 대한 공포심, 한류의 침투와 확산 저지, 북한 주민들의 의식 속에서 **한국이 동족**이라는 인식을 지우기 위해 영구 분단을 체제 수호의 방패로 삼겠다는 의지에서 지난 2024년 1월에 **'적대국', '제1의 적대국'** 발언으로 북한의 통일방안을 '2국가론'으로 전환했었다. 이러한 김정은을 아직도 남북대화에 미련이 남아있을 것이라고 믿는다면 이는 큰 착각일 것이다.

그러나 이재명 정부는 북한과의 대화 복원을 위해 **'대북 확성기 방송 중단'**과 **'민간단체의 전단 살포 단속'**을 실행했다.

이것만으로도 북한에 대화 복원 의지는 충분히 전달된 셈이다. 대화 분위기를 조성한다고 한미 연합 훈련을 축소하거나, 취소하는 것은 북한이 대화를 통해 이루어야 할 목표를 대화 없이 가능하게 해 준다. 이는 오히려 대화에 나올 인센티브를 없애고 대북 억지력만 약화시키는 것이다.

따라서 이재명 정부가 남북대화 복원을 중시하고 있지만 북한에게 대화를 구걸할 필요는 없다. 구걸하면 할수록 북한의 몸값만 높여주기 때문이다. 특히 대화가 복원되더라도 북한의 무리한 요구에 따라다니게 되므로 성과를 창출하기는 더 어려워진다.

북한에 대한 올바른 이해와 판단

세계 유일의 분단국가로 남아있는 한반도에서 냉전을 종식시키고, 평화와 통일을 실현하기 위해서는 신뢰를 구축하고 남북관계를 미래지향적 방향으로 정립해 나가야 한다. 이를 위해서는 북한을 올바르게 이해해야 한다. 그러나 현실은 그러하지 못하다. 우리 국민들은 이념과 세대, 집단, 정치색에 따라 북한에 대해 서로 다르게, 아니 자기들이 생각하고 싶은 방향으로 생각한다. 이러한 생각을 버려야한다. 모든 국민이 북한의 실체를 가공되지 않은 상태에서 정확히 인식하고, 이러한 국민의 이해와 인식을 기반으로 해서 대북정책이 수립되고 실행을 통해 북한의 변화를 가져와야 한다.

북한은 지구상에 존재하는 모든 사회주의 국가에서도 찾아보기 힘든 유일독재체제를 유지하고 있다. 특히 세계에서 유래가 없는 김일성으로 부터 김정일, 그리고 김정은으로 이어지는 3대에 걸친 권력 세습은 북한의 유일독재 체제를 쉽게 이해할 수 있다. 북한이 지닌 이러한 특성을 이해하지 못한다면 우리는 북한의 본질을 정확히 파악하고 이해하기가 매우 어려울 것이다. 북한 체제에 대한 외형적 이해를 넘어서 북한 체제의 본질을 구조적이고 체계적으로 이해할 수 있는 시각을 가져야 한다.

첫째, 냉전 시대에 우리는 북한을 생사를 걸고 대립하는 적(敵)이라 인식하였다, 그러나 탈냉전 이후 시대에 진입하면서 우리는 북한을 우리와 함께 협력해야할 공존의 대상이라는 인식을 조금씩 갖게 되었다. 이러한 시각에서 우리는 북한의 두 얼굴을 정확하게 인식하고 균형 있게 이해할 수 있는 시각을 가져야 한다.

둘째, 북한을 객관적 현실에 기초해서 가공되지 않은 상태에서 있는 그대로 바라보아야 한다. 북한과 관련한 사안을 무조건 부정적으로 보거나, 반대로 현실에 부합하지 않은 감상적 시각, 긍정적 시각으로 이해해서는 안 된다.

셋째, 보편적 가치 기준에 비추어 북한을 바르게 이해하고 판단할 수 있는 능력이 필요하다. 끊임없는 도발과 핵개발, 미사일 발사, 식량난 등 현상에 머물지 않고 왜 이러한 현상이 초래되었는지, 이와 같은 현상을 초래한 북한체제의 근본 요인은 무엇인지?를 바라보고 이해할 수 있는 능력과 자유민주주의, 인권, 복지 등 보편적 가치 기준을 통해서 판단할 수 있는 능력이 필요하다.

제2절

북한 체제의 형성과 특징

북한 체제의 형성

1945년 8월 15일 일본은 연합군 측에 무조건 항복을 선언했다. 이로써 한반도는 일제의 식민지 지배로부터 벗어났지만, 한국은 전승국의 입장에 서지 못했다. 소련과 미국의 군대가 한반도의 북쪽과 남쪽에 각각 진주하면서, 광복과 독립 정부 수립의 희망에 차 있던 한반도는 급격한 변화로 정치적 분쟁이 시작됐다.

소련과 미국의 군사적 주둔은 한반도를 세계에서 가장 격렬한 정치적 소용돌이 속으로 빠지게 만든 것이다. 소련군은 일본의 패망직전인 1945년 8월 9일에 대일전에 참전해 8월 말까지 북위 38도선 이북 지역에 진주했다.

이후 소련 군정은 김일성 세력을 집중지원 하면서 **'군정시대'**로 토지개혁과 산업국유화 등 소련이 만든 조치들을 실시해 나가면서 공산주의 정부 수립을 지원했고, 1948년 8월 15일 대한민국 정부가 수립되자 북한은 **1948년 9월 9일 곧바로 김일성을 수상으로 박헌영을 부수상으로 한 '조선민주주의인민공화국'을 수립했다.**

북한 정권은 유엔관할의 총선거도 무시하고, 오직 공산화를 위해 기회를 만들어간 것이다. 이후 사회주의 체제를 건설하기 시작했다. 이 시기 형성된 북한의 사회주의는

19세기에 마르크스와 엥겔스가 언급했던 사회주의가 아니라 소련에서 형성된 '전체주의'체제를 의미한다.

북한은 소련의 제도들을 이식하여 일당지배체제, 국가소유 제도, 계획경제 체제를 수립하였다. 이러한 사회주의 제도들은 북한만이 갖고 있는 특수한 요소들로 발전해 나가게 된다. 그럼에도 불구하고 북한은 여전히 자신의 체제를 전체주의가 아닌 사회주의라고 주장하고 있다.

북한 체제의 특징

북한 체제의 특징은 **첫째**, 수령이 당과 국가 위에 있는 '수령의 유일적 영도' 아래 통치되는 **수령 독재체제**이다. **둘째**, 북한은 다른 사회주의 국가보다 집중도가 높은 중앙집권적 **계획경제 제도**를 채택하고 자력갱생을 강조하고 있다. **셋째**, 북한은 **전체주의 사회**로서 수령을 어버이로 여기고 복종을 강요하는 '사회주의 대가정'체제이다.

1. 수령 독재 체제

북한 체제는 정치적으로 **'주체사상'**을 통치이념으로 한 수령 독재 체제이며 노동당에 의해 지배되는 일당독재 체제이다. 물론 1970년 이전에는 북한의 통치이념도 다른 사회주의 국가들과 마찬가지로 '마르크스-레닌주의'였으나, 1970년 11월 제5차 당 대회를 계기로 마르크스-레닌주의와 함께 주체사상[10] 이 노동당의 지도이념으로 확립되었다.

1972년 12월에 채택된 '사회주의 헌법'에서는 "마르크스-레닌주의를 창조적으로 적용한 주체사상을 국가 활동의 지침으로 삼는다."라고 하였다.

1980년 10월 제6차 당 대회에서는 당 규약에 "김일성의 주체사상이 당의 공식 지도이념"이라고 규정하였다.

10) 북한에서 김일성이 창시하였다고 주장하는 사상으로 북한의 통치이념 김일성이 창시하고 김정일이 이론적으로 심화시켰다고 주장하는 혁명사상으로, 사회 분야 전반을 꿰뚫는 통치 이념이자 북한의 모든 정책과 활동의 기초가 되는 조선 노동당의 유일 지도 사상이다.

이로써 북한은 북한만의 특수한 통치이념을 표방하게 되었고, 주체사상은 북한식 수령 독재 체제의 근간이 되었다.

1992년 4월 개정된 '사회주의 헌법'에서는 "주체사상을 자기활동의 지침으로 삼는다."라고 규정하였고, 2009년 4월 개정된 '김일성 헌법'에는 주체사상 이외에 선군사상[11]이 추가되었다. 2012년 4월 개정된 노동당 규약에는 당의 최종목표를 "북한사회를 김일성-김정일주의화"하는 것으로 노동당의 성격을 "김일성-김정일 주의를 유일한 지도사상으로 하는 김일성-김정일 주의 당, 주체형의 혁명적 당"으로 규정하였다.

북한에서 수령은 영도의 핵이 되며 당은 수령을 중심으로 하는 정치 조직으로 설명할 수 있다. 이는 다른 사회주의 국가에서는 유례가 없는 정치 현상이다. 이렇게 볼 때, 북한은 사실상 수령의 유일적 영도 아래 통치되는 전체주의적 독재체제인 것이다.

이와 같은 수령 중심의 체제 논리는 1982년 김정일이 발표한 논문 '주체사상에 대하여'에서 명확하게 드러났다. 즉, 수령의 사상과 영도를 따라 수령 · 당 · 대중이 일심동체가 될 때 공고한 혁명의 주체가 되며, 수령의 유일적 영도에 따라 조직적 전일체로 되어야 한다는 것이다.

수령은 단결과 영도의 중심으로서 인민대중의 운명을 개척하는 데서 결정적 역할을 하는 당의 '최고 영도자'임과 동시에 '사회정치적 생명체의 최고 뇌수'(腦髓)로 규정된다.

북한은 '사회정치적 생명체'를 "인민대중이 혁명의 자주적 주체로 되기 위해 당의 령도 밑에 수령을 중심으로 하여 조직 사상적으로 결속됨으로써 영생하는 생명력을 지닌 생명체"라고 주장한다.

북한 사회에서 수령은 '전 당의 조직적 의사의 체현자'(體現者)이며, '당의 최고 영도자'로, "사회정치적 생명체의 생명활동을 통일적으로 조직하고 지휘하는 령도의 유일 중심"이라고 하여 절대적 지위와 역할을 부여받고 있다.

북한에서 수령은 김일성에게 한정된 호칭이었다. 북한은 김일성이 1994년 사망하고, 1998년 김정일 체제가 공식 출범한 이후에도 김일성을 '영원한 수령'이라고 불렀으며,

11) 북한에서 군을 우선하는 사상으로 혁명과 건설에서 나오는 모든 문제를 군대가 해결하고, 군대를 혁명의 기둥으로 내세워 사회주의 위업 전반을 밀고 나가는 사상이다.

2011년 김정일 사망 이후 김정은으로 권력이 이양된 이후에도 김일성은 여전히 수령의 지위를 누리고 있다. 중국 전승절에 참가한 김정은의 모습은 【사진 1-1】과 같다.

【사진 1-1】 중국 전승절 75주년(2025.9.3.) 기념식장의 김정은 모습

출처 : KBS

2. 사회주의적 소유제도와 국가가 독점하는 계획경제

북한 체제의 경제적 특성은 20세기에 존재했던 다른 사회주의 국가들과 마찬가지로 생산수단을 국가와 협동단체가 소유하는 **사회주의적 소유제도와 자원의 배분을 국가가 독점하는 계획경제이다.**

북한은 사회주의적 소유를 "사회주의적 생산관계의 기초가 되는 생산수단과 생산물의 전 사회적 또는 집단적 소유"라고 개념화하고 있다. 사회주의적 소유의 핵심은 생산수단에 대한 소유인데 생산수단은 국가와 사회협동단체가 소유함을 원칙으로 하고 있다.

북한도 제한적으로 개인소유를 인정하고 있다. 북한의 개인소유는 생산수단에 대한 사회적 소유에서 발생한다고 하여 '사회주의에서의 개인소유'라고 주장한다. 개인소유의 대상은 근로자들이 받는 임금이나 노동의 질과 양에 따라 받는 분배 몫과 개인이 구입한 소비품들이다.

구체적으로 임금과 저축금, 생필품 등이 개인소유이다. 북한의 수매기관과 종합시장은 개인소유물을 처분할 수 있는 장소로 이용되고 있다.

중앙집권화된 북한 경제는 중앙의 계획과 지시에 따라 운영되는 경제이다. 경제계획 수립을 비롯한 모든 경제적 의사결정 권한과 이에 필요한 정보의 흐름이 중앙에 집중되어 있으며, 하부조직은 중앙의 명령에 절대적으로 복종하도록 되어 있다.

북한의 계획경제는 어떤 사회주의 국가들보다 중앙집권도가 월등하게 높았고, 모든 세부지침들은 중앙에서 계획되고 집행된다. 북한에서 중앙집권적 계획경제는 계획작성에서 부터 집행, 감독 등 모든 부분을 국가계획위원회를 중심으로 도 · 시 · 군 및 공장 · 기업소에 이르기까지 일원화된 체계이다.

북한은 1964년부터 '계획의 일원화와 세부화' 원칙을 강조한 이후 지구계획위원회와 중앙 공장 · 기업소 계획부서를 국가계획위원회 직속으로 개편하여 중앙집권화를 강화시켜 왔다.

북한에서는 국가계획을 임의로 변경하거나 계획권 밖에서 경제활동을 벌이는 사소한 요소도 허용하지 않는다. 모든 사업을 당의 요구에 맞게 강력하게 통제하고 있다.

그러나 **1994년 김일성 사망 후** 시작된 **'고난의 행군'**시기를 거치면서 통제는 잘되지 않고 있다. 북한 주민들에 의해서 자생된 장마당(시장)과 암시장 등에서 북한 주민들은 생존을 이어 나가고 있다.

북한은 2002년 7월 1일 '경제관리개선조치' 이후 '국가 배급제'를 축소하고, 주민들이 시장과 상점에서 생필품을 자체 구입하도록 조치하였다. 이는 기존의 중앙집권적 경제 제도에 시장 경제적 요소를 부분 도입한 것이다.

2003년 3월 북한 전역에 3,000개 이상의 종합시장 개설을 추진하였으며, 2004년에는 사실상 가족단위의 영농이 가능한 '포전담당제'**(圃田擔當制)**[12]를 일부 지역에서 시

12) 협동농장의 말단조직인 '분조'를 기존 10~15명에서 3~5명 규모로 축소하여 포전(일정규모의 논밭)을 경작하도록 한 조치

범실시하였다.

2005년 식량 전매제(**專賣制**)를 도입 하였고, 지속적으로 개인 경작지 및 상행위 단속, 종합시장 폐쇄 발표, 화폐 개혁 단행 등 시장경제 요소의 확산을 막기 위해 중앙집권적 계획경제를 강화해 왔다. 이러한 경향은 2007년 이후에도 더욱 뚜렷하게 나타났다.

2009년에 단행된 화폐 개혁 조치도 시장 활동의 확대를 통제하기 위해 단행된 극단적인 조치였다. 2010년에도 계속적으로 시장에 대한 통제뿐 아니라 계획경제 강화에 주력했지만, 이러한 통제 조치들은 오히려 주민들의 빈곤을 악화시켰다.

이러한 빈곤상황에 주민들의 불만이 야기되자 2010년 2월경부터 다시 시장을 묵인하면서 통제를 완화했다. 이후 2011년 12월, 김정일 장례 기간 직후부터 다시 외환사용을 통제하기도 하였다. 그러다 2013년 이후부터는 국가가 유통되는 외화를 흡수하기 위해 외환 사용을 묵인하고 있다.

3. 사회주의 대가정 체제

북한 체제의 사회적 특성은 집단주의 원칙에 의한 전체주의 사회이며 수령을 어버이로 하는 **'사회주의 대가정 체제'**[13]이다. 이러한 특징은 다른 사회주의 국가들에서는 찾아볼 수 없는 형태로서 수령 숭배와 무조건적 충성을 강요하는 논리로 사용되었다.

북한에서 공민들의 권리와 의무는 집단주의 원칙에 기초하고 있다. 북한 사회의 이상적 인간형은 자기 운명을 집단의 운명과 결부시켜 개인적 목표 가치보다는 집단적 목표 가치를 우선으로 추구하는 인간이 북한 사회의 이상적 인간형이다.

북한에는 개념적으로 두 개의 가정이 존재한다. 그 하나는 혈육들로 구성된 '보통의 가정'이고 또 다른 하나는 수령을 어버이로 하는 '사회주의 대가정'이다.

'사회주의 대가정'의 가족 구성원인 북한 주민들은 보통의 가정에서 자녀들이 부모를

---

13) 사회주의 대가정은 북한 사회 전체를 하나의 가정으로 보고, 수령·당·인민의 관계를 아버지와 어머니, 자녀의 관계와 같다고 보는 개념이다. 북한은 사회주의 대가정론에 기초하여 수령이 은덕을 베풀면 모든 사회구성원은 수령에게 충성과 효성을 바치는 것이 당연하다는 점을 강조하며 정권의 안정과 체제의 정당성에 대한 기반을 구축하려는 것이다.

섬기듯 어버이 수령을 믿고 사랑하며 충성과 효성을 다해야 하는 것으로 유년기부터 교육받고 있다.

유교 사회의 관습과 전통이 비교적 많이 남아있는 북한에서 사회주의 대가정론은 "수령 · 당 · 인민대중을 하나로 묶는 가장 확실한 결합방식"이 되는 것이다. 북한은 주민들에게 이러한 규범을 각인시키기 위해 정치학습, 생활총화 등 정치사상 교육을 실시하고 있으나, 주민들의 실제 가치관이 반드시 이러한 규범과 일치하고 있는 것은 아니다.

외형적으로는 수령 · 당 · 인민대중이 평등하게 함께 하는 가정이라고 하지만 실제로는 당원과 비당원, 상급 간부와 하급 간부의 사회적 대우, 배급량과 임금 등에서 실질적인 차별이 존재하기 때문이다.

그동안 북한 체제를 유지시켜 주던 사회주의 대가정론에 대한 신념이 점차 느슨해지고 있다. 특히 1990년대 경제난과 고난의 행군시기(대기근) 이후 기존의 출신성분과 계급적 토대에 기초해서 작동하던 사회구조가 돈과 이해관계를 중심으로 작동되는 현상이 나타나고 있다. 또한 국가권력이 시장과 결탁하여 이익을 추구하는 양상이 확대되고 있으며 뇌물을 통한 사회적 관계망들이 일상화되고 있다.

제3절

자연환경과 사회환경

자연환경

1. 위치 및 면적

북한의 위치는 1953년 7월, 정전협정에 의해 설정된 군사분계선 이북 지역에 위치해 있다. 동쪽은 동해, 서쪽은 서해와 접하고 있으며, 남쪽은 군사분계선을 경계로 대한민국과 분리되어 있다. 북쪽은 압록강과 두만강을 경계로 중국과 러시아에 인접해 있다.

경도 및 위도의 극점을 기준으로 극동은 나선특별시 선봉지구 우암동, 극서는 평안북도 신도군 비단섬, 극남은 황해남도 강령군 등암리, 극북은 함경북도 온성군 풍서리이다.

북한의 극동 · 극서 · 극남 · 극북 지역위치는 【그림 1-1】과 같다.

【그림 1-1】 북한의 극동 · 극서 · 극남 · 극북 지역

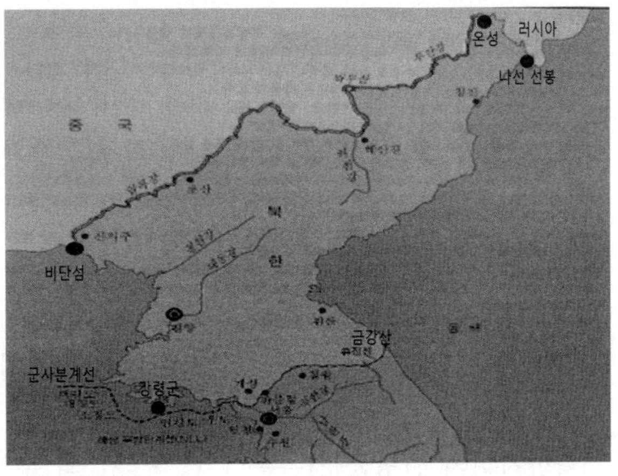

북한의 면적은 123,318㎢(한반도의 약 55%)이며 이중 19,100㎢를 논 · 밭으로 이용하고 있다. 국경선 길이는 1,369.4㎞(중국 접경 : 1,353.2㎞, 러시아 접경 : 16.2㎞)이고 해안선 길이는 2,495㎞이다.

2. 지형

북한의 지세는 중앙부에 북에서 남으로 뻗어 내린 낭림산맥이 동쪽과 서쪽 사면을 나누는 분수계를 이루고 있다. 한반도의 지붕이라고 불리는 개마고원은 해발고도 1,000m 이상의 고도에 위치하며, 개마고원의 북쪽에 한반도에서 가장 높은 백두산(2,750m)이 위치해 있다. 백두산 주변에는 현무암의 분출로 형성된 용암대지가 분포해 있으며, 북한의 동남쪽에 위치한 강원도 철원군과 평강군 일대에도 용암대지가 나타난다.

평야는 주로 서부 산맥들 사이의 큰 강 유역에 발달해 있는데, 이러한 평야는 서부해안에 있는 좁고 불규칙적인 해안평야와 연결되어 있으며 주요평야로는 재령평야 · 연백평야 · 평양평야 · 안주평야 등이 있다.

북한에서 가장 긴 강은 압록강으로 양강도 김형권군 남쪽에 솟은 명당봉 북동쪽 계곡에서 발원하여 서해로 흘러들며 길이는 803km이다. 두만강은 양강도 삼지연군에 솟은 백두산에서 발원하여 북동쪽으로 610km를 흘러 동해로 흘러들며, 길이는 610km이다. 두만강을 제외하고는 동해로 유입하는 커다란 하천이 거의 없으며, 압록강 · 청천강 · 대동강 · 재령강 · 예성강 등의 주요하천이 대부분 서해로 흘러든다.

3. 기후

북한의 기후는 북온대의 남쪽에 있어 비교적 따뜻하고 사계절의 변화가 뚜렷하다. 바다의 영향보다 대륙의 영향을 받아 겨울철에는 매우 춥고 여름철에는 덥고 습한 날이 많다.

봄과 가을은 대체적으로 따뜻하고 맑은 날씨가 계속되는데 봄철에는 기온의 급상승에 따른 수분 증발의 증가로 가장 건조한 시기가 된다.

북한지역의 연평균 기온은 1.1℃~12℃의 분포를 보여주고 있으며, 연간 강수량은 약

560㎜~1,700㎜이다. 연간 강수량의 53%~63%가 6~8월의 3개월 동안에 집중적으로 내린다. 북한 주요지역의 2018년 강수량을 보면 수풍 1,702.6mm, 개성 1,182.8㎜인데 비해 풍산 566.6mm, 청진 614.7㎜ 로 지역에 따라 많은 차이가 있다.

사회환경

1. 인구

2023년 기준으로 북한의 인구는 2,578만 명으로 남한의 5,171만 명 의 절반 수준이다. 남북한 총인구는 7,750만 명이다. 연령계층별 인구는 2023년 북한의 생산연령인구(15~64세)는 총 인구의 70.0%이며, 다음은 유소년인구(0~14세) 18.9%, 고령인구(65세 이상) 11.1%로 나타나고 있다.

2010년에 비해 북한의 '0~14세' 비중은 3.5%p 낮으나, '15~64세'는 1.4%p, '65세 이상'은 2.1%p 높다. 2023년 북한 인구는 남한보다 '0~14세' 비중은 7.9%p 높으나, '65세 이상'비중은 남한에 비해 7.1%p 낮다.

2023년 북한의 합계출산율[14]은 1.60명으로 남한 0.72명에 비해 0.88명 더 많고, 경제활동 인구는 생산연령인구(15~64세)를 기준으로 총인구의 70.0% 수준이다.

북한의 인구 분포는 북한 영토의 1/4 정도를 차지하는 평양-원산 이남에 북한 전체 인구의 30%가 살고 있다.

반대로 한반도에서 북위 40도 이북지역에는 개마고원을 비롯한 산악지대이기 때문에 인구밀도가 매우 낮다.

평안도의 남서쪽과 황해도 지역이 대체적으로 인구밀도가 균일하게 높다. 함경도의 동해안은 예로부터 연안 공업도시가 발달했고, 압록강과 두만강에 맞닿은 국경 지역도

14) 여자 1명이 평생 동안 평균 몇 명의 자녀를 낳는가를 나타내는 지표

중국, 러시아와의 경제교류 덕분에 도시가 발달한 덕에 함경도 인구의 대부분이 함경도의 연안도시인 함흥시, 청진시, 원산시, 신포시, 단천시, 김책시와 국경도시인 혜산시, 회령시, 나진시 등에 몰려있다.

반면 서해안의 도시들은 남포시, 해주시 정도를 제외하면 불리한 조수간만의 차와 같은 여건으로 비교적 발전하지 못했고, 경의선이 지나는 안주시, 정주시, 사리원시와 만포선이 지나는 개천시, 희천시, 강계시가 발달했으며, 평양 주변의 위성도시인 순천시, 평성시, 송림시 위주로 발달한 편이다.

미 CIA의 추산에 따르면 2022년 기준 북한의 도시화율은 62.9% 수준이다. 이는 남하의 1976~1977년대와 비슷한 수준이다.

2. 행정구역

북한은 해방 당시 7도 13시 89군 809읍 · 면으로 이루어져 있었으나, 현재는 행정구역 형태와 면적, 명칭이 크게 바뀌었다.

북한은 지금까지 60여회의 행정구역 개편을 단행하였고 1,000여 군데가 지명을 인위적으로 바꾸었으며, 현재의 지명은 8 · 15광복 당시의 지명과는 다른 곳이 많은데, 김일성 · 김정일 우상화와 관련된 곳도 있다.

예를 들어서 은덕군(종전의 경흥군 지역으로 1977년에 김일성과 김정일의 은덕을 기린다는 뜻으로 개칭하였고, 김형직군은 후창군을 1988년에 김일성의 父인 김형직의 이름을 따서 개칭하였다.

북한은 1952년 12월 종래의 4단계 행정구역체계(도, 시 · 군, 읍 · 면, 리 · 동)를 면단위를 폐지하여 3단계로 바꾸었으며 현재는 도(직할시), 시 · 군(구역 · 구 · 지구), 리(읍 · 동 · 노동자구)를 유지하고 있다.

북한은 지속적으로 행정구역을 개편하였다. 그러다 2010년에 남포시를 평안남도에서 분리하여 남포특별시로, 라선시를 라선특별시로 각각 승격하였고, 평양직할시에서 있던 강남군 · 중화군 · 상원군 · 승호구역을 분리해 황해북도로 이관하였다. 2011년에는 황해북도 강남군을 평양직할시로 다시 편입시켰다.

2025년 기준으로 북한의 행정구역 현황은 직할시 1 (평양), 특별시 3 (나선 · 남포 · 개성), 9도로 이루어져 있다. 기초 행정구역으로는 '시, 군, 구역'이 있고, 직할시(즉 특별시)의 아래에는 '구역, 군'을 두고 있다.

도의 아래에는 '시, 군, 지구'를 두고 있다. 시, 군, 구역의 하부 행정구역으로는 '동, 읍, 리, 로동지구'[15] 가 있으며, 시와 구역의 아래에는 '동, 리'를 두고, 군의 아래에는 '읍, 리, 로동지구'를 두고 있다. 남한(대한민국)의 행정구역과 북한의 행정구역을 비교해 보면 【표 1-1】과 같다.

【표 1-1】 남한(대한민국)의 행정구역과 북한의 행정구역 비교

구분	1단계	2단계	3단계	4단계	5단계
남한	특별시 · 광역시 · 도 · 특별자치시 · 특별자치도	시 · 군 · 구	읍 · 면 · 동	리 · 통	반
북한	직할시(특별시) · 도	시 · 군 · 지구 · 구역	읍 · 동 · 리 · 로동자구		인민반

인구가 50만 명 이상인 함흥시와 청진시는 직할시나 특별시가 아니지만 구역을 두고 있고, 개성시는 특별시로 지정되어 있다. 북한의 행정구역도는 【그림 1-2】와 같다.

【그림 1-2】 북한의 행정구역도

출처 : 위키백과

15) 400명 이상의 성인 주민이 거주하며 이중 65% 이상이 노동자들로 이루어진 공장, 광산, 탄광 등 마을과 어촌 지역에 조직되어있다.

제4절

북한은 '적(敵)'인가, '동포(同胞)'인가?

한반도는 70년 이상 분단 상태를 유지하며, 남과 북은 서로 다른 정치 체제와 이념 속에서 살아왔다. 많은 사람들에게 북한 정권은 군사적 위협과 불확실성을 상징하는 '적(敵)'으로 인식되지만, 동시에 한 민족으로서의 뿌리와 정서를 공유하는 동포이기도 하다.

하지만 북한을 단순히 적이나 동포로만 규정할 수 없다. 오히려 현실과 복합적 감정이 공존하며, 이를 이해하는 것이 남북한 관계와 민족의 미래를 바라보는 올바른 시각이라 생각한다.

따라서 제4절에서는 북한을 바라보는 상반된 시각을 균형감 있게 이해하고, 남북관계의 현실과 미래를 성찰하기 위해서 작성되었다.

북한을 '적(敵)'으로 보는 시각

북한을 적(敵)으로 바라보는 시각은 대한민국의 국가 안보와 직결된 현실적 관점에서 비롯된다. 한반도는 1953년 정전협정 체결 이후 법적으로는 아직 전쟁 상태를 종결하지 못한 채 군사적 긴장이 상존하는 지역이다.

이러한 맥락에서 북한은 단순한 이념적 차이를 넘어, 직접적 군사 위협을 가하는 실질적 적대 세력으로 인식된다.

우선, 북한은 핵무기와 탄도미사일 개발을 지속적으로 추진하며, 한반도와 동북아시아의 안보 불안을 증폭시켰다. 특히 최근의 군사 기술 고도화는 수도권을 비롯한 대한민국 전역을 직접적인 타격 범위에 두고 있으며, 이는 우리 국민의 생명과 안전을 위협하는 중대한 요소로 작용한다. 따라서 군사적 차원에서 북한은 명백한 “적”으로 규정될 수밖에 없다.

둘째, 북한은 대남 적화통일 전략을 포기하지 않았으며, 다양한 형태의 무력 도발과 사이버 공격, 심리전 등을 지속해왔다. 서해 NLL(북방한계선) 침범, 연평도 포격, 천안함 폭침 사건은 북한의 무력 사용 의지를 보여주는 사례이다. 이러한 도발은 남북 간 신뢰 구축을 어렵게 만들고, 상호 협력의 가능성을 크게 훼손해왔다.

셋째, 북한 정권은 체제 유지를 위해 대한민국을 주된 “적”으로 규정하고 있으며, 주민들에게도 끊임없이 대남 적개심을 주입해왔다. 이는 남북관계 개선을 위한 제도적·사회적 기반을 흔드는 요인으로 작용하며, 북한 스스로 적대적 위치를 고수하고 있다는 점에서 대한민국 역시 대응 차원에서 북한을 “적”으로 바라보게 된다.

이를 종합해보면, 북한을 적으로 인식하는 시각은 단순한 이념적 구호가 아니라, 역사적 경험과 군사적 현실, 그리고 북한 정권의 지속적 도발에 근거한 불가피한 관점이라 할 수 있다. 즉, 안보적 현실 속에서 북한은 여전히 대한민국의 가장 직접적이고, 위협적인 적대 세력으로 규정되고 있는 것이다.

북한을 ‘동포(同胞)’로 보는 시각

북한을 동포(同胞)로 인식하는 관점은 한반도의 분단 현실을 넘어 같은 민족적 뿌리와 역사적 공동체 의식을 강조하는 시각이다.

첫째, 남북한은 5천 년의 공동 역사를 공유한 한민족으로, 언어·문화·전통을 함께 이어왔다. 이러한 민족적 동질성은 이념과 체제의 차이를 넘어 남북관계의 근본을 이루는 중요한 연결고리이다.

둘째, 북한 주민은 정치적 · 군사적 지도부와 구분하여 바라볼 필요가 있다. 북한 정권의 대남 적대 정책과 무력 도발은 분명 문제이지만, 북한 주민 자체는 오랜 세월 고립과 빈곤 속에서 고통을 겪어온 같은 겨레라는 점에서 동포적 연대와 지원의 대상이다. 실제로 남북 간 인도적 지원이나 이산가족 상봉은 이러한 인식을 바탕으로 추진되어 왔다.

셋째, 장기적 관점에서 한반도의 평화와 번영은 분단의 극복과 민족 통일에 달려 있다. 이를 위해서는 북한을 단순히 적으로만 보는 것이 아니라, 협력과 화해의 파트너로 보는 인식이 필요하다. 따라서 동포로서의 시각은 통일 지향적이고, 남북관계의 미래적 비전을 담고 있다는 점에서 중요한 의미를 가진다.

대비되는 시각

1. 안보적 현실 vs 민족적 이상

북한을 적으로 보는 시각은 군사적 위협과 북한 정권의 도발이라는 현실적 상황에 뿌리를 두고 있다. 반면, 동포로 보는 시각은 민족의 역사적 · 문화적 연속성과 통일이라는 이상을 강조한다.

2. 단기적 대응 vs 장기적 비전

적대적 시각은 당장의 안보와 국민 안전을 최우선으로 하여 강력한 억제와 대응 전략을 강조한다. 반대로 동포적 시각은 장기적으로 화해와 협력을 통한 평화적 통일을 목표로 한다.

3. 정권 중심 vs 주민 중심

적대 시각은 북한 정권을 중심으로 판단한다. 예를 들면 2025년 8월 말경 북한 관영 매체 조선중앙통신은 미국 워싱턴 전략국제문제연구소(CSIS)에서 이재명 대통령이 연설 중 발언한 내용에 대해 강력히 비난했다. 이 대통령은 "북한을 '가난하지만 사나운 이웃'으로 발언"했던 것이다. 이에 대해 북한은 "대결광의 정체를 드러냈다"고 주장하며, 이 대통령의 발언을 심각한 모독으로 간주했다. 북한의 조선중앙통신 논평화면은 【사진 1-2】와 같다.

【사진 1-2】 북한의 조선중앙통신 논평화면

출처 : 연합뉴스

조선중앙통신은 논평에서 이재명 대통령이 미국 전략국제문제연구소(CSIS)에서 한 연설을 언급하며, 그의 발언이 "비핵화망상증에 걸린 위선자의 정체를 드러냈다"고 비판했다. 통신은 또한 이 대통령이 한미동맹의 현대화를 강조하고, 북한의 도발에 강력히 대응하겠다는 입장을 밝힌 것을 문제 삼았다.

특히 '가난하지만 사나운 이웃'이라는 표현을 두고는 "리재명이 집권 80여일 만에 본심을 감추지 못하고 대결광의 정체를 낱낱이 드러냈다"고 맹비난했다.

동포(同胞) 시각은 북한 주민 개개인을 고려한 것이다. 즉 북한 주민 중심의 시각인 것이다. 정권과 군사위협, 그리고 민중(주민중심)을 구분해 바라본다.

결론

한반도의 분단 현실 속에서 북한은 오랜 기간 대한민국의 안보 위협이자 '적'으로 인식되어 왔다. 이는 단순한 정치적 구호가 아니라, 냉전 체제의 산물로서 남북 간 군사적 대치와 이념적 갈등이 지속되어온 역사적 맥락에서 비롯된 것이다.

특히 대한민국의 국방백서에서는 북한 정권과 북한군을 "우리의 적"으로 명시해왔으며, 이는 북한의 지속적인 핵·미사일 개발, 남침 위협, 사이버 공격 등 실질적 도발 행위에 근거한 안보적 판단으로 이해된다. 이러한 점에서 북한은 여전히 대한민국의 주권과 생존을 위협하는 현실적 적대 세력으로 인식될 수밖에 없다.

이러한 '적의 시각'은 최근 북한의 행보에서도 재확인되었다. 북한은 2025년 10월 10일 22시쯤 평양 김일성광장에서 조선노동당 창건 80주년 기념열병식을 진행했다.

이번 열병식는 단순한 기념행사를 넘어 북한 체제의 강고함과 군사력을 대내외에 과시하는 정치·군사적 이벤트로 기능하였다. 북한이 평양 김일성 광장에서 진행한 조선노동당 창건 80주년 기념열병식 장면은 【사진 1-3】과 같다.

【사진 1-3】 북한의 조선노동당 창건 80주년 기념열병식 장면

출처 : KBS

행사에는 중국 리창 총리와 러시아의 드미트리 메드베데프 국가안보회의 부의장 등 외국 고위 인사가 참석하였으며, 북한은 이를 통해 국제사회 내 반(反)서방 연대의 일환으로 자국의 외교적 입지를 강화하려는 의도를 드러냈다.

무엇보다 주목할 점은 행사에서 신형 대륙간탄도미사일(ICBM)인 '화성-20형'과 극초음속 단거리 탄도미사일 '화성-11마' 등의 첨단 전략무기를 공개한 것이다. 이러한 무력시위는 북한이 여전히 군사적 긴장을 활용하여 체제 내부의 결속을 다지고, 동시에 남한과 국제사회에 대한 압박 수단으로 군사력을 이용하고 있음을 보여준다.
북한의 '전략적 도발'은 단순한 무기 과시를 넘어, 남북 관계의 평화적 진전을 저해하고 한반도의 불안정성을 심화시키는 주요 요인으로 평가된다.

따라서 북한을 바라보는 '적의 관점'은 여전히 일정한 현실적 타당성을 갖는다. 북한 정권은 내부적으로 주민 통제를 강화하고 외부적으로는 군사적 위협을 지속함으로써, 국제 규범과 평화 질서를 위협하는 행위를 반복하고 있다. 노동당 창건 80주년 기념행사는 바로 이러한 북한 체제의 본질적 속성을 상징적으로 드러낸 사례로 볼 수 있다.

결국 북한은 단순히 이념적 경쟁자가 아니라, 한반도의 평화와 안정, 그리고 대한민국의 안보에 실질적인 위협을 가하는 존재로 인식될 수밖에 없다. 북한의 정치·군사적 행보는 여전히 "적"으로서의 성격을 유지하고 있으며, 이는 우리 사회가 통일과 평화를 지향하면서도 현실적 안보 대비를 결코 소홀히 할 수 없는 이유이기도 하다.

북한은 군사적 측면에서는 잠재적 적이지만 민족적 측면에서는 분명한 동포이다. 단순한 적대감이나 낭만적 이상주의가 아닌 현실적 인식과 민족적 책임을 함께 고려한 균형적인 시각이 필요하다. 장기적으로는 남북 신뢰 구축과 평화적 공존, 민족적 통합을 목표로 해야 한다.

또한 두 관점은 상호 배타적이라기보다, 남북관계에서 동시에 고려되어야 할 이중적 현실을 보여준다. 안보적 차원에서는 북한을 "적"으로 규정하고 군사적 대비 태세를 강화해야 하지만, 민족적 차원에서는"동포"라는 인식을 바탕으로 평화와 통일을 지향해야 한다.

따라서 남북 관계를 바라볼 때는 적과 동포라는 두 시각을 균형 있게 조화시켜야 하며, 이는 대한민국의 대북 정책에서 늘 긴장과 고민을 동반하는 핵심 과제라 할 수 있다. 북한을 적(敵)으로 보는 시각 vs 동포(同胞)로 보는 시각 비교는 【표 1-2】와 같다.

【표 1-2】 북한을 적(敵)으로 보는 시각 vs 동포(同胞)로 보는 시각 비교

구분	적(敵)으로 보는 시각	동포(同胞)로 보는 시각
기본 인식	북한은 안보 위협 세력, 잠재적 · 실질적 적대 세력	북한 주민은 같은 민족, 역사 · 문화적 공동체
근거	무력 도발, 핵 · 미사일 개발, 대남 적화 전략	5천 년 공동 역사, 언어 · 문화 공유, 민족 동질성
대상 구분	북한 정권과 군사력을 중심으로 인식	정권과 주민을 분리, 주민은 동포
정책 방향	강력한 억제, 군사 대비 태세, 제재 강화	인도적 지원, 교류 · 협력, 화해 지향
시간적 초점	단기적 안보 확보, 즉각적 위협 대응	장기적 평화 · 통일 지향, 민족 공동 번영
관계 성격	갈등 · 대립 중심, 상시적 긴장 관계	화해 · 협력 중심, 상호 보완적 관계
대표 사례	천안함 폭침, 연평도 포격, NLL 무력 도발	이산가족 상봉, 대북 인도적 지원, 남북 정상회담
정책적 딜레마	안보 불안 해소는 가능하나, 통일 비전 약화	평화 · 통일 의지는 높으나, 안보 위협 간과 위험

Ⅱ

북한 사회

제1절 북한 주민의 가치관과 일상생활

제2절 북한 주민의 일탈과 사회통제

제3절 북한의 인권

제1절

북한 주민의 가치관과 일상생활

북한 주민의 가치관

북한은 김일성-김정일-김정은으로 이어지는 '3대 권력세습' 및 경제난 극복을 위해 통치 논리를 끊임없이 개발하였고 정치사상 교육을 강화하였다. 그 결과 북한 주민들은 당의 명령과 지시에 따라 명시적으로든 암묵적으로든 사회주의적 가치관을 발달시키게 되었다. 1960년대 말 김일성이 권력을 강화하면서 주로 사회 안정 논리를 전파해 나갔다. 북한은 주체사상으로 김일성의 권력을 정당화하며, 북한 주민에게 무조건 충성을 요구한다. 수령(어버이)-당(어머니)-인민(자식)으로 구성되는 사회주의 대가정론과 사회정치적 생명의 부여자라며 김일성에게 무조건 충성을 요구하는 사회정치적 생명체론은 전체주의에 입각한 김일성의 지배를 정당화하는 논리다.

1980년대 중반 이후 사회 발전이 정체되고, 급기야 체제의 존립이 위태로워지면서 체제의 정당성을 강조하는 논리가 개발되었다. 조선민족제일주의와 과학적사회주의 등 새로운 논리로 '우리식사회주의'를 주창하면서 북한식 사회주의 체제의 정당성을 강조해 왔다. 북한은 김정일을 김일성의 유훈을 실천에 옮길 수 있는 '21세기 태양'으로, 결사옹위 정신과 총폭탄 정신으로 무장하여 목숨으로 보위해야 할 대상으로 부각시켜 왔다. 김정은도 마찬가지로 '21세기의 태양'으로 칭송하고 있다.

1994년 김일성 사망 후 배급이 중단되었고, 고난의 행군시기에 접어들면서 사경제 활동이 발달하면서 북한 주민들의 의식과 가치관에도 일정한 변화가 나타나고 있다. 즉 주민들 사이에는 돈과 금전의 이익을 중요시하는 시장 경제적 사고가 확산되고 있다. 집단주의보다는 개인주의나 가족주의 성향도 증대되고 있다. 그리고 자본주의 문화와 정보가 유입되면서 외부 세계에 대한 인식도 변화하고 있다.

1. 평등주의와 차별 의식

북한은 토지, 자본, 공장 등 생산수단을 국유화(집단화)하고 이념상으로 평등을 강조하여 왔다. 북한이 제시하는 평등 이념은 사회주의 혁명 및 권력의 1인 집중을 정당화하는 논리에 지나지 않았고, 실제로는 차별과 불평등 의식이 만연되어 있다. 북한 주민들은 당 간부의 부정부패, 성분에 따른 차별대우를 받아들일 수밖에 없는 실정이다.

북한정권은 사회주의 평등사회를 주장하고 있으나 실제로는 개인의 능력보다는 전 주민을 출신성분과 당성을 기준하여 3계층 45개로 성분 분류하여 진학이나 취업, 결혼 및 거주지까지 영향을 주고 있다. 평양에 거주하는 특권 계층과 일반 주민 간에는 의식주, 교육, 경제 활동과 같은 일상생활에서부터 정치 사회적 신분 상승 등 조직 생활에 이르기까지 각종 기회와 삶의 질에서 엄청난 차별을 받고 있다. 북한의 주민 성분 분류는 【표 2-1】과 같다.

【표 2-1】 북한의 주민 성분 분류

계층	내용
핵심계층 (핵심군중)	김일성 · 김정일 · 김정은과 그의 가족 및 친척을 비롯하여 북한체제를 이끌어가는 통치자 **※ 북한 전체 인구의 10% ~ 20%**
동요계층 (기본군중)	일반 노동자, 기술자, 농민, 사무원, 교원 및 그 가족 등 대다수 북한 주민 **※ 북한 전체 인구의 60% ~ 70%**
적대계층 (복잡군중)	정치범 출소자, 기독교 신자, 간부에서 철직(撤直)된 자, 당원자격을 박탈당한 자, 친일 친미 등 소위 불순분자 및 반동분자로 낙인찍힌 자 **※ 북한 전체 인구의 10% ~ 20%**

2. 집단주의가 잉태한 사회적 나태 현상

북한에서는 개인의 이익보다 집단주의적 가치관을 우선하며 생활화 하고 있다. 집단주의는 사회주의 및 공산주의 생활의 기초이며, 정치 · 경제 · 사회 · 문화 등 모든 분야에서 추구하는 가치다. 헌법에도"하나는 전체를 위하여, 전체는 하나를 위하여"라는 집단주의 원칙이 규정되어 있다. 집단주의에서는 경쟁이 있을 수 없기 때문에 개인의 능력이나 생산성보다 동지애 및 의리를 중요시한다.

집단주의는 공동 노력과 공동 보상을 전제로 하기 때문에 북한 주민들은 일상에서 '사회적 나태' 현상을 보인다. 이는 집단의 규모가 커질수록 개인의 기여도가 작아지는 현상이다. 겉으로는 열심히 노력하는 것처럼 보이지만 실질적인 성취도는 낮고, 이러한 사회적 나태 현상이 북한 경제의 생산성을 저하시키는 주요한 요인으로 작용해 왔다.

3. 집단주의를 위한 사회통제

북한은 당의 혁명 목적을 달성한다는 명분으로 개인의 자유 · 권리 · 이익을 제한하고 통제하며, 북한 주민 모두가 주체사상을 생활신조로 여기고 있다. 집단주의를 뒷받침하기 위해 사상통제, 조직생활 통제 등 다양한 통제수단을 동원한다.

집단주의와 사회통제의 결과는 실생활에서의 '선호위장(preference falsification)'으로 나타난다. 선호위장이란? 공적 선호와 사적 선호 간의 괴리 현상으로, 공장 · 기업소에서는 국가의 요구에 부응하지만, 개별 영역에서는 개인의 이익을 추구하는 이중적 가치관이다. 북한 사회가 표면적으로는 단결되어 있고 일사불란한 모습으로 움직이는 것 같지만 내면적으로 취약한 것은 선호위장의 결과물이다.

4. 수령중심주의와 집단사고

북한 권력의 정점에 수령이 존재하며 북한 주민의 일상생활은 수령과 함께하도록 요구된다. 북한 주민은 '수령의 교시'를 최고의 가치로 여기며 가슴에 단 배지('초상휘장')에서부터 가정 · 직장 · 사회 등 일상생활 구석구석에서 '수령과 함께' 생활한다. 모든 가정과 직장에는 김일성 부자의 사진을 걸어야 하며, 집안에서 가장 소중히 여겨야 할 대상으로 취급한다. 모든 교과서에는 단원별로 '수령의 교시'가 제시되어 있으며, 수업이 시작되기 전에 김일성 부자를 숭배하는 정치사상 학습을 진행한다.

수령중심주의는 결과물로 '집단사고(group-thinking)'를 잉태하였다. 집단사고란 집단 구성원들이 그 집단의 본래 속성에 부합하지 않는 정보나 대안은 무시하고 내리는 의사결정 방식이다. 북한 사회의 경직성은 수령과 체제에 대한 충실성에서 벗어나지 않기 위해 논란이 발생하거나 불편한 문제는 제기하지 않는 데 기인하고 있다.

북한 주민의 하루생활

북한 주민의 하루 생활은 연령과 직업, 출신성분과 당성을 기준으로 분류한 주민 성분에 따라 상이하지만 대체적으로 획일화되어 있다. 일반적인 주민은 오전 6시를 전후하여 기상하고 아침식사는 계층에 따라 다르나 잡곡밥이나 강냉이(옥수수)밥을 주식으로 먹는다. 나물국, 배추김치, 무생채가 일반 반찬이다. 계란이나 소시지를 먹을 수 있는 주민은 생활 형편이 좋은 계층에 속한다.

북한 주민은 직장에 따라 약간의 차이는 있지만 보통 오전 7시에서 7시 30분까지 출근한다. 출근은 평양 등 대도시의 경우 지하철이나 무궤도 전차 등 대중교통수단을 이용 하지만 지방에서는 30분~40분씩 걸어서 출근하는 주민도 많다. 출근을 하면 독보회 및 당 지시 사항 전달, 강연회 등 당 정치 사업에 참여 한다. 독보회는 노동신문을 보면서 토론하는 등 약 30분간 진행된다.

정규 작업시간은 오전 8시에서 12시까지 4시간, 오후 2시에서 6시까지 4시간 등 하루 8시간이다. 작업은 일반 노동자의 경우 50분 노동에 10분 휴식, 농민의 경우 100분 노동에 20분 휴식을 원칙으로 한다. 낮 12시에 오전 작업이 끝나면 오후 1시 까지 점심시간이다. 점심은 보통 공장 · 기업소 · 농장 등 작업장에서 도시락으로 해결하며, 직장이 인접한 주민은 집에서도 먹는다. 주로 잡곡밥이나 강냉이밥을 먹으며, 여유가 있는 가정은 김밥에 감자볶음이나 소시지를 먹기도 한다.

상당수의 여성들은 점심시간을 이용해 집에 가서 떡, 두부밥, 빵, 꽈배기, 밀주 등 장마당에 내다 팔 음식을 준비하기도 하고 농촌 지역의 여성들은 집으로 가는 도중에 나물 · 돼지풀 · 채소 등을 채취하여 집에서 사육하는 개, 돼지, 닭, 염소, 토끼, 오리 등에게 먹이를 주며, 오후 작업을 위해 농장에 나가기 전까지 텃밭에서 개인 경작을 한다.

점심시간이 끝나면 오후 1시에서 2시까지 사무직 등 정신노동자들을 중심으로 오침 시간을 가지며, **오후 일과**는 2시에 시작하여 6시까지 4시간 동안 실시한다. 농장원의 경우 일의 특성상 규정된 시간에 퇴근하기보다 하던 일이 어느 정도 마무리되어야 퇴근한다.

오후 작업이 끝나면 작업총화 시간이며 일주일에 1회 생활총화를 한다. 생활총화 시간에는 자신의 잘못을 뉘우치는 '자아비판'과 동료들의 과오를 지적하는 '호상비판 · 상호비판'을 하는데 비판 기준으로 김일성 · 김정일의 '교시'를 김정일의 '말씀'을 인용해야 한다. 이후에도 추가 노동을 하거나 학습회를 개최하기 때문에 북한 주민들은 평일에 개인 시간을 갖기가 쉽지 않다.

그러나 1994년 김일성 사망이후 고난의 행군시기에 들어서면서 하루생활은 많이 달라지고 있다. 이는 공장가동률이 저조하다 보니 노동자 상당수가 잡담을 하는 등 특별한 노동 없이 시간을 보내거나 일찍 퇴근하는 경우가 많아졌다. 출근부에 도장만 찍고 오전에 퇴근하여 장사를 하기도 한다. 일과 후 잔업도 유명무실해졌고, 학습회도 정기개최가 되지 않는다. 생활총화를 오전에 하는 조직도 생겨났다.

퇴근하면 개인 시간을 보낸다. 전기 사정이 나쁘기 때문에 되도록 일찍 저녁을 먹으려고 한다. 저녁식사는 아침식사와 비슷하기도 하지만 국수, 감자, 고구마 등으로 해결하기도 한다. 저녁을 먹고 난 이후는 개인 시간이라고 할 수 있다. 이 시간에는 남자의 경우 집을 수선하거나 동료들과 시간을 보내며, 여성의 경우 빨래와 집안청소를 한 후 장사를 나가는 경우가 많다. 농장원은 텃밭에 나가 김을 매기도 하고 산에 가서 땔감을 마련하기도 한다.

북한 주민의 생애주기

1. 유아기

북한에서 아기가 출생하면 보호자는 주거지 분주소(파출소)에 가서 출생신고서 양식을 받아와 인적 사항을 기재하고, 인민반장의 확인을 받아 동사무소에 가서 출생 등록을 하고 다시 분주소(파출소)에 출생 신고서를 제출한다. 이후 시(구역)·군 안전부에서 확인을 받아 직장 식량 취급자에게 제출한다. 출생신고서에 성명, 성별, 생년월일, 출생지, 거주지 등을 기록한다.

아이는 생후 3개월이 지나면 탁아소에 보내는 것이 일반 관행이었지만 지금은 가정에서 직접 양육하는 경향이 높다. 나이가 4세에 이르면 유치원(낮은 반)에 입학하기 시작하며, 5세가 되면 의무교육의 일환으로 유치원 높은 반에 편입된다.

2. 아동기·청소년기

6세가 되면 소학교(초등학교)에 입학해서 5년간 교육을 받고 11세가 되면 중학교에 입학하여 6년간 교육을 받는다. 5세에 유치원 높은반을 시작으로 소학교(초등학교)5년, 초급중학교(중학교)3년, 고급중학교(고등학교)3년 등 총 12년의 교육과정이 북한에서 말하는 '전반적 의무교육기간'이다.

7세가 되면 소년단에 편입되며 14세가 되면 '김일성사회주의청년동맹'에 편입되어 집단생활을 하면서 정치사상학습을 받는다.

3. 성년기

고급중학교(고등학교)를 졸업하면 보편적으로 대학진학, 군 입대, 직장배치 등 3개의 진로로 나아간다. 남자는 대부분 군 입대를 하고, 여자는 주로 직장에 배치를 받는다. 곧바로 대학에 진학하는 '직통생'도 있는데 이는 중학교 졸업생의 약 13% 수준으로 출신성분과 당성이 좋은 집안의 자식들이 대부분이다. 직통생 이외에도 대학에 진학하는 경우가 있는데 이는 군 생활과 직장으로 진로가 결정되어 생활 중에 당성을 인정받으면 추천을 통해 대학에 들어가는 경우이다. 고급중학교(고등학교) 졸업 후 직장으로 진로를 신청할 때 직장 배치는 본인의 의사와 상관없이 당에서 배치한다. 이때 기준은 능력과 적성이 아닌 출신성분과 당성이다.

북한에서는 사실혼을 인정하지 않는다. 혼인은 대부분 연애 위주로 하지만 농촌 지역에서는 아직까지 중매 전통도 남아 있다. 배우자를 찾을 때 혼인당사자의 의사가 많이 작용하는데 대부분의 혼인당사자들은 출신성분이 좋고, 경제적 능력이 있는 배우자를 많이 선호한다. 혼수는 대체로 여성이 장만하고, 결혼식은 결혼식장이 존재하지 않는 관계로 공공회관이나 신랑의 집에서 진행한다. 결혼식이 끝나면 공원이나 김일성 동상 앞에서 기념사진을 촬영하고 친지들을 찾아다니며 인사를 올린다. 신혼여행은 없으며, 신랑의 부모 집에서 첫날밤을 보내는 것이 일반적이다. 혼인 휴가는 1주일로 규정되어 있지만 보통 사흘정도 쉬고 출근한다.

4. 노년기

북한은 1960년대 김일성이 '60청춘 90환갑'이란 구호를 제창하면서 회갑이 사라졌으나 1970년대 부활 되었다. 그러나 북한당국은 낭비를 줄인다는 명목으로 혼인과 회갑 등의 행사를 간소하게 치를 것을 권장한다. 북한의 노인은 일을 하지 않으면 식량배급이 절반 이상 줄어들기 때문에 되도록 일을 하려고 한다. 일이 없으면 공원 등지에서 소일하거나 손자를 돌보기도 한다. 노년층은 배급이 중단되면서 가장 큰 타격을 받은 집단의 하나가 되었다.

북한 주민의 기대 수명은 2010년 기준으로 남자 64.9세, 여자 71.7세 (남한, 남자 76.8세, 여자 83.6세) 2020년은 남자 66.9세, 여자 73.6세 (남한, 남자80.3세, 여자 86.1세)이다. 장례는 보통 3일장이며, 1990년대 중반 이후 경제난이 지속되고 사망률이 증가하면서 1~2일장이 보편화되었다. 장례를 치를 때 남자는 검은 완장을 차고, 여성은 흰 리본을 머리에 꽂는다.

북한 주민의 조직생활

북한 주민의 생애주기에서 가장 두드러진 특징은 조직생활이 일상화 되어있다는 점이다. 북한당국은 통치안정, 집단주의 유지, 경제적 동원 등을 위해 조직생활을 강요하고 있다. 북한 주민은 출생에서 사망에 이르기까지 조직생활이 일상화되어 있다고 해도 과언이 아니다. 즉 북한의 어린이는 출생 후 3개월 정도가 지나면 탁아소 생활을 시작으로 조직생활을 익히게 되고, 정규 교육 과정에 들어가면 소년단과 김일성사회주의청년동맹에 의무적으로 가입해야 한다. 성인이 된 이후에도 노동당이나 직업총동맹, 농업근로자동맹 등 노동당 외곽단체에 가입해서 활동해야 한다. 직업이 없는 전업주부인 경우도 민주여성동맹에 가입하여 활동해야 한다. 북한 주민의 조직생활 및 조직현황은 【표 2-2】와 같다.

【표 2-2】 북한 주민의 조직생활 및 조직현황

단체명	가입 대상	조직 규모	구성 방법 및 활동	비고
소년단	소학교 2학년 이상	미상	- 소학교 2학년부터 순차적 가입 - 조직생활, 토끼 기르기 등 과업 수행	7~13세
김일성 사회주의 청년동맹 (청년동맹)	학생, 군인, 사회인	약 500만 명	- 당원을 제외한 해당연령층 - 사상교양, 당 후비대 사업, 경제건설, 통일 및 대남 정책 지원 등	14~30세
민주여성 동맹 (여맹)	여성	약 20만 명	- 다른 단체에 속하지 않은 여성 - 당후비대 사상 · 교양 · 노력동원	31~65세
농업근로자 동맹 (농근맹)	협동농장원	약 130만 명	- 농업에 종사하는 근로자 - 사상교양, 농촌사업지도	31~65세 (여60)
직업총동맹 (직총)	노동자, 사무원	약 160만 명	- 노동자, 사무원, 직장단위조직 - 사상교양, 기술 습득, 자력경쟁 지도	

출처 : 통일부 통일연구원 ‘2024 북한 이해, 인용

의식주 생활

1. 식(食)생활

북한 주민의 식량조달은 배급과 장마당(시장)에서 구입하는 방법이다. 배급에 의한 방법은 전통적 · 제도적 식량 조달 방법이다. 북한에서는 연령과 직업을 기준으로 식량 공급 급수를 책정하며, 이 급수에 따라 식량을 차등 공급하여 왔으나, 실질적으로는 식

량배급 역시 계층을 구분하여 실시하고 있다. 그러나 식량부족의 이유로 배급 중단 사태가 자주 생기며 배급할 경우도 정량이 지켜지지 않는다. 북한 주민의 계층별 배급체계는 【표 2-3】과 같다.

【표 2-3】 북한 주민의 계층별 식량 배급체계

방법	계 층	배급량	비 고
무상배 급	당 · 정 핵심간부, 김정은 비서 및 서비스 요원 등	쌀 700g (전량 백미)	15일
	인민무력성, 보위국 등 국가봉사자 (비급여자)	800g (백미: 잡곡, 5:5)	매일
국가공 급	관직소유자(공무원)	700g (직급에 따라 백미: 잡곡, 7:3~5:5)	15일
	노동자, 사무원 등	700g (직급에 따라 백미: 잡곡, 5:7~2:8)	15일
결산분 배	협동농장근무자	노동일수에 따라 배급	수확 후

연로보장(노인우대)을 받는 노부모와 직장에 배치되기 전의 자녀, 세대주의 부양을 받는 가두여성(전업 주부)들의 식량배급표는 세대주의 직장에서 나눠 준다. 협동농장농민은 1년에 한 번 '결산분배'로 배급받는다. 각 농장원이 받는 결산분배량은 작업반의 목표 달성도에 따라 정해진다. 예를 들어 자신이 속한 작업반에서 원래 계획의 80%를 달성하면 정해진 분량의 80%를 받는다. 따라서 분배량은 작업반에 따라 달라질 수 있지만 같은 작업반에서 같은 양의 분배를 받는다고 할 수 있다.

물론 식량은 정해진 날짜에 정해진 양이 공급되는 것은 아니다. 이미 1980년대 부터 애국미 명목으로 10%를 감축하고, 다시 전쟁비축미 명목으로 12%를 감축하는 등 식량배급을 지속 줄여왔다. 배급도 한 달에 한번하기도 하고 한두달씩 건너뛰기도 하였다. 경제난이 심화되는 1995년 말에 이르러서는 특정 계층을 제외하고 배급을 중단 하였다. 이 시기를 일컬어 '고난의 행군시기'라 한다.

식량이 부족하고 배급체계가 와해된 상황에서 상당수의 북한 주민들은 스스로 식량을 구입할 수밖에 없게 되었다. 농촌 지역에서는 산에서 나물을 채취하거나 농장에서 식량을 훔치는 사람도 늘어났다. 텃밭과 뙈기밭 등 개인 경작지를 가꾸거나 돼지나 염소를 키우는 농민도 증가했다. 도시 주민들도 텃밭을 갖는 경우가 있기는 하지만 식량을 구입하는 곳은 주로 장마당이다. 장마당은 1990년대 중반 이후 생겨났으며, 아직까지도 생필품 대부분은 장마당에서 구입한다.

북한 주민들의 식생활은 2009년 11월 말 실시된 화폐개혁 조치로 인해 또 다시 난관에 부닥쳤다. 보유 화폐가 유명무실하게 되었으며 구매력이 급격히 하락하였기 때문이다. 주민들의 반발이 심해지자 화폐개혁과 함께 금지된 장마당은 다시 허용되었지만 극심한 인플레 현상을 보이면서 일반 주민들의 식생활은 여전히 어려운 것으로 보인다.

2. 의(衣)생활

북한 주민은 지금도 국영상점에서 의류와 생필품을 공급받거나 구매할 수 있지만 공급량이 충분하지 않고 품질도 좋지 않기 때문에 대부분 북한주민은 시장을 이용한다. 과거 공급체계가 원활하게 돌아갈 때는 인민반에서 공급카드를 발급받은 뒤 각자 상점에 카드를 제시하고 옷감과 의복을 국정가격으로 구매하여 사용하였다.

의복 또한 식량과 마찬가지로 당국에서 배급토록 제도화되어 있다. 북한당국은 의복도 계층별 차이를 두고 있다. 중앙공급 대상자와 일반공급 대상자로 나누어 중앙공급 대상자는 고급모직물을 배급 받는다. 그러나 급수가 낮아질수록 반 모직이나 질이 나쁜 옷감을 받는다. 털모자, 면장갑, 셔츠, 블라우스, 스타킹, 운동화 등과 같은 보조 의복들은 공급대상 품목이 아닌 자유판매품이기 때문에 개인이 구입한다.

1990년대 경제난을 겪으면서 의복공급은 사실상 식량 배급 보다 먼저 중단되었다. 다만 학생복은 지금도 배급을 진행한다. 예전에는 2년에 한 벌 무상으로 공급했지만 최근에는 국정가격으로 공급한다. 국정가격은 장마당 가격보다 훨씬 저렴하기 때문에 학부모들이 선호하지만 공급 물량이 부족해 학생복 구입도 장마당에서 이루어진다.

제7북한 주민의 의생활도 시대에 따라 변천해 왔다. 북한 주민의 복장이 변화된 계기는 1989년 평양에서 개최된 '제13차 세계청년학생축전'이라고 할 수 있다. 당시 평양을 방문한 외국인들의 세련되고 활달한 차림새는 북한 주민에게 충격으로 다가왔다. 외국인의 옷차림이나 머리 모양새를 흉내 내는 주민이 증가하기 시작하였다. 옷차림이 눈에 띄게 활달하고 화려해지고 화장도 진하게 하는 등 외모에 많은 신경을 쓰게 되었으며 다양한 헤어스타일도 등장하였다.

1990년대는 당국이 '민족전통'을 강조하자 매체에서 여성들의 '조선옷' 차림을 선전하는 등 전통 복장을 강조하기 시작하였지만, 2000년대 들어 다시 변화를 보이고 있다. 짧은 치마와 단정한 정장스타일은 대표적인 변화이다. 헤어스타일과 가방 등 액세서리도 서구적으로 변화하고 있다.

오늘날 북한 여성의 옷차림은 다소 다양하다고 할 수 있지만, 생활고로 말미암아 옷을 여러 벌 구입하는 것은 쉽지 않다. 일반 주민들은 점퍼나 스웨터 · 인민복 · 작업복 차림이며, 주로 짙은 색 계통의 옷을 입는다. 젊은 여성의 경우 머리를 손질하고 가볍게 화장하는 것이 일반적이다. 2011년 이후 북한이탈주민 중 90% 이상은 북한에 거주할 때 옷을 시장에서 구매했다고 증언한다.

3. 주(主)생활

북한에서 주택은 국가예산으로 건립하고 주민들은 사용료를 내고 사는 게 북한 주민의 주거생활 이다. 때문에 개인은 주택을 건축할 수 없고 개인소유도 허용되지 않는다. 그러나 1980년 대 중반이후 주택난이 악화되면서 불법적으로 시장화가 진전되었고 현재 일부는 개인 간 주택을 거래하고 있다. 거래 이유는 빨리 주택을 배정받아야 하고 더 좋은 주택으로 옮겨갈 목적에서 주택을 거래한다.

거래 방식은 구입하고자 하는 주택에 동거인으로 등록한 뒤 세대주를 변경하는 편법을 써서 주택을 거래하고 있다. 이렇게 볼 때 북한 주민들은 비록 주택의 소유권은 없지만, 돈만 있으면 좋은 집으로 옮겨가 살 수 있는 것이다.

북한당국의 주택 배정도 역시 성분 분류에 의해 이루어지고 있다. 직장과 직위를 기준으로 1호~4호, 특호 등 모두 5개 유형으로 배정된다.

1호로 분류되는 말단 노동자 및 사무원, 협동농장원은 방 1~2개와 부엌이 딸린 집단공영주택 또는 방 2개에 부엌과 창고가 딸린 농촌문화주택을 배정받는다. **2호**인 학교 교원이나 일반노동자는 방 1~2개에 마루방과 부엌이 딸린 일반아파트를 배정받는다. **3호**인 기업소 부장, 중앙기관지도원, 도 단위 부부장은 방 2개에 부엌과 창고가 딸린 중급 단독주택을 배정받는다. **4호**인 중앙당 과장급, 내각 국장급, 대학교수, 기업소 지배인 등은 방 2개 이상에 목욕탕, 수세식 변소, 냉 · 온방, 베란다 시설이 있는 아파트를 배정받는다.

특호로 분류되는 중앙당 부부장, 내각 부상, 인민군 소장급 이상은 독립식 다층 주택으로 정원, 수세식 변소, 냉·온방 시설이 갖춰진 고급주택을 배정받는다. 주택 배정은 직장과의 거리를 감안해서 이루어지기 때문에 직장을 옮길 경우 주택을 다시 배정받기도 한다. 당·정·기업소 간부들의 주택보급률은 거의 100%라고 할 수 있다. 특히 올림픽이나 세계선수권대회 등 국제대회에서 우승한 체육인에게는 평양시 만경대구역 팔골동에 위치한 원통형 아파트와 함께 개인 승용차를 제공하기도 하였다.

그렇지만 북한 일반 주민의 주택보급률은 50~60% 수준에 불과하다. 주택을 신청하고 '입사증'[1]을 받기까지 4~5년이 걸리며, 최근에는 10년을 기다려도 주택을 배정받기 힘든 것으로 알려졌다. 따라서 신혼부부도 입사증이 나올 때까지 부모와 함께 살거나 아파트 한 채에 2세대가 더불어 사는 '동거살이'를 하는 경우가 대부분이다.

특히 낡고 오래된 주택들이 빼곡히 들어서 있는 북중 접경도시에는 이른바 '하모니카'라 불리는 주택들이 많이 있다. 하모니카 주택이란, 하나의 주택을 서너 개에서, 대여섯개로 칸을 쪼갠 주택을 말한다.

해산 출신의 북한이탈주민은 "경제적으로 여유가 부족한 집들이 칸을 막아요. 막은 칸 마다에 한 세대가 거주 하다 보니까, 거기에 온돌 깔고 부엌 만들고 하다 보니 집 하나에 굴뚝이 여러 개가 나오는 거에요. 그러다 보니 옆집에서 작은 소리 하나까지 다 들립니다."라고 증언하였다. 북중 접경도시에서 촬영한 북한의 하모니카 주택은 【사진 2-1】과 같다.

1) 특정 주택에 입주할 수 있는 권리를 명시한 증명서다. 북한에서 주택은 개인소유가 아니라 국가 소유물이다. 따라서 국가가 주택을 배정하고 입사증을 배부하기 때문에 새 주택에 살기 위해서는 입사증이 있어야 한다.

【사진 2-1】 북중 접경도시에서 촬영한 북한의 하모니카 주택

출처: KBS

이외에도 북한에서는 "사람에게는 오장육부가 있듯 가정에는 5장 6기가 있어야 한다. 라고 북한이탈주민들은 증언한다. 5장은 이불장, 양복장, 책장, 신발장, 찬장을 이르고 6기는 TV수상기, 냉동기, 세탁기, 재봉기, 선풍기, 사진기 또는 녹음기 이다.

권력층의 경우 5장 6기를 갖추고 있을 뿐만 아니라, 외제가구와 가전제품을 소유하기도 한다. 그러나 일반 주민은 5장 6기를 다 갖추기도 힘들고, 신부가 시집갈 때 2장 3기만 갖춰도 만족스럽게 여기는 실정이다

여가 생활

북한 주민은 생산 활동은 물론 생산 외 조직 활동에 참여해야 하며, 정규 일과 후에도 개인장사 등 부업으로 바쁘기 때문에 하루 일과에서 여가를 찾기가 쉽지 않다. 더욱이 열악한 전기 사정으로 인해 일찍 취침을 해야 하기 때문에 여가를 즐길 수 있는 시간은 더욱 짧을 수밖에 없다.

비록 제도로 보장된 여가 시간은 많지 않지만 북한 주민도 기회를 활용하여 여가를 즐긴다. 북한 주민이 가장 빈번하게 즐기는 여가활동은 TV 시청이다. 일부 부유층에서는 북한의 열악한 전력공급체계를 고려하여 정전에 대비한 축전지를 준비한다. 축전지가 없는 일부 가정에서는 기업소 전기 담당자에게 돈을 주고 기업소 전기를 가정으로 몰래 인입하여 사용하기도 한다.

2000년대 들어서면서 남한의 드라마가 북한 주민들 사이에서 불법적으로 유통되고 인기도 매우 높다. 젊은 층에서는 몰래 남한 드라마를 시청하기 위해서 야간시간을 주로 이용한다. 이때 불빛이 집 밖으로 세어나가는 것을 막기 위해 창문을 담요로 막고 두꺼운 솜이불을 뒤집어쓴 채 남한 드라마를 시청한다.

음주가무는 옛날부터 우리 한민족이 즐겨온 여가이다. 북한 주민들도 예외가 아니다. 친구의 결혼식 등 대중이 많이 참석하는 행사 때는 〈김정일 장군의 노래〉 등 정치성 짙은 노래, 〈사랑 사랑 내 사랑〉 등 연속극 주제가, 〈휘파람〉 등 서정가요를 주로 하지만, 비공식 모임에서는 〈그때 그 사람〉 〈사랑의 미로〉 〈존재이유〉등 주로 남한 노래의 인기가 매우 높다. 2000년대 들어 우리가 즐겨 부르는 〈두만강〉 〈찔레꽃〉 〈홍도야 울지마라〉 등 '흘러간 노래'가 '계몽기 가요'라는 명목으로 해금되면서 북한 주민들도 이런 노래를 공공장소에서 많이 부른다. 평양에는 노래방('화면반주 음악실')도 운영되고 있다.

북한 주민도 낚시 등 놀이를 즐긴다. 낚시는 북한 주민의 주요 취미활동 가운데 하나로 낚시를 해서 잡은 물고기는 주민들이 좋아하는 식량이자 안주감 이다.

김정은 시대 들어서는 체육활동이 주요 여가활동으로 강조되고 있다. 체육활동 중 배구는 직장에서 일이 없을 때 직장 동료들과 함께하는 스포츠다. 강이나 해안에서 수영을 하기도 한다. 평양 인근에 골프장이 들어섰지만, 외국인과 특권층만 할 수 있는 스포츠라고 할 수 있다.

북한 주민이 일상에서 즐기는 여가활동으로는 독서와 주패놀이가 있다. 장기와 바둑을 두는 주민도 꾸준히 늘고 있지만 아직은 보편화된 오락이라고 하기 어렵다.

한편 북한에서는 남한 주민들이 즐기는 여행은 여전히 통제된다. 시(구역)의 경계를 벗어날 때는 여행허가증이 있어야 하며, 전통적으로 개인 용무의 허가증은 발급되지 않았다. 그러다가 식량난이 발생하면서 여행증이 쉽게 발급되고 불법적 여행도 묵인되는 등 사적 여행이 다소 빈번해졌다. 여행의 빈도가 높아지면서 정보유통도 원활해지고 있다. 북한 주민의 여행은 대부분 장사와 관련되어 있어서 진정한 의미에서 여가라고 보기는 어렵다.

명절과 기념일

북한 「조선말대사전」 (1992)에는 북한의 명절은 크게 국가적 명절, 경축기념일, 국제기념일, 그리고 민속명절로 구성하고 있다. 국가적 명절은 "나라와 민족의 륭성발전에서 매우 의미 깊고 경사스러운 날"로 **김일성 생일(4월 15일, 태양절)과 김정일 생일(2월 16일, 광명성절)을 "우리 인민의 민족 최대의 명절"**로 규정하고 있다.

김일성 생일의 경우 1972년부터 '민족 최대의 명절'로 규정했고, 김일성 사후인 1997년에 이날을 '태양절'로 정하고 김일성의 출생 연도인 1912년을 원년으로 하는 '주체연호'를 사용하기 시작했다. 예를 들어 '2018년 4월 27일을 북한에서는 주체 107년(2018)4월 27일로 표기하고 사용'한다. 김정일 생일의 경우는 1976년에 '국가적 명절', 그리고 1995년에는 '민족 최대의 명절'로 규정했다.

김일성 생일과 김정일 생일은 다른 명절과 달리 '충성의 편지 이어달리기' 등 행사가 다채롭고, 북한에서 구하기 어려운 설탕과 식용유 등을 특별 배급품으로 제공한다. 따라서 북한 주민들은 김일성 생일과 김정일 생일을 특별배급품이 없는 '껍데기 명절'과는 다르다는 인식을 가지고 있다.

이밖에 국가적 명절로는 조선인민군창건일(2월8일), 조국해방전쟁승리기념일(7월27일, 정전협정체결일), 조국해방의 날(8월15일, 광복절), 조선민주주의인민공화국 창건일(9월9일, 정권수립일), 노동당 창건일(10월10일), 헌법절(12월27일), 소년단 설립일(6 · 6절)이 있다. 2012년부터 어머니날(11월16일), 2013년부터 선군절(8월25일, 김정일 선군혁명영도 개시일) 그리고 2015년에는 김정일 당 사업 개시일(6월19일) 을 공휴

일로 제정하여 시행하고 있다.

민속명절은 양력설과 음력설(1월1일), 정월대보름(음력1월15일), 청명절(4월4일, 동지[冬至] 후 100일 되는 날), 추석(음력8월15일) 등 전통으로 지켜 오는 명절이다. 이날이 되면 윷놀이와 농악무, 민족음식 품평회를 비롯한 다양한 행사를 진행하고, 씨름경기를 개최하는 등 명절 분위기를 돋우지만 대다수 주민들은 민속명절에 큰 의의를 부여하지 않는다.

북한이탈주민들은 '민속명절은 명절이라고 생각하지 않는다. 설날에는 새해 축하 인사, 제사, 성묘를 지내는 게 명절의 전부이다. 제사는 모든 가정에 의무적으로 부착해야 하는 김일성 · 김정일의 초상화에 먼저 인사를 하고 난 뒤에 차례를 지낼 수 있다.' 고 이야기한다. 북한의 고위층들이 살고 있는 평양의 설 명절 풍경은 【사진 2-2】과 같다.

【사진 2-2】 평양의 설 명절 풍경

출처 : 통일부 통일교육원, 2024 북한이해

보건 · 복지

북한사회 보건생활의 제도적 특징은 무상치료제도와 예방의학제도이다. 북한 헌법에는 "공민은 무상으로 치료받을 권리를 가진다."라고 되어 있고 이를 근거로 북한 「인민보건법」은 모든 약의 무료 제공, 진단 · 실험검사 · 치료 · 수술 · 왕진 · 입원 · 식사 등 환자 치료를 위한 모든 과정과 근로자 요양 등이 무료라고 법제화 되어있다. 이 외에도 인민보건법에서는 국가의 질병 예방 활동을 강조하고, 예방치료 사업을 위한 의사 담당 구역제를 운영하는 등 예방의학 제도도 갖추고 있다.

그렇지만 경제난과 시장화를 거치면서 이러한 제도는 현실의 거리와는 매우 크게 벌어져 있다. 일부 북한이탈주민은 '진료, 입원, 수술, 약품 등 일련의 치료과정에서 국가가 지원해 주는 부분은 많지 않다. 개인이 부담해야 하는 부분이 많다. 특히 수술이나 입원을 했을 경우 담당 의료진에게 수고비 명목의 현금 혹은 식사 대접 등의 성의를 표시해야 치료과정에서 도움을 받을 수 있다. 라고 증언하였다.

2024년 북한의 보건환경 현황은 북한 의사 · 약사[2]는 91,550명으로. 북한주민 만명당 의사 · 약사 는 36.4명에 불과하다. 영아 사망률[3]은 2015년에서 2020년 기준으로 출생아 천 명당 약 14명 (남한 약2 명)이고, 5세 이하 사망자는 약 18명(남한 약 4 명), 5세 미만 만성영양 장애는 2017년 기준으로 약 19명(남한 0명)이다. 이와 같은 보건환경 현황은 북한이 남한에 비해 얼마나 많이 열악한 환경인지를 대변해 주고 있다.

복지의 기본인 사회보장 역시 제도적으로는 갖추어져 있다. 북한의 「사회보장법」은 나이가 많거나 병 또는 신체장애로 노동능력을 잃은 사람, 돌볼 사람이 없는 노인, 어린이 등을 사회보장 대상으로 정하고 사회보장연금과 보조금을 지불하도록 했다. 이외에도 국가는

「사회주의로동법」에 따라 노동자가 일정한 근속연한을 채 우면 남자는 60세, 여자는 55세 이후 퇴직 시 연로연금을 지급해야 만 한다. 하지만 북한이탈주민들에 따르면 '이러한 제도는 1990년대 경제난 이후로 북한의 재정적 상황에 의해 잘 지켜지지 않고 있어서 주민생활에는 도움이 되지 않는다.'라고 증언하고 있다.

---

2) 북한 거주자와 해외거주자를 포함한 의사, 치과의사, 한의사, 위생 의사, 약사 수이다.
3) 1세 미만에 사망한 영아수를 그 해 1년 동안 태어난 총 출생아 수로 나눈 비율로서 보통 1,000분비로 나타낸다. (중위가정)

북한의 종교

북한은 헌법상으로 종교의 자유를 보장하고 있지만 실제로는 진정한 의미의 종교의 자유가 존재하지 않으며 주체사상을 근간으로 하는 '김일성주의'를 신격화하고 있는 국가라고 할 수 있다. 북한은 2001년 이후 '종교자유 특별 우려국'으로 지정돼 왔으며, 유엔인권조사위원회와 국제종교단체는 "북한이 종교의 자유를 비롯해 주민의 권리와 인권을 억압하는 반인도적 범죄를 자행하는 가장 혹독한 종교탄압국가"로 규정하고 있다. 로마 가톨릭 교황청 '국제가톨릭사목원조기구'도 '북한을 전 세계에서 종교 박해가 가장 극심한 나라 가운데 하나로 지목했다.

1. 종교관

북한당국의 종교에 대한 견해는 마르크스의 종교관과 유사하다고 할 수 있다. 마르크스는 자본주의 사회의 종교는 부르주아 계급의 지배를 정당화하고 피착취 계급의 혁명 의식을 약화시키는 등 부정적 역할을 한다고 본다. 마르크스가 "종교는 아편이다"라고 말했을 때 이는 노동자들이 그들을 착취하는 사회구조에 대한 혁명의식을 마비시키는 역할을 한다는 의미다.

북한은 종교를 봉건시대의 낡은 잔재인 '미신'에 불과하다고 주장하고 있으며, 김일성의 종교관도 '종교는 아편과 같은 것이다'라는 종교관을 가지고 있다. 이러한 여러 가지 이유로 북한은 국제사회의 인권 압박에 대응하여 형식적으로나마 헌법에 '공민은 신앙의 자유를 가진다'고 규정하고 있으나 실제로는 북한에서 종교가 인정된다는 실질적인 근거는 찾아보기 힘들다.

2. 종교 실태

북한의 종교는 북한 당국의 탄압으로 인해 1960년대에 종교 자체가 모습을 감추었다. 그러나 1972년 남북대화가 시작되면서 그간 유명무실한 단체였던 이른바 조선기독교도연맹, 조선불교도연맹, 조선천도교회 중앙지도위위원회 등이 활동을 재개하였다.

오늘날 북한에는 위의 단체들을 포함하여 조선 카톨릭협회(조선천주교인협회에서 출발)가 있으며 이를 아우르는 조선종교인협의회가 있다. 북한은 1980년대 이후 일부 종교시설을 설치하고 그 시설들을 외부와 교류하는 거점으로 활용하였다. 1988년에는 평양에 장충성당과 봉수교회가 건립되었고 그 이듬해에는 칠골교회가 건립되었다. 북한은 남한의 종교단체를 평양에 초청하여 남북한 동시미사, 공동예배, 동시법회를 개최하기도 하였다. 특히 2003년에는 북한의 종교인 105명이 서울을 방문하여 우리 종교인들과 '3 · 1 민족대회'를 가지기도 하였다. 2018년 기준으로 북한의 종교현황은 【표 2-4】와 같다.

【표 2-4】 북한의 종교 현황 (2024년 기준)

구분	시설(개)	산자(명)	교직자(명)
계	122	42,005	855
개신교	3	13,000	300(목사 30)
천주교	1(공소 2)	4,000	0
불교	65	10,000	300
천도교	52	15,000	250
러시아정교	1	5	5

출처 : 북한인권정보센터, 북한 종교자유백서 인용

기타 생활

북한 주민들은 취사와 난방에 필요한 에너지 부족으로 이중고를 겪고 있다. 북한의 최상류층이 거주하고 있는 평양에도 이러한 문제는 예외가 아니다. 평양에서 대학을 다니다가 온 한 북한이탈주민은 '평양의 아파트에도 겨울철 난방이 되지 않고 취사용 연료도 부족하여 아침을 굶고 출근하는 사람이 많다. 대부분의 평양주민들은 화력이 강한 착화탄(직경 약 20Cm, 높이 약 10Cm 크기의 구멍탄)으로 취사문제를 해결하고 있으나 가스(일산화탄소)가 많이 발생되어 하루 종일 머리가 아프다. 또한 착화탄을 피우기 위해서는 나무가지가 필요하기 때문에 평야주변의 공원에는 나무 가지를 찾아보기 힘들다'라고 증언하였다. 착화탄은 【사진 2-3】와 같다.

【사진 2-3】 착화탄

또한 북한군 기계화부대에서 군관(장교)으로 근무하다 온 한 북한이탈주민은 전차, 장갑차, 차량 등 기동장비에 들어있는 기름을 훔쳐 밀거래를 통해 난방비 등 생활비를 충당한다. 이러한 사례가 빈번해지자 북한당국이 검열을 하였으나 연료통에 물을 채워 놓고 검열을 받아 지적을 받지 않았다. 하지만 기름대신 물을 채워넣은 장비는 시동이 걸리지 않아 기동훈련에 참가하지 못했다. 이런 문제를 야기한 기동장비는 부대 기동장비의 약 70% 수준이다. 그리고 마을 주변의 산은 대부분 민둥산(산지 전체가 심한 침식지, 나지상태의 산지)이다. 취사용과 난방용 땔감으로 사용하기 위하여 산에 있는 나무를 벌목하기 때문이다. 라고 북한의 심각한 연료난과 이에 따른 부작용을 증언하였다.

이러한 북한의 에너지난은 도미노 현상으로 이어지고 있다. 에너지부족으로 탄광들의 석탄생산량이 크게 하락하면서 화력발전소의 전력생산에 차질을 빚어 공장과 가정용 전기가 부족하여 공장들이 잇따라 멈춰서고 가정의 전기는 잘 공급되지 않는 전력난으로 이어지고 있는 것이다. 북한 주민들의 일상생활을 더욱더 고달프게 하고 있는 것이다. 북한의 전력난 현상은 【사진 2-4】와 같다.

【사진 2-4】 북한의 전력난 현상

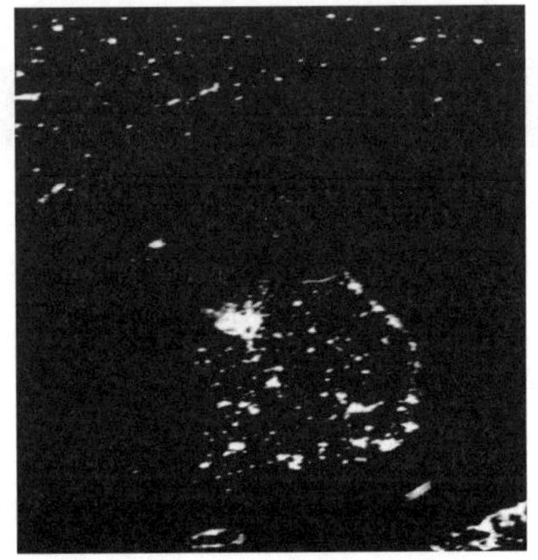

제2절

북한 주민의 일탈과 사회통제

하나의 사회는 구성원이 규범을 준수하여야 그 사회의 질서가 유지된다. 그렇지만 현실은 상당수의 구성원이 규범을 이탈하고 있다. 이러한 행동을 사회일탈이라고 한다. 그러나 북한은 체제 특성상 북한 주민의 일상생활 대부분을 통제하고 있어 북한 주민의 일탈은 많지 않았었다. 하지만 1990년대 경제난이 심화되면서 고난의 행군시기를 맞이하게 되었고, 이시기에 통제가 이완되면서 북한주민의 사회일탈 및 범죄가 급증하였다. 그러나 북한당국은 언론을 장악하고 있어 북한주민의 범죄 내용을 공표하지 않고 있다. 따라서 북한 주민의 일탈을 파악하기란 매우 어려운 현실이다.

북한 주민의 일탈과 범죄

북한은 고도의 통제 사회이다. 따라서 북한의 사회질서는 비교적 안정적 수준으로 유지되고 있다. 그러나 1990년대 중반부터 시작된 경제난과 식량난의 심화, 북한 핵심계층의 부정부패 행위 만연, 사회 전반에 걸친 물질만능 풍조 확산으로 북한 주민의 사회 일탈과 범죄행위는 하나의 사회생활양식으로 자리 잡아가고 있다.

북한의 범죄 행위 중 경제범은 주로 생계유지나 금전적 이득을 위해 행하는 불법 경제 활동으로 절도죄, 밀수죄 등 북한 형법상 주로 경제 질서를 침해한 범죄가 여기에 해당한다. 경제범은 1990년대 중반을 지나면서 발생 빈도가 급증하고 있는데 대부분 절도범이다. 절도의 대상은 국가소유의 양곡 창고와 기타 생필품 배급소, 공장의 부품과 자재, 농작물, 전화선과 전기선, 문화재 등이 있다. 개인의 물건을 대상으로 한 절도는 주로 장마당, 역, 기차에서 상인이나 여행객을 대상으로 한다.

이 밖에도 공갈 및 사기 범죄도 확산되었다. 불법 상행위는 단속과 묵인을 반복할 정도로 하나의 일상사가 되었다. 사회질서가 이완되면서 북한 주민들간 폭행사건이 자주 발생한다. 금전적 이권을 둘러싸고 종종 패싸움도 벌어지며, 경우에 따라서는 상해·살인으로 연결되기도 한다. 인신매매도 매우 치밀하게 조직을 갖춰 이루어지고 있다. 주로 '결혼'을 미끼로 하여 여성들을 중국의 한족이나 조선족 동포들에게 넘겨주고 돈을 챙긴다.

성(性)매매 행위도 급격하게 증가하고 있다. 주로 장마당이나 역 주변에서 이루어진다. 장마당의 경우 젊은 여성들이 장사꾼을 대상으로 매춘하며, 역 주변에서는 '대기숙박업'[4]을 하면서 매춘 행위를 겸하는 것이 일반화됐다.

북한이탈주민들은 북한 사회를 일컬어 "돈 없이 되는 일도 없고, 돈 가지고 안 되는 일도 없다"라고 한다. 그만큼 권력형범죄[5]가 만연되어 있다는 것이다. 여행허가증 발급, 상급학교 진학, 직장배치와 진급, 주택배정, 건강진단서 발급 등 이권 행위는 물론 암시장거래나 무단이동 또는 교통법규 위반 등 불법행위를 묵인하는 조건으로 뇌물수수가 이루어진다.

북한 국가보위성, 인민보안성 간부들이 국경 밀무역에 은밀히 개입하고 있으며 군인들도 뇌물을 받고 북한을 이탈하는 주민들을 은밀하게 도와주고 있다. 이것뿐만이 아니라 농부들이 땀 흘려 경작한 농작물을 훔쳐가고 주민들의 생필품도 훔쳐 가는 일도 흔히 발생한다.

북한의 권력자들은 국가재산이나 배급물자를 유용하기도 하며 일부는 고리대금업으

4) 열차를 기다리는 사람(대부분 상인)에게 숙식을 제공하는 신종 업종
5) 지도적 지위를 가진 자들이 업무수행 과정 또는 우월한 지위를 이용해 저지르는 범죄

로 부를 형성하기도 한다. 사례금 착복도 새로운 유형의 범죄로 나타나고 있다. 북한에서는 외부로부터 받은 선물이나 기타 물질적 사례에 대해서는 신고하도록 제도화되어 있다. 그러나 대부분 신고하지 않고 개인이 착복하는 것으로 알려져 있다.

사회통제

북한의 사회통제는 당, 국가보위성, 인민보안성 등 권력기관이 담당하여 왔다. 그러나 1990년대 후반부터 사회질서 이완과 선군정치 실시로 군이 직접 사회통제에 가담하게 되면서 사회통제는 당 · 정 · 군의 3원 구조를 이루고 있다.

북한의 노동당은 헌법에 우선하는 최고 권력기관이자 북한 사회의 전 분야를 조직하는 중추 기관이다. 일반 주민을 직접 통제하는 당의 하부 조직으로는 시(구역) · 군 당위원회가 있고, 당원 5명~30명까지 통제하는 당세포가 있다. 당은 당원들에게 행정기관과 일반 주민생활에서 나타나는 문제에 대하여 당 조직에 보고할 의무를 부여함으로써 주민들의 생활을 통제한다.

북한 주민들의 동향을 감시 · 감독하는 정치사찰 행정기관인 국가보위성과 인민보안성은 주민들의 사상 동태를 감시하고 반당 · 반혁명 세력을 색출하기 위하여 운영되고 있다. 보위성은 중앙에서부터 도 · 시(구역) · 군 · 리 · 동, 기관 · 기업소 및 군부대에 이르기까지 요원을 파견하여 행동을 감시하고 인민보안성은 공공질서의 유지 · 강화, 국가의 재산보호 기능을 수행하며 주민들의 사상동향을 감시 · 적발하여 처벌하고, 개인의 신원조사와 사생활 감시를 한다. 인민보안성은 각 도와 시(구역) · 군에 보안서를 두고 있으며 분주소(파출소)를 운영하고 있다. 보안원은 현역 군인이나 제대군인 가운데 출신성분과 당성을 고려하여 선발한다. 이외에도 인민반과 각종 학습반을 동원하여 2중, 3중으로 통제하고 있으며 인민반은 통상 20~30가구로 구성되며 반장과 선동원 등이 감시 · 감독한다.

북한당국은 1990년 후반 경제난과 사회일탈 증가 등 체제위기 요인이 증대되자 '선군정치'(군의 영향력을 북한사회 전 영역에 투영(投影)하고 있는 제도)를 통해 군대가 직접 사회통제에 나서기 시작했다. 군 요원이 단위 기관을 비롯해 기업소와 협동농장에 파견되어 있으며, 각 대학에도 군 요원을 상주시켜서 대학생들의 동태를 감시하고 있다. 1990년대 말부터는 군대가 직접 '반 사회주의적 요소'를 색출·처벌하기 시작한 것으로 알려져 있다.

제3절

북한의 인권

유엔인권선언(1948)에 '모든 인간은 태어날 때부터 자유롭고 평등하며 존엄과 가치를 갖는다'고 규정되어 있다. 이 인권은 인간이라면 마땅히 누려야 하는 권리다. 이 권리는 생명권, 자유권, 의사표시의 권리, 법 앞의 평등 등 시민적 · 정치적 권리와 문화활동 참가권, 존경과 존엄을 받을 권리, 노동권, 교육권 등 경제적 · 사회적 · 문화적 권리를 포함한다.

북한은 유엔 회원국으로 인권을 보장해야 할 의무가 있으나 수령 중심의 1인 독재체제로 주민의 정치참여를 억제하고, 집단주의와 계획경제로 개인의 자율성과 선택을 부정하며, 출신성분에 따라 주민을 분류하여 차별하고 있다. 또한 사회의 다양성을 부정하는 전체주의 사회라는 점에서 북한 주민의 인권은 광범위하게 침해되고 있다.

시민적 · 정치적 권리침해

시민적 · 정치적 권리는 생명권, 고문 금지, 이동의 자유, 언론 · 출판 · 집회 · 결사의 자유, 사상 · 종교의 자유, 참정권의 자유 등 제반 권리를 포함하고 있다. 그러나 북한의 인권 실태는 최악의 상황이다. 국제사회에 부각되어 있는 북한의 인권상황은 공개처형, 정치범수용소 운영, 이동의 자유 제한, 언론 · 출판 · 집회의 자유 제한, 종교의 자유 억압, 성분 차별 정책, 탈북자 강제 송환 등이다.

특히 생명권의 침해는 공개처형과 탈북자 불법 처형, 불법 구금 및 체포, 고문, 교화소(남한의 교도소) 내 인권 유린, 납치 · 실종, 불공정한 재판 절차 등을 들 수 있다. 이외에도 주민 성분분류에 의해 적대계층으로 분류된 주민을 차별하는 평등권의 침해, 거주 · 이전의 자유, 정보통신의 자유권 등을 침해하고 있다.

공개처형

북한에서 생명을 유린하는 대표적 행위는 공개처형이다. 공개처형은 사회가 안정되어 있을 때도 실시되었지만 1990년대 이후 식량난이 심화됨에 따라 크게 증가하였다. 예를 들면 1995년 평양 형제산 구역에서 영화계 간부와 배우 등 7명이 외설 영화를 제작한 죄로 30만 명이 운집한 가운데 공개처형이 이루어졌으며, 1997년 신의주에서 전기 및 전화용 구리선 절취자를 공개 처형했다.

2000년대 들어서도 공개처형은 계속되고 있다. 2013년 12월 12일 북한의 절대 권력자이며 김정은의 고무부인 장성택을 북한당국은 기관총으로 공개처형하고 시신은 불태웠다.

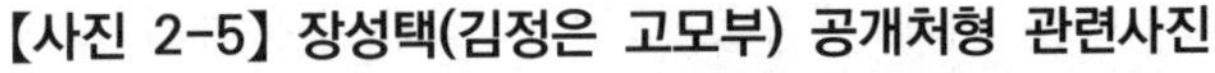
【사진 2-5】 장성택(김정은 고모부) 공개처형 관련사진

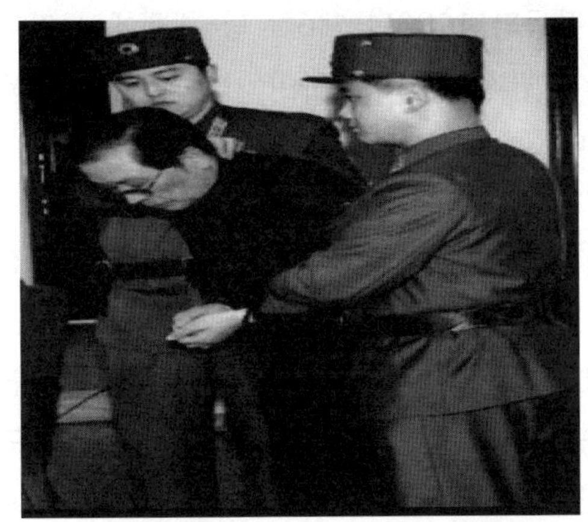
공개처형장으로 끌려 나가는 장성택

장성택 처형에 사용된 14.5mm 고사기관총

출처 : 다음 백과

공개처형은 대중이 집결한 장소에서 실시되며, 학교 · 기업소 등 각각의 조직에 공개처형사실을 사전에 통보하고 실시된다. 공개처형은 대중이 집결한 장소에서 재판 형식으로 경력과 죄명을 공개하여 진행하며 판결과 즉시 처형된다. 2012년 통일연구원에서 발행한 '북한인권백서'는 다음과 같이 북한공개처형의 모순점을 기록하였다.

첫째, 북한의 형법은 사형에 처할 수 있는 범죄가 명시되어 있음에도 일반 범죄 행위에 대해서도 공개처형함으로써 북한 주민의 생명권을 위협하고 있다.

둘째, 집행 절차에서도 형사소송법을 위반하는 사례가 많은 것으로 보인다. 형사소송법상 사형집행은 사형집행 문건과 판결서 등본을 받은 형별 집행기관이 검사의 참여 아래 집행하고 최고인민회의 상임위원회의 승인을 받도록 규정하고 있으나 이런 절차가 엄격히 지켜지지 않고 있다.

정치범수용소

북한이 '관리소'라고 칭하는 정치범수용소는 인권 침해 유린 상황을 보여주는 대표적인 곳이다. 1956년부터 정치범을 반혁명 분자로 투옥 · 처형하거나 산간오지로 추방해 오다가 1966년 4월부터는 적대 계층을 특정 지역에 수용하기 시작하였고, 1973년부터 김정일 세습체제구축을 위한 3대혁명소조 활동과 1980년 제6차 당 대회에서 김정일이 후계자로 등장하기까지 후계체제에 대한 비판자들을 적발하여 가족과 함께 수용소에 수감하여 왔다. 이곳이 정치범 수용소이다.

정치범 수용소 위치는 평안남도 개천과 북창, 함경남도 요덕, 함경북도 화성과 청진 등 5개 지역에 분포되어 있고 깊은 산속에 자리하고 있다. 정치범수용소에는 최소 8만 명에서 최대 12만 명의 정치범을 수용하고 있는 것으로 알려져 있다. 2014년 통일연구원에서 발행한 '북한인권백서'에는 정치범수용소에 수용된 사람은 주로 반국가 음모자, 유일사상체제 위반자, 탈출기도자, 납북 인사들과 반혁명분자, 종파분자, 자유행동자, 당 정책위반자 등이 수용되어 있다. 라고 기록하고 있다.

정치범수용소에 들어가면 공민증을 압류당하고 수용된 날로 부터 모든 기본권리가 박탈당하며, 가족 · 친지의 면회가 금지되는 것은 물론 연락도 불가능하다. 수용자들은 구역 안에서 매일 12시간 이상 강제 노동을 해야 하며 밤에는 의무적으로 1시간 이상 자아비판을 하고 사상개조 학습을 받아야 한다. 정치범수용소의 하루생활은 수용소에 따라 다소 차이는 있으나 새벽 4시에 기상하여 6시까지 아침식사를 마치고 작업장에 출근한다. 오전 7시 작업을 시작해서 야간 9시까지 작업이 진행된다. 이들이 하는 작업은 주로 석탄과 광물 갱도 작업과 벌목 · 개간 등 중노동이다.

정치범수용소에는 식량이나 의복 등 생필품이 전혀 배급되지 않는다. 철저하게 자급자족의 생활을 영위하고 있다. 때문에 수용자들 대다수가 영양실조와 원인모를 각종 질병에 시달리고 있다. 수용소 내에는 '완전통제구역'이라는 또 다른 수용소를 설치 운용하고 있다. 이곳은 수용소 규율을 어긴 자, 도둑질한 자, 성행위를 한 자, 감독의 지시를 위반자들을 별도로 수용한다. 특히 수용소에서 인권은 철저하게 유린(蹂躪)당 한다. 여성의 경우 수용소에 근무하는 관리 및 경비요원 들에게 성추행은 물론이고, 성폭행 등 성적으로 유린(蹂躪)당하고 심지어 바람 앞에 촛불처럼 늘 생명의 위협을 느끼며 수용소 생활을 영위하고 있는 실정이다.

수용소 탈출은 거의 불가능하다. 수용소가 깊은 산악지역에 위치해 있고, 경계 철조망과 짐승을 잡기위해 파놓는 구덩이 형태의 함정(陷穽)이 설치되어있다. 함정의 깊이는 사람이 빠지면 나올 수 없는 깊이로 설치되어있고 함정 바닥에는 죽창(竹槍)이 설치되어있다. 이 외에도 탈출하기 유리한 장소에는 지뢰를 매설하고 24시간 무장한 경비원이 경비견을 데리고 순찰과 경비를 한다. 때문에 한번 수용소에 들어가면 사면될 때까지 정치범수용소에서 나올 수 있는 방법이 없다.

기타 권리침해

북한은 전체주의 독재체제여서 개인의 자유는 찾아볼 수 없다. 심지어 거주 이전 및 여행의 자유도 없는 실정이다. 거주이전은 직장이동 등 특정한 목적이 있어야 가능하다. 그러나 북한사회에서 직장 배치는 개인이 선택하는 게 아니라 북한당국에 의해서 결정되기 때문에 거주이전에 대한 결정권은 북한당국의 판단에 따를 수밖에 없다.

여행도 자유로이 할 수 없다. 거주하고 있는 시 · 군 지역 내에서는 자유로이 할 수 있으나 거주 지역을 벗어나기 위해서는 인민반장부터 시작하여 인민위원회에 이르기까지 당국의 허가를 받아야 여행이 가능하다. 특히 평안북도 · 자강도 · 양강도 · 함경북도 등 국경지역을 여행하기 위해서는 승인번호를 받아야 하며 평양을 여행하기 위해서도 승인번호는 받아야 하는데 평양지역은 통제가 심하기 때문에 북한당국이 인정하는 특별한 사유 없이는 승인번호 받기가 어렵다.

북한 주민은 정치에 참여해 자신의 의사를 표현하는 투표의 자유가 없다. 북한을 제외한 세계 어느 나라도 누구나 투표에 참여하거나 하지 않을 자유가 있고 자유의사에 의하여 자기가 원하는 후보에게 투표할 자유가 있지만 북한은 예외다. 북한은 노동당이 지명하는 단일후보에 대해 찬반투표를 실시할 따름이다. 우리가 언론에서 접했듯이 북한의 선거는 거의 '100% 투표, 100% 찬성'으로 당이 지명하는 단일후보가 100% 당선된다.

이 뿐만 아니다. 북한에서는 언론의 자유도 인정되지 않는다. 북한은 당국의 입장과 다른 정치적 의사를 표시하지 못하도록 철저하게 통제하고 있다. 또한 외부 정보의 유입을 막기 위해 모든 정보통신 수단을 통제하고 있다. 북한주민이 라디오, TV, 녹음기 등을 입수하게 되면 1주일 이내로 북한당국에 신고해야 한다. 신고 된 정보통신 장비를 대상으로 북한당국은 봉인을 한다. 모든 라디오의 주파수를 중앙방송에 고정시켜 봉인을 한다. 타 방송 청취를 못하게 하는 것이다. 만약 봉인을 뜯을 경우 외국 방송을 청취한 것으로 간주하여 정치범으로 처벌한다.

북한 주민들은 만성적인 식량난을 겪으면서 건강과 생존권을 위협받고 있다. 북한의 식량난은 1980년대부터 시작되었고 2000년대 들어 식량생산을 증가하고 있으나 식량부족 문제는 여전히 지속되고 있다. 이러한 식량난 속에서도 북한은 세습독재 체제 구축, 핵 및 미사일 개발에 집중하고 있으며 식량 문제 해결에는 미온적인 태도를 보이고 있다. 반면에 당 간부, 국가보위성, 군대, 군수산업 등 특정 집단은 북한당국으로 부터 식량을 우선 공급받고 있다. 일반 북한 주민들은 식량난으로 인하여 만성적인 영양실조와 굶주림에 시달리고 있다.

2002년 '7 · 1 경제 관리개선'조치로 인해 배급제도는 사실상 폐기되고 국영 상점에서 식품을 구매하도록 하였다. 이 조치에 의해 생활비(임금) 또한 인상되기는 하였지만 시장에서의 식품가격이 40~50배 상승함으로써 생활비만으로 먹는 문제를 해결하기에는 불가능한 실정이다. 2009년 11월 말에 단행된 화폐개혁은 시장 활동으로 축적한 부(富)를 박탈하는 결과를 가져왔으며 극심한 인플레이션을 유발함으로써 북한 주민의 삶은 더욱 악화되었다.

북한에서 직업선택은 당사자의 의사보다 당의 인력수급 계획에 따라 이루어진다. 직장 배치 선발 기준에는 개인의 적성이나 능력보다 성분과 당성이 중요한 요소로 작용한다. 출신성분이 좋은 당 · 정 · 군의 자녀들은 능력과 관계없이 좋은 직장에 배치되며, 성분이 나쁜 학생들은 대학입학은 꿈도 꾸지 못하고, 대부분 육체노동을 필요로 하는 직장에 배치된다.

이른바 '무리배치'6)는 북한에서 직업선택의 자유가 없음을 보여 주는 좋은 근거다.

북한 주민이 배치받은 직장에 나가지 않고 무단결근하면 노동단련형을 받는다. 노동단련형 이란, 북한의 각 시, 군 지역에 인민위원회 법무부와 보안서가 각각 관리하는 노동단련대에 수감되어 수감기간 동한 힘겨운 노동을 통해 죄를 받는 형이다. 이곳의 수감자들은 굶주림과 힘겨운 노동, 간부들의 폭행에 시달리고 있다. 2019년 5월 8일 자유아시아방송 이 보도한 '북한 노동단련대' 관련한 내용은 【표 2-5】와 같다.

6) 당의 지시에 따라 공장 및 탄광과 각종 건설공사장 등 인원이 부족한 직장과 작업장에 집단 배치하는 방식으로, 개인의 희망이나 소질 및 능력은 고려되지 않는다.

【표 2-5】 북한 노동단련대 관련 보도내용

"북 노동단련대 간부 수감자에 피살"

지난 4월 개천에 있는 노동단련대에서 수감자를 관리하면서 폭행을 일삼던 40대 지도원이 한밤 중 퇴근길에 살해당했다"면서 "그는 오토바이를 타고 집으로 가던 중, 길목에 숨어있던 한 청년이 휘두른 흉기에 머리를 맞고 그 자리에서 사망하였다"고 전했습니다. "이 간부를 때려 숨지게 한 청년은 노동단련대에 수감되었다 출소한 제대군인이며 이 제대군인 청년은 조그마한 잘못으로 노동단련대에 수감되었다 강도 높은 노동현장에서 수감자를 감시하는 지도원이 이유없이 폭행을 휘두르자 거세게 반항했다가 만신창이 되도록 폭행을 당했었다"면서 "억울한 폭행을 당한 이 청년은 출소 후 이 간부를 보복살해할 계획을 세우고 때를 노리다 간부의 퇴근길에 범행을 저지른 것"이라고 말했습니다. 소식통은 또 "이 사건 직후 보안서에서 수사에 나섰지만 범인인 제대군인청년이 제발로 보안서에 찾아와 자수하면서 수사는 마무리 되었지만 사건의 파장이 지속되면서 사법간부들과 단련대 간부들 속에서 공포감이 싹트고 있다"고 덧붙였습니다.

출처 : 자유아시아방송

III

북한 군사

제1절 창설과 기능

제2절 군사전략과 지휘구조

제3절 군사능력

제4절 병역제도와 병영생활

제5절 교육훈련

제6절 대남 침투 · 도발

제7절 북한군 공격전술

제8절 북한군 방어전술

제9절 북한군 후방 방어전술

제1절

창설과 기능

북한군의 창설

1946년 8월 15일 각 지역에 조직된 보안대를 통합 · 지도하기 위하여 평양에 보안간부 훈련대대부(訓練大隊部)를 창설하고, 1947년 5월 인민집단군 총사령부로 개칭하였다. 1948년 2월 4일 북조선인민위원회 내에 인민무력성의 전신인 '민족보위국'을 신설하였으며, 정권 수립 7개월 전인 **1948년 2월 8일에 '조선인민군'으로 정규군 창설**을 선포하였다. 정권수립 이전에 군을 창설하여 국가 건설 과정에서부터 사회 전반에 영향을 미쳤으며 김정일 시기에는 '선군정치'[1]를 통해 당과 수령의 정치적 목적을 실현하기 위한 중요한 무력 수단으로 이용되었다.

해군은 1946년 6월 5일 수상보안대 사령부를 원산에 창설(동해 수상보안대-원산, 서해 수상보안대-남포)한 데서 비롯되었다. 1946년 8월 사령부를 평양으로 이전 · 확장하였으며, 1946년 12월 수상보안대를 해안경비대로 개칭하고 8월 28일 처음으로 '어뢰정대'를 창설함으로써 정규 해군으로 발족 되었다. 북한은 수상보안대 창설일인 6월 5일을 '해군절'로 정하여 기념하고 있다.

---

1) 1998년 김정일의 국방위원장 취임과 함께 군의 영향력을 정치, 경제, 교육, 문화, 예술 등 북한사회 전 영역에 투영(投影)되면서 북한의 핵심적 통치방식으로 정착.

공군은 1945년 10월 25일 민간기구로 발족한 신의주 항공대가 1946년 6월7일 '평양학원' 예하 항공 중대로 편입되면서 군사조직으로 발전한다. 1947년8월 20일 소련 유학을 마치고 온 신의주 항공대 출신 300여 명을 중심으로 창설된 비행대는 1948년 2월 8일 북한군 창설과 함께 항공대대로 증편되면서 정규공군으로 발전하였다. 북한은 비행대 창설일 8월 20일을 '공군절'로 정하여 기념하고 있다.

북한군의 기능과 특징

북한군의 기능과 특징의 Key Point는 대내적으로는 **'당의 군대'**, **'혁명의 군대'**, **'수령의 군대'**로서 체제수호의 보루이자 통치자를 수호하는 핵심적 역할을 담당하고 있으며, 대외적으로는 '자위', '전 한반도의 공산화'라고 하는 당과 수령의 정치적 목적을 실현하기 위한 중요한 무력 수단으로 이용되고 있다.

북한이 정권 수립(1948. 9. 9)보다 7개월 먼저 군을 창건(1948. 2. 8)한 사실에서 보듯 북한에서는 군을 당의 혁명통일 무장력으로서 최우선적으로 배려하며 양성하고 있다. 북한이 군을 혁명의 군대라고 지칭하는 것은 군을 통해 권력기반을 공고화하고 무력에 의한 한반도 적화통일을 포기하지 않고 있음을 증명하는 것이다.

북한은 이러한 목표를 실현하기 위해 체계화한 것이 바로 '4대 군사노선'이다. 북한의 헌법은 '국가는 군대와 인민을 정치사상적으로 무장시키는 기초 위에서 전군 간부화, 전군 현대화, 전민 무장화, 전국 요새화를 기본 내용으로 하는 자위적 군사노선을 관철 한다.'고 명문화시켰으며 1963년부터 강력하게 추진해 오고 있다. 북한의 4대 군사노선은 [도표 3-1]과 같다.

【도표 3-1】 4대 군사노선의 정책 목표

노선	정책 목표
전군 간부화	모든 군인을 정치, 사상, 군사 기술로 단련시켜 유사시에 한 등급이상의 높은 직무 수행
전군 현대화	군대를 현대 무기와 전투기술 기재로 무장해 최신 무기를 능숙하게 다루고, 현대

노선	정책 목표
	군사과학과 군사기술을 습득
전민 무장화	인민군대와 함께 노동자·농민을 비롯한 전체 근로자 계급을 정치사상, 군사기술로 무장
전국 요새화	방방곡곡에 광대한 방위 시설을 축성하여 철벽의 군사 요새로 건설

출처 : 통일연구원 2024 북한 개요

1992년에는 헌법 개정을 통해 국방위원장이 일체의 무력을 지휘·통솔하도록 하였고, 1998년 개정 헌법에서는 국방위원회가 국방관리를 총괄하는 기관으로서 사업 전반을 지도할 수 있도록 국방 부문 중앙기관의 신설·폐지 권한을 보유하게 하는 등 권한을 강화시켰다.

2010년 9월 당 대표자회에서 개정된 당 규약 전문에는 선군정치를 사회주의 기본정치 방식으로 확립하고 선군의 기치 아래 혁명과 건설을 유도한다고 규정하였고, 2011년 12월 개최된 당 정치국 회의에서 김정일 유훈(2011.10.8)에 따라 김정은을 최고사령관으로 추대하였고, 2012년 제4차 당 대표자회에서는 당 제1비서 및 당 중앙군사위원회 위원장으로 추대하였으며, 4월 최고인민회의에서는 국방위원회 제1위원장으로 추대하였다.

이와 같이 북한군은 '혁명과 해방'을 위한 중요한 무력 수단인 동시에 정권과 체제유지를 위한 핵심 역할을 담당하고 있다.

최근에는 경제건설과 사회질서 유지를 위해 상당수의 군 병력을 대형 건축물, 문화회관, 고속도로, 발전소, 수로공사, 목장, 양어장 등 각종 경제건설 현장과 위탁영농·어로활동·검문 등에 동원되고 있다. 노력동원된 북한군 모습은 【사진 3-1】과 같다.

【사진 3-1】 노력동원된 북한군 모습

출처 : 통일연구원 북한이해

제2절

군사전략과 지휘구조

북한의 군사전략

북한은 '주체사상'에 입각한 '국방에서의 자위'[2] 원칙에 따라 1962년 4대 군사노선을 채택하고, 군사력을 지속적으로 증강하고 있다. 기습전, 배합전, 속전속결전을 중심으로 하는 군사전략을 유지한 가운데 다양한 전략·전술을 모색하고 있다. 북한은 정권 세습 이후에도 군사분계선(MDL), 북방한계선(NLL) 등 접경지역에서의 군사행동을 통해 주도권 장악을 시도하는 한편 선별적인 재래식 무기 성능개량과 함께 핵·WMD[3], 미사일, 장사정포, 잠수함, 특수전 부대, 사이버 부대 등 비대칭 전력을 증강시켜 왔다. 특히 6,800여 명의 사이버전 인력을 운용하여 도발하고 있으며, 전문인력 육성과 최신 기술개발 등 사이버전력증강을 위한 노력을 지속하고 있다.

유사시 북한의 군사전략은 단기 속전속결 전략을 기본으로 하고 있다. 한반도 지형의 특성과 북한의 전쟁 역량을 감안하여 비대칭 전력의 기습공격과 전·후방 동시 공격으로 초전부터 상대측에 대공황을 조성하고 전쟁의 주도권을 장악함과 동시에 전차, 장갑차, 자주포로 무장한 기계화부대 전력을 고속으로 종심(縱深) 깊숙이 돌진시켜 미

2) 북한 헌법 제60조에서 "국가는 군대와 인민을 정치사상적으로 무장시키는 기초위에서 전군 간부화, 전군 현대화, 전민 무장화, 전국 요새화를 기본 내용으로 하는 자위적 군사노선을 관철한다."라고 규정

3) Weapons of Mass Destruction(대량살상무기)

군의 전력 추가 증원 이전에 남한 지역 전체를 장악한다는 것이다.

북한군의 군사지휘구조

북한의 김정은은 국무위원장, 최고사령관과, 당 중앙군사위원회 위원장을 겸직하면서 북한군을 실질적으로 지휘·통제하고 있다. 2020년 10월 10일 당 창건 75주년 열병식장에서 김정은의 최고사령관 명칭이 '무력총사령관'으로 바뀐 것이 식별되었다.

국무위원회는 북한의 최고 정책 지도 기관으로서 국방전력건설 사업을 비롯한 중요 정책을 결정한다. 무력총사령관예하의 총정치국은 군 내 당 조직과 정치사상 사업을 관장하고 한국의 합동참모본부와 유사한 총참모부(총참모장 박정천 원수)는 군사작전을 지휘하는 군령권을 행사하며, 인민무력성은 대외적으로 군을 대표하면서 군사외교, 군수, 재정 등 군정권을 행사한다.

당 중앙군사위원회는 노동당 규약에 따라 당의 군사노선과 정책을 관철하기 위한 대책을 토의·결정하며 국방사업 전반을 지도한다. 북한군의 지휘구조는 【도표 3-2】와 같다.

【도표 3-2】 북한군 지휘구조

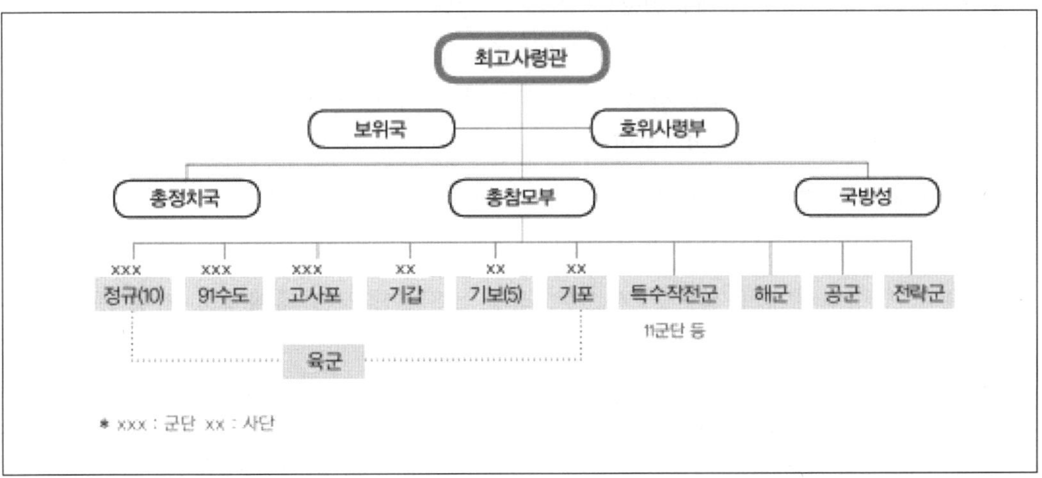

출처 : 대한민국 국방부 2022 국방백서

제3절

군사능력

지상군(육군) 전력

지상군은 총참모부 예하에 10개의 정규군단과 후방군단, 91수도방어군단, 고사포군단, 1개 기갑사단, 5개 기계화보병사단, 특수작전군(11군단 등)[4], 1개 기계화포병사단 등으로 편성되어 있다.

총참모부는 지휘정보국 신편 등 조직 개편과 통합전술지휘통제체계[5] 구축을 통해 C4I[6] 능력과 사이버전 수행능력을 강화하고 있다.

지상군은 전력의 약 70%를 평양~원산선 이남 지역에 배치하여 언제든지 기습공격을 감행할 태세를 갖추고 있으며, 전방에 배치된 170mm 자주포와 240mm 방사포는 수도권 지역에 대한 기습적인 대량집중 공격이 가능하고, 최근 개발이 완료되어 일부 배치된 300mm 방사포[7]는 중부권 지역까지 공격이 가능하다. 2020년 10월 10일 당창건 75주년 열병식장에 등장한 방사포는 직경 600㎜급으로 **세계에서 가장 큰 초대형**

4) 전략적 특수전부대, 11군단을 일명 폭풍군단이라고 부름(남한의 특전사와 유사)
5) 지휘관의 결심 및 타격을 지원하는 체계(GS-2000)
6) Command, Control, Communication, Computer & Intelligence(C4I)
7) 수차례의 시험발사를 실시한 후 2015년 10월 당 설립 70주년 열병식에서 실(實)장비를 최초 공개

방사포로 최대 사거리 약 400㎞ 로 남해안까지 사정권에 두고 있다,

또한 122mm와 200mm 견인방사포[8])를 생산하여 전방과 해안 지역에 집중 배치하고 최근에는 사거리 연장탄 및 정밀유도탄 등의 다양한 특수탄[9])을 개발하여 운용하고 있다.

기갑 및 기계화부대는 선군호 및 준마호 등 신형장비를 추가 생산하거나 부분 성능개량을 통해 작전능력을 향상시키고 있고, 2020년 10월 10일 당창건 75주년 열병식장에 최신형 전차가 등장했다. 지상군이 보유하고 있는 주요 장비는 【사진 3-2】와 같다.

【사진 3-2】 지상군 주요 보유 장비

전차 4,300여 대

장갑차 2,600여 대

야포 8,800여 문

방사포 5,500여 문

출처 : 대한민국 국방부 2022 국방백서

8) 기존 차량에 탑재된 방사포를 평시에는 화포만 운용하고 유사시 차량 등으로 견인하여 운용할 수 있도록 개조한 방사포
9) 북한군은 방사포탄을 개량하여 정밀유도탄, 사거리연장탄, DPICM(Dual Purpose Improved Conventional Munitions)탄, 화염탄, 대공표적을 제압할 수 있는 공중작용탄 등의 다양한 특수탄을 개발하여 운용 중

북한군 특수전 병력은 현재 20만여 명에 달하는 것으로 평가된다. 특수전 부대는 11군단(일명 폭풍군단)과 전방군단의 경보병사단과 경보병여단, 저격여단, 해군과 항공 및 반항공군 소속의 저격여단, 전방사단의 경보병연대 등 전략적 · 작전적 · 전술적 수준의 부대로 다양하게 편성되어 있다.

최근에는 요인 암살작전을 전담하는 특수작전대대[10]를 창설하였고 특수전 부대의 위상을 강화하기 위해 '특수작전군'을 별도의 군종(병과)으로 분류하고 특수훈련을 강화하고 있으며 2020년 10월 10일 당창건 75주년 열병식에서 신형 개인전투장비와 피복을 선보이는 등 특수작전능력을 지속적으로 강화하고 있다. 특수작전군 활동은 【사진 3-3】과 같다.

【사진 3-3】 특수작전군 활동

출처 : 대한민국 국방부 2022 국방백서

북한군 특수전 부대는 전시 땅굴을 이용하거나 잠수함, 공기부양정, AN-2기, 헬기 등 다양한 침투수단을 이용하여 남한 전 · 후방지역에 침투하여 주요 부대 · 시설 타격, 요인 암살, 후방 교란 등 배합작전을 수행할 것으로 판단된다.

해군전력

해군은 해군사령부 예하 동해 함대사령부와 서해 함대사령부, 13개 전대, 2개의 해

10) 2016년 11월 4일자 노동신문과 조선중앙 TV에 특수작전대대의 전투임무 등에 대해 보도

상저격여단으로 편성되어 있다. 북한 해군 총 전력의 약 60%를 평양~원산선 이남에 전진 배치하여 상시 기습 공격할 수 있는 능력을 보유하고 있다.

수상전력은 유도탄정, 어뢰정, 소형경비정 및 화력지원정 등 대부분 소형 고속함정으로 구성되어 있으며, 지상작전과 연계하여 지상군 진출을 지원하고 연안 방어 등의 임무를 수행한다. 최근 신형 중대형함정과 다양한 종류의 고속특수선박(VSV)을 배치하여 수상공격 능력을 향상시키고 있다.

수중전력은 로미오급 잠수함과 잠수정 등 70여 척으로 구성되어 있으며 해상교통로 교란, 기뢰 부설, 수상함 공격, 특수전 부대의 침투 지원 등의 임무를 수행하며 최근에는 잠수함발사탄도미사일(SLBM) 탑재 가능한 고래급 잠수함을 건조하는 등 전력을 증강하고 있다.

상륙전력은 공기부양정, 고속상륙정 등 250여 척으로 구성되어 있으나 대부분 소형 함정으로 특수전부대를 남한 후방지역에 침투시켜 주요 군사·전략시설을 타격하고 중요 상륙 해안을 확보하는 임무를 수행할 것으로 예상된다.

해군이 보유하고 있는 주요 함정은 전투함정, 상륙함정, 기뢰전함정(소해정), 지원함정, 잠수함정이다. 해군이 보유하고 있는 주요 함정은 【사진 3-4】와 같다.

【사진 3-4】 해군이 보유하고 있는 주요 함정

전투함정 420여척

상륙함정 250여척

잠수함정 70여척

출처 : 대한민국 국방부 2022 국방백서

공군전력

공군은 항공 및 반항공사령부11) 예하 5개 비행사단, 1개 전술수송여단, 2개 공군저격여단(특수전부대), 방공부대 등으로 편성되어 있고, AN-2기와 헬기를 이용한 대규모 특수전 부대의 침투능력을 갖추고 있다. 정찰 및 공격용 무인기와 경항공기도 생산배치하고 있다.

방공체계는 항공 및 반항공군사령부를 중심으로 항공기, 지대공 미사일, 고사포, 레이더 부대 등으로 통합 구축되어 있다. 전방지역과 동·서부 지역에 SA-2지대공 미사일12)과 SA-5 지대공 미사일13)이 배치되어 있으며 평양 지역에는 SA-2와 SA-3 지대공 미사일14)과 고사포를 중첩 배치하여 다중의 대공 방어망을 형성하고 있다. 또한 GPS 전파교란기를 포함한 다양한 전자교란 장비를 개발하여 대공방어에 운용하고 있다.

지상관제요격기지, 조기경보기지 등 다수의 레이더 방공부대는 북한 전역에 분산 배치되어 있어 한반도 전역을 탐지할 수 있으며 레이더 방공부대의 탐지 정확도를 높이고 작전 대응시간을 단축하기 위하여 자동화 방공 지휘통제체계를 구축하고 있다.

공군이 보유하고 있는 주요 항공기는 전투기 810여 대, 정찰기 30여 대, 공중기동기(AN-2기 등) 350여 대, 헬기 290여 대 등이다. 공군이 보유하고 있는 주요 항공기 및 지대공 미사일은 【사진 3-5】와 같다.

11) 기존 공군사령부를 항공 및 반항공사령부로 명칭 변경(2012년 5월)
12) 최대사거리 56km의 중·고고도 표적 요격용 유도탄체계(SA-2 : Surface to air-2)
13) SA-2 보완용으로 개발된 최대사거리 250km의 고고도 표적 요격용 유도탄 체계
14) 최대사거리 25km의 중거리, 저·중고도 표적 요격용 유도탄 체계

【사진 3-5】 공군이 보유하고 있는 주요 항공기 및 지대공 미사일

전략군 전력

북한은 전략 로케트 사령부를 전략군으로 확대 개편하여 별도의 군종사령부로 운용하고 있다. 전략군 예하에 13개 미사일여단을 편성되어 있으며, 최근에는 신형ICBM 및 작전운용에 유리하고 정확성과 요격회피 능력이 향상된 다양한 고체추진 탄도미사일을 개발 중이다.

북한은 전략적 공격능력을 보강하기 위해 핵, 탄도미사일, 화생방무기를 지속적으로 개발하고 있다. 2006년 10월부터 2017년 9월까지 총 6차례의 핵실험을 감행하였고, 핵무기를 만들 수 있는 플루토늄 70여 kg과 고농축우라늄을 상당량 보유한 것으로 평가 되고 있다.

1. 핵무기 개발

핵무기 개발은 1960년대부터 소련 핵 연구소에 핵물리학자를 파견시켜 연구하게 하였고, 소련으로 부터 연구용 원자로를 도입하였다. 1980년대에 영변 핵 시설의 5MWe 원자로 가동 후 폐연료봉 재처리를 통해 핵 물질을 확보했고 2006년 10월 1차 핵실험을 시작으로 북 핵 위기 상황은 계속되었다. 이후 2007년 6자회담에서 모든 핵시설 불능화 및 핵 프로그램 신고 합의 등으로 북한 비핵화 과정이 일부 진전되기도 하였으나, 북한 핵시설에 대한 검증 문제 등으로 비핵화 과정은 중단되었다.

2002년 미국이 고농축 우라늄 의혹을 제기하자 북한이 반발해 2003년 3월 NPT(핵 비보유국이 핵무기를 보유하거나 핵 보유국이 비보유국에게 핵무기를 양여하는 것을 금지하는 국제조약)를 탈퇴하면서 '2차 북핵위기'가 시작되었다. 2차 북핵위기를 해결하기 위해 남과 북, 미국·중국 등이 참여하는 6자회담이 2003년 8월부터 시작되어 2005년 9월 「9.19 공동성명」이 채택되기도 하였으나, 방코델타 아시아 은행 내 북한 자산 동결과 2006년 10월 1차 핵실험 등으로 북 핵 위기 상황은 계속되었다.

북한은 2009년 2차 핵실험, 2013년 3차, 2016년 4·5차, 2017년 6차 핵실험을 실시하는 등 핵무기 개발을 지속하고 있다. 북한의 핵실험과 핵능력은 점점 고도화되어가고 있는데 북한은 1차 핵실험에서 폭발 시험, 2차에서는 위력 개선, 3차에서는 소형화와 경량화, 4차에서는 수소 폭탄, 5차에서는 핵탄두의 위력 판정, 6차에서는 수소탄 시험이라고 주장했었다.

2. 미사일 개발

북한군은 1970년대부터 탄도미사일 개발에 착수하여 1980년대 중반 사거리 300km의 스커드-B와 500km의 스커드-C를 배치하였으며, 1990년대 후반에는 사거리 1,300km의 노동 미사일을 배치하였고, 그 후 스커드 미사일의 사거리를 연장한 스커드-ER을 배치하였다.

2007년에는 사거리 3,000km 이상의 무수단 미사일을 시험발사 없이 배치하여 한반도를 포함한 주변국에 대한 직접적인 타격능력을 보유하게 되었다. 북한군이 2025년 현재 개발 또는 보유 중인 탄도미사일 종류는 【도표 3-3】과 같다.

【도표 3-3】 북한군이 개발 또는 보유중인 탄도미사일 종류

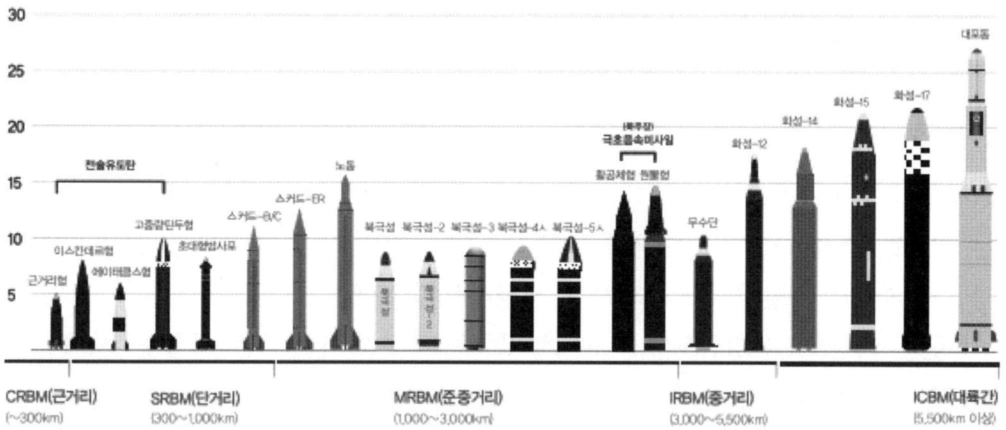

길이(m)
30
25
20
15
10
5
근거리형
고중량탄두형
스커드-B/C
스커드-ER
노동
북극성
북극성-2
북극성-3
북극성-4ㅅ
북극성-5ㅅ
극초음속미사일
무수단
화성-12
화성-14
화성-15
화성-17
CRBM(근거리)
(~300km)
SRBM(단거리)
(300~1,000km)
MRBM(준중거리)
(1,000~3,000km)
IRBM(중거리)
(3,000~5,500km)
ICBM(대륙간)
(5,500km 이상)

출처 : 대한민국 국방부 2022 국방백서

북한군은 작전 배치되었거나 개발 중인 미사일에 대한 시험발사를 2012년부터 본격적으로 시작하였으며, 2017년에는 북극성-2형, 화성-12/14/15형 미사일 등을 시험발사 하였다. 특히 2017년 5월과 8월, 9월에는 화성-12형을 북태평양으로 발사하였으며, 7월과 11월에는 미국 본토를 위협할 수 있는 화성-14형과 15형을 시험발사 하였다. 그러나 탄두의 대기권 재진입기술 확보 여부를 검증할 수 있는 실거리 사격은 실시하지 않아, 이에 대한 추가적인 확인이 필요하다. 북한이 현재 보유하고 있는 탄도미사일의 사거리는 【도표 3-4】와 같다.

【도표 3-4】 북한군의 탄도 미사일 사거리

스커드-C 500km
노동 1,300km
무수단 3,000km 이상
화성-12형 5,000km
화성-15형 10,000km 이상
화성-17형 13,000km 이상

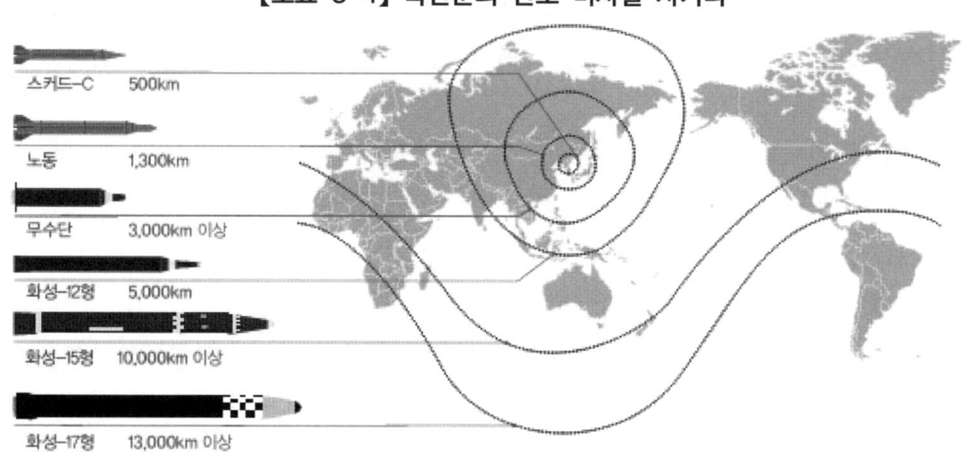

출처 : 대한민국 국방부 2022 국방백서

3. 화생무기

북한은 1960년대 초부터 화생무기 개발 및 생산에 주력해 왔다. 지금까지 북한의 화생무기가 핵문제에 가려져서 상대적으로 부각 되지 않고 있지만 대량살상무기(WMD)의 잠재적인 군사적 위협 요인이다.

화학무기는 수포성, 신경성, 질식성, 혈액성, 최루성 등 화학작용제 등을 보유하고 있는 것으로 추정하고 있으며 생물무기는 콜레라, 탄저균, 천연두 등을 보유하고 평양·평남 등지에서 생물무기를 개발하고 생산시설을 가동하고 있는 것으로 추정하고 있다. 북한은 자강도·함경남도에서 화학무기를 개발하고 생산하는 시설을 운영하고 있으며, 평양·황해북도 등지에 저장시설을 보유하고 있는 것으로 추정하고 있다.

전쟁지속능력

북한의 전쟁지속능력은 크게 예비전력과 전시 지원 가능한 식량, 유류, 탄약 등의 비축량과 전시 군수품생산 공장 등의 능력을 고려하여 판단한다.

북한의 예비전력은 북한의 4대 군사노선의 하나인 '전민 무장화'에 따라 14세부터 60세까지 인구의 약 30%를 동원 대상으로 하여 현재 762만여 명에 이르는 예비전력을 확보하고 있다. 이들은 개인 화기부터 공용 화기까지 각종 전투 장비를 지급받은 상태에서 비상소집 및 병영 훈련을 연간 1회 이상 각각 15~30일 간 받고 있다.

북한은 1958년 중국군 철수를 계기로 1959년 1월 예비군과 민방위대 성격을 띠는 노농적위대, 1963년 노농적위대 병력 가운데 제대 군인을 주축으로 한 교도대를 각각 조직하였다. 1970년 9월에는 고등중학교(現 고급중학교) 군사 조직인 붉은청년근위대를 발족시켰다.

교도대는 북한의 예비전력에서 가장 핵심으로, 만 17세 이상 50세까지 남성과 미혼 여성 지원자(17~30세)를 대상으로 행정 단위와 직장 규모에 따라 사단과 여단으로 편성되어 있다. 교도대의 경우 대학생이 훈련 과정을 이수하지 못하면 졸업을 하지 못하게 제도화 되어 있고 6개월을 정규군과 동등한 훈련과정을 이수하면 소위 계급이 부여된다. 교도대는 개인 화기 100%와 공용 화기 70~80%가 지급되며 연간 500시간고강도 훈련, 부대 편성, 장비 보유 등 현역 못지않은 규모를 갖추고 있다. 이들은 전쟁 발발 즉시 동원되어 후방 방위 및 예비대로 투입되며 교도대의 총 병력은 60만여 명이다.

노농적위대를 노농적위군으로 개칭(2010년 9월 28일)하여 17세 이상 60세까지 동원 가능한 남성, 17세 이상 30세까지 여성 가운데 교도대 미 편성자를 대상으로 직장 및 행정 단위별로 편성되어 있다. 직장 및 주요 시설 경계, 지역 및 대공방어를 기본 임무로 한다.

붉은청년근위대는 고급중학교 남녀 학생(14~16세)으로 조직되며 학교 단위별로 중대 또는 대대급으로 편성되어 있다. 1970년 김일성의 지시로 창설된 학생군사조직을 말한다. 이들은 매주 토요일 총 160시간 교내 훈련을 받고, 방학을 이용하여 7일간 야영훈련소에 입영하여 사격훈련을 받는다.

기타 준군사 부대인 호위사령부, 인민보안성, 군수동원지도국, 경제건설 현장에 투입되는 속도전 청년돌격대 등 약 32만여 명에 이르는 예비 병력이 있는데, 이들은 상시적으로 즉각 동원이 가능하다. 유사시 정규전 부대의 전투력을 보강할 수 있는 교도대는 60만여 명에 달하며, 정규군에 준하는 훈련수준을 유지하고 있다. 북한 예비전력 현황은 【도표 3-5】와 같다.

【도표 3-5】 북한 예비전력 현황

구분	병력	비고
계	762만여 명	
교도대	62만여 명	남한의 동원예비군 성격 (17~50세 남자, 17~30세 미혼여자)
노농적위군	572만여 명	남한의 지역예비군 성격 (17~60세 남자, 17~30세 교도대 미편성 여자
붉은청년근위대	94만여 명	고급중학교 군사조직(14세~16세 남녀)
준군사부대	34만여 명	호위사령부, 군수동원지도국 등

출처 : 대한민국 국방부 2022 국방백서

북한의 전시 지원 가능한 전투물자 비축량은 약 1~3개월 동안 지원이 가능한 수준의 식량, 유류, 탄약 등을 비축하고 있다. 전시에 군수공장으로 전환되도록 지정된 민수공장은 단시간 내에 전시 동원체제로 전환할 수 있어 전시 군수공장은 300개 이상 가동이 가능할 것으로 예상하고 있다.

북한의 군수공장에서는 전투임무기(전투기)를 제외한 대부분의 장비와 탄약을 자체 생산할 수 있는 능력을 갖추고 있는 것으로 판단하고 있으나 외부로부터의 지원이 없을 경우 장기전 수행은 제한될 것으로 판단하고 있다.

사이버전력

북한군은 2003년 이라크 전쟁을 계기로 사이버전 대비 해커 전문가 양성, 전자전과 정밀 유도무기 회피 대책을 강구하기 위해 전자 · 전파 교란 기술을 향상시킨 것으로 알려져 있고 국제사회의 지속적인 비난에도 불구하고 2014년 3월 소형 무인기의 불법 침투는 물론 GPS 교란 · 정보 체계 공격 등 전자전 및 사이버 위협도 지속적으로 증가시키고 있다.

북한군은 한국 내부의 심리적 · 물리적 혼란과 마비를 위해 군사작전 차질 유발을 목표로 6,800여 명의 사이버전 인력을 운영 · 강화하고 있다. 이러한 사이버 공격은 국지적인 무력 도발보다도 훨씬 위협적이고 치명적이다.

사이버 공격 형태로는 사이버 공간에서 컴퓨터 네트워크를 통한 해킹(Hacking), DDos 공격 등 바이러스와 악성코드 형태로 사이버를 통한 첩보 수집, 사이버 테러 및 사이버전 등이 사용되고 있어 국가 기반 시설 마비 및 금융기관 해킹 등을 초래할 수 있다.

북한군 사이버(전자전)부대는 김정은 무력총사령관 직속의 정찰총국에서 지휘 · 통제하고 있다. 북한군 사이버(전자전)부대 기구도는 【도표 3-6】과 같다.

【도표 3-6】 북한군 사이버(전자전)부대 기구도

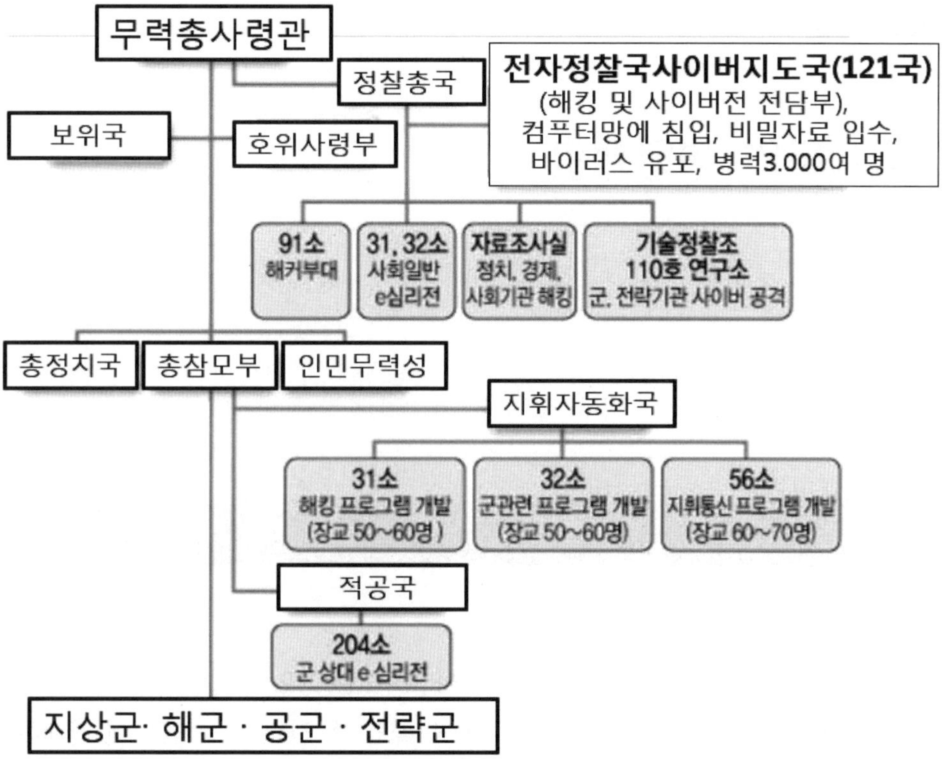

출처 : 대한민국 국방부 · 서울신문 · 북한이탈주민 증언 등 자료종합

제4절

병역제도와 병영생활

병역제도

북한의 모든 남자는 만 14세가 되면 초모대상자(招募對象者)로 등록하고, 군 입대를 위한 두 차례의 신체검사를 받으며, 고급중학교 졸업 후 사단 또는 군단에 입대하게 된다. 신체검사 합격 기준은 신장 150cm, 체중 48kg 이상이었다. 그러다가 식량난으로 청소년들의 체격이 왜소해지자 1994년 8월부터 신장 148cm, 체중 43kg 이상으로 낮추었다. 그러나 이 기준도 입영대상자 부족, 여군 비율 축소로 인해 더욱 완화되고 있는 것으로 알려지고 있다. 여군은 만 17세 이상의 고급중학교 졸업자, 성분이 양호하고 신체 건강한 인원과 만 17-24세 미혼 여성으로 공업 및 농업근로자 중 자원입대 희망자를 대상으로 선발 및 입영시킨다.

입영 대상자 가운데 신체검사 불합격자, 적대 계층 자녀, 성분 불량자(반동 및 월남자 가족 중 친가 6촌 및 외가 4촌 이내, 월북자 및 정치범 가족, 형 복무자 등) 등은 입대할 수 없다.

특수 분야 종사자 및 정책 수혜자(안전원, 과학 기술 요원 · 산업 필수 요원, 예술 · 교육 행정 요원, 군사학 시험 합격 대학생, 특수 · 영재 학교 학생, 부모가 고령인 독자 등)는 정책상 이유로 입대 대상에서 제외하였다.

북한의 군 복무 연한은 1958년 내각결정 제148호에 의해 지상군은 3년 6개월, 해·공군은 4년으로 정하고 있었으나 실제로는 5~8년간 복무하였다. 그러나 1993년 4월부터는 김정일의 지시에 따라 만 10년을 복무해야 제대할 수 있는 **'10년 복무 연한제'**를 실시하고 2003년 3월에 개최된 최고인민회의 제10기 제6차 회의에서 '전민 군사복무제'를 법령으로 채택하여 **남자는 10년, 여성은 지원 시 7년간 의무 복무 기간**으로 하였다.

그러나 특수전부대(항공육전여단, 경보병부대, 저격부대 등)에 근무하는 인원은 13년 이상의 장기 복무를 해야 하며, 주특기나 특별 지시에 따라 사실상 무기한 근무해야 하는 경우도 있다.

부대에 약 10~30% 비율을 차지하는 여자(여군)는 대부분 전투근무지원 부서(수송·행정 부서와 위생병·통신병)에 배치 받아 근무하고 있으나 일부 여군들은 해안포·고사포 부대에 배치되어 근무하는 경우도 있다. 북한군의 초모(입대) 절차는 【도표 3-7】과 같다.

【도표 3-7】 북한군의 초모(입대) 절차

구분		세부내용
신체검사시기		1차 15세, 2차 16~17세
입영시기		17세(신체검사합격자에 한해서 입영)
정기초모시기		연 2회 (1차 : 3~4월, 2차 : 9월~10월)
신체조건		2015년 이후 신체조건 폐지(입영대상자 부족으로 폐지)
신병교육 기간		3~6개월(병종별 상이)
복무기간		남자 10년(의무복무제), 여자 7년(지원제)
초모 제외 대상	정책수혜	- 대학생(17세~) 및 진학 확정된 고급중학생 (14세~16세) - 산업 필수요원(기관사, 운수요원 등) - 부친이 만60세, 모친이 만 55세 이상인 독자(와아들)
	성분 불량	- 월남 및 반동분자 가족(친가 6촌, 외가 4촌) - 월북자, 귀화자와 그 자녀 - 형 복무자(전과자)

출처 : 북한이탈주민 000선생 증언 등 자료종합

계급구조

북한에서는 군 계급을 '군사칭호'라 부르는데 군사칭호란 군인의 군사적 전문부분과 자격, 상 · 하급관계를 규정하는 국가가 제정하는 칭호라고 정의하고 있다. 북한군 계급 구조는 **병사와 사관, 군관**(위관급, 좌관급, 장령급, 원수급)으로 나뉘어 있다. 우리가 사용하는 북한군 하전사란 용어는 북한군 사관과 병사를 통합하여 호칭하는 용어이자 북한군 의무복무자를 통칭하여 부르는 용어이다.

1. 병사 (용사)

북한군 병사계급은 전사, 초급병사, 중급병사, 상급병사 구조로 되어있으며 계급별 근속기간은 전사 6개월, 초급병사 1~2년, 중급병사 1~2년, 상급병사 1~2년이나 우수한 병사는 3년 복무 후 사관(부사관)혹은 군관(장교)으로 선발되어 하사관양성소 및 학교, 사관장 양성소에 입교하거나 혹은 군관학교에 입교하여 교육을 받고 사관이나 군관으로 임관한다.

북한군 병사는 연 2회(봄, 가을) 정기 초모를 실시하여 군단, 사단의 신병교육대에서 약 3~6개월간(병종별 상이) 신병교육을 받고 배치되며 신병교육과 관련된 내용은 본 책자 5절에 수록된 '신병교육훈련'을 참고하기 바란다. 병사들 간의 선임결정은 입대년도에 의해서 결정되며 입대년도가 같을 경우에는 봄에 입대한 인원이 선임이다. 북한지상군의 병사 지상군 병사 군사칭호 및 견장, 계급장은 【도표 3-8】과 같다.

【도표 3-8】 북한군 지상군 병사 군사칭호 및 견장, 계급장

구분	전사	초급병사	중급병사	상급병사
견장				
계급장				

출처 : 통일부 통일교육원 2020 북한이해 등 자료종합

2. 사관 (부사관)

북한군 사관은 한국군 부사관(직업군인)과는 달리 의무복무자이다. 이는 북한군의 의무복무기간이 10년이라는 점과 북한군을 정예 간부화 군대로 육성하려는 북한당국의 4대 군사노선에서 기인한다. 계급 구조는 하사, 중사, 상사, 특무상사로 되어 있다. 이외 초기복무(超期服務)사관으로 구분되는 초기하사, 초기중사, 초기상사 가 있는데 초기복무[15]사관은 별도의 계급체계가 아니라 레이더, 통신장비 등 고도의 전문성을 요구하는 분야에서 근무하던 병사들을 제대 시키지 않고 장기 복무시켜 공백 기간 없이 운용하려는 의도에서 만든 제도이다.

사관 선발은 일반사관과 기술사관으로 구분하여 연 2~3회 선발한다. 선발절차는 지상군 · 해군 · 공군이 동일하다. 먼저 상급부대 계획에 의거 단위부대 대열(인사)참모가 예하부대별 선발인원을 할당하면 예하부대에서는 입교자격 기준에 해당되는 병사를 대상으로 소대장이 분대장과 협의 후 소대 적격자를 선발하여 중대장에게 추천한다.

중대장(해군: 함장, 공군: 편대장)은 각 소대에서 추천된 인원들을 대상으로 중대 정치지도원과 함께 선발 후 대대에 보고한다. 대대장은 청년동맹회의 심의 후 선발된 인원을 연대에 보고하고 연대는 대대별 선발인원을 종합하여 사단에 보고한다. 사단에서는 최종 선발심의를 실시하고 심의 결과는 입교 1주 전에 예하부대와 선발된 인원 각 개인에게 통보한다.

일반 사관으로 선발된 인원은 군단별 1개소씩을 운영하는 사관 양성소, 사관장 양성소, 청년동맹위원장양성소[16]에 입교하고, 기술 사관으로 선발된 인원은 종합포병학교, 땅크(전차)하사관학교(병사 · 사관교육 실시 학교), 자동차 훈련소에 입교하여 양성교육을 받는다. 교육종료 후 성적 최우수자에게는 졸업과 동시에 하사로 진급하고 기타 인원은 원 소속대로 복귀하였다가 사관직 결원 혹은 경축일 등에 하사로 진급하여 해당 직책을 부여받고 사관으로써 근무를 시작한다.

계급별 근속기간은 하사 1~4년, 중사 1~3년, 상사 1~2년, 특무상사 2~3년이나 개별 능력에 따라 근속기간은 상이하다. 북한 지상군 사관 군사칭호 · 계급장은 【도표

15) 기한이나 기일을 초과하여 복무하는 것 (북한 조선말대사전)
16) 북한의 주요 사회조직의 한 단체로써 14~30세의 학생, 군인, 사회인이 가입되어있다.

3-9】와 같다.

군 내부 청년동맹조직을 운영할 목적으로 청년동맹 위원장을 양성한다.

【도표 3-9】 북한군 지상군 사관 군사칭호 · 계급장

하사	중사	상사	특무상사
		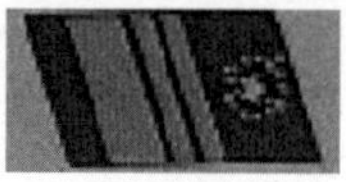	

초기하사	초기중사	초기상사

출처 : 통일부 통일교육원 2020 북한이해 등 자료종합

3. 군관 (장교)

북한군 군관은 위관급(소위, 중위, 상위, 대위)과 좌관급(소좌, 중좌, 상좌, 대좌), 장령급(소장, 중장, 상장, 대장), 원수급으로 구분되어 있다. 원수급은 인민군 차수, 인민군 원수, 공화국 원수, 공화국 대원수로 구분되어 있다.

김일성과 김정일이 공화국 대원수, 김정은은 공화국 원수이다. 김일성은 자신의 80회 생일날 대원수로 추대되었고, 김정일은 사망(2011.12.17)후 2012년 2월 14일 대원수로 추대되었다. 김정은은 2012년 7월 17일 공화국원수 칭호를 부여받았다.

2020년 조선노동당 창건 75주년 열병식장에서 리병철(중앙군사위원회 부위원장)과 박정천(총참모장)이 인민군 원수로 호칭되면서 그들이 인민군 원수인 것이 식별되었다. 특히 리병철은 대장, 차수, 원수 순으로 진급하는 통상의 방법을 깨뜨리고 대장에서 차수를 건너뛰고 원수로 곧바로 승진 하였다. 박정천은 2019년 9월에 한국의 합참의장에 해당하는 북한군 총참모장에 임명된 이후 2020년 5월에 차수로 승진했고, 5개월만인 10월 초에 원수로 승진하는 특혜를 받고 있다. 북한군 군관의 군사칭호 · 계급장(견장)은 【도표 3-10】과 같다.

【도표 3-10】 북한군 지상군 군관의 군사칭호 · 계급장(견장)

구분				
위관	소위 	중위 	상위 	대위 
좌관	소좌 	중좌 	상좌 	대좌 
장령	소장 	중장 	상장 	대장 
원수	인민군 차수 	인민군 원수 	공화국 원수 	공화국 대원수 

출처 : 통일부 통일교육원 2020 북한이해 등 자료종합

북한군 군관은 통상 입대 후 3년 이상 복무한 현역 병사나 사관을 대상으로 성분과 당성을 고려하여 중 · 대대장이 추천하고 군단 당위원회 심사를 통해 최종 선발하는 **정규임관**과 사회대학의 졸업자 및 재학 중인 자를 대상으로 군에서 필요한 인원을 발탁하여 임관시키는 **민간발탁 임관**이 있다.

정규임관은 선발된 인원(병사 · 사관)을 대상으로 병종별 군관학교나 군단 군관학교에 입교시켜 약 2~3년간의 양성반 교육과정을 받고 졸업과 동시에 소위로 임관시킨다. 졸업성적 최우수자는 중위로 임관하는 특혜가 주어진다.

민간발탁 임관은 별도의 교육과정 없이 임관시키는데 이때 군사칭호는 임관당시의 연령을 고려하여 군사칭호를 부여하고 임관시킨다. 민간발탁은 비정기적으로 실시되며 정치군관, 보위군관, 수의군관, 군의군관, 법무군관, 군악군관 등 전문성이 요구되는 병종(병과)에 국한하여 발탁한다.

북한군 군관의 병종(병과)분류는 기본병종(일반병종)과 특수 분야로 분류되어있다. 기본병종은 보병, 포병, 땅크(전차), 공병, 통신, 화학, 후방, 운수, 재정, 군악, 군의, 수의, 법무(검찰) 등 13개 병종이 있다.

특수 분야는 병종으로 분류되지 않고 보병병종으로 임명하여 전문화하고 있다. 특수 분야는 정치, 보위, 저격, 경보, 정찰, 민경, 항공육전, 간호 등이 있다.

병종별 인사관리는 인사관리의 신속성과 효율성을 도모하기 위하여 기능별로 직접 관련 있는 분야를 통합하여 실시하고 있다. 특히 지 · 해 · 공군의 공통지원 병종(공병, 통신, 화학, 후방, 재정, 운수, 법무, 의무)은 총정치국 간부국에서 통합 인사처리 후 배치하며 지 · 해 · 공군 간의 인사교류는 제한하고 있다.

또한 북한군에는 군사 특기제도가 존재하지 않는다. 각 병종의 전문병종을 하나의 직능분야로 간주하고 있을 뿐이다. 진급은 위관과 좌관은 최저 복무연한(소위 2년, 중위 2년, 대위 4년)을 채워야만 진급가능하고 장령(장군)은 최저 복무 기간 없이 최고사령관(김정은) 명령으로 진급한다. 대장급 이상은 당 중앙군사위원회와 국방위원회 결정에 의해 진급된다.

군관들의 보직 · 전출입 · 진급 · 교육 · 근무평가 · 기록관리 등은 총참모부 간부국에서 전담한다. 그렇지만 업무처리에 있어서 간부국 단독으로 처리하는 경우는 거의 없고 정치부 의견이 충분히 반영되고 있다.

군관들의 주거생활은 결혼한 군관들은 영외관사에서 생활하며 미혼은 영내에서 생활한다. 급여는 복무연도에 따라 조금씩 차이는 있지만 소대장(중 · 소위급)의 경우 약 2,000~3,000원(1달러=140원)을 수령하고, 전연(전방)사단 근무자는 야전수당 30~70%를 추가로 수령한다.

군관의 정년 규정은 없다. 처벌에 의한 제대나 본인이 희망하여 실시하는 제대를 제외하고 정년에 의해 제대하는 경우는 없는 것이다. 중 · 소좌의 경우 본인이 희망하여 제대를 할 경우에 붉은청년근위대의 훈련소 교관이나 일반 공장의 부직장장, 기초단체(행정 · 당)의 간부 등의 보직을 받는다. 군단장 이상의 장령들은 지병으로 제대하는 경우와 처벌에 의한 제대를 제외하고는 삶을 다할 때까지 군관으로 복무가 가능하다.

연대장급 이상 군관들은 '병사생활체험'이라는 제도가 있다. 일정 기간 동안 병사들과 똑같이 생활 (교육훈련 · 경계근무 · 내무생활 등) 하면서 느꼈던 사항들을 부대관리에 반영시켜 효과적인 부대관리를 하라는 목적으로 실행되는 제도이다. 하지만 북한이탈주민들의 증언에 의하면 병사생활을 체험하는 연대장급 이상 군관들에게 해당 부대에서 특별한 대우를 해주기 때문에 목적과 다른 방향으로 운영되고 있다고 한다.

4. 북한군 계급장 · 견장 부착위치

북한군은 전투복에 부착하는 계급장과 정복과 예복에 부착하는 견장이 있다. 계급장은 전투복 카라[17] 좌 · 우측 앞부분에 부착하고 견장은 정복과 예복 좌 · 우측 어깨위에 부착한다. 북한군 계급장 (견장)형태와 부착위치는 【사진 3-5】와 같다.

【사진 3-5】 북한군 계급장 (견장) 형태 및 부착위치

전투복의 병사 계급장	전투복의 군관 계급장	정복(예복)의 장령 견장

출처 : Daum

17) 의복에서, 목둘레에 길게 덧붙여 단 천

병영생활

병영생활에서 기본적으로 지켜야 할 복무규율은 1977년 11월 30일 조선인민군 제7차 선동원대회에서 김일성이 지시한 '군무생활 10대 준수사항'과 1984년 1월 14일 조선인민군 중대지도소조회의에서 김정일이 지시한 '열가지 중대관리 준칙'이다. 병영생활간 10대 준수사항과 준칙을 위반시에는 처벌 받는다. 준수사항과 준칙은 【도표 3-11】과 같다.

【도표 3-11】 군무생활 10대 준수사항, 열가지 중대관리 준칙

군무생활 10대 준수사항	열가지 중대관리 준칙
1. 군무자들은 언제나 군사규정을 철저히 지켜야 한다.	1. 중대지휘관들은 군인들의 군무생활을 군사규정과 교범의 요구대로 조직 지휘한다.
2. 군무자들은 자기의 무기에 정통(精通)하며, 언제나 잘 관리하여야 한다.	2. 중대지휘관들은 군인들을 해설과 설복의 방법으로 교양하고 이끌어나가야 한다.
3. 군무자들은 군사 명령을 철저히 집행하여야 한다.	3. 중대지휘관들은 명령지휘체계에 따라 군인들을 움직여야 한다.
4. 군무자들은 당 및 정치 조직에서 준 분공(分工)을 어김없이 집행하여야 한다.	4. 중대지휘관들은 군인들이 언제나 전투동원 태세를 갖추도록 하여야 한다.
5. 군무자들은 국가 기밀, 군사 기밀, 당 조직 비밀을 엄격히 지켜야 한다.	5. 중대지휘관들은 모든 사업에 앞서 사건사고를 막기 위한 대책을 철저히 세워야 한다.
6. 군무자들은 국가의 사회주의식 법과 질서를 철저히 지켜야 한다.	6. 중대지휘관들은 군무생활에서 이신작칙[18]의 모범으로 군인들을 이끌어 나가야 한다.
7. 군무자들은 군사정치훈련에 어김없이 참가하여 열심히 공부하여야 한다.	7. 중대지휘관들은 자력갱생의 혁명적 원칙에서 중대 살림살이를 알뜰하고 깐지게 꾸려나가야 한다.
8. 군무자들은 인민을 사랑하며, 인민들의 재산을 털끝만큼도 다치지 말아야 한다.	8. 중대지휘관들은 군인들이 군민일치의 전통적 미풍을 높이 발휘하도록 하여야 한다.
9. 군무자들은 국가 재산과 군수 물자를 철저히 보호하며, 그것을 절약하여야 한다.	9. 중대지휘관들은 군인들을 중대와 소대를 단위로 하여 움직여야 한다.
10. 군무자들은 동지들을 친형제와 같이 사랑하며, 상하 일치단결의 미풍을 세워야 한다.	10. 중대장과 중대정치지도원은 합심하여 중대 앞에 제기된 과업을 수행해나가야 한다.

출처 : 북한이탈주민 김 OO선생 증언 등 자료종합

18) 자기가 모범을 보임으로써, 일반 공중이 지켜야할 법칙이나 준례를 만듦

1. 명령 및 복종

엄격한 상명하복의 위계질서를 조직의 특성으로 하고 있는 군대는 군기, 즉 명령 복종체계 획립에 의해 유지된다. 북한군도 예외는 아니다. 북한군은 군사칭호(계급)와 직무상 위치에 따라 상관 또는 부하로 구분하며 상관은 부하에게 명령, 지시를 내릴 권리와 그 집행을 지도 감독할 의무가 주어진다. 부하는 상관의 명령, 지시에 절대복종하여야 한다. 상관(군사칭호상 상관, 직무상 상관)이 없는 경우(동기들만 있을 경우)에는 사업 시작 전에 상관을 임명하고 지시에 따르도록 한다.

북한군은 병영생활에서 군대기율(군기)을 가장 많이 강조한다. 그럼에도 불구하고 북한군의 명령 및 복종체계는 잘 확립되어 있지 않다. 교육훈련, 병실(내무생활), 상하 동료 간 관계에서 군기 문란 행위나 구타사고가 빈번하게 발생하고 있는데 이는 10년간의 긴 군 복무제도와 생필품과 부식 보급이 원활치 않다는 부분, 열악한 병영 환경 등 제도적인 문제에서 그 원인이 있다.

특히 북한군 8년차 이상 병사들은 소대장보다 나이가 많고 군 생활도 더 많이 하였다. 이런 병사들은 소대장의 권위를 인정하려들지 않고 명령에 고의적으로 반항하거나 태만해 한다. 물론 명령위반자, 군기위반자에 대한 처벌규정을 운영하고 있지만 대부분 묵인하는 경우가 많다.

군 기강 확립을 위한 처벌규정은 징계(주의, 권한정지, 동지심판, 군사칭호 박탈, 직위철직 등), 군 교도소 수감, 생활(불명예) 제대, 처벌제대[19], 면직제대[20] 등의 규정을 운영하고 있다. 강제 제대되는 자는 제대 후 직장 배치에서 부터 직장생활 간 많은 불이익을 받는다. 그럼에도 불구하고 북한군은 10년간의 긴 군 복무제도와 생필품과 부식 보급이 원활치 않다는 부분, 열악한 병영환경 등 제도적인 문제로 인해 강제제대를 희망하는 인원들이 다수 있으며, 이들은 강제제대 목적으로 군 기강을 위반하는 경우가 다수 발생하고 있다.

---

19) 군무생활 10대 준수사항 위반자, 군사규정위반자, 법위반자 등을 강제 제대 시키는 제도
20) 군무생활 10대 준수사항 위반자, 의도적으로 태만한 자, 복무 기피목적의 자해하는 자 등 중대 범죄를 저지른 자를 강제 제대 시키는 제도이다. 강제제대 후에는 탄광이나 광산에 배치되어 죽을 때 까지 중노동을 하며 자식들에게 연좌제를 적용시킨다.

2. 언행 · 품행

북한군은 '군인은 언제 어디서나 보고법과 예절법을 잘 지키며 몸차림을 단정히 하고 사회질서와 공중도덕을 자각적으로 지켜야 한다.'는 김정일 지시사항을 수명하기 위해 군인의 언행과 품행을 강조하고 있다.

2-1 상관 · 상급자를 만날 때 언행과 품행

상관 · 상급자를 만나기 위해서는 사전 승인 하에 만날 수 있다. 예를 들어 상급자 군관(중위)일 경우 '군관 동지, 병사 OOO 만날 수 있습니까?'라고 보고하고 승인 후 찾아가서 만날 수 있다. 상급자 직무실(방) 문을 열기 전에 문을 가볍게 두드리거나(노크) '들어갈 수 있습니까? 라고 보고 후에 상급자가 승인하면 문을 조용히 열고 들어가서 차렷자세를 취하고 거수경례(한국군과 유사)를 한다. 이후에는 찾아온 목적을 이야기 한다.

2-2. 공공장소에서 언행과 품행

열차 등 대중교통, 자유롭게 지나칠 수 없는 길(골목)에서 상관 · 상급자를 만날 경우, 예의(거수경례)를 하고 자리를 양보하거나 먼저 길을 내 주어야한다. 좁은 길에서 상급자 보다 먼저 가야할 때에는 상급자의 승인 하에 먼저 갈 수 있다.

정치행사, 강연회, 예술공연, 휴식시간에 상급자가 들어오면 일어서서 예의를 표시하며, 행사나 공연 종료 후에는 상급자가 먼저 나간 다음에 질서 있게 나간다. 식사할 때에는 상급자가 들어와도 일어서지 않는다.

부대 내 혹은 부대 밖에서 손을 주머니에 넣을 수 없고 규정되지 않은 곳에서 담배를 피울 수 없으며 상급자가 있는 곳에서 담배를 피우려면 상급자의 승인을 받아야 한다.

2-3. 명령과 지시에서 언행과 품행

명령, 지시는 차렷자세에서 간단명료하고 정확하게 하달한다. 명령, 지시를 받는 자는 차렷자세에서 '알았습니다.'라고 대답한다. 이때 상관은 명령, 지시사항을 정확히 알았는지 여부를 확인하기 위하여 복창을 시키거나 물어본다. 명령, 지시를 집행하고 있는 자가 다른 상관으로부터 새로운 명령, 지시를 받게 되면, 그는 이미 집행하고 있는 사항을 보고하고 그의 결정에 따른다. 만약 처음의 명령, 지시를 무시하고 새로운 명령, 지시에 따르게 하려면 그 상관은 처음 명령, 지시를 내린 상관에게 통보하여야 하며, 그 결과에 대해 책임을 지어야 한다.

3. 경례

군인에게 경례는 국가에 대한 총성심의 표시, 군인 상호간의 복종과 신애, 전우애의 표시이며, 엄정한 군기를 상징하는 군대 예절의 기본이 되는 동작이다. 북한군은 도수 경례(정지, 행진, 여러 가지 경우)와 집총 경례(정지, 행진)로 구분하여 경례를 실시한다.

3-1 도수 경례

정지간 경례의 거수경계는 오른 팔꿈치를 옆으로 들면서 손을 혁띠 높이에서 손을 피면서 손가락을 가지런히 붙이고 가까운 거리로 빨리 올리면서 가운데 손가락 끝을 오른 귀 윗부분과 눈썹사이의 가운데 가볍게 댄다. 이때 팔꿈치는 어깨 높이에서 두 어깨와 직석이 되도록 들어준다. 손을 내릴 때에는 가까운 거리고 빨리 내리면서 혁띠 높이에서 주먹을 쥐고 허벅지 옆면 가운데 주먹을 쥐고 붙인다. (한국군 경례와 유사하다.)

대열 밖에서 경례는 상관이 5-6보 거리에 왔을 때 차렷자세를 취하면서 거수경례를 하고 머리를 돌리면서 상관이 이동하는 방향을 바라보다 상관이 지나갔거나 답례를 하면 손을 내리면 된다.

행진간 경례는 평보행진을 하면서 실시한다. 걸어가다가 상관을 만나면 5-6 앞(차를 탄 상관 10-15보)에서 왼발을 디딤과 함께 대열 밖 경례동작요령으로 실시하며 상관이 지나갔거나 답례를 하면 왼발을 앞으로 들면서 왼팔을 뒤로 보내고 왼발을 디디면서 머리를 바로 돌리는 동작과 함께 경례하였던 손을 내려 두 팔을 걸음에 맞추면 된다.

여러 가지 경우 경례는 먼저 두 손에 물건을 들고 있을 때나 군복을 규정대로 착용하지 못하였을 때에는 차렷자세로 상관을 바라본다. 상관보다 앞서려 할 때에는 상관을 앞서면서 경례하고 앞선 다음에 손을 내린다.

3-2. 집총 경례

자동보총(소총)을 휴대하고 정지간 경례는 정지 간 도수경례와 동일하다. 다만 어깨

총을 하였을 경우에는 세워총을 하고 경례한다. 기관총이나 발사관을 휴대하고 세워총 또는 걸어총 상태에서는 '들어~총'구령과 동시에 총을 움직이지 않고 그 상태에서 정지간 도수경례요령으로 경례를 실시한다.

자동보총(소총)을 휴대하고 행진간 경례는 걸어총과 어깨총 상태에서는 상관의 5-6보 앞에서 그에게 머리를 돌리면서 팔을 붙이고 앞에총 상태에서는 왼손으로 총신 하부 가목과 총신덮개를 올려 잡으면서 머리를 돌려 상관을 바라본다.

4. 일과

일과의 의미는 교육훈련, 근무 및 내무규정(내무생활) 등 일일 과업을 말한다. 김정일은 일과에 대해' 군사규정의 요구대로 생활을 조직하여야 한다. 원래 군대는 철저히 내무규정대로 생활하지 않는가? 아침 기상으로 부터 저녁에 자리에 누울 때까지 설정된 일과대로 생활하도록 강한 통제를 하는 것이 필요하다.'라고 지적(지시)하였다. 이에 따라 북한군의 일과는 기상, 아침검사(점호), 아침식사, 상학준비검열(교육준비검열), 상학(교육훈련), 점심식사, 상학준비검열(교육준비검열), 상학(교육훈련), 저녁식사, 무기소재(총기손질), 저녁점검(점호), 잠잘 준비 등으로 이루어진다.

기상은 직일병(당직병)의 기상구령에 일제히 기상하며 기상과 동시에 신속한 동작으로 아침검사까지 복장착용과 침구를 포함한 간단한 환경정돈, 화장실 용변처리 등을 실시한다.

아침검사는 실외에서 실시함을 원칙으로 한다. 그러나 악천후 또는 상황에 따라 사관장(당직사령)이 검사 장소를 조정할 수 있다. 아침검사는 중대를 2열 횡대로 정렬 시키고 사관장에게 보고한다. 사관장은 아침검사계획을 발표하고 소대단위로 아침검사를 지시한다. 부소대장들은 분대장들을 먼저 검사하고 분대장들에게 분대원들의 검사를 지시하며 분대장들은 분대원들을 검사한다. 검사는 인원확인, 개인 위생상태, 건강상태, 복장착용상태 등을 검사한다. 사관장의 '아침검사 그만' 구령에 분대장들이 부소대장에게 부소대장은 사관장에게 아침검사결과를 보고하면 사관장은 아침검사를 종료하고 식사를 한다.

식사시간이 되면 군복과 신발의 먼지를 털고 손을 씻은 다음 구령에 따라 모여서 식당으로 이동한다. 식당에 도착하면 식당 담당자에게 식사하러 왔다. 라는 보고 후 허락하에 식당에 들어가서 모자를 벗어 걸개에 걸고 자리에 가서 서서 대기한다. '앉아'라는 구령에 앉아서 식사하고 '일어 섯'구령에 일어서서 질서 있게 조용히 밖으로 나온다. 식사 준비와 뒷정리는 밥차림당번(식사당번) 들이 실시하고 식사 후 상학준비검열을 실시한다.

상학준비검열은 대대 또는 중대단위로 진행한다. 대대 상학준비검열 때 대형은 소대종대병렵대형으로 정렬하며 대대장은 중대단위로 상학준비상태를 검열할데 대하여를 지시한다. 중대장들은 자기 중대를 검열하는데 이때 대대장은 소대장들의 제강[21]을 검열한다. 검열은 상학과정표를 기준하여 무기와 전투기술 · 훈련기재 등의 준비상태를 검열한다.

상학은 근무자를 제외한 모든 인원이 참가함을 원칙으로 하며 환자들은 환자의 상태에 따라 중대장이 다른 상학의 임무를 지시한다. 상학은 일과표에 제정된 시간에 의해 오전과 오후로 구분하여 진행되며 상학이 종료되면 인원과 기재 등을 검열한다.

저녁식사 시간이후에는 무기소재를 실시한다. 무기소재(손질)는 무기뿐만 아니라 모든 전투기재와 훈련기재를 포함하여 분대별로 실시한다. 사관장은 무기소재가 시작되면 모든 무기, 전투기재, 훈련기재를 다 내어 갔는가를 확인하고 무기소재가 끝나면 무기소재 상태와 수량을 점검한다. 무기소재를 마치면 저녁점검을 실시한다.

저녁점검은 '저녁점검시간'이라는 구령이 내려지면 점검장소에 집합한다. 중대직일관이 중대를 정렬시키고 사관장에게 보고하면 사관장은 '차렷' 구령을 내리고 점검부에 따라 중대원들의 군사칭호와 이름을 부른다(출석확인) 이때 영웅의 이름을 단 중대에서는 영웅의 이름(공화국 영웅 OOO동지)을 먼저 부르면 영웅을 배출한 소대의 부소대장이 대신 대답 한다. 출석 확인 후 사관장은 다음날 근무 투입할 인원을 전파하고 연락 및 강조사항, 지시사항 등을 전달하고 건강상태확인 후 저녁점검을 종료하고 병실(내무반)에 들어간다.

21) 강의 계획과 강의 내용을 작성해 놓은 노트 (한국군의 교안)

저녁점검을 마치고 병실에 들어오면 잠잘 준비를 한다. 중대직일관의 '잠잘 준비' 구령에 의해 신발과 발싸개(양발), 군복과 모자를 벗어 정리하고 자기자리에 눕는다. 이어서 중대직일관의 '잠잘 시간' 구령이 내려지면 취침에 들어간다. 중대직일관은 병실(내무반)을 돌아보면서 취침상태를 확인한다.

북한군의 식사는 매우 열악하다. 악화된 부대급식 사정으로 주식은 보급을 해주고 있으나 부식은 부대 자체로 지역의 특성을 이용하여 영농, 어로, 채취 등으로 해결하고 있다. 과거에는1일 세끼 쌀밥에 야채, 절임 등 반찬 2~3가지가 기본이었으나 1990년대 접어들면서 악화된 급식사정으로 인해 독립 소대부터 여단 본부에 이르기까지 많은 부대가 염소와 돼지 등 가축을 직접 사육하고 모든 부대에서 콩을 경작하고 있다. 이러한 이유로 특수부대를 제외하고 평균 군 복무 기간의 3분의 1에서 2분의 1을 건설, 영농 등 비군사 노동 활동에 종사하게 된다. 병사에 대한 부대의 급식상황은 2000년 초 개선되면서 외부 지원의 영향으로 다소 나아졌으나, 미사일 발사, 핵실험 등 군사적 도발로 인해 국제사회의 대북지원이 중단되면서 다시 악화 되었다.

2002년 7월 1일 '7.1 경제관리 개선 조치' 이후 군대에서도 부대 운영을 위해 자체 해결해야 할 사안들이 적지 않아 상당수의 부대에서 외화벌이, 영리활동, 근로 동원 등 수익 사업을 위한 경제활동을 묵인하고 있는 실정이다. 병사들은 경제적으로 부수입이 많은 국가보위성 예하 국경 경비대 배치를 선호하기도 한다.

특히 부대부식 보급이 열악하여 일부 군인들의 일탈 행위가 나타나고 있고, 군민(軍民)관계를 해치는 사례도 발생하고 있다. 이에 대해 군 당국은 군의 민간에 대한 부담과 각종 폐해 일소를 위해 군민관계 훼손 시 엄중 처벌할 것을 강조하고 있으나, 처벌 강화에도 불구하고 근본적 해결은 요원한 실정이다.

북한군 전차부대에서 군관으로 근무했던 한 북한이탈주민은 악화된 부식사정을 해결하기 위해 장갑차나 전차에 있는 연료(휘발유)를 절취해 밀거래 하는 사례가 많이 발생한다. 이런 사례가 빈번하자 당국에서는 기계화 부대와 전차부대를 대상으로 검열을 실시하였는데 비위사실은 발견하지 못했다. 연료통에서 절취한 연료만큼 물을 넣어 보충하기 때문이다. 이러한 장비는 시동이 걸리지 않아 훈련에 참여하지 못한다. 라고 이야기를 하였다.

5. 근무

근무는 부대의 인원과 재산을 보호하고, 규율과 경비, 내무생활 질서유지, 각종 사고 예방, 비상사태 대비 등을 위하여 실시한다. 근무의 구분은 하루근무(당직근무)와 위병근무, 그 밖의 근무로 구분된다.

5-1. 하루근무

하루근무자(당직근무자)는 연대의 경우 직일관, 부직일관, 직일구분대, 위병대, 직일군의, 식당직일관, 직일신호병, 전달병, 직일간호원으로 편성되며 대대는 직일관, 부직일관, 직일구분대, 위병대, 식당직일관, 직일신호병 겸 전달병으로 편성되고 중대는 직일관 직일병(3명), 식당직일병(독립중대)으로 편성된다.

모든 직일관과 부직일관, 직일군의(당직군의관), 중대 직일병은 해당 근무명칭을 표시한 완장을 왼팔에 착용한 상태에서 근무하며 연대·대대 직일관, 연대 부직일관은 권총을 휴대하고 근무한다. 중대 직일관과 직일병은 연대장(대대장)의 지시에 의하여 자동보총(권총)을 휴대하며 연대직일관이 근무하는 직일실(당직실) 외부 벽에는 온도계가 설치되어있다.

연대·대대·중대직일관은 일정한 시간에 부직일관(중대는 직일병)과 서로 교대하며 4시간 동안 모자와 신발을 벗고 군복상의 단추를 위에서 2개까지 풀고 혁띠를 느슨하게 한 상태에서 의자에 앉아 가면을 취할 수 있다.

5-2. 직일구분대 (5분 대기부대) 근무

직일구분대 (5분 대기부대) 는 비상상황, 화제상황, 자연재해, 사고 발생, 기타 위급상황 발생을 대비하기 위하여 편성 운용된다. 규모는 1개 소대 규모에서 중대규모이며 명령서에 의거 임명되며 연대 직일관(중대직일구분대)과 대대 직일관(소대직일구분대)이 통제한다.

직일구분대는 항상 전투준비태세를 유지하여야 하며 이를 위해 훈련도 해야 하기 때문에 구분대의 병영가까이에서 실시하고 훈련내용을 연대·대대 직일관에게 보고하여야 한다. 취침시에도 즉각 출동태세를 유지하기 위해서 연대장과 대대장이 정한 규정에 의거 실시한다.

5-3. 위병근무

위병근무는 부대의 인명과 재산을 보호하고 규율과 질서를 유지하며, 부대 출입자 통제, 비밀보호, 화재예방, 무기 및 전투기술자재, 군수품, 중요시설 등을 경비 및 방어를 목적으로 하는 근무이다. 김정일은 위병근무에 대하여 '위병근무를 비롯한 여러 가지 근무를 강화하여야 한다. 우리 당이 인민군대를 믿고 사회주위 건설을 하고 있는데 근무를 약화하면 안된다. 근무를 강화하여 조국의 땅과 바다. 하늘에 한 놈의 원쑤도 얼씬하지 못하게 하여야 한다. 고 지시하였다' 북한군은 이와 같은 김정일의 지시사항을 받들어 위병근무 수행은 성스러운 전투임무수행이다. 라고 규정하고 위병대를 운용한다.

위병대는 위병근무를 수행하기 위하여 임명된 무장한 구분대이며 위병대에는 신입병사 훈련을 끝마치고 군인선서를 한 군인들을 대상으로 위병장, 부위병장, 보초장(순찰조장), 위병으로 구성된다. 위병장은 경비대상물의 중요성에 따라 군관(장교) 또는 사관(부사관)이 임명되며, 부위병장은 통상 사관을 임명하는데 특별히 중요한 위병대는 군관을 임명한다. 보초장은 사관을 임명하며 필요에 따라 상등병을 임명하기도 한다. 임명은 부대장이 임명하는데 이때 규정위반자(징계 또는 수사 중인자)는 위병대에 임명될 수 없다.

위병대는 상설위병대와 임시위병대로 나뉘어 임명하는데 상설위병대는 위병대 보초소일람표(위병대성원 및 보초소[22]의 수, 보초장이 관할하는 보초소의 수, 보초소의 번호와 경비대상물의 명칭, 인계품, 보초병[23]의 특별임무)에 의하여 임명하고 임시위병대는 화재, 자연재해, 철도역이나 항만 등에서 군수품을 운반할 때에 경비목적으로 부대장이 임명하여 운용한다.

보초병을 30분내에 교대시킬 수 없는 먼 장소에 경비 대상물이 있는 경우에는 독립보초소를 운용하고 경비 대상물의 중요도와 지형의 특징에 따라 쌍보초소[24]를 운용한다. 위병대는 자동보총으로 무장하며, 위병장과 부위병장은 권총으로 무장하며 경비 대상물의 중요성과 배치 및 상황에 따라 위병대에 기관총을 증강할 수 있고 실탄수량은

---

22) 보초병이 경비 및 방어하기 위하여 차지하는 장소 또는 행동하는 구역(경계구역)
23) 대상물을 경비 및 방어하기 위해 보초소에서 임무를 수행하는 무장군인
24) 한 보초소에 2명의 보초병이 함께 근무하는 보초소

상황에 따라 상급부대지시에 의해 휴대한다.

위병대 순찰근무는 김정일의 '순찰근무를 잘 조직하여야 한다. 특히 밤에는 순찰과 경비를 더욱 강화하여야 한다. 라는 지시사항을 이행하기 위해 순찰조를 편성하여 운용한다. 조장은 부위병장 또는 보초장이, 순찰조원은 대기위병들 가운데 1~2명을 임명하여 운용하고, 순찰시간은 1시간을 넘지 않는다. 순찰조는 이동경로에서 불순분자들의 침입을 막고 보초병들의 임무수행상태를 확인하고 불의에 위협(습격)을 받는 보초소를 증강하기 위해 실시된다.

위병근무는 위병장이 교대와 부대장이나 부대직일관의 지시를 가지고 온 군인을 확인하기 위해 군호[25]를 사용하고 있다. 군호는 말로 하지 않고 군호가 적혀있는 쪽지를 보이는 방식이다. 위병장은 군호를 확인 후 바로 소각한다. 군호는 절대 전화나 말로 사용해서는 안되며 보초장이나 위병들에게 알려주지도 않는다. 군호는 통상 도시이름으로 만들며, 다음 달 시작되기 5일전에 부대 참모장이 재정하여 군호대장에 기록 후 봉투에 넣어 봉인하여 기무실(비밀보관소)에 보관한다.

보초병은 보초소에 다가오는 사람들에게 통행암호(암구호)를 낮은 소리로 물으며 대답을 기다린다. 통행암호는 상급부대에서 내려오며 위병대의 모든 인원들에게 전파한다.

5-4. 비상소집

비상소집은 비상 상황발생, 동원준비상태 검열, 화재, 홍수 등 자연재해 발생시 소집한다. 소집은 부대 전체 또는 개인별로 실시되며 비상소집을 할 수 있는 직책은 부대장과 부대장 이상의 상관, 부대장으로부터 위임을 받은 자, 지도검열책임자들이 할 수 있다. 단 부대장은 비상소집을 할 때 반드시 정치위원(정치지도원)과 미리 협의하여야 한다.

비상소집은 부대장의 명을 받들어 부 부대장, 참모장, 해당 병종지휘관, 전문병 지휘관들이 참가하여 참모장 주관 하 비상소집계획을 작성하고 작성된 계획은 지휘관의 비준을 받아 시행한다. 부대에서는 평소 비상소집을 대비하기 위하여 영외 거주자(군관, 사관)들에 대해 집주소와 연락방법을 기록해 놓은 연락체계도를 작성, 보관하고 있다.

25) 일정한 비밀을 보장하거나 또는 피아 식별을 목적으로 미리 약속해 두었다가 필요에 따라 주고받는 군대 및 기타조직들이 사용하는 암호

6. 휴가

북한군의 휴가는 군 복무(10년) 중 규정상으로 연 1회 정기휴가(15일)가 허용된다. 표창 수여 또는 결혼이나 부모 사망 때는 10~15일 간의 특별 휴가가 있으나 지켜지는 경우가 드물고 부모 사망 또는 부대 공무 목적으로 약 10일의 휴가 또는 출장이 있는 게 현실이다.

군 복무 기간에 부모님과 가족이 거주하는 집을 다녀왔던 병사는 약 20% 수준밖에 되지 않는 것으로 알려져 있다.

북한군은 휴가 출발 전에 부대장, 정치지도원에게 김일성, 김정일 대원수님과 김정은 원수님의 배려에 대한 교육과 휴가기간에 인민들에게 김정은 원수님의 령도의 현명성과 당 정책의 정당성, 군민일치의 전통적 미풍을 높이 발양할 수 있는 교육을 받아야 한다. 특히 국가 및 군사 비밀을 엄격히 지키고 군인의 정중성과 품행을 모범적으로 지키도록 교육을 받아야만 휴가를 출발할 수 있다.

복귀 시에는 연대 · 대대에 휴가명령서를 먼저 반납하고 위생검사를 받은 후 소속대(중대)에 복귀할 수 있다. 중대에 복귀하면 휴가기간에 있었던 사항에 대해 중대장과 정치지도원에게 보고하여야 하며 인민들이 사회주의 건설에서 이룩한 성과를 중대원에게 발표 하여야 한다.

7. 외출

북한군의 외출은 연대장 · 대대장의 승인이 있어야 가능하다. 승인을 받은 북한군은 외출준비를 하고 중대장에게 외출 보고를 실시한다. 이때 중대장은 복장상태 점검과 예절, 행동규칙의 숙지상태 점검, 주위사항과 지시사항교육 후 외출증을 준다.

외출자는 중대 직일관에게 몇 시까지 어디에 외출한다는 사항을 보고하고 중대직일관은 외출에 대한 사항을 중대직일일지에 기록해 놓아야 한다.

8. 면회

면회는 평일 및 휴일에 실시할 수 있으며 부대장의 승인 하에 직일관 통제에 의해 실시된다. 평일면회는 상학(교육)이 끝난 후 면회실 또는 지정된 장소에서 실시하며 면회하러 온 사람의 신분확인과 면회자 명부(번호, 연월일, 소속, 군사칭호, 이름, 면회하러 온 사람의 이름, 면회하려는 군인과의 관계, 면회하러온 사람의 주소와 증명서번호, 면회에 대한 기록, 기록자 이름과 수표) 정리 후 실시된다.

면회하러온 사람이 면회자의 부모, 처자, 형제, 친척들이면 면회자의 직속상관은 그들을 만나보고 면회자의 가족이 북한당국의 사업에 더 큰 성과를 이루도록 고무(鼓舞)하여 주여야 한다.

9. 종교생활

북한군 종교생활은 전무하다. 부대 내 종교 활동을 위한 시설이 없고 신자도 존재하지 않는다. 북한의 종교는 1960년에 북한당국의 종교탄압으로 종교자체가 모습을 감추었고 1980년 이후 일부 종교시설을 설치하여 외형적인 종교를 형성하고 있으나 북한은 2001년 이후 '종교자유 특별 우려국'으로 지정되었으며, 유엔인권조사위원회와 국제종교단체는 '북한이 종교의 자유를 비롯해 주민의 권리와 인권을 업악하는 반인도적 범죄를 자행하는 가장 혹독한 종교탄압국'으로 규정하고 있다. 로마 카톨릭 교황청 국제카톨릭사목원조기구도 북한을 전 세계에서 종교 박해가 가장 극심한 나라 가운데 하나로 지목했다.

10. 건강관리

건강관리는 건강의 유지에만 그치지 않고 건강을 증진시킬 목적으로 질병의 예방은 물론 의료, 재활훈련까지 포함하는 종합적인 활동을 의미한다. 북한군의 건강관리는 '군인은 우선 몸이 튼튼하여야 한다. 그것은 단순히 오래 살기 위해서가 아니라 혁명을 더 잘하기 위해서 이다. 우리가 아무리 혁명에 충실하겠다고 하여도 건강이 따라주지 않으면 뜻대로 일을 꽝꽝 해제낄 수가 없다.'라는 김정일 지시에 의해 계획되고 실행되고 있다.

북한군의 목욕은 김일성의 '목욕탕을 잘 꾸리고 목욕을 정상적으로 하며, 빨래도 자주 하여야 한다.'라는 위생(건강관리)사업 교시를 받들기 위해서 주 1회 이상 목욕과 2주일에 1번 이상의 이발, 식당근무자 위생검사, 빨래질서 등을 규정하고 있으나 극심한 경제난에 의해 잘 이행되지 않고 있다.

북한 당국은 북한군들의 건강관리를 위하여 '군인의 건강관리 총칙'을 재정하여 운영하고 있다. 북한군 군인의 건강관리 총칙은 【도표 3-12】와 같다.

【도표 3-12】 북한군 군인의 건강관리 총칙

1. 부대(구분대)들에서는 군인들이 위생규칙을 지키게 하며, 군인들에 대한 검진과 일상적인 의학적 관찰을 하고 치료예방 및 방역 대책을 철저히 세워야 한다.
2. 군인들은 위생규칙을 엄격히 지키며 몸을 꾸준히 단련하여야 한다. 특히 찬물로 세수하며 달리기와 냉수마찰, 체육활동을 생활화하고, 겨울철에는 동상, 여름철에는 일사병, 열사병, 식중독, 설사, 무좀 등을 미리 막기 위해 대책을 철저히 세워야 한다.
3. 군인은 개인위생 및 공동위생규칙을 철저히 지켜야 한다.
   - 아침에 이를 닦고 세수한다.
   - 식사하기 전에 반드시 철저하게 손을 씻는다.
   - 마시는 물은 끓여서 마신다.
   - 잠자리에 들기 전에 세수하고 발을 씻는다.
   - 제때에 이발, 면도를 실시하고, 손톱과 발톱을 깍는다.
   - 목욕을 제때에 하며 속옷과 목달개[26], 발싸개[27], 양말을 항상 깨끗하게 한다.
   - 군복, 신발, 침구를 깨끗하게 한다.
   - 병실(내무반), 식당, 세수칸(세면장), 목욕탕, 이발실, 화장실, 그 외 공공시설을 깨끗하게 한다.
   - 방안의 공기를 자주 바꾸어 준다.
   - 공공장소와 부대 배치지역을 깨끗하게 청소하며 해로운 벌레와 짐승을 잡아 없애야 한다.

출처 : 북한이탈주민 김 OO선생 증언 등 자료종합

북한군의 건강검진은 군인들의 건강상태를 알아내어 그에 맞는 대책을 세우기 위하여 진행되며, 건강검진은 정기건강검진과 비정기건강검진을 시행하고 있다. 정기건강검진은 1년에 한번 전체 군인들을 대상으로 종합검진 방식으로 실시된다. 정기건강검

26) 군복 상의 목깃에 대는 좁고 긴 하얀 천 (한국의 목도리)
27) 신발을 착용할 때 발을 싸는 헝겊 조각

진에서 병이 발견되면 곧바로 직속상관에게 보고하고 그 이후 치료를 받고 다시 검진을 실시한다.

북한군은 질병의 상태에 따라 외래치료 또는 입원치료를 받는다. 7일 이내의 치료가 가능한 환자는 군의관 8~10명, 여군 간호병 10여 명이 근무하는 연대 군의소에 치료하고 그 이상의 기간이 소요될 때는 군의관 20~25명, 여군 간호병 50여 명이 근무하는 사단 군의소에서 치료하고, 15일 이상에서 6개월 정도의 장기 치료나 수술이 필요한 환자는 군의관 60~70명, 여군 간호병 포함 민간인 여성 간호원 130명 정도가 근무하는 종합병원 성격의 군단 야전병원으로 각각 후송 되어 치료하거나 감정제대(의가사제대)하게 된다.

그러나 북한의 경제난과 열악한 부대부식 보급으로 입원환자 중 영양실조에 의한 환자가 절반 이상인 것으로 알려지고 있다.

제5절

교육훈련

교육훈련 원칙 · 방침

북한군 교육훈련은 김일성의 5대 교육훈련방침과 김정일의 4대 교육훈련원칙에 입각하여 실시되고 있다.

5대 교육훈련 방침은 '강인한 혁명정신 함양, 무쇠 같은 체력단련, 강철 같은 군사규율 유지, 백발백중의 사격술 향상, 기묘하고 영활한 전술 연마'이며 4대 교육훈련 원칙은 '주체성, 전투성, 정치사상성, 과학성'이다.

북한군은 교육훈련의 중점을 최소의 물리적 힘과 최대의 정신력을 결합한 전투정치훈련에 두고 현대전에 적응하는 다양한 군사기술 함양과 김정은에게 절대 충성하는 혁명전사로 육성시키는데 주력하고 있다.

또한 교육훈련을 강화하기 위해 각종 검열제도와 분기 및 연말 단위 성과분석 회의 및 평가를 실시하여 부대 및 기능별 훈련수준을 판정하고 미비점을 보완 등 전투태세를 갖추도록 유도하고 있다.

그러나 경제난, 식량난, 자연재해 등으로 특수전부대를 제외한 대부분의 부대들은 건설, 영농, 피해복구 등 노동활동에 투입되고 있어 실질적인 교육훈련은 제대로 실시하지 못하고 있는 실정이다.

교육훈련 목표 · 중점

북한군의 교육훈련 목표는 **'싸워서 이기는 공격위주 인민군대 육성'**이다. 이와 같은 목표 달성을 위해 설정한 교육훈련 중점은 사상교육 강화로 혁명전사 육성, 전 군 간부화 교육을 통한 지휘능력 향상, 배합전 · 산악전 · 유격전 · 야간전 · 갱도전 등 주체전법 숙달, 전쟁의 각 상황 하에서의 공세적 협동작전 능력 배양, 준 군사부대 및 예비전력의 훈련강화를 통한 전 국가적 전시 동원 체제 구축이다.

교육훈련 목표달성을 위한 교육훈련 통제 체제는 총참모부 군사훈련국이 북한군 부대의 모든 교육훈련사항을 통합 관장하며 기타 군사학교에서 실시하는 간부 양성과 보수교육, 준군사부대 등 예비전력의 모든 군사훈련도 통제 · 관장하고 있다. 제대별 지휘관 및 참모들은 교육훈련 세부계획 수립과 집행에 대한 책임을 지며, 정치조직 및 정치책임자는 부대 내 정치사상 교육에 대한 직접 관장과 전반적인 교육훈련에 대하여 정치적 지도를 실시한다.

신병 교육훈련

북한군 신병 교육훈련은 초모대상자(招募對象者)중 군 입대를 위해 두 차례의 신체검사를 통과한 인원을 대상으로 고급중학교 졸업 후 신병교육대에 입대하게 된다.

여군은 만 17세 이상의 고급중학교 졸업자, 성분이 양호하고 신체 건강한 인원과 만 17-24세 미혼 여성으로 공업 및 농업근로자 중 자원입대 희망자를 대상으로 선발하여 신병교육대에 입대하게 된다.

신병교육대는 군별(지상군 · 해군 · 공군)로 편성하여 운영하고 있다. 지상군의 신병교육대는 군단예하에 신병교육연대를, 사단과 여단예하에 신병교육대대를 편성하여 운영하고 있으며 해군과 공군은 신병연대와 기술훈련소를 각각 편성 운영하고 있다.

1. 교육훈련 방법 · 내용

신병 교육훈련은 군 복무에 필요한 기본적인 군사지식 습득을 위해 정치상학, 무기상학, 전술상학, 대열상학, 체육 등의 기초과목 위주로 단기교육을 통해 훈련시키며 병종별 교육은 자대 배치 후 실시함을 원칙으로 하나, 특수전부대(경보병, 저격)와 민경부대는 자체교육을 실시한다.

1-1. 지상군 신병훈련

지상군 신병훈련 기간은 3~6개월이며 병종별 상이하다. 교육과목은 정치학(25%), 대열(10%), 전투체육(10%), 규정(15%), 사격(15%), 전술(15%), 군가 · 구기운동 등 예능(10%)로 편성되어 있다. 세부내용은 【도표 3-13】과 같다.

【도표 3-13】 지상군 신병교육대 일과표

구분 : (하계/동계)	시간 : 하계(동계)	비고
기상(5분)	0540(0640) ~	군인체조, 달리기
운동(25/25분)	0545(0645) ~	
청소 및 세면(40분/35분)	0610(0705) ~	
아침검사(10분)	0650(0740) ~	인원 및 복장 검사
식사(40분/30분)	0700(0750) ~	
보도청취(20분)	0740 ~	당 정책 해설 등
준비검열(10분)	0800(0820) ~	
오전상학(5시간)	0810(0830) ~	교육 50분, 휴식 : 10분
식사(40분)	1300(1320) ~	
조준연습(30분)	1340(1400) ~	
무기손질(30분)	1410(1430) ~	

구분 : (하계/동계)	시간 : 하계(동계)	비고
오후상학(3시간)	1440(1500) ~	교육 50분, 휴식 : 10분
체력단련(50분)	1740(1800) ~	
식사, 휴식(2시간/1시간)	1830(1900) ~	
훈련총화(10분)	2030(2000) ~	장 · 단점지적, 시정 지시
군중문화생활(50분/80분)	2040(2010) ~	구기운동, 오락 등
저녁점검(10분)	2130 ~	인원점검, 지시사항 전달 등
취침(8시간/9시간)	2140 ~	취침중 개인행동 제한

출처 : 북한이탈주민 김 OO선생 증언 등 자료종합

1-2. 해군 신병훈련

해군 신병훈련은 기초교육은 지상군과 동일하며 훈련기간은 6개월~1년이고 기술특기별로 상이하다. 기술특기를 부여 받은 인원은 신병훈련 종료 후 해군 기술훈련소에 입소하여 추가로 기술교육을 받고 배치된다. 교육과목 및 내용은 기초(공통)과목은 지상군 신병훈련과 동일하나 군사지식 및 전술훈련은 해군과 관련된 교육을 실시한다. 전문기술특기는 '조타 신호반, 항해반, 중 구경포반, 고사총반, 수뢰(어뢰)반, 탐지반, 음탐반, 기관반, 전기반이다.

1-3. 공군 신병훈련

공군 신병훈련은 지상군과 동일하며 훈련기간은 6개월이다. 신병교육 성적우수자와 기술특기자는 기초교육 후 항공학교 및 기술학교에서 6개월 동안 추가교육을 받고 배치된다.

기술특기는 공군전술, 비행이론, 비행기와 발동기 구조학, 무기학, 항공통신 등이며 훈련기간중 일과표는 지상군과 동일하다.

2. 훈련 간 처우

신병교육대 급식은 북한군 급식규정 1호(1호~18호 규정)에 준하여 지급하며 명절에는 급식규정에 관계없이 하루 3끼 모두 특식(떡, 국수, 고기, 과일, 과자 등)이 제공된다. 피복은 입대할 때 시 · 도 군사동원부에서 군복 1벌, 군용배낭 1착, 신발 1켤레를 지급받으며 신병교육대에서 군복 1벌과 우의, 내복류, 생필품 등을 추가로 보급 받고 급여는 병사와 동일한 급여를 받는다. 급식규정에 명시된 신병교육대 1일 주·부식 기준량은 【도표 3-14】와 같으나 실질적인 주·부식 보급상황은 기준량의 50% 수준도 되지 않는다.

【도표 3-14】 신병교육대 1일 주·부식 기준량

열량	주식 (단위:g)			부식(단위:g)					
	백미	잡곡	밀가루	육류	수산물	기름	간장	채소	담배
3,711.9cal	600	150	50	75	200	20	20	1,500	10개피

출처 : 북한이탈주민 김 OO선생 증언 등 자료종합

목욕은 주 1회 신병교육대 목욕탕에서 실시하고 이발은 2주 1회 신병교육대 이발소에서 실시하는 것으로 규정되어있으나 대부분 소대별로 자체 이발을 실시한다. 군복 세탁은 15일 1회 주기로 신병교육대 세탁소에서 집단 세탁을 실시하고 내의류는 휴일 및 개인시간을 이용하여 개별 세탁을 한다.

운동 및 오락은 휴일을 이용하여 중대별 축구, 배구, 농구시합을 실시하고 기타 시간에는 장기와 주패(트럼프)등의 오락을 실시하며 영화나 TV 시청은 저녁 군중시간을 이용하고, 특종 프로그램은 지휘관 승인 하에 단체관람 한다.

3. 훈련종료 후 처우

신병교육이 종료되면 신병교육대 군기 앞에서 단체 또는 개별적으로 군인선서를 실시하고 지휘관의 군인증 수여와 동시에 군인자격을 부여받는다. 이때부터 군법을 적용받는다. 병종분류는 대열과에서 분류기준을 통해 분류하고 부대 배치는 신병 배치계획에 의거 각 예하부대에 배치하며 신병 병종별 분류기준은 【도표 3-15】와 같다.

【도표 3-15】 신병 병종별 분류기준

병종	분류기준
포병 · 화학 · 통신 특기	해 분야 사회기술학교 출신자
민경 · 경보 · 정찰 등 특수전 특기	출신성분이 양호하고 체력이 우수한 자
운전 · 차량정비 · 무기 특기	해 분야 근무 경험자
보병 · 공병 특기	특기가 없는 자

출처 : 북한이탈주민 김 OO선생 증언 등 자료종합

사관(부사관) 교육훈련

북한군 사관 교육훈련은 총참모부 직속과 각 군단에 사관 전문 양성 교육기관을 설치하여 운영하고 있다. 사관 양성소(학교)입교주기는 년 2~3회이며, 일반사관 양성소와 기술사관 양성소로 구분되어 운영되고 있으며 북한군 사관 양성소 현황은【도표 3-16】과 같다.

【도표 3-16】 북한군 사관 양성소 현황

<table>
<tr><th colspan="3">구 분</th><th>소속</th><th>양성과정</th><th>교육기간</th><th>비고</th></tr>
<tr><td colspan="2" rowspan="6">일반
사관
양성소

(지, 해, 공)</td><td>사관양성소</td><td rowspan="3">총참모부</td><td>사관</td><td>4개월</td><td rowspan="3">총참모부 직속부대
수요충족</td></tr>
<tr><td>사관장양성소</td><td>사관장</td><td>6개월</td></tr>
<tr><td>청년동맹위원장
양성소</td><td>청년동맹
위원장</td><td>6개월</td></tr>
<tr><td>사관양성소</td><td rowspan="3">각 군단</td><td>사관</td><td>4개월</td><td rowspan="3">군단 수요충족</td></tr>
<tr><td>사관장양성소</td><td>사관장</td><td>6개월</td></tr>
<tr><td>청년동맹위원장
양성소</td><td>청년동맹
위원장</td><td>6개월</td></tr>
<tr><td>기</td><td>지</td><td>종합포병학교</td><td>포병교도</td><td>포병 사관</td><td>1년</td><td>포병부대 수요충족</td></tr>
</table>

<table>
<tr><th colspan="3">구 분</th><th>소속</th><th>양성과정</th><th>교육기간</th><th>비고</th></tr>
<tr><td rowspan="7">술 사관 양성소</td><td rowspan="4">상군</td><td></td><td>지도국</td><td></td><td></td><td></td></tr>
<tr><td>전차학교</td><td>전차교도 지도국</td><td>전차 사관</td><td>1년</td><td>전차부대 수요충족</td></tr>
<tr><td>공병학교</td><td>공병국</td><td>공병 사관</td><td>10개월</td><td>인민무력성직속부대 수요충족</td></tr>
<tr><td>자동차훈련소</td><td>자동차 관리국</td><td>운전 사관</td><td>1년</td><td>전체 수요충족</td></tr>
<tr><td rowspan="2">해군</td><td>사관양성소</td><td rowspan="2">해군 사령부</td><td>해군 사관</td><td>1년</td><td rowspan="2">항해 · 전자통신 · 포술 · 어뢰 · 기관 등 수요충족</td></tr>
<tr><td>기술훈련소</td><td>기술 사관</td><td>6개월</td></tr>
<tr><td>공군</td><td>정비 · 기술자 양성소</td><td>공군 사령부</td><td>정비 · 기술 사관</td><td>8개월</td><td>항공기 · 무장 · 전자통신 · 자동화 등 수요충족</td></tr>
</table>

출처 : 북한이탈주민 김 OO선생 증언 등 자료종합

1. 사관 양성소 편성

군단의 사관 양성소 편성은 양성소 소장을 중심으로 참모부가 편성되어 있으며, 정치부, 보위부, 후방부, 분교 등으로 편성되어 있다. 실질적인 하사관 양성 교육은 분교에서 실시하고 있는데 분교는 1개 양성소를 기준으로 9개의 분교가 편성되어 있다.

각 분교는 분산되어 있고, 분교별로 담당하고 있는 병종(병과) 교육을 실시하고 있다. 분교별 병종교육은 1분교는 후방 · 공병 교육, 2분교는 통신 · 화학 교육, 3분교는 포병 교육, 4분교는 사관장 · 청년동맹초급단체위원장 교육, 5분교는 경보병 · 저격 등 특수전 교육, 6~9분교는 보병교육을 담당한다.

2. 사관 양성소 교육방법 · 교육내용

일반사관 양성교육은 초급 지휘자로서 지휘 및 교관 능력 배양에 중점을 두고 교육을 진행한다. 기술사관 양성교육은 해 분야 전문기술 습득에 중점을 두고 교육을 진행하는 관계로 일반하사관 양성교육에 비해 상대적으로 교육기간이 신장(伸張)되어 있다.

교육단위는 공통과목 수업은 중대단위로 병과학과목은 소대단위로 진행된다. 교관 편성은 일반사관은 소속대 중·소대장, 기술사관은 전문 분야별 각 학과 교관으로 편성 운용되고 있다. 교육진행은 주간 상학과정표에 의해 주 45시간 교육이 실시되며 이론 60%, 실습40% 수준으로 진행된다.

3. 사관 양성소 교육평가

하사관 양성소 교육기간에 받아야 하는 교육평가는 '생활평가, 정기평가, 졸업평가'로 구분되며 평가내용과 방식은 상이하다. 생활평가는 규정암기, 이행상태, 복장상태, 예절, 내무생활 등을 종합하여 생활평정서에 반영하는 방식이며, 정기평가는 월 1회 또는 과목 종료긴 담당교관에 의해 필기시험을 실시 후 종합평가에 반영하는 방식이고, 졸업평가는 졸업 15일 전 까지 모든 교육과목에 대해 필기, 구두, 실습 평가를 종합하는 방식이다.

이러한 평가결과는 진급과 평정서에 반영하고 있다. 종합평가결과, 최우수자에게는 졸업과 동시에 하사로 임관하는 특혜가 주어지고 우수자는 하사 진급에 우선권을 부여받는다. 우수자 중 일부는 사관양성소에 결원이 발생될 경우, 하사로 임관하여 조교로 근무하기도 한다. 최우수자를 제외한 인원들은 하사계급의 결원이 발생되거나 경축일 등에 상급부대 지시에 의거 하사로 진급할 수 있다. 낙제 자는 졸업증이 수여되지 않아 병사로 계속 근무해야 한다. 졸업(수료)후에는 원소속대로 복귀함을 원칙으로 한다.

4. 사관 양성소 교육과목

사관 양성소 교육과목은 각 양성소(학교)별 상이하다. O군단 사관 양성소 교육과목은 【도표 3-17】과 같다.

【도표 3-17】 O군단 사관 양성소 교육과목

공통과목	전문과목
- 정치학(25%) : 김부자 혁명역사, 사상 등 - 병기 및 사격술(15%) : 소총, 기관총, 발사관, 실탄사격, 수류탄 투척 등 - 전술(25%) : 각개전투, 정찰, 매복, 습격, 경계, 분·소대 전투 등 - 대열(10%) : 도수, 집총, 군대예절 등	- 포병학(25%) : 계산법, 지휘요령 등 - 전차학(25%) : 성능·제원, 전투동작 등 - 공병학(25%) : 축성, 폭파, 지뢰, 갱도 등 - 후방학(25%) : 보급규정, 보급품수불절차, - 청년동맹학(25%) : 군내청년동맹조직체계, 초급 단체위원장 임무·조직 지도

공통과목	전문과목
- 규정(5%) : 내무, 위수, 규율, 대열 등 - 체육(15%) : 기계 · 도수, 장애물극복 등 - 적군학(5%) : 한국군 연대급이하	

출처 : 북한이탈주민 김 OO선생 증언 등 자료종합

군관(장교) 교육훈련

북한군의 군관은 정규임관과 민간발탁임관으로 구분된다. 정규임관은 군사대학과 군관학교에 입교하여 소정의 군관 양성교육과정을 마쳐야 임관할 수 있고, 민간발탁임관은 별도의 교육과정 없이 임관한다.

군관교육은 군관 양성교육과 군관 보수교육(재직반 · 연구반)으로 구분되며 이를 위해 북한당국에서는 병종별 군관학교 10개, 군단에서 운영하는 군관학교 18개, 군사대학 9개 등 총 37개의 군관 교육기관을 설치운영하고 있다. 군관 교육기간과 과정은 【도표 3-18】과 같다.

【도표 3-18】 북한군 군관 교육기관 · 과정

교육기관	교육과정	기간	교육대상	비고
군관학교	군관 양성반 (소위임관)	2~3년	하전사로 3년 이상 근무하다 군관으로 선발된 인원	소대장 ~ 중대장 양성 목적
군사대학	군관 양성반 (소위임관)	위와 동일		
	군관 대학반 (중위임관)	4~6년	하전사로 5년 이상 근무하다 군관으로 선발된 인원	대대장 ~ 연대장 양성 목적 ※ 졸업시 군사대학 재직반 졸업자와

교육기관	교육과정	기간	교육대상	비고
				동등한 대우
	군관 재직반 (보수교육)	2~4년	상위 ~ 대위	대대장 ~ 연대장 직위 교육
	군관 연구반 (보수교육)	2~3년	상좌 ~ 대좌	여단장 직위 교육

출처 : 북한이탈주민 김 OO선생 증언 등 자료종합

1. 군관학교 현황

1-1. 병종별 군관학교

병종별 군관학교(10개)는 강계종합군관학교(보병 · 화학 · 공병)와 평남순천에 위치한 김철주 군관학교(포병), 평북정주에 위치한 류경수 군관학교(전차 · 자주포 · 장갑차), 함흥에 위치한 김형권 군관학교(통신), 평북태천에 위치한 최현 군관학교(특수전), 평북박천에 위치한 장철구 군관학교(후방), 평양의 최희숙 군관학교(여성고사포 · 여성정치), 평북정주에 위치한 최춘국 군관학교(고사포), 평양의 오백룡 군관학교(항해 · 어뢰 · 전탐 · 통신), 청진에 위치한 차광수 군관학교(조종사 · 정비)에서 병종별 군관을 양성하고 있다.

1-2. 군단에서 운영하는 군관학교

군단에서 운영하는 군관학교(18개)는 군단에서 소요되는 각 병종과 정치군관을 양성한다. 군단의 군관학교로는 호위사령부예하 김정숙 군관학교(호위사 소대장 · 정치지도원)와 총참모부 예하 군단의(17개) 군관학교가 편성되어 있다. 총참모부 예하에 편성된 15개 군단 군관학교는 평양권 방어임무를 수행하는 91수도군단 군관학교(보병 · 통신 · 포병 · 특수전 · 공병 · 운수), 국경경비총국의 이제순 군관학교(각 병종 · 정치), 군사분계선 동부지역을 담당하는 1군단 이수복 군관학교, 군사분계선 서부지역을 담당하는 4군단 군관학교, 함흥에 위치한 7군단 군관학교, 신의주에 위치한 8군단 군관학교, 청진에 위치한 9군단 군관학교, 기타 각 군단과 해군, 항공/반항공군(공군)에서 운영하는 군관학교들이 있다. 이들 군관학교 명칭이 사람이름으로 명명되어 있는 것은 북한에서 이들(영웅)의 이름을 기리기 위해서 이다.

1-3. 군사대학

군사대학(9개)에서는 초임 군관을 양성하는 양성반(소위임관)과 대학반(중위임관), 북한군 현직 군관(상위 · 대위 ~ 대좌)들을 대상으로 교육하는 보수교육(재직반 · 연구반) 등을 운영하고 있다. 평양 만경대에 위치한 김일성 군사종합대학에서 재직반과 연구반을, 평양 서포에 위치한 김일성 군사정치대학에서는 2개의 분교(4년제 정치대학: 중위임관 · 3년제 적공(정보)대학: 소위임관)를 운영하면서 초임 군관을 양성한다.

평양 형제산구역의 김일 군사대학(지휘자동화)에서는 대학반(중위임관)과 연구반(상좌~대좌 보수교육), 남포 김혁 군사대학에서는 보위군관 양성반(소위임관)과 재직반(상위~대위 보수교육), 평양 사동구역 마동희 군사대학에서는 정찰(정보)군관 양성반 · 대학반 · 재직반을 운영한다.

평양 대동강구역 김형직 군사대학에서는 군의군관 양성반, 평북 정주 소백수 군사대학에서는 포병군관 양성반 · 재직반 · 연구반, 퇴조 김정숙 군사대학에서는 해군 군관 대학반 · 재직반 · 연구반, 청진의 김책 군사대학에서는 공군 군관 대학반 · 연구반을 운용하고 있다.

2. 군관 교육

2-1. 군관 양성교육

군관 양성교육은 김정은에 대한 절대적 충성심 배양과 다양한 방면에서의 군사지식과 전문 군사기술 습득, 군사이론에 정통하고, 기묘하고 영활한 전술의 습득, 부대지휘 및 통솔능력구비 등에 중점을 두고 양성교육을 실시하고 있다. 특히 '군사교육기관은 혁명적 단련의 용광로 이다'는 김정일의 지시로 군 지휘자로서의 기본자질과 품성을 배양하기 위한 지 · 덕 · 체 교육을 강화하여서 혁명전략 완수를 위한 공산주의식 군 지휘관으로 인간을 개조 시키는 양성교육을 실시하고 있다. 지 · 덕 · 체 교육내용은 【도표 3-19】와 같다.

【도표 3-19】 지 · 덕 · 체 교육내용

지(知)	- 주체사상 및 당 군사정책으로 무장 - 혁명적 세계관, 전쟁관으로 무장 - 군사 전략전술에 통달 - 현대 군사과학기술의 이해와 습득 - 전문 군사지식 보유
덕(德)	- 지휘자로서 갖추어야 할 열가지 전투 도덕품성 배양 ※ 용감성, 강의성, 책임성, 규율성, 조직성 인내성, 낙천성, 단결성, 혁명성, 충실성
체(體)	- 적 백 명과 맞서 싸울 수 있는 강철 같은 체력 소유 ※ 격술, 장애물 극복, 행군, 수영, 기구체조 등 - 어떠한 난관과 역경에도 굴하지 않는 강인한 정신력 소유

출처 : 북한이탈주민 김 OO선생 증언 등 자료종합

군관 양성교육은 학급단위로 교육을 진행한다. 학급편성은 30명을 1개 학급(소대)으로 편성하여 교육을 실시하며 교관은 학교 교무부에 전문분야별로 분류된 과목별 교관에 의해 진행한다. 교육은 아침 상학준비 검열을 통해 교육준비 정도와 예비지식 숙지 상태를 확인받고 교육장소로 이동하여 이론 70%, 실기 30% 수준으로 진행되는 교육을 받는다. 교육시간은 통상 1일 8시간(90분 교육, 15분 휴식)교육을 실시한다.

교육과목은 각 학교의 양성과정에 따라 다소 상이하나 대부분 **기본과목**(60%)과 **실무 · 보조과목(40%)**으로 편성하여 진행한다. 기본과목은 지 · 해 · 공 군관 양성과정 모두 동일하며, 실무 · 보조과목은 학교별 전문교육과 그에 필요한 기타 보조과목을 편성하여 실시한다.

기본과목(공통과목)은 사회학(35%), 군사학(25%), 실무학(40%)으로 편성되어 있다. **사회학**은 김일성 혁명역사, 김정일 혁명역사, 김일성 노각(집필서적, 연설문), 김정일 문헌, 노동당건설, 주체철학, 당 정책, 정치 경제학, 역사 등을 수업하고 **군사학**은 전술학, 사격, 체육, 군사, 규정 · 대열, 적군학, 어학 등을 수업한다. **실무학**은 전문과목으로 정치학, 보위학, 군의학, 지휘자동화학의 기본내용을 수업한다.

실무 · 보조과목은 병종과 학교별로 상이하다. 지상군의 경우 포병은 포병화기 운용법과 화력협동과 포병전술, 공병은 지뢰위주 장애물과 공병편성 및 운용전술, 통신은 무선 및 유선학과 제대별 통신운용 등을 교육한다.

일과 및 내무생활은 북한군 '내무규정'에 게시된 교칙에 의거 학생대대에 속한 중대단위로 일과 및 내무생활을 실시한다. 학교 내 교무부와 참모부의 지도 · 감독 하에 중대단위로 사관장이 통제한다. 별도의 담임교관(학생 중대장)을 임명하여 학생들의 내무생활 전반을 지도 · 감독한다. 학생소대장 이상 간부는 학교 학생대대의 편제된 인원으로 편성하고, 부소대장 이하는 피교육생들을 대상으로 선발하여 운용한다.

교육평가는 정기 · 종합평가로 구분하여 실시한다. 정기평가는 과목 종료와 학년 말에 각 학부 주관으로 실시되며 구두 및 필답형식으로 진행된다. 종합평가는 졸업 1개월 전 학교평가 심의위원회(부학교장 · 각 강좌장으로 편성)주관으로 7~8개 과목을 선정하여 구두 및 필답형식으로 진행한다. 평가결과에 따라 처우가 달라지는데 최우수자의 경우 졸업시 군사대학 은 상위, 군관학교는 중위로 임관하는 특혜가 주어지고 저조자는 당조직과 청년동맹 조직에서 비판받고 유급되어 계속 교육을 받아야 하고 낙제자는 퇴교 조치되어 군관선발이전의 부대로 원복 되어 복무한다.

2-2. 군관 보수교육

군관 보수교육은 군관들의 지휘능력 향상과 군사지식 함양에 목적을 두고, 매년 9월에 입교자를 대상으로 교육을 진행한다. 입교자 선발은 매년 3월, 3차에 걸친 시험을 통해 선발한다. 선발 대상은 '중대장과 대대 · 연대 참모급 이상 군관, 당성이 강하고 토대(출신 성분)가 좋은 군관, 근무 경력과 성적이 우수한 군관, 상위 직위로 승진 가능한 군관'을 대상으로 한다.

1차 선발시험은 서류심사이며, 2차 선발시험은 군사대학과 군관학교 선발요원이 사단을 방문하여 1차 합격자를 대상으로 면접시험을 통해 선발한다. 3차 선발시험은 2차 합격자를 대상으로 해당 군사대학 · 군관학교에서 신체검사와 필기시험, 면접시험으로 최종 선발한다.

필기 시험과목은 중대 및 대대전술, 일반 군사상식이고, 면접 시험내용은 현 당 정책과 정치적 식견 · 일반 군사상식 등이다. 선발된 인원은 군사대학과 군관학교에 입교하여 본인이 선발된 해당과정에 대해 2~4년(과정별 상이)간의 교육을 받게 된다.

군사대학의 교육과정은 모든 군과 병과를 대상으로 진행하는 지휘 · 참모과정(대대급 이상 지휘관 · 참모양성), 해당 병과 상위급 이상 군관을 대상으로 하는 기술과정(기술병과 지휘관 · 참모양성), 여성 중대장이상을 대상으로 하는 특설과정(대대급 이상 여성 지휘관 · 참모양성), 상좌급 이상 군관을 대상으로 하는 연구과정(연대급 이상 지휘관 · 참모양성), 중위급 이상 군관으로 타 병과로 전과한 군관을 대상으로 하는 재직과정(해당 병과 참모양성)이다. 이들은 졸업과 동시에 1계급 승진의 특혜가 부여된다. 원 소속 부대에 복귀하여 상위보직을 수행한다.

군관학교의 교육과정은 대대 · 연대 참모양성을 목적으로 2년간 교육이 진행된다. 졸업시 성적 최우수자에게만 1계급 승진의 특혜가 부여되는 반면, 낙제 자는 군사대학 · 군관학교 모두 퇴교 당하여 선발전 계급으로 원소속 부대로 복귀한다.

교육기간 중 공로자에게는 훈장(표창)과 메달이 추서되고 학습활동과 기타 내무생활에서 모범적인 군관은 학교장 표창을 수여한다. 반면 수업을 1회 이상 지각하거나 결석한 군관은 경고 조치되며 교관에게 항의, 시험 부정행위를 한 군관은 엄중경고, 비행(폭행 · 절도 · 남녀관계 등)군관 · 2회 이상 시험부정행위 군관 · 3개월 이상 입원했던 군관은 출학(퇴교)된다.

2-3. 군관 직무별 강습교육

군관으로써 해당 병과의 지식을 보충하고 전문 실무능력을 배양시킬 목적으로 사단급 이상 부대에서 연1회 또는 필요시 수시로 실시하는 교육으로, 지휘관 강습교육, 병과 참모별 강습교육, 해 · 공군 강습교육으로 구분되어 있다.

지휘관 강습교육은 소대장 강습교육(약 15일 교육, 사단강습소), 중대장 · 대대장 강습교육(약 15일 교육, 군단강습소), 연대장 · 사단장 · 군단장 강습교육(약 30일 교육, 총참모부 강습소)에서 실시된다.

병과별 참모 강습교육은 병과별로 차상급부대의 계획 하에 매년 15~30일간 집결시켜 교육을 실시하고 해 · 공군 강습교육은 지휘관 · 참모강습과 기술군관 강습으로 구분하여 실시한다.

여군 교육훈련

북한군 여군은 고사포, 해안포, 조종사, 특수전 분야의 전투분야와 간호원, 교환수, 심리전요원, 기록원 등의 비 전투분야로 구분되어 근무되어 있다. 북한당국은 여군의 정예화를 위해 전문 여군 간부학교 설립과 여군 장령(장군)을 배출하는 등 여군의 사기진작과 정예화를 위한 체계적인 양성교육제도를 도입하여 여군에 대한 교육훈련을 강화하고 있다.

1. 여군의 초모

여군의 초모는 의무제가 아닌 지원제이다. 매년 9~10월에 만17세 이상~24세 미만의 고급 중학교 졸업 이상의 미혼여성과 성분이 양호하고 신체 건강한 여성을 대상으로 신체검사와 초모절차(남군과 동일)에 의하여 선발한다.

2. 여군의 신병교육

남군과 동일한 방법으로 군(지 · 해 · 공), 병과에 따라 편성된 신병훈련소 · 신병교육대에 입소하여 여군신병중대에 소속되나 혼성부대는 인원수에 따라 별도제대(소대 · 분대)를 편성하여 신병교육을 진행한다. 교육내용과 내무생활, 훈련간 처우 등은 남군과 동일하나 피복과 여성용품을 별도로 지급 받는다.

신병교육 수료 후에는 통신, 간호, 고사총, 해안포, 특수전, 경비대 순으로 배치되며 자대에 배치되면 기본적으로 수행하는 임무에 추가하여 행사 · 의장, 예술선전대원 등의 추가 임무도 수행한다.

3. 여군 군관 양성교육

여군 군관 선발은 만 19~22세 여군, 1년 이상 근무한 혁명학원(평양학원, 남포학원) 출신여군, 출신성분이 양호하고 충성심이 높은 여군, 신장 145Cm, 체중 42Kg 이상의 신체 건강하고 외모 단정한 여군, 해당 병과의 사회 기술학교와 전문대학이상 졸업자 가운데 열성분자를 대상으로 선발한다. 선발방법은 남군과 동일하다.

여군 군관양성은 최희숙 군관학교에서 전담하고, 필요시 각 병과학교에 특설반(여성반)을 편성하여 남군과 동일한 교육을 통해 양성하고 있다. 기타 내용은 남군과 동일하다.

부대 교육훈련

부대 교육훈련은 매년 최고사령관(김정은) 명령으로 하달되는 교육훈련지침을 기초하여 각급 부대에서 세부 훈련계획을 작성 후 실시한다. 교육훈련은 부대별 임무와 위치, 병과, 규모 등에 의해 훈련계획이 상이하나 기본적으로 부대 임무수행 능력배양에 중점을 두고 계획하고 실시한다.

부대별 교육훈련의 질적 수준을 향상시키기 위해 훈련간 검열활동을 실시하며 이를 통해 미비점을 보완하고 있다. 대부분의 부대 교육훈련은 명령하달, 계획수립, 교육준비, 교육실시, 검열 및 판정, 총화(성과분석회의) 단계로 실시한다.

1. 교육훈련 주기

연중 주기는 1기 교육훈련과 2기 교육훈련으로 구분하여 실시한다. 특이한 점은 교육훈련주기에 영농작업과 훈련총화, 월동준비기간이 별도로 계획되어 있는 것이다. 교육훈련 주기는 부대, 전방 경계부대와 민경부대로 구분되어 있으며 세부내용은 【도표 3-20】과 같다.

【도표 3-20】 북한군 교육훈련 주기

<table>
<tr><th>구 분</th><th>12</th><th>1</th><th>2</th><th>3</th><th>4</th><th>5</th><th>6</th><th>7</th><th>8</th><th>9</th><th>10</th><th>11</th></tr>
<tr><td>지 · 해 · 공</td><td colspan="5">제 1기 교육훈련
(동계훈련)</td><td colspan="2">영농작업</td><td colspan="3">제 2기 교육훈련
(하계훈련)</td><td rowspan="2">훈
련
총</td><td rowspan="2">월
동
준</td></tr>
<tr><td>특수전부대</td><td colspan="7">제 1기 교육훈련</td><td colspan="3">제 2기 교육훈련</td></tr>
</table>

<table>
<tr><th colspan="2">구 분</th><th>12</th><th>1</th><th>2</th><th>3</th><th>4</th><th>5</th><th>6</th><th>7</th><th>8</th><th>9</th><th>10</th><th>11</th></tr>
<tr><td colspan="2"></td><td colspan="7">(동계야외종합훈련 · 쌍방훈련)</td><td colspan="3">(하계야외 종합훈련)</td><td>화</td><td rowspan="2">비</td></tr>
<tr><td rowspan="2">전방
경계
부대</td><td>1조</td><td colspan="7">경계근무</td><td colspan="4">제 2기 교육훈련</td></tr>
<tr><td>2조</td><td colspan="5">제 1기 교육훈련 (동계훈련)</td><td colspan="2">영농작업</td><td colspan="5">경계근무</td></tr>
</table>

<table>
<tr><th colspan="2">구 분</th><th>12</th><th>1</th><th>2</th><th>3</th><th>4</th><th>5</th><th>6</th><th>7</th><th>8</th><th>9</th><th>10</th><th>11</th></tr>
<tr><td rowspan="2">민경
부대</td><td>1조</td><td colspan="5">제 1기 교육훈련 (동계훈련)</td><td colspan="2">영농작업</td><td colspan="5">제 2기 교육훈련 · 경계근무</td></tr>
<tr><td>2조</td><td colspan="7">제 1기 교육훈련 (동계훈련)</td><td colspan="4">제 2기 교육훈련 · 경계근무</td><td>월
동
준
비</td></tr>
</table>

출처 : 북한이탈주민 김 OO선생 증언 등 자료종합

2. 지 · 해 · 공 · 특수전부대 주기별 교육훈련 내용

제1기 교육훈련(동계훈련)기간에는 동계훈련을 중점으로 실시한다. 병사들은 각개 기초훈련과 군사이론 훈련을 실시하고 이어서 분대 · 소대 · 중대 전투동작을 숙달하고 전술훈련을 진행한다. 반화학(화생방)훈련과 반항공방어(대공방어), 반특공대(대침투) 훈련, 사단급 이상 부대의 대부대 기동훈련, 특수전 부대 동계 전술훈련 등을 실시한다.

영농기에는 부대별 급식을 위한 영농활동(농작물 재배, 가축 사육 등)과 부대별 지정 농장 에 노력 지원활동, 해빙기에 붕괴된 진지 · 갱도 · 건물 등을 보수하고 제 2기 훈련을 준비하기 위하여 훈련장 보수와 훈련에 필요한 교육보조재료 등을 준비한다.

제2기 교육훈련(하계훈련)기간에는 대대 · 연대 야외전술훈련과 제1기 교육훈련 미비점 보완 훈련, 지휘소 지휘통제훈련, 야간적응훈련, 포병집중사격훈련, 특수전부대 하계훈련과 종합훈련, 연 교육훈련 성과측정 등 검열활동이 진행된다.

훈련총화와 월동준비기간에는 교육훈련 성과분석회의, 익년(翌年)도 교육준비, 진지 · 건물보수, 보급품 저장, 땔감마련 등의 월동준비를 진행한다.

3. 전방경계부대 주기별 교육훈련 내용

부대별로 다소 상이하나 통상 2교대로 편성되어 6개월~1년 단위로 경계 근무와 후방지역대기 근무를 실시한다. 교육훈련은 대부분 후방지역에서 대기 근무를 할 때 실시하고 경계근무 시에는 정상적인 교육훈련은 실시하지 않고, 대부분 정치교육위주 실내교육과 기계체조, 격술(무도) 등의 체력단련을 실시한다.

4. 민경부대 주기별 교육훈련 내용

대부분 경계근무와 대기근무를 실시한다. 근무 주기는 2개월이며 교육훈련내용은 전방경계부대와 유사하다.

예비전력 교육훈련

북한은 무력에 의한 대남 적화통일의 기본 전략목표 달성을 위해 교도대, 노농적위대, 붉은청년근위대 등 많은 예비전력을 보유하고 있으며 예비전력 단독으로도 전쟁수행이 가능하도록 일반주민들을 각 행정구역과 직장, 학교 단위로 편성·조직하여 정규군에 준하는 교육훈련을 실시하고 있다.

1. 교도대

교도대는 3급 이상의 기업소(공장)를 기준으로 종업원 수와 기업소의 특성과 병과를 고려하여 중대~연대규모로 편성하고 지역은 교도 사·여단으로 편성하여 정규후방군단에 편성시켜 총참모부의 지휘·통제 하에 운용된다. 기업소의 경우 3급 기업소는 중대규모, 2급 기업소는 대대규모, 1급·특급기업소는 연대규모로 편성한다. 교도 사·여단의 편성과 임무, 무기·장비는 【도표 3-21】과 같다.

【도표 3-21】 교도사단 · 교도여단의 편성과 임무, 무기 · 장비

구분	교도사단(한국의 동원예비군 유사)	교도여단(한국의 지역예비군 유사)	대학 교도대
편성	만 17~35세 제대자를 기준, 정규사단에 준하여 편성	사단 편성 후 잔여 자원으로 편성, 만 17~40세(여자17~30세 미혼자)	학교단위로 연대편성

구분	교도사단(한국의 동원예비군 유사)	교도여단(한국의 지역예비군 유사)	대학 교도대
임무	- 평시, 중요지역 방어 · 교육훈련 - 전시, 정규군단에 배속	평시, 지역방어 · 교육훈련 전시, 후방군단에 배속 (지역방어 · 수송 등)	평시, 훈련 전시, 증원
무기	- 개인, AK자동보총 등 공용, 기관총 · 야포 · 방사포 ※ 정규보병사단 편제화기	- 개인, AK자동보총 등 공용, 기관총 · 야포 등	입영기간, 무장
장비	정규군 장비 · 피복	- 피복 · 장비, 개인관리 - 통신 · 화학장비 등	개인 장구류

출처 : 북한이탈주민 김 OO선생 증언 등 자료종합

1-1. 교도 사단 · 여단 교육훈련

중노동 직장과 경노동 직장 및 농업 종사자를 구분하여 교육훈련방법과 시간을 달리하고 있다. 연간 교육훈련은 중노동종사자의 경우, 자대훈련 30일간을 실시하고 경노동종사자는 자대훈련 10일과 동원훈련 30일 등 총 40일간을 실시하며 연간 500시간의 고강도 훈련을 실시한다.

자대훈련 과목은 대열훈련, 반화학, 병기조작, 사격, 전술훈련과 전문 병과에 따른 기술훈련 등이며 야간사격에 중점을 두고 실시한다. 동원훈련 과목은 정치학, 대열훈련, 반화확, 병기조작, 사격, 종합전술훈련, 주특기훈련 등이며 동계와 하계로 구분하여 연 2회(1회 15일) 실시한다.

1-2. 대학 교도대 교육훈련

대학에서 교육은 당 군사부 통제하에 현역군관을 각 학교별로 임병 배치하여 주당 4시간씩 연간 160시간을 실시한다. 훈련과목은 공통과목과 전문과목으로 구분되어 있다. 공통과목(정치학 · 체육)은 전 학년 동일하며 전문과목은 학년별로 상이하다. 1학년은 대열 · 규정 · 병기조작 · 사격 · 지형 · 각개전투과목, 2학년은 대열 · 반화학 · 병기조작 · 사격 · 분대 기초전술 · 공병 과목이다. 3학년은 대열 · 지휘관리 · 병기조작 · 사격 · 전술(분대 · 소대) · 병과별 특기 · 야외훈련(중대 · 대대단위)과목이다. 4학년은 지휘조훈련 · 병기조작 · 사격 · 전술(분대 · 소대) · 병과별 특기 · 정규균과의 합동훈련 등을 실시한다.

입영훈련은 재학기간 중 1회 6개월을 실시한다. 교육은 현역 군관에 의해 실시되며 기간 중 평양고사포 군단에서 고사총 훈련과 실무 근무를 경험한다. 교육과목은 일반학을 비롯하여 병기조작 · 사격 · 행군 · 반화학 등이다.

여성 교도대는 인근의 대공방어 부대와 대공방어 훈련전담 부대에 입소하여 훈련을 실시한다. 교육과목은 반항공(대공방어) · 구급법 · 간호학 등이다.

입영훈련 입소 시에는 학교별 전문분야에 따라 병과별로 분류하여 현역부대 편성과 동일하게 재편성후 입소한다.

2. 노농적위군

2-1. 노농적위군 편성 · 임무

노농적위군는 행정구역과 직장 규모에 따라 군단에서 중대규모로 편성된 예비전력이다. 편성은 시 · 군(구역) 또는 2급 기업소(종업원 1,000명 이상)를 연대급으로 편성하고, 노동자구 · 리 · 동(2~3개) 또는 3급 기업소(종업원 300~400명 규모)를 대대급으로 편성한다, 로동자구 · 리 · 동(2~3개) 또는 3급 미만 기업소(종업원 300명 이하)는 중대급으로 편성하여 해당 당 군사부와 당 위원회의 지휘 · 통제 하에 운용된다. 훈련과 동원분야는 총참모부에서 관리한다.

임무는 평시에는 민방위부를 지원하여 향토경비, 전시에는 정규군에 배속되어 후방지역 방어와 지역이 점령당했을 때 유격대 활동을 전개하는 것이다. 장비는 전시에 자동보총과 기관총 등 각종 소화기가 지급되며 군사분계선 부근의 지역과 해안지역, 2급 이상 기업소 등에는 박격포와 대전차포, 야포 등의 공용화기도 지급된다.

2-2. 노농적위군 교육훈련

노농적위군 교육훈련은 향토 방위능력 배양과 무조건 충성하는 사상교양과 정치학습에 목표를 두고 교육훈련을 실시한다. 훈련방법은 편성을 고려하여 기업소 등의 직장 적위군과 지역 적위군으로 구분 하여 직장 적위군은 하계에 실시하고 지역 적위군은 농한기와 동계에 실시한다.

연간 500시간의 교육훈련을 실시하는 노농적위군는 직장과 지역적위군으로 구분하여 교육훈련을 진행하는데 직장 적위군은 매주 4~8시간씩 직장근무 외 시간을 이용하여 실시하고 월 1회 야외훈련과 연 1회 종합훈련을 실시한다. 지역 적위군은 농한기에 매주 3~4시간의 일반훈련과 야외훈련, 종합훈련을 실시하고 동원훈련은 군부대에 입영하여 집체교육을 실시한다. 노농적위군 교육훈련 과목은 【도표 3-22】와 같다.

【도표 3-22】 노농적위군 교육훈련 과목

구분	교육과목	비고
일반훈련	정치학, 체육, 대열, 규정, 위생, 반화학, 축성, 경계, 병기 · 사격, 비상훈련, 반항공(대공)훈련, 전술(각개전투, 분 · 소대, 수색, 습격 등)	연간 실탄사격 1~2회(5~10발)
야외훈련	행군 · 숙영, 전술(분 · 소대, 야간, 산악), 장애물극복	
종합훈련	중대 · 대대 규모 야외종합훈련	정규군과 합동훈련 (필요시)

출처 : 북한이탈주민 김 OO선생 증언 등 자료종합

3. 붉은청년근위대

3-1. 붉은청년근위대 편성 · 임무

붉은청년근위대는 만 14~ 16세의 고급중학교 학생을 대상으로 선발하여 학교규모에 따라 중대 · 대대 규모로 편성한다. 중대는 학년별(1, 2, 3학년)로 소대는 학급별로 조직하며 시 · 군당 민방위부의 지휘 · 통제를 받는다.

임무는 반혁명적 요소를 적발 제거하여 북한의 핵심계층을 지키는 친위대로서 선도적 역할을 도모하면서 평시에는 학업과 사상확립, 군사지식을 배양하며 노농적위대를 지원하는 임무를 수행한다. 전시에는 노농적위대와 협동하여 지역방어임무와 필요시 정규군에 편입되어 전투임무를 수행하는 것이다.

3-2. 붉은청년근위대 교육훈련

교육훈련은 학교에서 실시하는 학교군사교육과 군부대 입영하여 실시하는 입영집체훈련, 지역에서 실시하는 반항공(대공)훈련, 기타훈련으로 구분하여 실시한다.

학교군사교육은 학교별로 임명된 예비역 군관에 의해 진행되며 주 4시간씩 연간

160시간의 교육을 실시한다. 교육내용은 정치학과 군사학(체육 · 규정 · 병기 · 사격술 · 대열 · 반화학 · 각개전투 · 기초전술 등), 연간 7일간의 자체 군사훈련이 실시된다.

입영집체훈련은 재학 중 의무적으로 1회 (7일간)는 참여하여야 한다. 훈련은 지역별로 설치되어 있는 붉은청년근위대 야영훈련소에 입소하여 중대장급 이상 현역 군관 또는 예비역 군관 지도하에 종합적인 군사훈련을 실시하는데 주로 학교에서 실시할 수 없는 야간전술훈련과 사격훈련에 중점을 두고 실시한다.

반항공(대공)훈련은 학교 방학기간에 실시되는데 학교 인근의 반항공 지구대 통제에 의해 실시된다. 훈련은 등화관제훈련과 대피훈련, 종합 소개훈련 등으로 구분되어 실시된다.

기타훈련은 매년 1회 시 · 군 단위로 실시되는 국방체육경기대회에 참가하는 것이다. 국방체육경기대회는 학교별로 선발대회를 거친 일정 인원들이 대회에 참가하여 20~30일 동안 야외에서 숙영하면서 사격, 전술, 행군 등의 종목을 대상으로 경기를 진행하는 것이다.

제6절

대남 침투 · 도발

대한민국의 발전과 북한의 침투 · 도발

대한민국은 36년간(1910.08.29.~1945.08.15.) 일본의 압제와 식민지 생활과 1129일간(1950.06.25.~ 1953.07.27.)에 걸친 전쟁의 참화를 딛고, 2020년 기준 세계 GDP(경제지표) 순위 9위(북한148위), 세계 군사력 순위 6위(북한 25위)라는 '한강의 기적'을 만들었다. 그러나 북한은 다양한 유형의 끊임없는 침투 · 도발로 대한민국을 위협하면서 한강의 기적을 방해하고 있다. 북한의 침투 · 도발 현황은 【도표 3-23】과 같다.

【도표 3-23】 북한의 침투 · 도발 현황

구분	1950 년대	1960 년대	1970 년대	1980 년대	1990 년대	2000 년대	2010 ~ 2018년	2019 ~ 2022년	계
계	398	1,336	403	227	250	241	264	2	3,121
침투	379	1,009	310	167	94	16	27	0	2,002
도발	19	327	93	60	156	237	227	2	1,119

출처 : 대한민국 국방부 2022 국방백서 등 자료종합

조선인민유격대 창설과 남파, 그리고 최후

북한은 정부수립 직후부터 무력 적화통일의 전초전 수행이란 명분아래 무자비한 민간인 학살을 자행했고 제2전선 구축을 시도했다. 6·25전쟁 중에는 군인과 경찰가족, 우익인사를 숙청하였고 민간인을 학살하는 만행을 저질렀다.

1. 조선인민유격대 창설·남파 그리고 지경리 마을 주민 학살

북한은 1949년 7월경 총 700여명의 규모로 유격대를 창설하여 남한 내 제2전선 구축 및 남침준비를 진행하였다. 북한이 창설한 조선인민유격대는 3개 병단으로 편성하여 제1병단(사령관 이호재)을 오대산일대에, 제2병단(사령관 이현상)을 지리산일대, 제3병단(사령관 김달삼)을 태백산일대에 침투시켜 무력 적화통일의 전초전을 수행하면서 남침을 위한 해방구를 구축하는 임무를 수행하였다.

1949년 11월 6일, 북한의 조선인민유격대가 남한으로 침투하면서 지경리(포항시송라면)주민의 신고로 소탕되자 북한은 이에 대한 보복으로 남로당 김달삼 부대를 이용하여 1950년 2월 4일 20:40분에 지경리 주민 99명을 무참히 학살하였고 85가구 중 50가구 이상을 불태워 전소시키는 만행을 저질렀다. 더욱더 천인공노(天人共怒)할 만행은 죽창과 대검으로 주민들을 살해하였고 집안에 있는 사람들은 불을 질러 산채로 죽음에 이르게 한 만행이었다.

이때 희생당한 주민들의 넋을 위로하고 북한군의 잔학상을 알리기 위해 한국방송공사 가 주관하여 1985년 6.25전쟁 35주년을 맞아 당시 지경리 검문소 서쪽에 위치한 말머리 산기슭에 위령비를 건립하였다. 지경리 원혼들은 지금 이 순간에도 동해안 7번 도로를 지나는 후손들에게 울부짖고 있다. '북한의 천인공노할 만행과 우리의 억울한 죽음을 잊지 말아 달라'라고...

2. 6·25전쟁과 조선인민유격대 활동

6.25전쟁 중 조선인민유격대의 임무는 제2전선을 형성하여 조선인민군의 남침 여건을 조성하고. 인민봉기 조장 및 확산, 군경 가족 및 우익인사 살해, 국군의 전투력분산

이었다. 조선인민유격대는 남부군으로 명칭을 변경하고 활동을 재개했는데 활동지대를 6개 지역으로 구분하여 지역별 조직적인 활동을 전개했다. 활동지대는 태백산(1지대), 속리산(2지대), 경북 일월산(3지대), 지리산과 덕유산(4지대), 경북 운문산과 신불산(5지대), 대둔산과 황학산(6지대)이었다.

1951년 6월, 6.25전쟁 중에 조선인민유격대를 526군부대(부대장 배철)로 개편하였다. 526군부대명칭은 6.25전쟁 날짜를 거꾸로 하여 명명한 명칭이었다. 526군부대는 6.25전쟁 중 분권화된 작전을 위해 체제개편 후 활동하였다. 세부내용은 【도표 3-24】와 같다.

【도표 3-24】 526군부대(유격대 체제)로 개편

구분	구성부대	본거지
제1지대	태백산지구 활동 유격대	태백산
제2지대	충남북 유격대, 원주 홍사민 연대	속리산
제3지대	남도부 부대, 경북도당 유격대(박종근 부대)	일월산, 호현산
제4지대	이현상 유격대(남부군단, 나팔부대)	지리산, 덕유산
제5지대	길원팔 유격대, 경남북 유격대, 청도 유격대	신불산, 운문산
제6지대	무주 · 옥천 · 영동 · 보은 · 금산군의 군당유격대	대둔산, 황학산

출처 : 육군군사연구소

3. 조선인민유격대(남부군)의 최후 쥐잡이 작전

한국군은 조선인민유격대(남부군)을 토벌하기 위하여 전북 남원에 제1군단장 백선엽 소장을 사령관으로 하는 군단급 부대 '백야전 전투사령부'(일명 백야전사)를 창설하였다. 'Task force Paik'으로 명명된 이 부대는 '쥐잡이 작전'이라 불렸던 토벌작전을 총괄했다. 쥐잡이 작전(토벌작전)이 개시되자, 기동타격부대는 지리산을 남북으로 양분하여 북쪽은 제8사단(사단장 최영희 준장)이, 남쪽은 수도사단(사단장 송요찬 준장)이 담당하여 유격대(공비)주력을 타격하였고 저지부대는 유격대(공비)의 퇴로를 차단하였다. 백야사 예하 부대들은 지리산, 백운산, 덕유산 일대에 부대를 동시에 투입하여 대부분 토벌하였고, 핵심지도자 대부분을 사살하거나 포획하였다.

쥐잡이 작전은 1기 작전 (1951년 12월 2일 ~ 12월 14일), 2기 작전 (12월 16일 ~ 1952년 1월 4일), 3기 작전 (1월 4일 ~ 1월 31일), 4기 작전 (2월 4일 ~ 3월 14일)으로 실시되었다. 작전 결과는 조선인민유격대원 1만 6천여 명을 (사살 · 포로 · 투항 등을 포함) 토벌하였고, 3천여 정을 상회하는 무기를 노획하였다.

1953년 7월 27일 휴전협정이 체결되면서 이승만 대통령은 당시 치안국장(문봉제)에게 '1년 이내에 후방 공비를 평정하라'라는 엄명을 내렸고, 같은 해 12월 11일부터 1954년 5월 25일까지 제2차 대토벌작전이 실시되면서 조선인민유격대(남부군)는 최후를 맞게 된다.

1980년대까지의 북한의 주요 침투 · 도발

북한은 남북의 국력의 차이가 현격해지던 1980년대 중반까지도 무력 적화통일을 위한 전방위 도발을 감행했다. 대 · 소규모의 무장공비를 육상으로 침투시켰으나 번번히 한국군에 의해 차단되자 북한은 해상과 수중을 이용하였고 땅굴까지 파기 시작하였다. 겉으로는 평화를 이야기하면서 대한민국 국가원수 시해를 시도하고, 민항기 폭발 테러, 북한 공작원 양성을 위한 대한민국 고교생을 납치하는 등 만행을 일삼았다.

1. 강원도 양구 일가족 살해

1965년 10월 24일 북한 무장공비 5명이 강원도 양구로 침투하여 무고한 가족 4명을 무참히 살해한 사건이다. 무장공비들은 4살 어린아이의 조그마한 배를 단검으로 5번이나 찔렀고 4살 미혜는 고통 속에서 사경을 헤매다 결국 숨을 거두었다.

2. 1 · 21 사태

1968년 1월 19일~1월 31일 특수훈련을 받은 무장공비 31명이 청와대 습격과 대통령 암살지령을 받고 침투하여 대한민국 경찰과 무모한 민간인을 살해한 사건이다.

1968년 1월 13일 북한군 정찰국 124부대 소속 31명의 무장공비들은 정찰국장 김정태로 부터 청와대 습격과 대통령 암살지령을 받고 1968년 1월 17일 오후 11시, 칠흑 같은 어둠을 뚫고 임진강 고랑포 일대로 침투하여 미 2사단 경계구역을 포복해서 통과했다. 무장공비들은 전원 기관단총과 개인당 실탄 300발, TT권총 1정, 대전차용 수류탄 2발과 대인 수류탄 10발로 무장하고 있었다.

무장공비들에게 부여된 임무는 21일 오후 8시에 청와대를 기습하여 박정희대통령과 경호원 등을 살해하고 차량을 탈취하여 북으로 복귀하는 것이었다. 무장공비들은 장파리-파평산-법원리-미타산-앵무봉-노고산-진관사로 이어지는 코스로 침투를 진행했다. 이 과정서 공비들은 법원리에서 처음으로 민간인들과 마주쳤으나 국군복장으로 위장하고 있어서 이상 없이 지날 수 있었다.

무장공비들은 법원리에서 군사분계선을 넘은 후 두번째 숙영을 한다. 충분한 휴식을 마친 공비들은 나무를 하러 온 OOO씨 4형제와 마주친다. 형제들은 눈앞에 나타난 군인들이 국군이 아니라는 것을 눈치챘지만 도망칠 수 없는 상황이었다.

무장공비들의 원칙은 보안유지를 위해 형제를 죽여야 했지만 시신을 땅에 묻기에는 땅이 얼어있었고, 얼어있는 땅을 팔 수 있는 장비도 시간도 없었다. 공비들은 정찰국에 무전으로 상황을 보고했고 정찰국은 공비들에게 답신을 보냈다. 답신의 내용은 '임무를 취소하고 즉시 복귀'하라는 내용이었으나. 답신이 암호로 되어있어서 공비들이 해독하지 못하였다.

무장공비들은 자체 상의를 한 후 형제들을 풀어주었고 형제는 곧바로 경찰에 신고했다. 군경은 즉각 차단선을 구축했는데 차단선은 시속 4km의 속도로 이동할 것이라 예측하고 구축하였다. 그러나 공비들은 시속 10km의 속도로 이동해서 이미 차단선을 벗어난 뒤였다.

무장공비들은 북한산 정상(비봉)에 도착하고 나서야 잘못 온 것을 알게 되었다. 공비들은 20일까지 청와대 뒤 북악산에 도착해 하루 은거하고 다음날(21일) 청와대를 공격할 계획이었는데, 북악산이 아닌 북한산에 도착한 것이었다. 공비들은 북악산으로 이동할까 고민하다가 그럴 필요가 없다. 라고 판단하고 북한산 승가사 근처에서 숙영했다. 공비들이 활동했던 북한산(비봉)은 【사진 3-6】과 같다.

【사진 3-6】 북한산 비봉

출처 : 국립공원 관리공단

무장공비들은 다음날 해가 저물고 나서 북한산에서 하산하여 서울시내에 접어들면서 방첩대로 행세하며 이동을 시작했다. 공비들과 가장 먼저 접촉한 경찰은 이각현 서대문 경찰서장 일행이었다. 이각현 서장은 현장으로 출동했고 구평동 버스 정류장 부근에서 공비들을 발견했다. 이 서장은 서울시경에 상황보고 후 공비들을 검문하였다. 공비들은 방첩대 소속이며 특수훈련 후 복귀 중이라며 검문을 무시하고 이동을 계속하였다. 당시 방첩대는 엄청난 권력을 자랑하는 기관이라 경찰이 함부로 검문하기 버거운 상대이었다. 공비들은 그 점을 이용한 것이다. 이 서장 일행은 공비들 뒤를 추적하였으나 공비들을 찾지 못하였다.

공비들은 자하문 임시검문소에서 다시 경찰과 마주하게 된다. 당시 검문소에는 종로 경찰서 소속 정종수, 박태안 순경이 근무 하고 있었다. 두 경찰관은 공비들에게 신분증 제시를 요구했고, 공비들은 방첩대 소속이라며 신분증 제시를 거절하고 효자동에 있는 방첩대 본부로 복귀 중이니 의심스러우면 따라오라고 큰 소리를 치며 이동하였다. 경찰관은 이들이 무장공비라는 것을 직감하였으나 수갑밖에 휴대하고 있지 않아서 대응 할 수 없었다.

그러나 두 경찰관은 경찰서에 상황보고 후 공비 맨 뒤에 있는 김춘식(공비대장)에게 말을 걸며 따라갔다. 공비들이 국립과학수사연구소 앞에 이르자 지프차 한 대가 라이트를 켜고 달려와 공비들 앞에 멈추었다. 종로 경찰서 최규식 서장이 탑승한 차량이었다. 최서장은 신분증을 제시를 요구하였고, 공비들은 최서장에게 방첩대 행세를 하였지만 최서장은 다시 한 번 공비들에게 신분증 제시를 요구하고, 신분증 제시 없이는 한 발짝도 갈 수 없다. 라고 당당하게 이야기 하자 공비들은 최서장 행동에 당황하며 머뭇거렸다.

그 시각, 시내버스 두 대가 고갯길을 오르다 정차되어있는 최서장의 지프차량에 막혀 고갯길을 오르지 못하고 지프차 뒤에 멈추어 서게 된다. 공비들은 멈추어 선 2대의 시내버스에 군경 병력이 탑승한 것으로 오인하고 군복 속에 숨겨 두었던 기관단총을 꺼내 무차별 총격을 실시하였다. 공비들의 총격으로 최규식 서장은 현장에서 전사하자 이어서 공비들은 시내버스에 수류탄을 투척하고 총격을 가하였다. 이 총격에 의해 시내버스에 탑승하고 있던 무고한 민간인이 사망한다.

당황한 공비들은 개별로 신속히 현장을 이탈하기 시작하였다. 이때 대열 맨 뒤에 있던 두 경찰관은 공비 김춘식을 잡아 쓰러뜨리고 생포하는데 성공했다. 그러나 공비들의 총격으로 정종수 경찰이 부상을 입어 병원으로 후송되었으나 사망한다. 생포된 김춘식은 경찰서로 후송되어 무장해체를 위해 조끼를 벗기는 순간 수류탄이 터지도록 설치된 인력식 뷰비츄렙이 작동되어 수류탄 폭음과 함께 폭사한다.

김신조는 경복고등학교 담을 넘어가 인왕산 쪽으로 달아났으나 약 두 시간 뒤에 인왕산에서 초병에 의해 생포되었다. **생포된 김신조**는 자신이 휴대하고 있던 수류탄을 이용하여 자폭을 시도했으나 불발로 실패하였고, 심문과정에서는 **'나는 박정희 목을 따러 왔수다!'**라고 진술하였다. 무장공비 토벌작전은 30일까지 계속되었다. 그 결과 우리의 군경은 27명의 공비를 사살하고 1명(김신조)을 생포했다. 그러나 우리 측 피해도 만만치 않았다. 최규식 종로서장과 이익수 대령(준장추서)을 포함한 23명이 전사했고, 민간인 7명이 사망했으며 부상자 52명의 피해를 입게 된다.

도주한 공비 3명 중 1명은 경기도 양주에서 시체로 발견되었고 나머지 2명은 도주한 것으로 결론 내리고 작전을 종료한다. 도주한 공비 중 1명은 '6.15 남북공동선언' 직후인 2000년 9월에 한국을 방문한 박재경 대장(총정치국 부총국장)이다. 박재경은 김대중 대통령에게 송이버섯을 선물하고 이어서 2007년10월 노무현 대통령이 '10.4 선언'을 위해 평양을 방문 했을 때도 북측 대표로 송이버섯을 선물할 정도의 고위급이 되어 활동하고 있었다.

교전이 벌어졌던 청화대 인근 지역(서울특별시 종로구 청운동)에는 최규식 경무관의 동상과 정종수 경사의 추모비가 설치되었고 현재는 대한민국 현충시설로 등록되어 관리되고 있다. 경찰은 2017년 6월 5일 정종수경사 추모비 옆에 고인의 희생정신을 기리기 위해서 서울시 재향경우회, 서울북부보훈지청과 함께 추모흉상을 추가로 제작하여 설치하였다. 대한민국 경찰은 정종수경사를 현장 경찰의 표상으로 후배경찰에게 소개하고 있다. 최규식 경무관의 동상과 정종수 경사의 추모비 · 흉상은 【사진 3-7】과 같다.

【사진 3-7】 최규식 경무관의 동상과 정종수 경사의 추모비 · 흉상

출처 : 보훈처 · 경찰청 · 한국관광공사 등 자료종합

이 사건은 북한이 대남적화통일을 위한 유격전활동을 전개하기에 앞서 시도한 탐색 행위로서 국민들에게 커다란 충격을 주었으며, **대한민국 향토예비군 창설**(1968년4월1일)과 **육군 3사관학교 창설**(1968년 10월 15일)에 직접적인 계기가 되었다.

3. 울진 · 삼척 무장공비 침투, 그리고 타 지역 침투

1968년 10월 30일부터 11월 2일까지 3차례에 걸쳐 북한의 무장 공비 120명이 울진 · 삼척지역에 침투하여 12월 28일 대한민국의 토벌대에 소탕되기까지 약 2개월간 게릴라전을 벌인 사건이다. 6 · 25전쟁 휴전 이후 최대 규모의 도발이 침투한 무장공비중 7명이 생포되고 113명이 사살되었으며, 대한민국 민간인 등 40여 명이 사망하고 30여 명이 부상의 피해를 입었다.

1968년 10월 30일~11월 2일 대한민국 사회혼란조성과 군사정보망 창설, 정보수집(군사 · 경제 · 사회 각 방면), 정보가치 있는 대상자 대동 월북을 목적으로 침투한 120여 명의 북한 무장공비들이 무고한 양민을 학살한 사건이다.

북한 무장공비들은 1968년 10월 30일 경북 울진군 북면 나곡리 해안으로 1차(2개조 30명)로 침투하였고, 11월 1일 울진군 북면 고포 해안으로 2차(2개조 30명) 침투하였다. 11월 2일 삼척 원덕면 월촌리 고포 해안으로 3차 (4개조 60명) 침투하였다.

침투에 성공한 무장공비들은 산간마을(고수동)에서 주민들을 강제로 집결시켜 놓고 선전, 선동하면서 저항하는 주민들를 대검과 돌로 무차별 학살하였다. 그리고 신고할 경우 모두 죽이겠다고 위협하면서 북한노동당과 여성동맹 등에 가입을 강요하였다. 공포에 질려 머뭇거리는 주민들과 늦게 집합한 주민을 대검과 돌로 학살하는 만행을 저질렀다. 이러한 상황에서도 주민들의 신고정신은 빛났다. 주민들은 죽음을 무릅쓰고 울진경찰서에 무장공비 출현을 신고하였다.

신고를 접한 경찰에 의해 대한민국 군 · 경과 예비군이 동원되어 무장공비 소탕 작전이 전개되었고 무장공비들은 육로를 통해 북으로 도주하면서 갖가지 만행을 저질렀다. 그 대표적인 만행이 12월 9일 강원도 평창에서 **'우리는 공산당이 싫어요'**라고 하며 무장공비에 저항했던 **반공소년 이승복 사건**이다.

이승복은 1959년 12월 9일 계방산 기슭의 목골재 아래에서 화전민의 아들로 태어난 이승복은 1968년 도주하던 무장간첩에 의해서 12월 9일 야간, 10세의 어린 나이에 어머니와 남동생, 여동생과 함께 살해당했다. 그날은 그의 생일이었다. 현장을 목격하고 유일하게 살아남은 이승복 형은 '무장공비가 가족을 몰아넣고 북한체제에 대해 선전하였고 이승복은 「**우리는 공산당이 싫어요.**」라며 저항하였다. 공비들은 이승복의 입을 찢고 가족들을 몰살시켰다. 고 증언하였다. 이후 이 사건이 초등학교 도덕교과서에 실리고, 초등학교마다 이승복 동상이 세워지는 등 이승복은 반공정신의 상징이 되었다.

1975년 10월4일 이승복 반공관이, 1986년 10월 26일 이승복 기념관(강원도 평창군 용평면 운두령로 500-11)이 개관되었고 주변은 이승복 생가터 야영장, 이승복 반공유적지 등 관광지로 조성되어 한국관광공사에서 관리하고 있다. 기념관은 개관 570일 만에 100만 관객이 다녀갔고, 육·해·공군·해병대 예비역 영관장교연합회에서는 1999년 이후 매년 이승복의 기일마다 기념관과 그의 묘소를 참배하고 있다. 이승복 기념관은 【사진 3-8】과 같다.

【사진 3-8】 이승복 기념관(강원 평창 용평면)

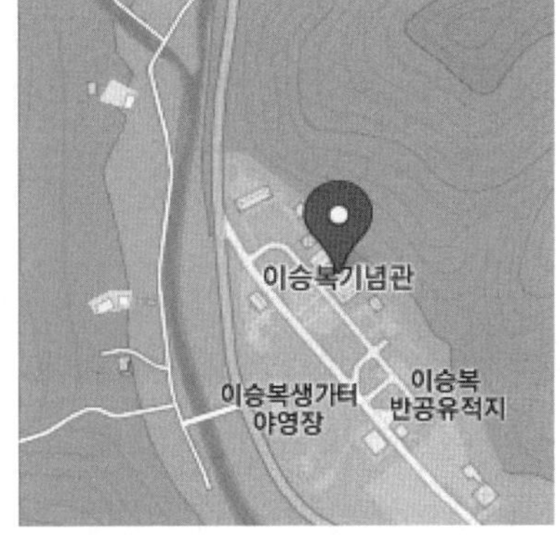

출처 : 한국관광공사, KaKao지도

대한민국 군경과 예비군은 본격적인 토벌작전에 착수, 12월 28일까지 약 2개월간 계속된 작전에서 공비 113명을 사살하고 7명을 생포하여 침투한 120명 모두를 소탕하는데 성공하였다. 한편 대한민국측도 군인, 경찰, 일반인 등 20여명이 사망하는 희생을 치렀다. 공비소탕을 위해 발령하였던 '을종 사태' 는 12월 25일 0시를 기해 완전히 해제되었다.

그리고 1968년 11월 4일, 11월 1일부터 3일까지 3일간 중부전선 3개 지역, 동부전선 1개 지역과 서부 해안지대인 서산에 북한의 무장공비가 침투, 11명을 사살되었고. 11월 8일 밤에는 중동부전선에 무장공비 5명이 침투, 사살되었다. 1969년에는 총 153건 367명의 침투가 있었으며, 그중 93명이 사살되고 79명이 생포되었다. 그 과정에서 대한민국 군인 23명과 경찰 7명이 사망하였고, 민간인은 예비군 4명을 포함하여 모두 16명이 사망하였다.

무장공비의 대량 침투는 1971년까지 이어졌다. 1971년 1월부터 11월말까지 모두

59회 177명이 침투하였고, 그중 68명이 사살되고 자수 4명 귀순 3명을 포함하여 35명이 생포되었다. 그 과정에서 대한민국 군인 30명과 경찰 3명, 예비군 2명을 포함한 민간인 4명이 사망하였고, 대한민국 군인 54명, 경찰 2명, 예비군 2명, 민간인 18명이 부상하였다.

4. 남침용 땅굴

북한은 남북평화회담을 하면서도 대한민국을 침략할 목적의 남침용 땅굴을 파 왔었고 지금도 파고 있는 것으로 한국과 미국의 북한전문가들은 판단하고 있다. 이는 북한이 1970년대 후반에 스위스 등에서 군사용 지하시설건설에 쓰이는 지하터널굴착장비 TBM (Tunnel Boning Machine)을 300여 대(한국에도 20여대 보유)나 수입한 사실과 북한이탈주민의 증언, 각종 북한정보를 근거로 판단한 것이다.

북한이 수입한 지하터널굴착장비 TBM의 터널굴착능력은 직경 2.5m를 기준으로 24시간 작업을 진행했을 경우 60m를 굴착할 수 있다. TBM의 제원은 단면 지름이 13.7m (아파트 5층 높이)이고, 길이 120m이다. 지하터널 굴착장비 TBM의 형태는 사진 【사진 3-9】와 같다.

【사진 3-9】 지하터널 굴착장비 TBM(Tunnel Boning Machine)형태

출처 : Daum (yijaeju)

북한은 1954년, 즉 6.25 종전 직후부터 남침용 땅굴을 파기 시작한 것으로 알려졌다. 당시 화곡 광산의 땅굴이 해방 전 광석 굴착 목적으로 이미 임진강 밑에까지 뚫려 있음을 알게 된 김일성은 땅굴을 열심히 파서 전쟁 초기에 의정부, 동두천 일대의 미군을 포로로 해야 한다고 땅굴을 파는 군인들을 격려하기도 했다.

즉 대한민국의 전방 부대(국군 · 미군)의 무력화가 땅굴 공사의 초기 목표였다는 것이다. 김일성은 초기 남침용 땅굴 굴착의 길이는 30~50km 이하의 단거리 땅굴을 파려고 작업을 시작하였다가 휴전 상태가 길어지자 시간적 여유를 가지고 장거리 땅굴을 굴착하려고 1970년대에 TBM (Tunnel Boring Machine)을 수입한 것이다.

전 북한군 상좌(중 · 대령) 박OO은 '지난 1992년 내가 참모장으로 재직할 때도 남침용 땅굴 작업은 계속되었다. 1986년에 연천읍까지 완료했고 1992년에는 내가 직접 땅굴을 이용해 연천읍을 확인했다. 이 땅굴은 연천을 지나 파주로 와서 세 갈래로 갈라지는데 중심의 땅굴은 청와대를 공격하기 위해 만든 땅굴이다. 청와대에 깃발을 꽂는 것이 목표였다.'고 증언했다.

현재 한국군에 의해 발견된 북한의 남침용 땅굴은 1974년 11월 5일 대한민국 육군 25사단 수색팀이 경기도 연천군 고랑포에서 최초로 1땅굴이 발견하였고, 1975년 3월 19일 강원도 철원군 근동면에서 2땅굴을 발견하였다. 1978년 10월 17일 경기도 파주시 장단면에서 3땅굴을 발견하였고, 1990년 3월 3일 강원도 양구 해안면에서 4땅굴을 발견하였다.

지금까지 발견한 4개 땅굴을 이용하여 북한군이 기습 남침을 한다. 라고 가정해보면 시간당 북한군 약 3만 명이 침투 가능하고 야포 등 기계화 장비 침투도 가능한 것으로 사료된다. 지금까지 발견된 4개 땅굴의 세부제원은 【도표 3-25】와 같다.

【도표 3-25】 지금까지 발견된 4개 땅굴 세부제원

구분		1땅굴	2땅굴	3땅굴	4땅굴
발견일시		1974년11월5일	1975년3월19일	1978년10월17일	1990년3월3일
위치		**연천군 고랑포** 동북방8Km	**철원** 북방13Km	**판문점** 남방4Km	**양구 해안면** 동북방28Km
땅굴 규모 (m)	높이	1,2	2	2	1.7
	폭	0.9	2	2	1.7
	깊이	지하45	지하 50~160	지하 73	지하 145
	총길이	3,500	3,500	1,635	2,052

구분	1땅굴	2땅굴	3땅굴	4땅굴
침투길이(m)	1,000	1,100	435	1,028
예상 접근로	고랑포 · 의정부 · 서울 65Km	철원 · 포천 · 서울 10Km	문산 · 서울 44Km	서화 · 원통 · 영동 고속도로 기습

출처 : 육군군사연구소 등 자료종합

대한민국 국방백서에서는 땅굴이 모두 22~24개로 예상된다고 기록하고 있다. 특히 미국의 전 국무장관 워렌 크리스토퍼 장관이 '비무장지대에는 북한군이 팠다고 하는 한국영토 내로 통하는 비밀터널이 있다고 하던데...'라고 전 CIA국장에게 질문하자 우르지 전 CIA국장은 '그렇습니다. 지금까지 **발견된 것은 4개 밖에 없으나 실제로는 40개나 되는** 터널이 파여 있다는 증언이 있습니다.'라고 답한 기록이 있다.

또 북한이 수입한 1970년 수입한 TBM의 터널굴착능력과 휴전이후의 기간 등을 고려해 보면 남침용 땅굴은 발견된 땅굴보다 훨씬 더 많이 있을 것으로 예상된다. 그래서 대한민국 육군에서는 지질학과 지형특성, 북한군 공격 축선 등을 분석하여 땅굴이 있을 것으로 예상되는 지역에 땅굴 탐지장비와 땅굴 탐지부대를 투입시켜 북한의 남침용 땅굴을 찾고 있다.

5. 창랑호 공중 납치

북한은 1958년 2월 16일에 탑승자 34명을 태운 대한민국의 여객기를 평택 상공에서 납치하였다. 이는 대한민국 항공 역사상 최초의 항공기 공중 납치사건이자 대한민국 최초의 민항사인 대한국민항공사(Korea National Air: KNA)의 여객기 창랑호가 북한의 남파공작원에 의해 납치된 사건이다.

1958년 2월 16일 창랑호는 승객 31명과 승무원 3명을 태우고 오전 11시 30분 부산 수영 비행장을 이륙하여 서울 여의도 비행장을 목적지로 비행 중이었다. 12시 40분경 평택 상공에 이르자 김택선 등 북한공작원 5명과 방조자 2명(김애희, 김신자)이 청랑호를 공중 납치하였다.

납치범들은 총기로 조종사를 위협하여 기수를 북으로 돌리게 했으며 군사분계선을 넘어 북한의 평양순안국제공항에 강제 착륙시켰다. 탑승자 중에는 미국인 기장/부기장 외에도 미 군사고문단원(중령)과 독일인 부부 등 외국인 승객 3명, 유봉순 자유당소속 국회의원, 김기완 대령(공군본부 정훈감)등이 포함되어 있었다.

사건 발생 다음 날(2월 17일), 북한 당국은 언론기관을 통하여 '대한국민항공사가 자진 월북했다.'고 발표하는 파렴치(破廉恥)함을 보였다. 대한민국은 2월 22일 국회 본회의에서 북한의 만행을 규탄하는 결의를 행하고, UN군(16개국)에 대해 협조문을 보낸다.
협조문을 받은 UN군은 2월 24일 군사정전위원회 수석대표가 승객과 승무원, 기체의 조속한 송환을 북측에 요구했고 국제 적십자사를 통해서도 압력을 가했다. 자국민이 납치된 주한 미국대사관과 독일대사관는 적극적인 활동을 벌였다.

3월 6일 (사건 발생 18일째) 북측은 납치범을 제외한 승객과 승무원 26명을 송환하기로 합의하였고 당일 오후 7시 승객과 승무원 26명은 판문점을 통해 송환되었으나 창랑호 기체는 반환받지 못했다.

납치사건과 관련하여 대한민국 경찰은 2월 20일 북한 간첩 기덕영의 조종을 받은 공작원 김택선·길선 형제, 김순기, 최관호, 김형 등 5명과 월북동행자 김애희, 김신자 등이 납치범이라 발표하였고, 25일에 기덕영 등 3명을 사건의 공작과 배후 혐의로 체포하였다. 이 3명은 재판에 회부되는데 이 중 기덕영은 간첩 및 강도상해죄 등으로 무기징역이 확정되었고 다른 2명은 무죄로 석방되었다.

창랑호 납치사건으로 대한민국 정부와 항공사는 재발 방지를 위해 항공기 탑승자의 총기 등 위험물 소지에 대한 단속과 항공기 운항에 대한 공중 감시를 강화하였다. 그러나 11년 후인 1969년 북한의 고정간첩에 의해 대한항공 여객기 YS-11가 또 다시 공중납치되어 강제 납북하게 된다.

6. 대한항공 YS-11기 공중 납치되어 강제 납북

1969년 12월 11일. 강릉 비행장을 이륙하여 서울로 향하던 대한항공 KAL 소속 YS-11 여객기가 북한 공작원 조창희(당시 42세)에 의해 공중 납치되어 강제 납북되었다. 이 여객기는 승객 47명과 승무원 4명 등 총 51명을 태우고 강릉 비행장을 이륙하였고, 이륙 25분 후인 12:25분에 강원도 평창 상공에서 공중 납치되어 강제 납북된 것이다.

납북된 비행기는 북한의 원산시 북쪽에 위치한 선덕비행장에 착륙했다. 북한은 13일 새벽(피랍 30시간 경과), 평양방송을 통해 여객기 기장 유병하, 부기장 최석만씨를 이용한 기자회견 방식을 빌어 '두 명의 조종사에 의한 자진 입북'이라고 보도했다. 이 사건은 한반도의 긴장을 최고조로 끌어올리는 사건이었다. 세계 여론이 거세지자 북한은 2월 5일 탑승자들을 송환키로 약속하였다. 그러나 북한은 그 약속을 지키지 않았다.

세계 여론이 더 거세지자 북한은 열흘 뒤인 2월 14일 승객 39명(12명 제외)만을 판문점을 통해 귀환시켰다. 북에 남은 승무원 4명과 승객 8명의 가족들은 '납북 KAL 미귀환자 가족회'를 구성하고 송환축구 활동을 전개하였으나 대한민국 정부의 미온적 대응으로 유명무실한 활동이 되고 말았다.

대한민국 경찰은 '북한의 고정간첩이며 강릉에서 자혜병원을 경영하던 승객 채헌덕이 주범으로서, 다른 승객 조창희와 부기강인 최석만을 포섭해 비행기를 납치했다'고 발표했다. 그러나 항공사측은 '부기장 최석만의 가정과 생활태도로 보아 간첩행위를 해야 할 결정적 단서가 없다. 경찰의 발표는 단순한 추정일 뿐이다.'라고 기자회견을 통해 발표하였다.

탑승자 51명 중 39명만 송환되고 12명은 아직도 돌아오지 못하고 생사확인도 못하고 있다. 아직까지 송환되지 않은 탑승자 12명의 가족들은 오늘도 그들은 그리워하며 눈물을 흘리고 있다. 당시 납치된 YS-11 여객기와 당시의 신문 기사내용은 송환되지 않은 탑승자들을 그리워하는 가족들을 더욱더 슬프게 하고 있다. 납치된 YS-11 여객기와 당시의 신문 기사내용은 【사진 3-10】과 같다.

【사진 3-10】 납치된 YS-11 여객기와 당시의 신문 기사내용

日報

號外

12月11日

서울 江陵 KAL旅客機拉北?

乘客51名태운채

元山飛行場에 着陸한듯

출처 : Daum 백과사전

7. 8 · 15 대통령 저격

1974년8월15일, 서울 국립극장에서 거행된 광복절 기념식전에서 조총련계 재일 교포 문세광이 박정희 대통령을 저격한 사건이다. 오전 10시경 청중석 뒤쪽에서 뛰어나온 괴청년(문세광)이 광복절 경축사를 낭독하던 박정희를 향해 권총을 발사했고 총탄은 빗나갔다.

순간 박정희 대통령은 연설대 뒤로 몸을 피했고, 이어서 발사된 총탄이 단상에 앉아있던 영부인 육영수여사의 머리에 명중되었다. 합창단의 한 여학생도 유탄에 맞아 숨졌다. 당시의 대통령저격 상황은 【사진 3-11】과 같다.

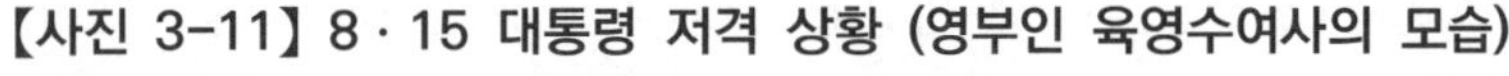
【사진 3-11】 8 · 15 대통령 저격 상황 (영부인 육영수여사의 모습)

출처 : 나무위키

현장에서 체포된 범인 문세광은 재일조총련계 한국교포 2세로서, 조사결과 1974년 5월 북한의 대일공작선이자 재일교포 북송선이기도 한 '만경봉호'에서 광복절 기념식장에서 대통령을 저격하라는 지령을 받고 이를 실행한 것으로 밝혀졌다.

8 · 15 대통령 저격사건의 범인 문세광은 일본 오사카 미나미구 소재의 다카쓰(高津) 파출소에서 권총을 절취하였다. 1974년, 그는 지인 요시이 미키코(吉井美喜子)의 남편 요시이 유키오(吉井義雄)의 이름으로 여권을 발급 받아 방한하였다. 사건이 일어난 8월 15일 07시, 문세광은 조선호텔에서 프론트로 전화를 걸었다. 8.15광복을 기념하는 국립극장에 가야 하는데 오전 8시까지 승용차를 대기시켜주세요. 출발은 오전 9시입니다.

문세광은 권총에 실탄을 장전하여 바지 허리춤에 숨기고 08시 40분에 M-20 포드 승용차를 타고 출발했다. 그는 차안에서 운전기사에게 '국립극장에 도착하면 내려서 문을 열어주세요'라고 부탁하면서 1만 원을 주었다.

국립극장으로 이동 중에 문세광은 왼쪽 옆구리에 숨겨둔 권총으로 손을 넣어 총의 공이치기를 머리 위로 올려놓았다. 언제라도 발사할 수 있게 한 것이다. 09시 문세광은 국립극장 정문에서 검문을 받지 않고 들어가 극장 계단 아래에 도착했다.

175cm 정도의 키에 약간 통통한 몸집, 검은색 외투와 테두리가 검은 안경, 중절모를 쓴 문세광은 기사가 공손히 예의를 갖추고 있는 가운데 계단을 올라 왼쪽 현관으로 향했다. 현관에는 경호원3명, 경찰관8명 근무하고 있었다. 문세광은 별다른 검문 없이 통과했다. 경호원과 경찰관들이 문세광을 일본의 고위인사라고 생각했기 때문이다.

당시 경호원들은 사건조사에서 3.1절 행사 당시 외국인에 대한 경호를 너무 심하게 했다고 지적을 받았다. 그래서 '일본인 문세광을 통과시켰다'고 진술하였다. 외국인에 대한 검문이 느슨해진 틈을 이용해 일본인으로 위장한(여권 상 '요시이유키오') 문세광과 북한의 치밀한 계획이 성공한 것이다.

행사장 안으로 들어온 문세광은 1층과 2층 로비를 오고가면서 저격의 기회를 노렸다. 그는 통로에 카펫이 깔려 있는 것을 보고는 박 대통령이 지나갈 때 저격하려고 카펫 옆에 있는 의자에 앉았지만 생각을 바꾸었다. 장시간 같은 장소에 머물다가는 경호원의 검문을 받을 우려가 있었기 때문이었다. 경호원으로 보이는 10여명이 한 곳에 모여 권총에 실탄을 장전하고 있었다.

그는 의심을 사지 않기 위해 자신이 먼저 경호원에게 다가가서 일본어로 대화를 걸었다. '토라오 일본대사를 기다리는데 혹시 오지 않았습니까?, 잘 모르겠습니다, 로비는 여기 뿐인가요?, 2층에도 있습니다. 경호원은 문세광을 2층으로 친절하게 안내해주었다. 문세광은 '아, 1층 로비에서 만나기로 했었지'하면서 1층으로 되돌아왔다. 경호원은 다른 경호원에게 그를 인계했다. 경호원은 "저 분이 일본대사를 기다리고 있다"고 인계했다. 인계받은 경호관은 문세광을 보고는 의자에 앉아서 기다리라고 했다.

대통령이 행사장에 나타나자 경호원은 문세광의 팔을 잡고는 기둥 뒤로 데리고 가서 서 있으라고 했다. 문세광은 대통령이 입장하는 것을 지켜보다가 약 10분 정도 로비에 머물렀다. 문세광은 다시 로비 근무자에게 다가가서 일본어로 대통령의 얼굴을 한 번 보고 싶은데 들어가도 되겠느냐고 물었다. 일본어를 모르는 근무자는 문세광의 요청을 승인하는 표정을 지었다. 그가 로비에서 극장 안으로 들어가려하니 출입구 근무자가 비표를 달지 않은 그를 제지했다.

문세광은 로비 근무자를 가리키면서 '저 사람이 들어가도 좋다고 이야기했다'고 둘러대었다. 출입구 근무자가 로비 근무자를 바라보니 그 경호원은 무표정이었다. 출입구 근무자는 이를 들여보내도 좋다는 뜻으로 해석하고 출입문을 열어준다.

그리고 문세광을 1층 C석 맨 뒤 열의 재일교포석 오른쪽에서 세 번째 자리에 앉혔다. 대통령은 연설 중이었다. 10시 6분, 박정희대통령의 경축사가 낭독되었다. 문세광은 약 10분간 연설을 듣고 있다가 허리춤의 권총을 배 밑으로 옮기려 했다. 10시 23분경 '퍽'소리가 났다. 앞서 문세광은 언제든 쏠 수 있게 권총의 공이치기를 올려놨는데, 권총을 꺼내다가 실수로 자신의 왼쪽 허벅지를 쏴버린 것이다.

문세광은 허벅지로 오발을 하자마자 놀라서 자리를 박차고 일어나 1층 B석과 C석 사이의 통로로 나와 연단을 향하여 뛰어갔다. 통로 쪽 자리에 있던 경찰관들이 문세광을 제지하지 않았다. 총소리가 울렸다. 총탄은 대통령 연설대를 맞췄다. 그때야 많은 사람들이 문세광이 단상을 향해 달려오는 것을 목격했다. C석에 앉아 있던 광복회원 이옥희가 '저놈 잡아라!'하고 소리치고, '잡아!, 잡아!'하는 소리가 터져 나왔다. 장내가 웅성거리는 사이 문세광은 이미 단상 앞까지 달려 나갔다. 여기서 박정희 대통령과의 거리는 약 10m 정도였다.

문세광은 C석 맨 앞줄에서 대통령을 향해 3발을 발사했으나 명중되지 않았다. 대통령이연설대 뒤로 몸을 숨기자 단상에 있던 육영수여사를 향해 쐈다. 총탄은 육영수여사의 머리를 관통했다. 그 순간 독립유공자 자리에 앉아 있던 서대문세무서 재산세계장 이OO이 문세광의 다리를 걸어 넘어뜨렸고 경호원들과 C석의 독립유공자들이 문세광을 덮쳐 제압했다. 문세광이 넘어지면서 손에 들고 있던 권총이 튀겨져 시향 바이올리니스트 김OO의 왼뺨에 맞아 피부가 2cm 가량 찢어지는 찰과상을 입었다.

식장은 순식간에 아수라장으로 변했고, 육영수 여사가 호송되고 3분 쯤 뒤 연설대 뒤에서 다시 모습을 드러낸 박정희대통령은 보리차한 잔을 따라 마시고 남은 경축사를 마저 이어나갔다. 육영수는 사건 발생 9분 만에 서울대학교병원으로 옮겨졌고 11시 경부터 16시 20분까지 수술을 받았다. 하지만 총탄이 뇌정맥을 꿰뚫었기 때문에 소생할 가망이 없었다. 이날 19시경에 영부인육영수여사는 숨을 거두었다. 집도의는 다음날 '꼭 살렸어야 했는데… 5mm만 비껴갔어도…'라며 침통해 하였다.

문세광은 1974년 10월 19일 법정에서 사형을 선고 받았다 문세광의 죄명은 국가보안법 위반과 내란 목적 살인죄 등 모두 6가지, 서울형사지방법원은 선고문에서 검찰의 공소사실이 모두 인정돼 법정 최고형인 사형을 선고한다고 밝혔고, 대법원에서 원심대로 사형이 확정돼 1974년 12월 20일 사형이 집행되었다. 북한의 무력적화통일 야욕에 의해 23세의 젊은 청춘이 생을 마감한 것이다.

8. 판문점 도끼 만행사건 (8 · 18 도끼 살인 사건)

1976년 8월 18일 판문점 인근 공동경비구역 내에서 북한군 40여명이 미루나무 가지치기 작업을 감독하던 주한 미군 장교 2명을 살해하고 주한 미군과 한국군에게 피해를 입힌 사건이다.

판문점 공동경비구역(JSA)에 25년생 15m 높이의 미루나무가 자리하고 있었다. 이 미루나무는 남한과 북한이 상대방을 관측하는데 걸림돌(시계확보가 되지 않음)이 되었다. 유엔군과 주한 미군은 판문점 공동경비구역 안의 제5관측소에서 제3초소와 비무장지대를 감시(관측)하는 임무를 수행하고 있었는데 북한군 3개 초소에 둘러싸인 유엔군 제3초소 인접지점의 미루나무의 무성한 가지는 북한군 3개 초소를 감시(관측)하는데 영향을 주고 있었다. 유엔군과 미군은 미르나무를 베기로 한다.

1976년 8월 18일 10:30분 JSA 경비중대장 보니파스 대위 등 미군 6명(장교 2명, 부사관과 병 4명)과 한국군 5명 (장교 1명과 부사관과 병 4명), 한국 노동자 5명 등 총 16명이 미루나무 전지작업을 시작하였다. 전지작업은 한국 노동자 5명이 중점적으로 실시하였고, 미군과 한국군은 작업 감독과 경비임무를 수행하고 있었다.

10:35분 북한군에서 미친개라는 별명을 가지고 있는 박철 대위와 북한군 경비병 9명이 미루나무 전지작업을 하는 현장에 도착하여 작업 상황을 지켜보다 11:05분 작업 중지를 요구한다. JSA 경비중대장 보니파스 대위는 거절하고 작업을 진행했다.

11:06분 북한군 30여 명이 트럭을 타고 현장에 도착한다. 북한군 박철 대위가 재차 작업 중지를 요구했고, JSA 경비중대장 보니파스 대위는 거부한다. 11:07분 북한군 박철 중위가 갑자기 JSA 경비중대장 보니파스 대위를 가격했고 이를 신호로 북한군들은 트럭에 실고 온 곡괭이와 몽둥이, 그리고 한국 노동자들이 작업에 쓰려고 가져왔던 도끼를 빼앗아 공격을 하였다.

북한군의 공격은 미군 중대장 보니파스 대위와 미군 장병들에게 집중되었고 이로 인해 미군 **중대장 보니파스 대위와 소대장 배럿 중위**가 이마에 중상을 입고 후송 중 사망한다. 그리고 미군4명, 한국군 4명이 중경상을 입었고, 유엔군 트럭 3대가 파손되었다. 당시 북한군의 공격 모습은 사진 【사진 3-12】과 같다.

【사진 3-12】 북한군의 판문점 도끼 만행 모습

출처 : 북한자료와 소식

미국 장교 2명이 사망하자 미 국무성은 “이 사건의 결과로 빚어지는 어떠한 사태에 대해서도 그 책임은 북조선에 있다”는 공동성명을 당일에 발표한다. 당시 제럴드 포드 미국 대통령의 명령에 따라 스틸웰 주한미군 사령관은 문제의 미루나무를 베고 공동경비구역 내에 북한군이 설치한 불법 방벽을 제거하기 위한 폴 버니언 작전(Operation Paul Bunyan)[28] 을 기본으로 F-4, F-111, B-52 폭격기, 미드웨이호 등을 동원하는 대규모 무력시위 계획을 수립하였고, **한미연합군은 정전 이후 처음으로 데프콘 3(전투준비태세)을 발령한다.**

28) 미국 전설에 나오는 거구의 나무꾼 ‘폴 버니언’에서 따온 작전명

폴 버니언 작전 실행직전에 유엔군은 데프콘 2(전투준비태세)를 발령하였고, 미국 본토에서 핵무기 탑재가 가능한 F-111전투기 20대가 한반도로 긴급 전개되었고, 괌에서는 B-52 폭격기 3대, 오키나와 카데나 미공군기지에서 이륙한 F-4 24대가 한반도 상공을 선회하였다. 또한 전투기 65대를 탑재한 미 해군 제7함대 소속 항공모함 미드웨이호가 순양함 등 중무장한 호위함 5척을 거느리고 한국 해역인근 동해에 배치되었다.

당시 사건을 보고받은 대한민국 박정희 대통령은 **'내 철모와 군화를 당장가려와라!, 미친개는 몽둥이가 약이다!'**라는 말과 함께 특전사에 응징보복을 지시한다. 특전사는 예하 제 1공수특전여단 O지역대(64명)에 응징보복 임무를 지시하고 임무지시를 수령한 특전사 대원들은 작전을 준비한다.

특전사 대원들은 M16 소총, 수류탄, 크레모아 등을 트럭에 숨기고 카투사 병력으로 위장한다. 이는 공동경비구역 내에서 세계최강의 전투력을 가진 특전사대원들이 투입되었다는 사실을 은폐하기 위함이었다. 특전사 대원들의 작전계획은 미군장교 2명을 살해한 북한군을 무참히 사살하는 것이었다. 처음부터 북한군을 사살하면 세계여론과 확전의 위험이 있기 때문에 먼저 북한군을 유인(상황조성)하여 북한군이 걸려들면 사살하는 계획이었다.

대원들은 북한군을 유인하기 위해 공동경비구역내 북한군 초소를(4개)완전히 파괴하고 문제의 미루나무를 절단 하면서 북한군을 유인하였다. 그러나 북한군은 특전사 대원들의 기세에 겁을 먹고 대응하지 않고 쳐다 만 보고 있었다. 특전사 대원들은 상부의 명령의 의해 작전지역을 이탈했고 이 작전을 마지막으로 폴 버니언 작전은 종결되었다.

폴 버니언 작전으로 크게 위협을 느낀 북한은 긴급 수석대표회의를 요청하여 김일성의 '유감성명'을 전달하지만 미국은 북한의 유감성명이 잘못을 인정한 것이 아니라며 받아들이기를 거부하다가 24시간 후에 이를 받아들였다.

폴 버니언 작전이후 북한군은 1년 반 동안이나 준전시상태를 풀지 않았고, 한국도 북한을 강력하게 비판하는 등 사건의 파문은 쉽게 가라앉지 않았다. 사건 당사자인 미국이 빠졌으나 한국군과 북한군간의 군사적 긴장상태는 지속되었다. 이후 공동경비구역 내에 경계가 설정되었고 '판문점에도 콘크리트 경계석'이 설치되었다. 판문점에 설치된 콘크리트 경계석은 【사진 3-13】과 같다.

【사진 3-13】 판문점에 설치된 콘트리트 경계석

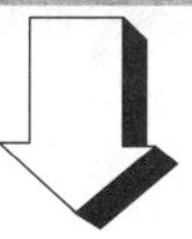

판문점에 설치된 콘트리트 경계석

출처 : Daum, 국민일보

9. 고교생 납치

1977년 8월 전남 홍도에서 이민교(당시 18세, 경기 평택 태광고교 2년)와 최승민(당시 17세 · 경기 평택 태광고교 2년) 등 2명이 북한 공작원에 의해 납치되어 강제 납북되었다.

1978년에는 전북 군산에서 김영남(당시 17세, 군산기계공고 1학년)이 북한 공작원 김광현(金光賢)에 의해 납치되어 강제 납북되었다.

1978년 8월에는 전남 홍도 해수욕장에서 이명우(당시 17세 · 천안농고 1년), 홍건표(당시 17세 · 천안상고 1년) 등 2명이 북한 공작원에 의해 납치되어 강제 납북되었다.

이들의 강제납북 사실은 1980년 6월 21일 서해안 침투 중 체포되어 한국으로 전향한 무장간첩 김광현과 1995년 침투한 무장간첩 김동식과 1997년 검거된 간첩 최정남이 "이씨와 홍씨가 북한에서 이남화(以南化) 교육을 담당하는 교관으로 활동하고 있다"

고 진술함으로써 납북사실과 이들이 북한에서 나마 생존해 있다는 사실이 확인됐다. 북한 공작원에 의해 납치되었던 고교생과 무장간첩 김광현은 【사진 3-14】와 같다.

【사진 3-14】 북한 공작원에 의해 납치되었던 고교생과 무장간첩 김광현

출처 : 육군군사연구소

검거된 북한 무장간첩들에 의하면 '북한은 이민교가 신장이 크고 체격이 좋아 공작원을 안내하는 전투원으로 양성시키기 위해 김일성정치대학 전투원 양성반을 졸업시켰으며, 1997년 당시 평양 용성구역 소재 '이남화환경관'의 수퍼마켓에 근무하고 있다. 최승민은 '이남화환경관'의 양복점, 스포츠용품 판매점에서 '김 선생'이란 이름으로 강사로 근무하고 있다.고 진술하였다.

그러나 이들 진술대로 강제 납북된 고교생들이 북에서 생존해 있다한들 아들을 그리워하는 부모님들의 애타는 심정은 그 무엇으로도 보상 받을 수 없는 것이다. 강제 납북된 한 고교생의 어머니는 '지금도 잠을 자려고 눈을 감으면 아들의 얼굴이 떠오른다. 죽기 전에 단 한번만이라도 봤으면 소원이 없다'하며 눈시울을 적시고 있다.

전향한 무장간첩 김광현씨는 무장간첩들을 침투 및 복귀 안내를 담당하는 301해상연락소에 근무하다 1980년 23번째 임무수행 중 생포 되었다. 결국 김광현씨는 서해안을 자기 집 드나들듯 한 것이다. 전향한 무장간첩 김광현씨 등 북한 무장간첩들이 해상침투에 사용했던 선박은 【사진 3-15】와 같다.

【사진 3-15】 북한 무장간첩 해상침투에 사용했던 선박

출처 : 조선일보 DB

북한이 10대 학생들을 납치한 배경은 '6·25때 월북한 사람들은 나이가 많이 들어 쓸모가 없어졌다. 젊은 학생들을 납치해 공작에 이용하라'는 김정일의 지시에 의한 것이었다.

10. 한강하구 수중 침투

1980년 3월 23일, 3명의 무장공비가 한강하구로 수중침투하다 한국군의 경계병들에게 발각되어 사살되었다. 이들은 한강하구 만조시각인 3월 22일 21시를 전후하여 북한의 관산포에서 출발하였고, 23일 03시 고양시 법곶리까지 약16Km를 2시간 40분 동안 산소통 없이 스노클(빨대), 수경, 오리발을 이용하여 수영으로 침투하였다. 사살된 무장공비시신과 침투경로는 【사진 3-16】과 같다.

【사진 3-16】 무장공비시신과 침투경로

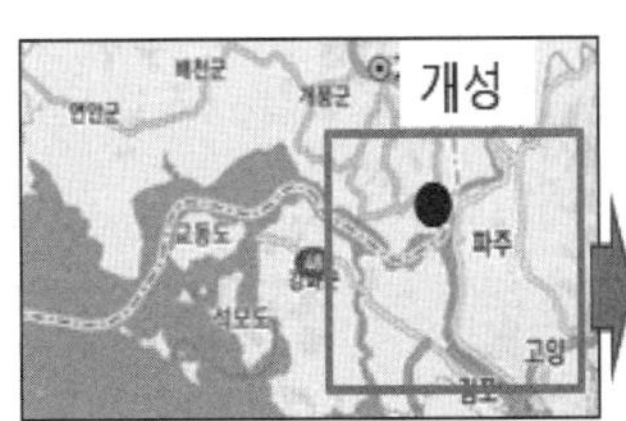

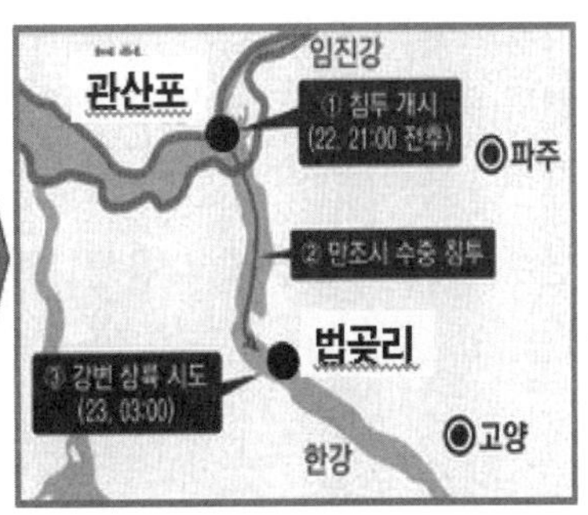

출처 : 육군군사연구소

이외에도 1965년 7월 7일 한강과 임진강의 합수지점에서 소련제 잠수정(길이 4.6m, 높이 1.2m, 무게 약 2톤의 소형잠수정)이 좌초되었다. 발견 당시 연료탱크에 디젤유가 가득 담긴 채 진흙탕에 파묻혀 있다가 군에 의해 발견되었다. 선실에서는 수류탄과 식량 등이 발견되었으나, 북한군은 발견되지 않았었다. 군은 즉각 수색작전을 펼쳤고, 잠수복을 착용한 북한군 1명을 발견하고 사살했다. 이 수중침투 사건은 북한군 2명 (잠수정 조종을 맡은 북한군, 정찰임무를 맡은 북한군)이 침투 후 1명이 정찰임무를 나간 사이에 잠수정이 좌초되어 잠수정 조종을 맡은 1명은 도주하고, 정찰임무를 수행하던 1명은 도주 시점을 탐색하면서 숨어 있다가 수색에 발견돼 사살된 사건이 있었다.

그리고 1980년 6월 10일 인민무력부 소속 무장간첩 3명이 구파발에 침투한 사건, 1983년 6월 23일 당시 인민무력부 정찰국 소속 정찰조 3명이 문산천 임월교에서 침투하다 사살된 사건 등 북한군이 수중침투 하다가 군에 발견되어 격퇴된 사건은 수십 차례나 된다.

11. 해상 침투

1980년 12월1일 경남 남해도 해안레이더에 남해 목도 남방 7㎞ 해상에 괴선박이 포착되었다. 군은 즉각 비상태세로 전환하여 육 · 해 · 공군 합동작전을 전개하였다.

12월 1일 22:50분, 무장간첩들은 침투에 사용했던 선박(모선)을 목도에 정박시키고, 23:00시에 수중잠행보트(자선)를 이용하여 해상침투를 실시하였다. 23:25분에 남해도 해안에 침투한 무장간첩들은 침투에 사용했던 수중잠행보트를 해안에 접안시킨다.

23:30분 매복 중이던 군에 의해서 무장간첩 2명이 사살되고 1명은 내륙으로 도주하였다.즉각 수색작전을 전개한 군은 12월 6일 13:20분 도주했던 무장간첩을 발견사살한다. 묵도에 있던 침투모선은 해상으로 도주하다 해군에 의해 격침된다. 침투 · 사살 상황과 해상침투에 사용한 수중잠행보트는 【사진 3-17】과 같다.

【사진 3-17】 침투 · 사살 상황과 해상침투에 사용한 수중잠행보트

출처 : 육군군사연구소

12. 미안마 아웅산 묘지 폭탄 테러

1983년 10월 9일 아침, 버마(현재의 미얀마) 독립영웅 아웅산 장군이 모셔져 있는 아웅산 묘지에서 폭발이 일어났다. 당시 대통령이던 전두환 대통령은 폭발이 일어난 곳에서 불과 1.5 km 떨어진 거리에 있었다.

10월 8일 전두환 대통령은 공식수행원 22명과 비공식수행원 들과 함께 서남아시아와 오세아니아의 공식 순방길에 오른다. 첫 방문지는 미얀마였고 10월 9일에는 아웅산 묘소 참배 행사가 계획되어있었다.

한편 김정일의 친필 지령을 받은 북한군 특수전부대 소속 진용진 소좌(조장), 강민철 대위(통신담당), 신기철 대위(폭파담당) 등 3명은 1983년 9월에 제련소 직원으로 위장하고, 버마 양곤에 침입하여 북한 대사관 정무 담당 참사관(전창휘)의 숙소에 은거하면서 테러를 준비했다.

10월 7일 새벽, 이들은 아웅산 묘소로 침투한다. 건물 천장에 크레모어 2발과 소이탄 1발과 원격폭파점화장치를 설치하고, 10월 9일(테러당일)까지 아웅산 묘소 주변에서 노숙하며 건물 천장에 설치한 폭약과 전두환 대통령 일행의 도착을 감시하면서 폭파 스위치 작동 장소를 놓고 대립한다. 통신담당 강민철 대위는 묘소가 한 눈에 내려다보이는 '쉐다곤 파고다'에서 하자. 했고, 조장 진용진 소좌는 그곳은 관광객이 많아 위험하다. 묘소에서 약 1km 정도 떨어진 '위자야 극장'에서 하자고 했다. 결국 '위자야 극장'으로 결정된다.

10월 9일 미얀마 외무부 장관은 전 대통령 숙소(영빈관)로 이동한다. 이동 중 장관 차가 고장이 났고 전 대통령은 5분 늦게 숙소에서 출발한다. 늦는다는 소식을 접수한 행사장에서는 행사 예행연습을 하게 되고, 이때 울려 퍼진 음악소리를 들은 폭파담당 신기철 대위는 전 대통이 도착한 것으로 오인하여 오전 10시 28분에 원격폭파점화장치를 작동시킨 것이다.

폭발음과 함께 한국인 17명, 버마인 4명이 목숨을 잃고 부상자는 50명에 이르렀다. 행사장이 아비규환의 현장으로 바뀐 것이다. 【사진 3-18】은 폭발직전의 모습이다.

【사진 3-18】 폭발 직전의 국무위원 모습

왼쪽부터 이기백 합참의장(생존), 심상우 국회의원(사망), 함병춘 비서실장(사망), 이계철 버마대사(사망), 서상철 동자부장관(사망), 김동휘 상공부장관(사망), 이범석 외무부장관(사망), 서석준 부총리 겸경제기획원장관(사망)

출처 : 육군군사연구소

아웅산 묘소로 향하던 전 대통령 일행은 1.5 km 이격된 거리에서 이 폭발음을 듣게 되고 화를 면한다. 전 대통령은 남은 순방계획을 모두 취소하고, 즉시 귀국해 비상국무회의를 주재하면서 북한의 새로운 도발에 대비하기 위해 전군(全軍)에 비상태세를 지시한다.

북한 공작원들은 미얀마군의 추격을 따돌리며 양곤강으로 이동한다. 양곤강에서 고속정을 타고 북한 화물선에 숨어 북으로 탈출하기 위함이었다. 그러나 양곤강에는 약속된 고속정이 없었다. 그들은 수영으로 북한 화물선과 접촉하기로 약속한 지점으로 이동했지만 화물선은 없었다. 북한이 처음부터 이들의 탈출에 신경을 쓰지 않았던 것이다.

1983년 10월 11일과 12일, 미얀마 정부는 북한 특수부대원 3명을 체포 · 사살한다. 조장진용진 소좌와 통신담당 강민철 대위를 체포하고 폭파담당 신기철 대위를 사살한다. 10월 17일 미얀마 정부는 이 사건이 북한 특수전부대원에 의해 자행된 것임을 공식발표했고, 11월 6일 북한에 대한 국교 단절과 북한 외교관을 추방을 시킨다. 11월 22일 미얀마 검찰은 체포된 강민철 대위와 진용진 소좌에 대한 수사결과를 발표한다. '북한에서 전두환 대통령과 수행원들을 살해하기 위해 북한 특수전부대원을 밀파했다'는 발표였다. 진용진 소좌는 1985년 양곤 현지에서 진술을 거부하다 처형되었고, 강민철 대위는 무기징역으로 복역하던 중 북한의 암살 위협과 죄책감에 시달리다가 2008년 미얀마 감옥에서 생을 마감한다.

이 사건으로 코스타리카 등 3개국이 북한과 국교를 단절했고, 미국과 일본 등 세계 69개국이 대북한 규탄성명을 발표했다. 한국은 1984년 10월 9일(사망 1주기), 파주시 임진각에 미안마 아웅산 순국 외교사절 위령탑을 세운다. 위령탑은 【사진 3-19】와 같다.

【사진 3-19】 파주시 임진각에 위치한 미안마 아웅산 순국 외교사절 위령탑

한편 한국에서는 9월 1일 KAL 비행기가 소련 전투기에 의해 폭파되고, 10월 9일 아웅산 테러까지 이어지자 공산주의에 대한 극도의 반감과 심각하게 구겨진 한국의 자존심을 찾기 위해서 정부는 특수전부대에게 응징보복작전을 지시한다. 이 작전은 특수전부대원을 평양에 침투시켜 김일성을 사살하는 작전이었다. 이 작전의 명칭과 번호는 붙여지지 않았고, 극소수 인원이 '벌초계획'이라고 불렀다.

벌초계획은 특수전부대원 30명을 고공으로 침투시켜 김일성을 제거하고 주석궁을 폭파한 뒤 육로 또는 해로를 이용하여 도피 · 탈출 하는 것이었다. 김일성을 사살을 사

살하는 4시간 + 도피 · 탈출하는 시간(육상 15일, 해상 2일)이 소요될 것으로 예측하지만 실제 도피 · 탈출방법은 현장에 침투한 특수전부대원이 결정하는 것으로 하였다.

그러나 벌초계획은 그 해 12월 3일, 부산 다대포로 침투했던 무장간첩을 생포하면서 없던 일이 된다. 당시 관계자는 '다대포로 무장 간첩선이 들어온다는 정보를 입수하고 평양으로 보내려 했던 병력을 다대포로 투입해서 무장간첩 두 명을 생포하고 북한 반잠수정을 침몰시켜, 정전협정을 위반한 북한의 행위를 국제사회에 알릴 수 있었다'고 했다.

13. KAL - 858기 공중폭파

1987년 11월 29일 14시 1분 바그다드 국제공항에서 출발하여 승객 115명을 태운 대한항공 858기가 인도양상공에서 방콕과 최후 교신 뒤 실종되었다. 대한항공 858기가 북한공작원에 의해 미얀마 안다만 해역 상공에서 폭파된 것이다.

이 사건은 국제적으로 고립된 북한이 서울올림픽의 안전문제를 세계 여론화하여 참가국을 위축시키는 한편 궁극적으로는 서울올림픽 자체를 개최하지 못하도록 방해하려 한 반인륜적인 사건이었다.

북한은 사건 발생 오래전부터 공작원을 선발하여 철저하게 준비하였다. 1984년 7월 북한은 공작원으로 선발한 **김현희와 김승일을 부녀로 위장**시키고 임무수행능력을 향상시키기 위해 수차례 해외 항공기의 상황, 공항의 검색 · 탑승 절차 등의 실습을 실시하는 등 철두철미한 공작교육을 실시한다.

이들은 1984년 8월 15일부터 1개월 동안 현지 적응훈련을 위해 비엔나를 거쳐 코펜하겐 프랑크푸르트~제네바~파리 등지에서 실전 적응훈련 실시한다. 공작원으로 선발된 김현희는 1985년 1월부터 6월까지 일본어와 중국어를 집중적으로 교육받았고, 1985년 7월~1987년 1월까지 중국본토와 마카오 등지에 파견되어 중국의 언어와 생활풍습을 체득하는 등 장기간에 걸쳐 해외 공작원 교육을 이수한다. 그녀는 해외공작원으로서의 전문교육과 더불어 외국인 화 교육을 받는다.

1987년 10월 7일, 김정일은 조선로동당 중앙위원회 조사부장을 통하여 김현희 등 부녀공작원에게 친필 공작지령을 내린다. 이 지령에 의해 대한항공 858기가 미얀마 안다만 해역 상공에서 폭파된 것이다. 김현희, 김승일 공작조는 1987년 11월 10일 평양을 출발하면서 김정일 친필 지령임을 특별히 강조하는 북한 조선로동당 중앙위원회 조사부장으로부터 1987년 11월 28일 23:30 이라크 바그다드 공항 발 서울행 대한항공 858기를 폭파하라는 최종 지령을 다시 하달 받는다.

북한 공작조는 11월 27일 19시 경 **세르비아** 중부에 위치한 **베오그라드**에서 최 과장에게 일제 '파나소닉' 라디오로 위장한 시한폭탄과 술병으로 위장한 액체 폭발물을 넘겨받는다. 공작조는 11월 28일 밤 이라크 바그다드 공항에서 아랍 에미리트 아부다비와 방콕을 경유하는 서울행 대한항공 858기에 탑승한다.

858기에 탑승한 공작원 김현희는 최 과장에게 넘겨받는 시한폭탄을 쇼핑백에 넣어 좌석번호 7B와 7C 선반위에 올려놓고 아랍 에미리트 아부다비 공항에서 내린다. 방콕을 향해 계속 운행하던 대한항공 858기는 11월 29일 14시 1분(한국시간) 미얀마 안다만 해역 상공에서 랑군 관제소에 위치보고를 한다. '현재 3만 7천 피트 고도로 비행 중. 특별한 이상 없고 정상 비행 중.'이라고 보고를 한다. 그리고 이 보고를 마지막으로 14시 5분경 공중 폭파되어 결국 탑승자 115명 전원이 사망하는 대참사를 겪는다. 이 사건이 발생한지 무려 33년, 북한 공작원에 의해 폭파된 858기 승객들의 시신, 아니 유골 한 점도 아직 수습하지 못했다.

12월 13일 (사건발생 15일) 미얀마 남부에 위치한 **양곤** 동남쪽 해상에서 대한항공기용 구명보트 등 부유물 7점이 발견됨으로써 비행 중 폭발에 의하여 추락하였음이 최종 확인된다. 수사시작 이틀째인 12월 1일까지 사건조사가 미궁에 빠져있었으나, 다행히 사고 비행기에 한국 입국이 금지된 '요주의 인물'인 일본인 2명이 탑승했었다는 『동아일보』의 특종보도가 나가면서 수사는 급진전되었고, 이 보도는 사건의 실타래를 푸는데 큰 도움이 된다.

일본인 이름 하치야 신이치 그리고, 하치야 마유미로 위장한 북한 대남공작원 김승일, 김현희 은 국제공조 하에 조사를 진행했고, 현지조사단에 의해 12월 1일 바레인 공항에서 체포된다. 조사를 받던 두 공작원은 독약을 삼켜 자살을 시도했고, 김승일은 현장에서 죽고 김현희는 살아남는다. 12월 7일 현지조사단은 바레인에서의 수사를 종결하였고, 현장조사단은 KAL 858기의 잔해를 찾지 못한 채 철수하였다.

1988년 1월 15일 하치야 마유미로 위장된 김현희는 TV기자회견을 하였고, 본인이 대한항공 858기 폭파범이며 김정일의 사주로 88올림픽 방해, 선거분위기 혼란야기, 남한 내 계급투쟁 촉발 등을 목적으로 폭파했다고 발표했다.

1988년 1월 15일 하치야 마유미로 위장된 김현희는 TV기자회견을 했고, 본인이 대한항공 858기 폭파범이며 김정일의 사주로 88올림픽 방해, 선거분위기 혼란야기, 남한 내 계급투쟁 촉발 등을 목적으로 폭파했다고 발표했다. TV기자회견중인 김현희는 【사진 3-20】과 같다.

【사진 3-20】 TV기자회견중인 김현희

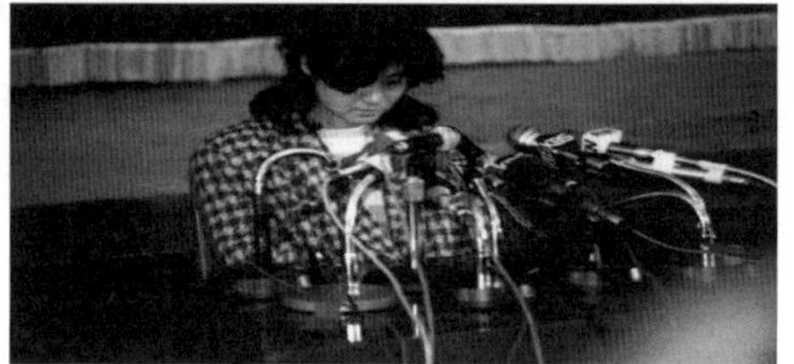

국제사회는 북한의 대한항공 858기 폭파라는 반인륜적 행위에 대해 엄격하게 응징하고 나섰다. 미국정부는 1988년 1월 21일 북한을 테러국가로 규정하여 미국 비자발급 규제를 엄격히 강화하였고, 북한 외교관 접촉을 허용하였던 지침도 철회하였다. 일본 정부는 제3국에서의 북한 외교관 접촉을 제한하고 일본과 북한 간 특별기의 일본 기항을 중지하는 대북 제재조치를 단행했다. 이 사건으로 대한민국은 미국과 협의, 국방력을 강화하는 등 안보 대비태세를 강화하였고, 북한은 국제사회에서 고립을 면치 못하고 있다.

김현희는 1987년 12월 16일 서울에 입국하여 정부의 보호 하에 있다가 1990년 재판을 받고 사형이 선고된다. 당시 노태우 대통령은 대한민국으로 전향한 김현희를 특사로 풀어주었고, 김현희는 자유의 몸이 된다. 그는 1991년 6월 2일 수기집 '이제 여자가 되고 싶어요'를 발간하였고, 1997년 12월 28일 자신을 경호했던 전직 안기부 직원과 결혼하여 한국에 거주하고 있다.

그리고 김현희는 친아버지 김원석(북한 외교관)과 어머니 림명식(교사), 남동생 김현수, 여동생 김현옥 등 모든 가족들이 북한의 강제수용소(정치범수용소)에 수용된 것을 인지하였고, 대한항공 858기 희생자와 유가족에 대한 죄책감, 가족에 대한 그리움, 북한에 이용당한 자신의 어리석음을 한탄하면서 삶을 영위하고 있다.

1990년대 이후부터 현재까지 북한의 주요 침투 · 도발

북한은 수단과 방법을 가리지 않고 끊임없이 대한민국을 공격하였다. 대한민국은 흔들리지 않았고 오늘의 번영과 발전을 이루었다. 대한민국은 북한의 끊임없는 위협을 극복하면서 지금의 평화와 번영을 이루었다. 그러나 지금 대한민국이 누리고 있는 평화와 번영은 언제 무너질지 모르는 모래성과 같다. 북한은 오늘도 대한민국의 평화와 번영을 위협하고 있기 때문이다.

1. 강릉 잠수함 침투

북한 무장공비를 승선시킨 잠수함이 1996년 9월 15일 19시에 강릉 앞바다에 도착하여 공작원을 상륙시켰다. 9월 16일 20시 30분, 전날 침투시킨 공작원을 복귀시키기 위하여 안인진리 해안에 정선을 시도하였으나 실패하고 9월 17일 2차 정선에 성공한다. 그러나 기관고장으로 잠수함이 좌초된다. 잠수함에는 26명(지도원 2명, 승조원 21명, 정찰조 3명)이 탑승하고 있었다. 이들은 좌초된 잠수함에서 나와 내륙으로 침투한다. 내륙으로 침투한 무장공비들을 토벌하기 위해 11월 7일까지 50여 일간 한국군과 치열한 추격전을 벌인 사건이다.

1996년 9월 18일 01시 35분경 최초 발견자인 강릉 대종운수 택시기사 이○○(37세)가 강릉시 강동면 안인진리 대포동 앞 해상(20~30m)에 돌고래 같은 물체가 보이면서 불빛이 번쩍이는 것을 발견하였다. 01시 45분경 강동파출소에 신고하여 순경 허○○와 신고자가 현지를 재확인 후, 01시 50분경 인근 군 초소에 연락하여, 함께 현장에 출동하여 유고급 잠수함으로 무장공비가 침투하였음을 확인한다.

대포동 앞바다에 좌초된 북한 잠수함을 확인한 후, 04시 15분에 대간첩작전 비상(진돗개 하나)이 발령되어 도주한 무장공비들에 대한 수색이 시작되었다. 좌초된 잠수함과 언론보도 내용은 【사진 3-21】과 같다.

【사진 3-21】 좌초된 잠수함과 언론보도

출처 : 통일부

9월 18일 16시 30분에 강동면 임곡리 청학산 중턱에서 타살된 무장공비 사체 11구가 발견되었으며, 16시 46분에 강동면 모전2리 정○○(54세), 남편 홍○○(60세)의 신고를 받고 출동한 강릉경찰서 강동파출소 경장 전○○, 경장 최○○가 무장공비 이광수를 생포한다.

9월 19일 10시 25분경에는 강동면 만덕산에서 한국군 703특공대가 무장공비 3명을 사살하였고, 14시 9분경에 추가로 구정면 어단리 칠성산 부근에서 무장공비 3명을 사살한다. 16시 5분경에 강동면 산성우리 오이골 괴일재 268고지에서 무장공비가 던진 수류탄에 한국군 1명이 부상을 입었으며, 괴일재에서 무장공비 1명을 사살한다.

9월 21일 09시 55분경 강동면 언별리 칠성산에 헬기 레펠로 하강한 특전사 대원들은 탐색작전을 실시한다. 이때 숲속에 숨어있던 북한 공작원의 조준사격으로 특전사 3공수특전여단 중사 이○○가 사망한다. 9월 22일 6시 15분경 강동면 언별리 칠성산에서 무장공비 2명을 사살되는데 이 과정에서 한국군 2명도 사망한다.

9월 23일 06시 30분경에는 칠성산 갈미봉에서 민간인 1명이 피살되었고, 9월 28일 06시 45분경 강릉시 성산면 보광리에서 무장공비 2명을 발견하고 1명은 사살, 1명은 도주한다. 9월 30일 15시 20분경 강릉시 왕산면 도마리 석우동에서 도주한 무장공비 1명을 사살한다.

10월 9일 14시 30분경에는 평창군 진부면 탑동리 재미재산 중턱에서 송이채취 주민

3명이 도주하던 무장공비에 의해 피살된다. 특전사 대원들이 즉각 투입되어 무장공비를 뒤쫓는다. 11월 5일 10시 30분경 강원도 인제군 북면 용대리 향로봉 창바위 부근 야산에서 특전사 대원 중 1명(3공수특전여단 이OO 상사)이 무장공비(정찰조) 2명을 발견한다. 특전사대원은 낮은 포복으로 무장공비 가까이로 접근한다.

조준사격으로 무장공비(정찰조) 1명을 사살한 특전사대원은 '나는 대한민국 특전사 대원이다. 무기를 버리고 손 들면 살려준다.'라고 한다. 이때 무장공비가 휴대하고 있던 M-16소총을 특전사 대원에게 향하자 특전사대원의 총에서 불이 품어져 나간다. 북으로 도주하던 정찰조 2명이 사살되면서 무려 47일간에 걸친 소탕작전이 종료되었다. 특전사대원은 살아서는 받기 어렵다는 충무무공훈장을 수상한다.

작전결과 침투한 무장공비 26명 중 생포 1명, 사살 13명, 무장공비 사체발견 11구, 도주 1명으로 최종 결론되었고, 노획품은 잠수함 1척 등 374종 4,380점이다. 피해상황은 군인 전사 10명, 부상 23명이며, 민간인 4명 사망, 오발사고로 인한 예비군 1명 사망이다.

무장공비(정찰조)들이 소지하고 있던 카메라에는 해당 지역의 군단 사령부, 비행장, 주요도로 등 주요시설들이 촬영되어 있었고, 무장공비(정찰조)들의 행동 중 특이한 부분은 탄알을 아끼기 위해 단발사격, 수류탄을 자주 사용하였고, 공격에 신중함을 보였다는 점이다. 특히 정찰조들은 산악으로 도주할거라는 예상과 달리 도로를 이용하였고, 비가 온 직후에는 이동을 하지 않고 빈집에 들어가서 라면을 끓여먹으며 휴식을 취하기도 하였다. 한국군 병력이 바로 앞에 있음에도 숨어서 기회를 엿보거나 경계병들의 대화를 기록하는 대담함을 보여주기도 했다. 밤과 낮을 따로 구분하지 않고 이동하였고, 민가에 침입하여 식량과 옷가지 등을 훔쳐가기도 했고, 한국군이 버린 전투식량을 챙기기도 하였다.

그리고 정찰조들이 휴대하고 있던 작전일지에는 출발 전 부터의 모든 작전과정이 꼼꼼히 기록되어있었고, 마지막에 기록된 내용은 '조국의 품에 안기고 싶었지만 여의치 않아서 최후의 싸움을 준비한다.' 라고 기록되어 있었다.

이 사건은 남북 간에 화해와 협력을 위한 논의와 교류가 점차 확대되어 가는 시점에서 발생한 사건이란 점과 북한의 야욕을 다시 확인하는 사건이었다. 그리고 안보는 군인들만 하는 것이 아니라 모든 국민이 참여하는 것이며, 한 사람의 신고정신이 얼마나 중요한가를 일깨워주는 사건이었다.

2. 강원도 양양 수산리 잠수정 침투

1998년초 김대중 정부가 들어선 후 '햇볕정책으로 불리는 대북화해협력정책을 추진하고 있을 시기에 북한 유고급 잠수정이 무장공비 침투임무 수행 후 북으로 복귀하다 좌초되었던 사건이다.

1998년 6월 22일 16:40분경, 강원도 속초시 양양군 수산리 동쪽 11,5마일 해상, 속초선적의 꽁치잡이 어선 동일호가 어로작업을 하던 중 그물에 걸린 잠수정을 발견하고 속초 통신국에 신고한다.

잠수정은 기능고장으로 인해 완전 잠수가 제한된 상태(잠망경이 수면 위로 나온 상태)에서 항해를 하다, 어부들이 쳐놓은 그물에 걸린 채 수면위로 떠오른다. 잠수정에서 세명의 승무원이 나와 스크류에 걸린 그물을 칼로 찢어내고 속초어선 동일호를 향해 손을 흔들고 잠수정 안으로 사라진다. 잠수정이 시동을 걸고 출발하려던 순간 찢겨져 나간 그물 일부가 스크류에 다시 감기면서 시동이 꺼지고 더 이상 항해가 불가능하게 된다.

속초어선 동일호의 유도신호에 의해 해군초계기가 도착하고 이후 해군 1함대 소속 초계함(군산항)이 도착한다. 북한 잠수정은 앞부분이 수면위로 올라와 있고 선체는 수직에 가까운 상태였다. 군산함이 북한 잠수정을 향해 투항을 권유하자 잠수정은 현장을 탈출하려는 행동(선체를 수평으로 회복하려는 행동)을 몇 차례 실시한다. 군산함이 경고사격을 하자 잠수정은 다시 수직으로 기울어진다.

군산함은 잠수정상황을 보고 격침하려는 계획을 나포로 수정한다. 하지만 나포는 매우 어려운 상황이었다. 잠수정이 거의 수직상태로 언제 침몰할지 모르는 위태로운 상황과 현장수심이 무려 약1,000m라는 점을 고려시 잠수정이 침몰하면 인양이 불가하기 때문이었다. 군산함에 있던 해군장병들이 속초어선 동일호로 이동하여 잠수정에 접근한다. 이들은 잠수정 앞부분에 예인용 로프를 연결하고, 잠수정을 예인하여 동해 해군 기지에 도착한다.

북한 잠수정 수색결과 9명(승조원 5명, 공작원 4명)이 사망한 채로 발견되었다. 그리고 이들은 사망하기 전 극심한 의견대립이 있었단 것으로 판단되었다. 이는 승조원 시신은 뼈가 부러지는 등 구타흔적과 타인에 의한 총상이 있었고, 공작원 시신은 총상이 턱 아래에서 발견되었기 때문이다.

북한 잠수정은 공작원 313연락소(원산 황토도)에서 출발하여 양양군 수산리 앞바다에 침투, 공작원들의 임무 후 복귀 때까지 수중에서 몇 시간 대기하다 잠수정 내부기기에 문제가 생겼다. 응급조치 후 북으로 출발했지만 또 다시 기기에 문제가 생겨 산소가 부족해지면서 이산화탄소 농도가 높아졌기 때문에 수면위로 부상하여 항해하다 그물에 걸린 것이다.

이는 잠수정에서 발견돼 문서(작전일지)에 기록된(기기고장 · 응급조치 · 호흡곤란으로 의식이 몽롱해지면서 불빛이 노랗게 보이는 증상 · 급히 수면위로 부상 · 항해하다가 그물에 걸린 내용'등을 근거하여 분석한 내용이다.

기술정보 전문가들은 잠수정을 정밀 조사한다. 그 결과 특이한 사항이 발견된다. 잠수정의 선체가 금속이 아닌 FRP(fiberreinforcedplastics)[29]로 되어있다는 점과, 상부는 바다와 유사한 색으로 도색되어 있었다는 점이었다. 이는 잠수정이 수면위로 해안 레이더와 경계병의 탐색을 회피할 목적인 것으로 판단하였다. 대한민국정부는 이들의 시신을 판문점을 통해 송환하였다. 좌초되었던 북한 유고급 잠수정은 【사진 3-22】와 같다.

29) 유리 및 카본 섬유로 강화된 플라스틱계 복합재료로, 경량 · 내식성 · 성형성(成型性) 등 이 뛰어난 고성능 · 고기능성 재료이다.

【사진 3-22】 속초시 양양군 수산리 동쪽 해상에 좌초되었던 북한 유고급 잠수정

출처 : 통일부

3. 강원도 묵호 수중 침투

김대중 정부가 대북화해협력정책 일환으로 추진하는 금강산 관광 협상이 진행되던 1998년 7월 12일, 강원도 묵호동 해안에 북한 무장공비의 시체가 침투용 장비와 함께 발견된다. 대한민군은 대간첩작전 비상(진돗개 하나)을 발령하고 육 · 해 · 공군 합동수색을 시작한다.

7월 14일 오후 삼척시 도계읍 육백산 등산로에서 무장공비로 보이는 거동 수상자 2명을 목격했다는 주민 신고가 들어와 육군 특공대 등, 수만 명의 병력이 투입된다. 그러나 대대적인 수색작업에도 불구하고 별다른 성과가 없자 육군은 이 지역에서 수색작전을 중단한다.

한편 무장공비의 시체가 발견된 묵호해안에서는 육 · 해 · 공군 합동 수색작전 나흘이 지났지만 성과가 없자 국방부는 답답해한다. 그때 (1998년 7월 15일 09:55분) 수중탐색작전을 전개하던 707대테러특수임무대대원이 북한 무장공비가 떨어뜨리고 간 것으로 예상되는 잠수용 납벨트를 발견한다.

당시 707대테러특수임무대대(현 707대테러특수임무단)는 동해안일대에 해상침투훈련 중이었다. 특수전사령부로 부터 출동지시를 받고 현장으로 출동하여 곧바로 수중 ·

해상 정밀 탐색작전을 실시한다. 탐색작전은 특전사 707대테러특수임무대대와 해군 특수전부대(UDT · SEAL · SSU)의합동작전으로 실시되었다. 해군 특수전부대(UDT · SEAL · SSU)는 원해(遠海)에서 탐색작전을, 707대테러특수임무대대는 근해(近海)에서 탐색작전을 실시하였다.

707대테러특수임무대대의 탐색작전은 바둑판식 탐색작전 개념으로 수중 · 해안을 바둑판처럼 나누어 탐색을 진행했었다. 탐색작전 4일 째 오전, 707대원 김OO상사가 수중에서 납벨트를 발견한다. 무장공비의 시체가 발견된 지점에서 북쪽으로 약 800m 해상이었다.

발견된 납벨트에는 2kg짜리 납덩이 3개가 달려 있었다. 납벨트는 대침투작전본부로 이송되었고 정보전문가들의 분석결과 시체로 발견된 무장공비가 사용한 잠수용납벨트로 판단한다. 군 당국은 납벨트에 대해 다시 한 번 더 정밀 분석한다.

분석 결과 "시체로 발견된 무장공비가 사용한 '납벨트'이다. 그리고 지난 6월 22일 강원도 양양 수산리 잠수정에서 발견한 북한 공작원 납 벨트와 동일한 것"이라고 707대원 시OO준위가 TV보도를 통해 밝힌다. 당시 TV보도 화면은 【사진 3-23】과 같다.

【사진 3-23】 707대원 시OO준위의 TV보도 화면

출처 : MBC NEWS 화면캡쳐

대침투작전본부는 더 정확하고 확실한 판단을 위해서 북한 무장공비 시체와 유사한 중량과 크기의 마네킹을 이용하여 실험을 진행한다. 야간에 납벨트가 발견된 지점에 마네킹을 놓고 다음 날 시체가 발견된 시간과 장소에 가보았다. 그곳에 마네킹이 있었다.

대침투작전본부는 '북한무장공비가 잠수장비를 이용하여 수중침투하다. 잠수장비이상 혹은 기타 우발상황이 발생되자 납벨트를 벗고 수면위로 오르려다 사망'한 것으로 판단한다.

이후 대침투작전본부는 납벨트 발견지점에서 예상침투로(칠성산·매봉산 등 동해시 북쪽 산악지역)를 선정하고, 수색대원들을 집중 투입해서 무장공비의 예상 도주로를 차단하는 작전을 재개한다.

칠성산·매봉산 등 동해시 북쪽 산악지역에서 재개한 작전결과 특이점을 발견하지 못한 대간첩작전본부는 '무장공비들이 수중침투 도중 동료 1명이 사망하자 임무를 포기하고 복귀한 것'으로 결론짓고 대간첩작전을 종결한다.

대한민국 정부는 유엔 안보리를 통해 북한에 대한 항의를 표시하였으나 북한은 이를 남한의 날조라고 주장하면서 남측에 잠수정사고에 대한 사죄를 요구하였다.

5. 제1차 연평해전

김대중 정부의 햇볕정책으로 금강산 관광이 진행 중이던 1998년 11월, 북한 공작선은 강화도 해안에 침투하다가 복귀한다. 12월에는 여수 앞바다로 침투하던 북한 반잠수정이 한국군에 의해 격침된다. 1999년에는 6월 초부터 북한 경비정들이 연평도 부근의 NLL 남쪽으로 연일 내려오면서 남·북 해상전력이 서로 대치한다. 남·북은 장성급 회담을 열기로 합의하였고, 회담은 제1연평해전이 있던 6월 15일에도 진행되었다.

1999년 6월 7일 인천광역시 옹진군 연평도 서북쪽 10㎞ 해상에서 북한 경비정 3척이 북한어선 보호를 이유로 북방한계선을 3.5㎞ 침범했다. 다음날에도 북한 경비정 4척과 북한어선 10척이 북방한계선 남쪽 9㎞까지 침범하였다. 한국 해군은 고속정을 접근시켜 「교전규칙」과 「국제법」에 의해 퇴각을 강력하게 요구하였다.

그러나 북한은 경비정 3척을 추가 투입하면서 공격적인 해상활동을 전개하였다. 6월 9일에는 북한 고속정이 한국 해군의 고속정을 충돌하여 손상을 입히기도 했다. 북한 경비정의 침범이 계속되자 한국 해군은 6월 11일 북한 경비정 4척을 대상으로 선체 뒷부분을 부딪치는 "함미(艦尾) 충돌작전"을 실시했다.

북한 경비정의 북방한계선 침범이 계속되던 6월 15일 08시 45분경 북한 경비정 7척이 한국 해군 고속정에 접근하여 충돌공격을 실시하자 한국 해군도 충돌공격을 가하였다. 혼전이 벌어지던 중 09시 28분 북한 함정이 먼저 공격사격을 실시하였고, 한국 해군도 자위권 차원에서 즉각 대응사격을 실시하였다.

교전은 09:42분까지 14분간 계속되었고, 북한 어뢰정 1척이 격침되고 5척이 크게 파손 당하여 북으로 도주하였다. 반면 한국 해군은 고속정 5척이 경미한 손상을 입었다.

1999년 7월 4일 해전에 참전한 해군 장병 7명은(최용규 소령, 하사 4명, 일병 2명) 1계급씩 특진(중령과 중사, 상병)한다. 이 특진은 6·25와 월남전 이후 처음의 사례이다.

1999년 11월 11일, 대한민국 해군은 연평도 당섬에 연평해전 전승기념비를 세운다. 높이 9.35m의 전승비에는 '연평해전'이 발생한 배경과 북한 해군의 선제공격에 대응한 해군의 전력, 승전 내용, 그리고 교훈 등이 담겨져 있다.

6. 제2차 연평해전

2002년 6월 29일 2002한일 월드컵이 막바지에 이른 시점에서 북한은 NLL(북방한계선)을 침범하여 무력 충돌을 일으켰다. 이날 09시 54분 NLL을 넘기 시작한 북한 경비정들은 10시 25분 근접차단을 실시하던 한국 해군의 고속정 참수리 357호에 대해 기습·집중사격을 가하였다. 해군도 참수리 357호와 358호가 대응사격을 개시하였고, 인근에 있던 제천·진해함(PCC)과 참수리급 경비정 4척도 격파사격을 실시하였다. 교전은 10시 56분까지 31분간 진행된 후 북한 경비정(등산곶 684호)이 반파된 채 북으로 퇴각함으로써 종결되었다.

6월 29일 06시30분 어로보호 지원을 위해 한국 해군 고속정 3편대 6척이 출항한다. 09시54분 북한군 경비정(등산곶 388호)가 NLL을 넘어 남하한다. 해군 253 고속정 편대가 교전수칙에 따라 대응기동을 실시하자 북한군 경비정(등산곶 684호)가 추가로 NLL을 넘어 남하하였고, 해군 232 고속정 편대가 대응기동을 실시한다.

10시 25분 북한군 경비정(등산곶 684호)이 함정에 탑재된 85mm 함포를 이용하여 근거리에서 차단기동을 실시하던 해군 고속정 참수리 357호에 기습 · 집중 포격을 실시한다. 제 1연평 해전의 패배를 복수하기 위해 사전에 철저히 계획하고 준비한 포격이었다. 이 포격으로 해군 고속정 참수리 357호의 조타실이 파괴되고 정장 윤영하 대위가 전사한다. 정장 윤영하 대위 등 6인의 용사들은 숨을 거두는 순간까지 북한군과 사력을 다해 교전한다.

10시 26분 후방에 있던 253 · 256 고속정 편대가 전파사격을 실시하였고, 10시 30분 256 고속정 편대가 공격을 개시한다. 10시 33분 253 편대의 공격이 시작되었고, 10시 43에는 제천함도 화력 지원을 개시한다. 10시 47분 진해함이 화력 지원을 시작한다. 이때 북한 해변에 위치한 스틱스 미사일기지에서 제천함을 공격하기 위해 미사일 발사 준비를 한다. 제천함의 대응으로 무산된다. 10시 51분 해군의 공격으로 화염에 휩싸인 북한 경비정은 예인되어 NLL 북으로 퇴각한다.

10시 56분 교전이 종료되었다. 하지만 11시 25분 북한 해변에 위치한 실크웜 미사일기지에서 제천함 · 진해함을 공격하기 위해 미사일 발사 준비를 한다. 제천함 · 진해함의 신속한 대응으로 무산된다. 11시 45분 북한군 포격을 받은 참수리 357호의 사상자 확인 · 구조가 실시된다. 해군은 참수리 357호의 예인을 포기한다. 그로부터 14분 뒤(11:59) 참수리 357호는 침몰한다.

교전결과 해군의 피해는 6명 전사 19명 부상이었고, 북한의 피해는 약 30여명의 사상자와 등산곶 684호가 반파되었다. 북한의 집중포격을 받은 참수리 고속정 357호 정장 (윤영하 소령)이 그 자리에서 중상을 입는다. 그럼에도 그는 북한군과의 교전을 이어간다. 그리고 얼마 후 그는 전사한다. 부정장(이희완 대위)가 전사한 정장을 대신하여 지휘권을 행사한다. 이희완 대위는 총상으로 한쪽 종아리의 근육을 파열된 상황에서도 지휘와 교전을 이어갔다.

사건이 발생하자 한국은 전군에 경계 강화령을 내리고 서산 상공에서 초계 비행하던 KF-16 전투기 1개 편대를 NLL 인근 해상으로 긴급 파견해 확전을 대비했다. 청와대 또한 긴급 국가안전보장회의(NSC)를 소집하는 등 비상태세에 들어갔다. 그리고 대한민국은 교전수칙을 적극적 응전개념으로 변경한다. 5단계(경고방송 → 시위기동 → 차단기동(밀어내기 작전) → 경고사격 → 조준격파사격)였던 교전수직을 3단계(경고방송 → 경고사격 → 조준격파사격)로 개정한다.

해군은 침몰한 고속정 357호정을 인양한다. 그러나 인양된 고속정 357호정은 선체 구조물의 비틀림 현상과 장기간 침수로 인하여 고속정으로써 기능을 발휘 할 수 없다는 진단을 받는다. 고속정 357호는 평택 해군2함대사령부 안보공원에 【사진 3-24】와 같이 전시된다.

【사진 3-24】 평택 해군2함대사령부 안보공원에 전시된 참수리 고속정 357호

출처 : 평택 해군2함대사령부 안보공원

【사진 3-25】 영화 연평해전

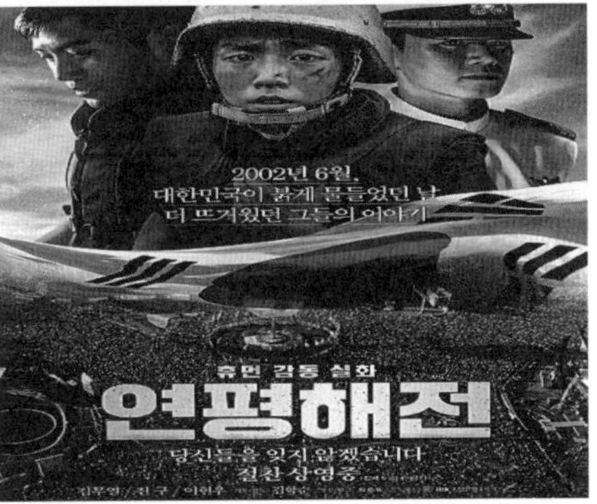

2015년 6월 24일, 대한민국의 해역을 지키던 영웅들은 【사진 3-25】와 같이 영화로 다시 살아나 우리 곁으로 돌아왔다. 김학순 감독의 이 영화는 대한민국 해군과 국민의 모금 활동으로 제작비를 충당하였고, 출연진과 제작진들의 재능 기부로 탄생하였다. 김학순 감독은 영화 연평해전 수익금 1억 원을 전사·순직한 영웅들의 자녀를 위해 바다사랑 해군장학재단에 기부했다.

7. 천안함 폭침 도발

2010년 3월26일 21시22분 백령도 근처 해상에서 해군 초계함인 1200톤급 천안함이 북한의 어뢰공격으로 침몰했다. 천안함에 탑승했던 승조원 104명 중 58명이 구조됐고, 40명은 사망, 6명은 실종됐다.

사건발생 직후 출동한 인천해양경찰서 소속 해안경비정이 출동해 천안함에 탑승하고 있던 승조원 104명 중 58명을 구조했다. 40명은 사망했고, 6명은 실종됐다. 한국 해군 46명이 차디찬 바다에 묻힌 것이다. 바다에 묻힌 영웅들의 호칭은 '천안함 46용사'로 결정되었고, 전원 1계급씩 추서 진급되었다. 영결식은 4월 29일 제2함대사령부에서 거행되었으며, 국립대전현충원에 천안함 희생자 합동묘역을 조성해 안장됐다.

3월30일 극한의 바다 속에서 구호작업 중이던 해군 특수전(UDT)대원 한주호 준위가 소중한 목숨을 조국에 바친다. 그는 영웅이 되었고 전설로 남게 된다.

그에 동상이【사진 3-26】과 같이 모교인 서울 강남구의 수도전기공고 앞 '도로 교통섬'에 설치된다.

그리고 2011년부터 초등학교 6학년 도덕 교과서에 '책임을 다한 숭고한 삶'으로 게재되었다.

【사진 3-26】 한주호 준위 동상

출처 : 조선일보

사건 초기 천안함 실종자 수색과정과 천안함 사고 원인이 뚜렷하게 밝혀지지 않으면서 사고 원인에 대해 어뢰설, 기뢰설, 내부폭발설, 피로파괴설, 좌초설 등 다양한 의혹이 제기됐다. 2010년 4월 4일 천안함 침몰 원인을 규명할 민군 합동조사단을 구성한다. 한국을 포함한 미국, 스웨덴, 영국 등 5개국 전문가 24명으로 구성된다. 이들은 5월 20일 천안함이 '북한의 어뢰공격으로 침몰한 것'이라고 발표했다. 이 조사 결과는 국제연합(UN) 안전보장이사회 안건으로 회부됐고 안보리는 '북한이 천안함을 공격했다는 조사결과에 비춰 우려를 표명한다. 공격을 규탄한다.'는 내용의 의장성명을 채택했다. 그러나 북한은 자신들과 관련이 없다고 주장했다.

전문가들로 구성된 합동조사단은 발표문에서 어뢰에 의한 수중폭발로 발생한 충격파와 버블효과로 천안함이 절단됐으며 가스터빈실 중앙으로부터 좌현 3m, 수심 6~9m에서 폭발하였고 무기체계는 북한에서 제조한 고성능폭약 250㎏ 규모의 어뢰로 확인됐다고 밝혔다. 북한을 지목한 데는 조사과정에서 수집한 어뢰파편에 '1번 어뢰'라는 한글이 적혀있었다는 점 등을 주요 근거로 들었다.

그리고 천안함 실종자 탐색과 천안함 인양을 위해 미 해군과 민간 전력을 포함한 42척의 함정과 685명의 인원을 투입되어 【사진 3-27】과 같은 '천안함'을 인양한다.

【사진 3-27】 인양된 천안함

출처 : 대한민국 해군

인양된 천안암은 해군 제 2함대사령부 '천안함기념관'과 '안보공원'에 자리하였고, 후세의 안보교육을 위해 다시 태어난다. 그리고 차디찬 바닷 속에서 잠든 천안함 영혼들을 위로하기 위해 천안함 피격 해역이 내려다보이는 백령도 연화리에 '천안함 46용사 위령탑'을 건립하여 안보공원으로 운영하고 있다. 기념관과 안보공원, 위령탑은 【사진 3-28】과 같다.

【사진 3-28】 천안함 기념관 · 천안함 안보공원 · 천안함 46용사 위령탑

출처 : 대한민국 해군

8. 사이버 테러

정보화시대가 가져온 폐해의 하나가 해킹을 비롯한 사이버 테러이다. 사이버테러 수법은 날로 교묘해지고 파괴력 또한 갈수록 커지고 있다. 북한은 정보통신산업 기술의 발달을 이용하여 군사·행정·금융 등 한국의 주요 정보를 파괴하는 사이버테러를 감행하고 있으며 갈수록 심각해지고 상황이다.

북한의 사이버테러 강한 전자기를 내뿜어 국가통신 시스템, 전력, 물류, 에너지 등의 사회 기반 시설을 일순간에 무력화시키는 전자기 폭탄, 데이터량이 큰 메일 수백만 통을 동시에 보내 대형 컴퓨터 시스템을 다운시키는 온라인 폭탄, 금융기관이나 증권거래소에 침입, 보안망을 뚫고 거액을 훔쳐내는 사이버 갱 등의 수법을 사용하고 있다.

북한이 실시한 주요 사이버테러 사례는 2009년 7월 7일 DDoS[30]로 청와대 등 국내 주요사이트 전산망 23곳을 3일간에 걸쳐 공격하였고, 작계5027(Operation Plan 5027)을[31]해킹하였다. 이 공격으로 약 20만여 대의 좀비PC가 발생되었고, 전산망이 마비되면서 대대적인 혼란이 야기되었다. 이때 북한이 사용한 DDoS를 일명 '7.7 DDoS'라 부른다.

2011년 3월 4일에도 청와대, 국회, 외교부, 주한미군 등 정부기관 40여 곳과 네이버 등 국내주요 사이트를 공격하여 전산망을 마비시켰다. 이때 사용한 DDoS를 3.4DDoS라 부는다. 4월 12일에는 악성코드[32]으로 농협 전산망 유지보수업체 직원의

30) 여러 대의 공격자를 분산 배치해 동시 동작하게 하여 특정 사이트를 공격하는 해킹 방식이며 '분산 서비스 거부 공격'이라고 한다. 공격 목표에 감당할 수 없는 엄청난 분량의 패킷을 보내 네트워크 성능을 저하시키거나 시스템을 마비시키는 수법이다.
31) 1974년에 만든 한국과 미국 연합군의 전시작전계획(2급 군사비밀) 이다.
32) 악의적인 목적으로 만들어진 프로그램

노트북을 원격제어 하여 공격명령 프로그램을 실행시켰고, 2012년 4월 28일 인천공항, 김포공항의 GPS[33]를 교란하였다.

2010년 이후에는 '우리민족끼리'[34]포함 96개의 SNS계정을 적발하였고, 2013년 6월 25일 청와대, 국무조정실, 새누리당, 연합뉴스, 조선일보, 대구일보 등 홈페이지를 해킹, 공격 하였다. 2014년 12월에는 한국수력원자력을 해킹하여 5차례(16, 18, 19, 21, 23일)에 걸쳐 해킹한 자료를 공개하였다.

2011년에는 3.4 DDoS 공격으로 SNS를 이용한 북한체제를 선동하였으며 2015년부터는 한국의 주요직위자 이메일 계정을 탈취하고 있다. 2012년 6월 9일 중앙일보 전산망을 해킹하여 전산망을 마비시키고, 신문제직시스템의 데이터를 삭제하였다. 2013년 3월 20일에는 KBS, MBC, YTN, 제주은행, 신한은행, 농협 등의 내부시스템을 파괴할 목적의 APT[35] 공격을 실시하였고, 2016년에는 외교·안보부처 공무원 90여 명의 이메일을 해킹하였다.

이와 같은 북한의 사이버 테러는 국가 기반시설 마비, 경제적 피해와 불신 조장, 방송 제작업무 차질, 은행업무 중단, 약 9,000억 원의 피해, 1만 7천여 대의 CD/ATM 기기손상, PC내 데이터를 삭제시키는 피해, 거짓·기만정보를 사이버상에 살포하여 국론을 분열시키는 등 엄청난 피해를 입혔다. 북한과의 사이버 테러 관련 보도화면은 【사진 3-29】와 같다.

33) Global Position System의 약어로 인공위성에서 발사한 전파를 수신하여 위치를 파악하는 자동 위치 추적 시스템
34) 북한 조국평화통일위원회(조평통)의 산하 조직 조선륙일오편집사에서 운영하고 있는 인터넷 선전 및 선동 매체, 본사는 중국 선양에 있고 한국의 민중의 소리와 소식을 공유하고 있다.
35) APT(Advanced Persistent Threat : 지능형지속공격)는 해커가 다양한 보안 위협을 만들어 특정 기업이나 조직의 네트워크에 지속적으로 가하는 공격을 뜻한다.

【사진 3-29】 북한의 사이버 테러 관련 보도화면

출처 : 육군군사연구소

9. 무인기 침투

북한은 2014년부터 현재까지 수회(추락 · 발견된 무인기)에 걸쳐 무인기를 침투시켜 청와대 등 국가 및 군사 주요시설을 촬영하였다. 정전협정과 남북불가침합의를 위반한 명백한 군사도발 행위인 것이다.

처음 무인기 침투(발견)는 2014년 3월 24일 10:00 북한 개성지역에서 이륙한 무인기가 주요 군사시설을 촬영하다 파주 야산 나뭇가지에 걸려 추락한 것이다. 무인기는 추락하면서 낙하산을 폈고, 가오리 형태였다. 무인기에는 케논 카메라가 장착되어 있었고 이 카메라에는 청와대와 서울시 모습이 촬영되어 있었다.

추락한 무인기 분석결과, 추락원인은 연료엔진고장이나 사고로 분석되었다. 기체에 사용하는 리튬이온 배터리 뒷면에 '기용날자'와 '2013.6' 그리고 '2014.6'이라는 숫자가 적혀 있는 것을 발견한다. '국립국어원은 '기용(起用)'은 '사용을 시작한다.'는 뜻으로 남북한 모두 사용하는 말이고, 날자는 우리말 '날짜'를 북한에서는 '날자'로 표기한다. 라고 밝힌다. 파주에 추락한 무인기형태와 재료 가격은 【사진 3-30】과 같다.

【사진 3-30】 파주 추락 무인기형태 · 재료가격(원)

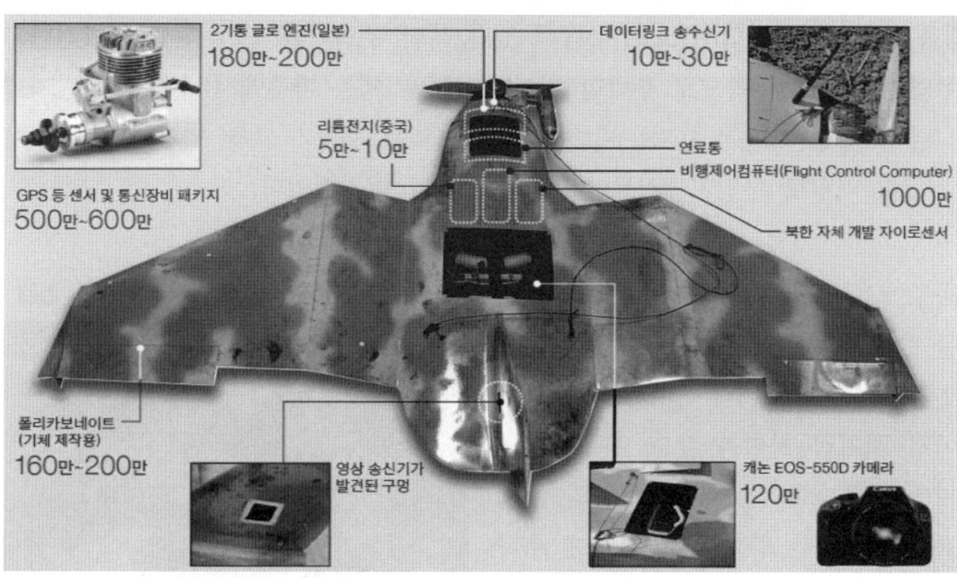

출처 : 딴지일보

2차 침투(발견)는 2014년 3월 31일 북한의 개성과 해주 중간지점인 초암동에서 이륙한 무인기가 백령도 상공을 정찰하다 민간지역 추락한다. 연료 부족으로 추락한 것으로 분석되었으며 낙하산이 펴지지 않아 주 날개가 파손된 상태였다. 레이다 회피를 위해 V자형 꼬리날개를 달고있었다. 탑재된 카메라에는 촬영이 금지된 소청도, 대청도의 군사시설 사진이 담겨 있었다. 백령도에 추락한 무인기형태와 특징 【사진 3-31】과 같다.

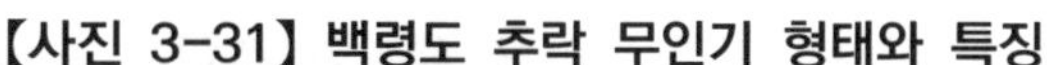
【사진 3-31】 백령도 추락 무인기 형태와 특징

발견일자 : 4월 1일 16:00
추락위치 : 백령도 사곶교회 인근 밭
형태 : 원통 기체에 여객기 모양 날개
크기(전장) : 1.9m
탑재카메라 : 소형카메라 장착
특징 : 비행컨트롤러가 장착, 동력으로 유류 사용, 착륙 시 낙하산 이용, 이 · 착륙 바퀴가 없음

출처 : 대한민국 국방부, 연합뉴스

3차 침투(발견)는 2014년 4월 6일 군사분계선에서 130Km 이상 떨어진 강원도 삼척 청옥산에서 민간인의 신고로 추락해 있던 북한 무인기를 군 수색팀이 발견한 것이다. 무인기는 연료 부족으로 추락한 것이다. 무인기에는 파주에서 추락한 무인기에 있었던 '날자' 같은 북한식 표기는 없었지만, '35'라는 숫자가 적혀 있었다. 파주 무인기에서는 24, 백령도 무인기에서는 6이라는 숫자가 발견됐었다.

파주에서 발견된 것과 같이 캐논 카메라를 탑재하고 있었고, 형태도 같은 파주 무인기와 동형모델이다. 서로 떨어진 지역에서 시기적 차이를 두고 복수이상의 동형기가 존재한다는 것은 북한의 소행임을 뒷받침하는 증거이다. 삼척에 추락한 무인기형태는 【사진 3-32】와 같다.

【사진 3-32】 삼척 추락 무인기 형태

출처 : 대한민국 국방부

4차 침투(발견)는 2014년 9월 15일 14:00시경에 백령도 서쪽 해안가에서 그물에 걸려 올라온 무인기이다. 파주시에서 발견된 무인고가 유사한 무인기였고, 오래전에 바다에 빠져서 파손 정도가 심했다.

5차 침투(발견)는 2017년 6월 9일, 북한 강원도 금강군에서 이륙한 무인기가 인제군 야산에 추락한 것이다. 백령도에서 추락했던 무인기와 유사한 기종이었다. 이 무인기에는 한국 내륙 깊숙이 침투해 경북 성주에 위치한 주한미군 사드(THAAD고고도 미사일방어체계)를 촬영한 사진 등 총 555장의 사진을 촬영한다.

무인기는 전장 1.8m, 폭 2.4m, 높이 0.8 ~ 1.0m였고, 엔진은 2기통 50cc 체코산이었다. 백령도 무인기의 연료통 3.4리터보다 큰 7.47리터의 연료통을 탑재하고 있었고, 항속거리도 2배 증가된 상태였다. 추락 원인은 엔진 오작동으로 비행속도가 저하되면서 연료 소모량이 많아지는 바람에 연료부족으로 추락하였다. 무인기 부품은 미국, 한국, 캐나다, 일본, 체코, 스위스제품으로 구성되어있었다. 무인기 형태와 항적은 【사진 3-33】과 같다.

【사진 3-33】 강원도 인제 추락 무인기 형태와 항적

비행시간, 거리 : 5시간 30여분, 약490Km
비행속고, 고도 : 90Km/h, 2.4Km

출처 : 대한민국 합동참모본부 · 연합뉴스

2022년 12월 26일 오전 10시 25분부터 군사분계선(MDL)을 넘어 김포시, 파주시를 포함한 경기도 일대와 강화도, 서울특별시 인근에 북한의 무인기 다섯 대가 식별되었다.

서울 인근으로 근접한 무인기 한 대는 경기도 김포의 애기봉과 파주의 오두산전망대 사이를 통과해 서울 상공으로 진입했으며, 서울 은평 · 성북 · 강북구에서 1시간가량 횡으로 움직이며 비행하였다. 북한의 무인기는 육안으로 확인한 모습과 촬영된 정보로는 약 2m 수준의 하늘색 기체로 파악되었고 다섯 대의 무인기 중 4대는 교란용(4m)이고 1대는 정찰용(2m)으로 분석되었으며 서울 상공에서 비행한 무인기는 메인인 정찰용 무인기였다. 북한의 무인기항적과 합참발표 보도내용은 【사진 3-34】와 같다.

【사진 3-34】 북한의 무인기항적과 합참발표 보도내용

① 2022년 12월 26일(10시25분~13시40분) 1군단 국지방공레이더로 무인기 1대 식별, 서울 북부지역까지 남하 후 북상, 포착상실, 군 헬기 및 공군기 출동, 격추 못함.

② 26일(12시57분~15시20분)공군작전사령부, 무인기 4대 추가 식별 및 추적, 강화도 및 서해상 일대 남하 후 포착상실, 군 헬기 기관포 사격, 격추 실패.

③ 2023년1월 5일 합참, 서울 진입 적 소형 무인기 1대, 추정 항적이 비행금지구역의 북쪽 끝 일부 지난 것으로 밝힘.

출처 : 대한민국 합동참모본부 · KBS · 연합뉴스

10. GPS 교란

GPS 교란은 위성 위치 확인 시스템(GPS)이 사용하는 주파수로 전파 방해(jamming, 재밍) 신호를 발사하여 GPS 수신을 방해 · 교란하는 것이다.

전파를 방해 · 교란하는 방법으로는 연속파(continuous wave) 형태나 펄스 형태의 전파 방해 신호를 방사함으로써 특정 주파수나 전파의 사용을 방해하는 교란 형태와 허위 정보를 전송하여 잘못된 위치나 시각 정보를 제공하는 방법 등이 있다.

총성없는 전쟁(전자전)이라 불리는 북한의 대남 GPS 도발은 2010년 8월에 최초로 교란전파를 발사하여 기지국 181국 · 항공기 14대 · 선박 1척에 영향을 주었다.

2011년 3월 2차 도발은 수도권 서북부 GPS신호 교란과 경기 서북부지역에서 휴대전화를 불통시켰고, 2012년 4월과 5월에 15일 동안 지속된 3차 도발은 서울, 김포, 고양지역의 민간항공기 항로에 영향을 주었다.

2016년 3월 31일에서 4월 3일까지 실시한 북한의 4차 도발은 기지국 1,794국 · 항공기 1,007대 · 선박 715척에 영향을 주어 도발 4차 만에 약 17배 넘게 위협이 증가했다.

이는 2010년 최초 도발시 교란전파발신지가 개성 1곳에 불과하였으나 2016년 4차 도발시 에는 해주, 연안, 평강, 개성, 금강산 지역으로 발신지가 5곳으로 확대된 것이다.

2024년 5월 30일에는 백령도와 연평도 등을 오가는 여객선과 서해 어선의 GPS가 오작동하는 일이 벌어진 바 있다.

5월 29일 오전 5시 50분부터 발신지가 북한의 강령군과 옹진군으로 추정되는 전파 교란 신호가 누적 1,482건으로 집계되었음을 과학기술정보통신부가 발표했다.

대상별로는 항공기 507건, 선박 975건이었다. 북한의 대남 전자전 실태와 우리의 대응은 【사진 3-35】와 같다.

【사진 3-35】 북한의 대남전자전 실태와 우리의 대응

출처 : 육군군사연구소

11. 목함지뢰 도발

2015년 8월 4일 육군 제1보병사단 예하 수색대대 부사관 2명이 비무장지대의 철책 통로에서 북한군이 매설해놓은 목함 지뢰를 밟고 중상을 입은 사건이다.

8월 4일 07:28분 수색대원 8명은 수색작전을 위해 사건 현장에 도착한다. 3분 후 특전사 출신 김정원 하사가 선두대원으로 비무장지대(DMZ) 철책통문을 나간 후 왼쪽 5m 지점에서 전방을 경계한다. 07:33분 2번째 대원(하재헌 하사)가 철책통문 통과 중 북한군이 매설해 놓은 목함지뢰가 폭발하면서 하재헌 하사 복부와 하반신에 심각한 부상을 입는다.

07:40분 전방을 경계하던 김정원 하사와 수색팀장 정OO 중사 등 3명이 하 하사를 구조하기 위해 달려가 그를 부축하는 과정에서 목함지뢰 폭발한다. 이 과정에서 김정원 하사의 우측 하체 전체부분에 심각한 부상을 입는다. 당시 폭발상황은 【사진 3-36】과 같다.

【사진 3-36】 폭발 상황요도

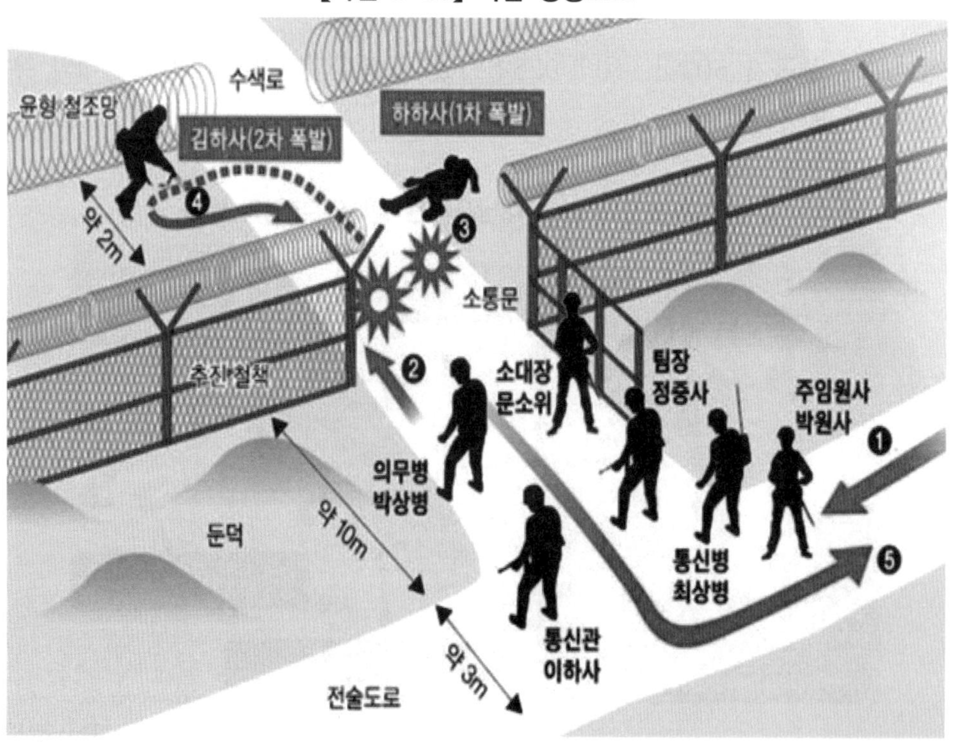

출처 : 나무위키

특전부사관 출신인 김정원 하사는 언론의 질문에 대하여 팀원들이 안 다친 것이 천만다행이라고 생각하며, 부상이 심각한 후배 하 하사를 걱정하였다. 라고 전했고, 부대 관계자는 김정원 하사는 부대에서 리더십을 인정받은 간부이고, 의리의 사나이로 소문난 부사관 이라고 전하였다.

북한군에 의한 목함지뢰 테러가 자행되자 국민들은 하나로 단결되어 성숙한 안보의식을 보였고 장병들도 '전우와 GOP에 남겠다'며 자진 전역을 연기 하였다. 예비역도 즉각 자진 소집을 결의하면서 '불러만 주십시오'를 외쳤다. 국민들은 부상당한 김 하사와 하 하사에게 성원을 보냈다.

부상당한 이들은 치료와 재활 과정을 마치고 김정원 하사는 국군사이버사령부로, 하재헌 하사는 국군의무사령부로 근무지를 옮겨 군생활을 하다 하 하사는 2019년 1월 31일 전역했고, 현재는 장애인 조정선수로 활동 중이다.

북한이 악의적이고 비겁한 방법으로 테러를 자행한 비무장지대(DMZ)구조와 목함지뢰 구조는 【사진 3-37】과 같다.

【사진 3-37】 비무장지대(DMZ) 구조와 북한군 목함지뢰 구조

출처 : 대한민국 합동참모본부 · 나무위키

12. 한국 공무원 피격 · 시신훼손

2020년 9월 인천광역시 옹진군 소연평도 인근 해역에서 실종된 해양수산부공무원이 북한 등산곶 인근 해역에서 북한군의 총격에 의해 사망하였다.

2020년 9월 21일 01:35분경 이씨는 무궁화 10호 조타실에서 동료와 함께 근무하던 중 컴퓨터로 행정업무를 하겠다며 조타실을 비웠고, 다음 조와 교대 시각(04:00시)까지 돌아오지 않았다. 같은 근무조였던 동료는 혼자 인수 · 인계를 한다.

11:35분경, 점심시간인데도 이씨가 선내 식당에 오지 않자 동료들이 찾아 나선다. 하지만 선내 어디에서도 이씨의 모습은 보이지 않았다. 선미 우현에 이씨 것으로 추정되는 슬리퍼가 굵은 밧줄 더미 속에 놓여 있는 것이 발견된다.

12:51분경, 해양수산부 서해어업관리단 소속 어업 지도선의 1등 항해사인 40대 공무원 1명이 소연평도에서 남쪽 2km 떨어진 해상에서 실종됐다는 신고가 접수된다.

22일 15:30분경 북한 수상사업소 선박이 등산곶 인근 해상에서 실종자 이씨를 최초 발견, 접촉한다.

16:40분 방호복과 방독면을 착용한 북측 인원이 실종자 이씨 에게 접근하여 표류 경위를 확인한다.

21:40분 북한군이 공무원 이씨에게 총격을 가한다. 22:00 방독면을 쓰고 방호복을 입은 북한군이 사망한 이씨 시신에 접근해 기름을 붙고 불에 태웠다.

22:11분, 한국군 연평도 감시 장비에서 불빛을 관측한다. 서욱 국방부 장관은 북측이 시체에 접근해 기름을 뿌리고 불태웠을 가능성이 있다고 밝혔다

유엔 북한인권특별보고관 토마스 오헤아 킨타나는 북한군에 의해 피살되고, 시신이 훼손 된 이번 사건을 보고서에 담는다. 보고서는 이번 사건을 '국제인권법 위반'으로 규정하고 북한 당국이 정보 공개와 책임자 처벌, 유가족 보상에 나설 것을 촉구했다.

공개된 보고서에 따르면 킨타나 보고관은 공무원 피살 사건을 '(북한군 해안) 경비대가 긴급한 생명의 위협을 가하지 않았던 민간인을 불법적이고 임의적으로 살해한 행위(unlawful and arbitrary killing)'라며 '국제인권법을 위반했다'고 규정했다.

특히 '북한 당국은 사건에 대한 모든 정보를 공개하고, 관련 당사자들에게 책임을 물어야 한다'며 '공무원의 유가족에게 보상하고 이같은 일이 재발하지 않도록 대책을 마련해야 한다'고 했다.

보고서에서는 한국 정부를 향해서도 "한국은 이 사건에 대한 모든 가능한 정보를 제공하고 북한에 국제적 의무 준수를 촉구해야 한다"고 했다. 전 세계적인 신종 코로나바이러스 감염증(코로나19) 확산 상황에서 북한의 폐쇄적인 방역에 대한 지적도 나왔다. 킨타나 보고관은 "전례 없는 코로나19 상황에서 대북 제재 체제를 재평가해야 할 국제사회의 책무가 그 어느 때보다 시급하다"며 북한에 폐쇄적인 방역 정책 대신 국제사회와 코로나19 대응에 협력할 것을 권고했다. 이 보고서는 최근 북한 내 인권 상황과 더불어 코로나19가 제기하는 인권 측면의 영향을 다루고 있으며, 제75차 유엔총회에 제출될 예정이다.

【사진 3-38】 토마스 오헤아 킨타나 유엔 북한 인권특별보고관

출처 : 연합뉴스

13. 남북공동연락사무소 폭파

2018년 제1차 남북정상회담 및 제7차 남북고위급회담 합의에 따라 대한민국 문재인 정부가 건설비용 약 180억 원을 전액 지불하고 유지비와 사용료 포함하여 총 235억 원 상당을 들여 북한 개성시에 남북공동연락사무소를 세운다.

2020년 6월 4일, 김여정은 "군사분계선 일대에서 삐라 살포 등 모든 적대행위를 금지하기로 한 판문점 선언과 군사합의서 조항을 모른다고 할 수 없을 것"이라며 "남조선 당국이 응분의 조처를 세우지 못한다면 금강산 관광 폐지에 이어 개성공업지구의 완전 철거가 될지, 북남(남북) 공동연락사무소 폐쇄가 될지, 있으나 마나 한 북남 군사합의 파기가 될지 단단히 각오는 해둬야 할 것"이라고 발표한다.

2020년 6월 15일, 당시 문재인 대통령은 6.15 남북공동선언 20주년을 맞아 통일전망대에서 열린 기념식에서 공개된 영상 축사를 통해, 북한을 향해 "대화의 창을 닫지 말 것을 요청한다"고 말했다. 아울러 막후에서는 대북 통지문을 통해 정의용 국가안보실장과 서훈 국가정보원장을 대통령 특사로 보내고 싶다는 의사를 북측에 전달하였다.

방문일자는 최대한 빠른 시일로 하며 북측의 의사를 존중할 것이라고 하였다. 그러나 북한 측은 김여정 명의로 이를 단호히 거절하였다. 이러한 특사 파견 제안 사실은 남북공동연락사무소 폭파 뒤인 6월 17일에 조선중앙통신이 해당 사실을 보도함으로써 뒤늦게 알려졌다.

이러한 청와대의 긴장 완화 노력에도 불구하고, 북한의 특이 동향는 6월 15~16일에 지속되었다. 6월 15일 오전에는 개성시 지역에서 대규모 차량 움직임이 포착되었고, 이날 오후 6시에는 인근 주민과 직원의 대피를 명령하는 방송이 청취되었다.

이후 6월 16일 오전에도 막바지 폭발물 설치 상태를 확인하는 것으로 추정되는 차량과 인력 움직임이 식별되었다.

6월 16일 오후 2시 49분경, 김여정의 발언이 있고 나서 불과 3일 만에 북한은 남북공동연락사무소를 폭파하였다. 대한민국 국민의 혈세가 먼지와 함께 사라진 것이다. 남북공동연락사무소 청사폭파 요도는 【사진 3-39】와 같다.

【사진 3-39】 남북공동연락사무소 청사폭파 요도

출처 : 연합뉴스

14. 오물 풍선 살포 및 GPS 전파 교란 공격

2024년 5월 26일 북한은 국방성 부상 명의의 담화 발표를 통해 탈북민 단체의 대북 전단 살포를 비난하며 '남쪽에 오물 풍선을 날리겠다'고 예고했다. 북측은 담화에서 "수많은 휴지장과 오물짝들이 곧 한국 국경 지역과 종심(후방) 지역에 살포될 것이며 이를 수거하는 데 얼마만한 공력이 드는지 체험하게 될 것"이라고 했다.

북한은 국방성 부상 명의의 담화 발표 이틀 후인 5월 28일부터 11월 28일까지 6개월에 걸쳐서 누적 5,751여 개의 오물이 매달린 풍선을 대한민국 영토에 무단으로 살포하였다.

사건 초기에는 단순 대남전단(삐라) 살포로 의심하였으나 낙하한 내용물을 확인한 결과 폐전선, 거름, 생활쓰레기(폐지, 담배꽁초 등), 분뇨, 중국산 폐건전지 등 다양한 종류의 쓰레기와 쥐의 사체, 대남전단(삐라)가 식별되었다.

1차 오물 풍선 살포는 5월 28일에 실시되었다. 휴전선 접경 지역부터 시작하여 전북특별자치도 무주군 · 장수군, 경상남도 거창군, 충청남도 계룡시, 경상북도 영천시 · 의성군, 충청북도 충주시 · 제천시, 강원특별자치도 철원군 · 인제군 · 화천군 · 원주시에 이어 경기도 파주시 · 동두천시 · 평택시, 인천광역시 강화군, 서울특별시와 정부서울청사와 주한일본대사관, 외교부 청사 인근에서도 오물 풍선이 확인되었다.

오물 풍선 살포 테러와 별개로 북한이 서해 지역에서 남쪽을 향해 GPS 전파 교란 공격도 동시다발적으로 실시 하였다. 이는 풍선을 무작위로 내려 보내 긴장을 조성하는 것과 거의 동시에 GPS 교란 공격을 감행하여 혼란을 증폭시키려 한 것으로 추정된다.

이후에도 북한은 5월 29일부터 6월 2일까지, 총 닷새 동안 계속해서 오전 9시쯤부터 밤 9시쯤까지 GPS 전파 교란 공격을 실시하고 있었다. 이로 인해 국군에는 피해가 없지만 민간에서는 피해가 있을 것으로 우려되었다.

항공 추적 전문 사이트에 따르면 29일에는 인천 ~ 전북 서해안과 충남 내륙 지역에서, 30일에는 인천 ~ 충청 서해안에서, 31일에는 인천 ~ 전남 서해안과 경기 남부 및 서부, 충남 내륙, 전북 내륙에서, 6월 1일에는 인천 ~ 전북 서해안과 수도권, 충청 내륙, 전북 내륙, 강원 영서, 경북 서부에서, 2일에는 인천 ~ 충청 북부 서해안과 충청 내륙에서 GPS 전파 교란 공격이 확인되었다.

2차 오물 풍선 살포는 6월 1일, 충청북도 청주시 · 제천시 · 충주시, 강원특별자치도 양구군 · 원주시 · 홍천군 · 춘천시와 충청남도 부여군 · 천안시경상북도 영양군 · 예천군 · 포항시 · 문경시 · 포항시 · 안동시, 서울특별시, 경기도 고양시 · 파주시 · 양주시 · 안양시 · 시흥시 · 부천시, 인천광역시에서 풍선이 확인되었다. 북한의 2차 오물 풍선 살포는 6월 2일 오후까지 총 720여개의 풍선을 살포하였다.

3차 살포는 6월 8일 21시 경, 삐라를 더 보내지 않는 한 대응하지 않겠다고 했던 북한은, 북한이탈주민 단체가 삐라를 보내자 다시 330여개의 오물 풍선을 살포했다. 살포된 풍선은 강원특별자치도 홍천군·춘천시와 충청북도 영동군, 경기도 고양시·파주시·이천시·수원시·용인시·군포시·안산시·김포시, 인천광역시, 서울특별시에 약 80여개가 낙하되었고 나머지 250여개의 오물 풍선은 당시 기상 상황(남동풍)에 의해 북한 지역과 공해상에 낙하 되었다.

4차 살포는 6월 9일 21시경 살포를 개시했다. 살포된 오물 풍선은 경기도 하남시와 강원특별자치도 정선군, 용산 대통령실 인근에서 확인되었다. 6월 10일 08시 30분까지 식별된 오물풍선은 약 310여개라고 대한민국 합동참모본부가 밝혔다. 정보기관에 의하면 4차 살포 당시까지 김정은의 직접적인 지시에 의해 오물 풍선을 살포 하였던 것으로 파악됐다.

5차 살포는 6월 20일 북한이탈주민단체가 대북전단 30만 장을 보낸 후 6월 21일 김여정 조선로동당 중앙위원회 부부장이 담화를 내고 오물풍선의 5차 살포를 예고 후 6월 24일 21시경, 오물 풍선을 살포했다.

6차 살포는 6월 25일 21시경 살포를 감행했고 21시 50분경 경기도청이 오물풍선 관련 안전 안내 문자를 발송했고, 22시경 오물 풍선은 서울특별시에 진입했다. 22시 35분경 전라도 지역에 안전 안내 문자가 발송되었고 22시 37분경 대구광역시 및 경상북도 지역에 안전 안내 문자가 발송되었다.

7차 살포는 6월 26일 21시경 오물 풍선을 살포했다. 21시 16분경, 대한민국 전국에서 안전 안내 문자를 발송되었고, 22시 30분경 서울 상공에 오물 풍선이 진입했었다. 북한은 사흘 연속으로 오물풍선을 부양했으며, 시간도 21시로 일정 했었다.

8차 살포는 7월 18일 오후 5시 경, 북한이 7차 살포 이후, 약 1개월 만에 다시 오물 풍선을 살포했다. 17시 53분경, 경기 북부지역에 풍선으로 추정되는 물체가 포착되었다. 대한민국 정부는 북한의 오물 풍선 살포에 대한 대응으로 8차 살포 다음 날인 2024년 7월 19일 16시부터 대북 확성기 방송을 재개했었다.

9차 살포는 7월 21일 오전 9시 경에 살포했다. 8차 살포 이후 대북 확성기 방송을 재개했음에도 불구하고 7월 21일 오전 9시 경에 오물 풍선을 다시 살포했다. 이는 대북확성기 재개에 불만을 품고 보복한 것으로 추정된다.

10차 살포는 7월 24일 오전에 10차 오물 풍선을 살포했다. 10차 살포의 안전 안내 문자에는 오물 풍선이 아닌 '쓰레기 풍선'으로 표기되어 있다. 대통령실과 주한미군 용산기지, 국회와 연세대학교 신촌캠퍼스에 오물풍선이 다수 낙하돼 긴급 조치에 나섰다. 화생방 대응팀이 조사한 결과 위험성은 없다고 판단하였다.

11차 살포는 7월 24일 21시경에 또 다시 오물 풍선을 살포했다. 처음으로 하루에 2번(10차, 11차)을 살포한 것이다. 12차 살포는 8월 10일 20시 경, 13차는 9월 4일 20시 경, 14차는 9월 5일, 오전 06시경에 또 다시 오물 풍선을 살포했다. 15차는 9월 5일, 06시 경 및 19시 경 2회 살포했다.

16차 ~ 19차 살포는 9월 6일, 18시 56분 경에 16차 오물 풍선 살포를 시작으로 17차는 9월 7일, 18시 경 및 22시 경 등 2회 살포했다. 18차는 9월 8일, 9시 45분 경 및 12시 경에 살포했다. 19차는 18차 살포 이후 사흘 만에 북한이 9월 11일에 대남 오물풍선을 살포했지만 풍향에 의해 북측으로 되돌아갔다.

20차는 9월 14일 22시 33분경에, 21차는 9월 15일 17시경에, 22차는 9월 18일 19시경에, 23차는 9월 22일 19시경에, 24차는 10월 2일 오전 5시경에, 25차는 10월 4일 02시경 및 13시경에, 26차는 10월 7일 06시 경에, 27차는 10월 8일에, 28차는 10월 11일 12시 10분경에, 29차는 10월 11일 '한국이 평양에 무인기를 이용하여 삐라를 살포했다'는 주장 발표 직후의 부양했다.

30차는 10월 19일 20시경에, 31차는 10월 24일 02시 30분경에, 32차는 11월 18일 02시 52분 경에 살포를 했다. 이번 살포는 민간단체의 삐라 살포에 대한 보복 차원인 것으로 추정되었고 용산 대통령실과 국회의사당 인근에 뿌려졌으며, 윤석열 대통령을 원색적으로 비난하는 내용이 적힌 삐라도 살포되었다.

33차는 11월 28일 20시 59분경에 살포를 재개했으며 당시 윤석열 대통령과 신원식 국가안보실장, 김용현 국방부장관을 비방하는 내용과 핵무기를 과시하는 내용들이 적힌 삐라도 살포되었다.

2025년 3월 13일 17시경에 경기도 성남시 분당구 서판교 나들목 인근 야산에서 오물풍선이 발견되었다. 경찰과 군 폭발물 처리반이 확인한 결과, 낡고 훼손된 상태로 보아 과거의 것으로 판단하였다. 북한이 살포한 오물풍선 형태와 규격은 【사진 3-40】과 같다.

【사진 3-40】 북한이 살포한 오물풍선 형태와 규격

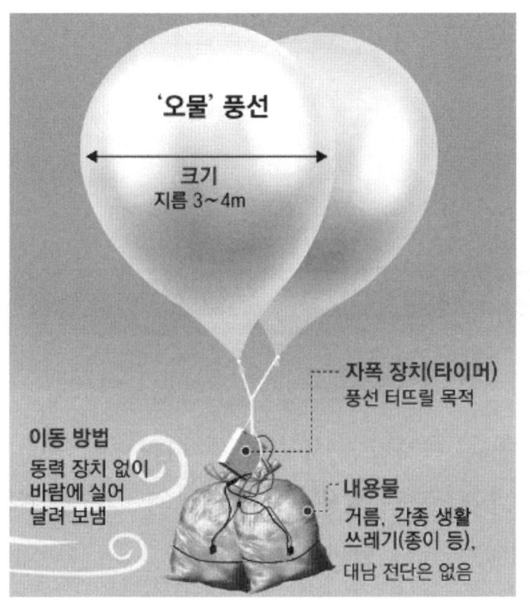

출처 : 나무위키

제7절

북한군 공격전술

북한군 공격 전술의 핵심 목표

북한군의 공격 전술은 한반도의 안보 환경과 역사적 군사 경험을 기반으로 발전해 왔다. 북한군은 제한된 군사 자원과 장비를 효율적으로 활용하여 상대방의 전력 우위를 상쇄하고, 전략적 목표를 달성하는 것을 핵심 목표로 한다.

이러한 전술적 특성은 주로 **기습성과 속도, 화력 집중, 병력 집중 운용, 특수전부대 침투**의 네 가지 요소를 중심으로 전개된다. 6절에서는 북한군 공격 전술의 기본 구조와 단계, 활용되는 전력, 전략적 의도 및 전술적 특징을 종합적으로 서술하고자 한다.

북한군 공격 전술의 기본 특성

북한군 공격 전술의 핵심은 **사전 준비, 초기 화력 투사, 주력 돌격, 후속 안정화**라는 단계적 접근에 있다.

첫 번째 단계는 철저한 **사전 정찰과 준비**로 시작된다. 북한군은 첩보, 위성 및 전자

정찰, 잠입 정찰 등 다양한 수단을 활용하여 적의 방어 위치와 전력 분포를 사전에 분석한다. 이 과정에서 방어선 약화, 주요 목표 식별, 화력 집중 지역 설정이 이루어진다.

두 번째 단계인 **초기 화력 투사**에서는 장사정포, 다연장 로켓, 포병, 전술미사일 등이 집중적으로 사용된다. 이 단계의 목표는 상대방 방어선의 약화와 지휘·통신 체계 교란이다.

특히 북한군은 수도권과 주요 요충지에 대한 포병 화력 투사를 통해 적의 대응 능력을 제한하고, 주력 부대의 돌격로를 확보하려 한다. 이러한 접근은 **심리적 압박과 혼란 유발**이라는 전략적 효과도 함께 추구한다.

세 번째 단계는 **주력 돌격 단계**로, 기계화 부대와 보병 부대가 연합하여 전선을 돌파하는 것이 핵심이다. 북한군은 장갑차, 전차 등 기계화 전력과 보병의 인원 우위를 결합하여, 방어력이 약화된 지역을 집중적으로 공격한다.

이때 보병 부대는 주로 근접 전투와 산악 지형 활용 능력을 바탕으로 공격하며, 기계화 부대는 돌격 속도와 화력 지원을 제공한다.

특히 북한군은 산악과 은폐 가능한 지형을 활용하여 적의 시야를 제한하고, 야간이나 기상 악조건을 이용한 **기습적 돌격**을 선호한다.

마지막 단계는 **후속 및 안정화 단계**로, 점령 지역 확보와 방어, 후방 교란 방지, 추가 전진을 포함한다.

이 과정에서는 특수전부대가 투입되어 주요 군사 요충지와 후방 지역에 침투하며 정보 수집, 교란 작전, 지휘 체계 혼란 유발 등을 수행한다.

이러한 특수전부대 운용은 적 방어력 분산과 전략적 혼란을 극대화하며, 공격 전술의 종합적 효과를 완성한다.

북한군 공격 전술의 전력 운용과 전술적 특징

북한군 공격 전술의 또 다른 특징은 **다층적 전력 운용과 비대칭 전략**이다. 북한군은 제한된 항공력과 해상 전력을 보완하기 위해 지상 전력을 중심으로 공격을 전개하며, 특히 포병과 기계화 부대, 보병을 유기적으로 결합한다.

공격 시 초기에는 포병과 다연장로켓을 집중 운용하여 적 방어선을 약화시키고, 이후 기계화 부대와 보병의 연합 돌격으로 목표 지역을 신속히 점령한다.

또한, 북한군은 **병력 수적 우위와 근접 전투 능력**을 적극적으로 활용한다.
현대전에서 상대적으로 열세인 장비와 항공 전력을 보완하기 위해, 대규모 보병 돌격과 산악 지형 활용 능력을 전술적 강점으로 삼는다. 이러한 접근은 적의 방어망을 분산시키고, 지휘 통신 체계를 교란하며, 심리적 충격을 유발한다.

북한군은 **기습성과 속도**를 핵심 원칙으로 삼는다. 공격은 주로 야간, 기상 불리 조건, 산악 지형 등을 이용해 전개되며, 적이 반응할 시간을 최소화하는 방식으로 설계된다.

이러한 전술은 초기 화력 투사와 돌격이 동시에 이루어질 때 가장 효과적이며, 전선 돌파와 후속 작전 수행을 동시에 달성할 수 있게 한다.

북한군 공격 전술에서 특수전부대 운용

북한군 공격 전술의 독특한 요소 중 하나는 **특수전부대 운용과 후방 교란 전략**이다. 특수전 부대는 주력 돌격 부대의 후방에서 침투 작전을 수행하며, 군수·지휘 시설 파괴, 적 정보 수집, 심리적 혼란 유발 등 다양한 임무를 수행한다.

이러한 후방 교란은 공격 전술의 효과를 증대시키고, 적의 방어력을 분산시키며, 전략적 목표 달성 가능성을 높인다.

특수전부대 작전은 북한군 전체 공격 전략에서 **비대칭 전력 활용**의 전형적 사례로 볼 수 있다. 제한된 장비와 항공 전력을 보완하고, 상대방의 강점인 기계화 전력과 공중 지원 능력을 교란하는 기능을 수행한다. 이를 통해 북한군은 상대적 전력 열세를 극복하고 공격 효율성을 극대화할 수 있다.

결론

북한군 전술을 종합해 보면 북한군의 공격 전술은 제한된 군사 자원을 극대화하고, 적의 방어력을 신속히 붕괴시키며, 전략적 목표를 달성하기 위해 체계적·단계적 방식으로 전개된다. **초기 화력 투사와 기계화 돌격, 보병 인력 집중, 특수전부대 후방 교란**은 북한군 공격 전술의 핵심 요소이며, 기습성과 속도, 심리적 충격, 지형 활용 능력이 이를 보완한다.

이러한 공격 전술의 이해는 한반도 안보 환경 분석, 군사 대비책 수립, 전력 운용 전략 설계에 있어 필수적이다. 북한군의 전술적 특성을 정확히 평가하고 대응 전략을 마련하는 것은 한반도 군사적 안정성을 유지하는 데 있어 핵심적 과제로 남는다.

제8절

북한군 방어전술

북한군 방어 전술의 특징

북한군의 방어 전술은 전통적인 군사 이론과 북한 특유의 군사 사상(선군사상, 전인민 무장화 개념)에 기반하여 체계적으로 발전되어 왔다.

북한은 전면전 상황에서 남한 및 미군의 첨단 무기와 공세적 작전을 견제하기 위해 지속적·종심적 방어(縱深防禦)와 게릴라식 분산 방어를 결합하는 형태를 취하는 것이 북한군 방어 전술의 특징이다.

북한군 종심방어(縱深防禦) 구조

북한군 방어의 기본은 다층적 종심 방어이다. 전방 방어선: 비무장지대(DMZ)와 접경 지역에 구축된 고정식 진지, 갱도 진지, 대규모 지뢰지대, 장애물 지대를 기반으로 초기 적의 돌파를 저지한다.

중간 방어선은 전방 돌파 시에도 후방의 고지대, 산악지형, 주요 도로 교차지점을 중심으로 재차 방어선을 형성하여 적의 기동을 차단하는 것이다.

후방 방어선은 평양 방어권과 주요 산업·지휘 거점 방어에 초점을 맞추며, 전략 예비 전력이 배치된다.

북한군 방어 전술에서 갱도와 지하시설 활용

북한군 방어 전술의 가장 큰 특징은 갱도 진지(Underground Defense System)이다. 북한의 산악 지형을 활용한 지하시설은 항공폭격과 정밀타격에도 높은 생존성을 보장한다.

전차, 포병, 미사일, 지휘소, 보급창고 등이 지하화 되어 있어 장기 방어전을 지속할 수 있다. 이는 기동력 제한을 감수하고서라도 전력 보존을 최우선으로 하는 북한식 방어 개념을 반영한다.

이러한 지하시설을 활용하게 된 배경은 김일성이 6.25전쟁의 패인이 제공권 장악 실패와 연합군의 공중공격으로부터 보호받을 수 있는 지하시설 부족으로 판단함에서 기인(起因)한다.

화력 집중 방어

북한군은 방어 시에도 화력 우세 확보를 핵심으로 한다. 전방 지역에 대규모 장사정포와 방사포를 은폐 배치하여, 적이 돌파를 시도할 경우 집중 포격으로 타격한다.
대규모 포병 화력은 단순 방어뿐 아니라, 공격적 반격(역습) 수단으로도 활용된다. 전방 화력과 함께 후방에서의 미사일 공격을 결합하여 종심 방어 효과를 극대화한다.

기동 방어와 유격전 결합

북한군은 고정식 방어만으로는 현대전에서 생존하기 어렵다고 인식하고, 기동 방어 및 유격전을 결합한다.

적의 돌파구 발생 시, 기동 예비부대를 투입해 반격하거나 전선을 재구성한다. 후방에서는 특수전부대를 활용하여 유격전·게릴라전을 전개, 적의 보급로와 지휘체계를 교란시킨다.

이는 전면 방어전이 단순히 "지키는 것"이 아니라 적의 공세 의지를 약화시키는 심리적·전략적 방어라는 점을 보여준다.

전 인민적 방어

북한군의 방어는 '전민 항전' 사상과 연결되다. 전시에는 민간인까지 방어 작전에 동원될 수 있도록 예비군, 민방위, 청년 조직 등을 체계적으로 편성해 두었다.

이는 장기전으로 전쟁이 확대될 경우, 군과 민이 혼합된 전 인민적 저항 구조를 형성하려는 목적이다.

결론

북한군의 방어 전술을 종합해 보면 북한군 방어 전술은 갱도 진지 중심의 종심 방어, 집중 화력 운용, 기동 방어와 게릴라식 분산전 결합, 전 인민적 방어 체계 구축이라는 네 가지 축으로 요약할 수 있다.

제9절

북한군 후방 방어전술

북한군 후방 방어전술의 특징

북한군은 북한 지역 후방에 한국군의 침투에 대비하여 다양한 장애물과 각종 대공화기를 통합 운용하는 한편, 정규군과 예비전력 및 준군사조직의 역량을 통합하여 후방지역 방어태세를 갖추고, 방어작전시 전투행동 형태도 공격, 습격, 매복, 수색, 조우전투, 추격, 지뢰전 등 다양한 전술을 운용한다.

북한군 후방 방어 전술의 가장 큰 특징은 후방군단 통제하에 교도사단 및 교도여단 책임하에 행정구역(도 · 시 · 군) 단위로 방어를 실시하며, 약 770만여 명의 예비전력과 군 · 관 · 민 이 통합된 방어체계를 이루고 있다.

후방 방어 전술은 크게 육상 · 해상 · 공중으로의 침투를 방어하는 반침투방어전술과 후방지역에서의 주요 시설물 방어 및 작전 활동을 방해 및 저지, 교란하는 반특공대전술로 구분된다.

「반침투방어」와 「반특공대전」은 한국군 특수전부대가 침투하여 은거지(근거지)를 확보하는 전 · 후 상황을 고려하여 방어형태로 구분할 수 있다.

반침투 방어전술

반침투방어는 한국군 특수전부대의 육상 · 해상 · 공중침투 징후 포착 또는 침투를 저지 및 거부하기 위하여 실시하며, 전연 지대 경계, 반해안방어, 반항공방어 및 반공중기동전로 구분할 수 있다.

전연 지대 경계

북한군은 군사분계선상의 전방지대를 가리켜 전연지대라 일컫는다. 방어부대는 전연사단이며 군사분계선으로부터 방어종심지역까지 약 10~16km를 방어한다.

전연지대 방어지역은 3단계로 구분되며 1단계 지역은 비무장지대를 전담 경계하는 민경대대 방어지역, 2단계 지역은 전연사단 주방어지역, 3단계 지역은 전연사단 후방지역을 말한다.

1. 비무장지대 전담 경계부대(민경부대) 방어전술의 특징

군사분계선으로부터 남과 북으로 각각 2km폭의 비무장지대가 설정되어 상호 인정된 인원(공동감시원, 민사행정요원)만이 출입이 가능하고, 소화기 이외에는 어떠한 무기나 장비를 휴대하거나 추진할 수가 없도록 협정되어 있다.

북한은 이러한 정전협정을 위반하고 비무장지대를 남침공격의 발판으로 구축하기 위하여 휴전직후, 민경부대를 창설하여 비무장지대에 상주시키면서 계속적으로 초소를 증설하고 병력과 장비를 증강시켜 왔다.

민경대대는 최초 창설시 4~5개 중대로 편성하였다가 1963년부터는 지역에 따라 6~10개의 민경중대로 병력을 증가시켜 비무장지대에 상주시키고 있으며, 북한군은 비무장지대에 민경초소뿐만 아니라 보병부대의 거점과 경계초소도 증강하였다.

민경초소는 최초 설치된 이래 현재까지 전체적인 현황에는 큰 변화가 없는 것으로 식별되고 있지만 GP[36]간 이격거리는 정전협정을 무시하고 유리한 지형을 확보하기 위해 한국군 GP와 불과 580m 이격된 짧은 거리에 위치해 있는 초소도 있다.

거점초소는 전연사단 1방어지대 중 1제대 대대 보병 중·소대 소속이며, 민경초소와 북방한계선 주변의 중요한 지형지물이나, 주요 접근로 상에 중화기 및 야포 등으로 무장한 중·소대규모의 보병부대를 배치하여 비무장지대의 출입을 통제한다.

경계초소는 보병 분·소대 소속으로 민경초소 후방의 개활지나 계곡등에 보병분대로부터 소대 규모를 배치하여 민경초소와 초소간의 공백지대에 대한 경계보강 임무를 수행한다.

2. 민경대대 임무

민경대대는 군사분계선 이북지역에 대한 취약지역 수색정찰, 후방지역 경계, 반특공대 작전을 수행하며, 아 후방지역에서 작전시 지형정찰 및 첩보수집, 주요시설 습격, 퇴로와 보급로 차단, 예비대 증원방해, 중요지형지물 확보 및 통제 임무를 수행한다. 전·평시 민경대대의 임무는 【도표 3-26】과 같다.

【도표 3-26】 전·평시 민경대대의 임무

구분	수행임무
평시	· 적의 도발행위 억제 및 비무장지대의 안전유지 · 책임지역으로 침입하는 간첩 및 암해분자(불순분자) 체포 또는 소멸 · 전선의 적에 대한 동향을 감시 (병력, 장비, 부대배치, 근무교대, 시설, 장애물설치 등)
전시	· 비무장지대 통로개척 및 소초 습격으로 전선 혼란야기 · 정찰임무 수행과 병행, 공격부대 선도(방어계선고수, 공격보장) · 주력부대 통과 후 사단예비대로 전환하여 정황에 따라 작전지대별 투입 후 부여된 전술적 임무수행 - 1단계 : 전방지역 남한초소 공격 / 점령, 후속공격부대 인계 - 2단계 : 사단예비대로 재편성, 작전지역 내 반 특공대 임무수행 - 3단계 : 의명 사단의 연대 예하 전투대대로 운용 · 사단 주력부대 전투전개 보장(책임지역고수, 적극적 공세행동)

36) 비무장지대 내부에 존재하는 남과 북의 최전방 감시초소. GP는 감시초소라는 뜻의 Guard Post의 앞글자를 딴 것이다.

민경대대가 접촉선 지역에 투입되어 운용될 시에는 정찰 및 경계, 장애물제거 및 통로개척에 역점을 두고 임무를 수행한다. 임무 수행 내용은 【도표 3-27】과 같다.

【도표 3-27】 임무 수행 내용

공격작전 수행시	방어작전 수행시
· 첩보수집을 위한 수색정찰 · 공격시 주력부대 엄호 · DMZ내 각종 장애물(자연/인공) 제거 및 통로 개척 · 사단 선견대 또는 습격대 임무수행	· 첩보수집을 위한 수색정찰 · 전투경계 임무수행 - 접근을 조기경고, 지연 및 와해 - 주 방어부대 방어준비 시간부여 - 주 방어지역의 전단기만 - 아군의 정찰활동 방해

3. 민경대대 편성 및 특징

북한은 전투전단의 전투력을 극대화하기 위해 병력, 장비 편성에 있어 일반 보병대대 보다 강화하여 운용하고 있다.

민경대대는 보병대대에 비해 병력수가 2~3배 많게 편성되어 있고, 지역별 특성에 따라 융통성 있는 병력운용이 가능하도록 6~10개의 중대로 편성되어 있다.

또한 통신중대가 편성되어있어 전방초속가지 유·무선 통신지원이 가능하며, 공중으로 침투하는 한국군을 저지 및 격멸하고 항공자산에 의한 피해를 막기 위해 14.5mm 고사총이 편제되어 자체 대공방어가 가능하다. 뿐만 아니라 비반충포, 발사관 등을 보유하여 대전차 방어능력도 보유하고 있다.

민경초소는 1개 소대규모가 방어하며 지뢰지대와 전기철책 및 경보장애물, 목책장애물 등을 운용한다. 또한 주변 주요 목지점에는 잠복초를 운용하여 한국군 특전부대의 침투를 거부하며 기계화부대 예상 이동로상에는 비반충포와 발사관을 운용한다.

민경초소는 지역 내에 침투하는 한국의 간첩들과 MDL 이남으로 탈북하는 인원들을 체포 또는 사살하기 위해 근무조를 편성하고 경계임무를 수행한다. 근무조 편성은 【도표 3-28】과 같다.

【도표 3-28】 근무조 편성

구 분	근무인원	비고
감시근무	2명	· 필요시 1명만 근무, 감시임무 수행
잠복근무	9명	· 조장, 부조장, 조원 3명으로 편성 *3개의 잠복초 운용
순찰근무	5명	· 철책일대 순찰(5명 1개조) *조장은 군관으로 편성
복초근무	3명	· 조장 병실내부 근무, 동초근무
종합감시	초소전원	· 일일 2회 실시
지휘근무	1명	· 초소근무 감독 및 순찰조장 임무

민경초소 시설은 지역별로 다소 상이하나, 통상 민경초소에서 감시와 경계가 용이한 지형에 2~3층의 콘크리트 구조물로 설치되어있고, 감시소 상단부에 원거리 감시소가, 하단부에는 근거리 감시소가 운용되고 있다.

순찰은 감시 및 복초근무 등 경계를 보완하면서 취약시간, 취약장소 등에 순찰조를 편성 운용하여, 적의 침투흔적 및 장애물 관리상태 등을 확인한다.

잠복근무는 적의 침투를 방지하기 위하여 민경철책을 연하여 운용하며 민경대대는 매 초소마다 감시소를 중심으로 좌우측에 잠복호를 구축, 주·야간 잠복근무를 실시한다.

상황발생시 추가적인 잠복조를 운용하여 차단작전을 실시하며, 조편성은 잠복호 당 3명 1개조, 야간 3개조(9명)로 편성한다.

잠복근무시 전방경계를 위해 초소에는 원활한 감시임무를 위해 열 영상감시장비와 감시레이더로 추정되는 장비들을 운용하고 있다. 따라서 한국군 특수전부대는 육상침투시 이러한 감시장비로부터 회피하여 침투하는 방안을 반드시 강구해야 한다.

또한 비무장지대 내에 감시활동 보장과 월남자 및 침투 방지를 목적으로 지뢰지대, 일반 및 전기철책, 경보 및 흔적 장애물과 부배트랩 등의 다양한 장애물을 설치 운용하고 있으며, 민경초소를 기준으로 남쪽으로 민경장애물지대와 북쪽으로 보병장애물지대로 구분한다.

장애물지대는 지뢰지대와 불모지대로 구분되어 있으며, 지형 및 부대여건에 따라 다소 차이는 있으나, 통상 15~20m폭의 불모지대와 전기철책, 경보 및 흔적장애물, 목책장애물 등 장애물을 운용하고 있다.

이러한 장애물을 극복하기 위해서는 한국군 특수전부대는 전선 침투방법에 대한 연구를 지속 실시해야 하며, 반드시 전기 철책이나 지뢰지대를 극복하는 방법을 강구해야 한다.

반해안방어

반해안방어란 바다(서해, 동해)로부터 침투를 시도하는 한국군 특수전부대나 해안상륙부대를 해상과 공중에서 격퇴 및 섬멸하고 해안지대를 방어하기 위해 실시되는 작전행동이다.

반해안방어의 종류에는 해안경비, 반봉쇄투쟁, 반상륙 방어로 구분되며, 총참모부 예하 육군 · 해군 · 공군에 의하여 능력과 특성에 맞게 중첩 방어태세를 갖추고 있다.

해안경비는 영해와 해안으로의 한국군 해상침투를 방어하며, 해상으로 접근을 경고하기 위한 전투행동으로 해상경비와 해안연안경비로 나누어 조직한다.

해상경비는 레이다 탐지거리 외곽지역에 대하여 해 · 공군부대가 해상정찰장비 및 공중정찰기를 이용하여 경계임무를 수행한다.

해안연안경비는 해안에 접한 보병군단예하 해안경비대대를 편성하여 육안 관측거리 및 레이다 관측거리 내에서 해안연안에 대하여 경계임무를 수행한다.

반봉쇄투쟁은 한국군이 해군기지, 항구, 섬, 중요한 해안지역을 바다로부터 봉쇄하지 못하도록 하며, 해안의 주요 대상물들을 한국군의 해상 타격으로부터 방위하기 위한 전투행동을 말한다. 이러한 전투행동을 수행하기 위해 해상전력, 공중타격 전력 및 지상

경계부대 등을 적극 활용하여 구역 내의 핵심지역을 방어한다.

반상륙방어는 한국군 상륙부대를 해상 및 해안에서 격퇴하기 위한 전투행동을 말하며, 통상 육·해·공군의 합동작전으로 지역방위부대의 모든 역량과 기재를 통합하여 강력하게 방어한다.

1. 해안방어부대 편성

해안방어 부대는 위치 및 환경을 고려하여 편성한다. 각 군별 해안방어부대의 편성은 【도표 3-29】와 같다.

【도표 3-29】 각 군별 해안방어부대 편성

육군	해군	공군
· 보병사(여)단 · 섬 방어부대 · 기보 및 포병여단 · 땅크연대 · 방사포 및 고사포 연대 · 반 땅크 포병연대 · 기타 부대	· 2 ~ 3개 전대 · 지대함유도탄 부대	· 추격기 1개 사단 · 폭격기 1개 사단 · 직승기 (임무에 따라 수송지원)

방어지대 편성은 한국군 해상 침투부대를 해상과 해안연안에서 격퇴 소멸하며, 해상으로 접근하는 한국군 특수전부대를 적시에 소멸 할 수 있도록 종심 깊고 견고하게 편성한다.

2. 해안방어부대 운용

북한군은 효율적이고 강력한 해안방어를 위하여 함정, 해안방어기지의 능력을 지속적으로 증강하고 있으며 구분대별 특징은 다음과 같다.

해안경비정대는 해안을 담당하는 군단에서 통제하며, 해안 침투세력에 대한 조기경보 및 해상침투 저지 등 연안방어, 해상탈출 방지 및 주요 항만통제, 연안 내 대남 침투용 선박 호위, 외국선박 검색 등을 실시한다.

해안방어 기지는 지대함유도탄 기지, 해안포 기지, 해안 전탐 기지 및 해안 감시초소 등이 편성되어 있다.

지대함유도탄 기지는 항공모함, 구축함 등 대형함정 대한 표적을 제압하며, 해상 우세권 확보 및 접적지역 함선부대 공격지원, 이동용 지대함 유도탄발사대(TEL)를 운용한다. 터널식 갱도로 구축되어 운용된다.

해안포 기지는 해안방어 포격, 해상 전투세력에 대한 엄호사격, 항만시설 방어 임무를 수행하며, 해안 감시수단을 통하여 한국군 해상 침투부대의 접근을 조기 경고한다. 모든 진지가 유개화(터널, 동굴, 벙커형)되어 있으며 진지당 4문 이상 해안포가 배치되어 있다. 동 · 서해안에 약 550여 문의 포를 배치하고 있으며, 사거리는 보통 13 ~ 27km에 달한다.

갱도화된 해안포는 통상 중대 단위로 갱도진지를 구축하나, 탄약이 노후화되어 불발률이 높고 정확도가 낮은 것이 특징이다. 북한 해안포의 저조한 명중률은 2010년 11월 23일 발생한 연평도 포격도발에서 알 수 있다. 연평도 포격 도발 현황은 【도표 3-30】과 같다.

【도표 3-30】 연평도 포격 도발 현황

구 분	총 사격발수	해상 낙탄	연평도 낙탄		
			계	파 열	불 발
발(수)	170	90	80	60	20

해안 전탐기지는 해상표적을 감시하고 조기경보를 제공한다. 주로 해발 300 ~ 350m 정상 또는 능선에 배치 운용하며, 대공감시, 조기경보 R/D, 해안포, 대공포시설 중첩배치로 상호 취약점 보완하며 운용된다.

최대 탐지거리는 83 ~ 90km 가량으로 판단하고 있다. 대부분 1960년 ~ 1991년도에 생산된 노후화된 장비들이 배치되어 있어 기상이나 지형에 따라 탐지능력이 현저히 저하 되거나 미운용 되기도 한다.

해안감시 특징은 사각지대가 적거나 전무하여 단시간 내에 넓은 해상과 먼 수평선까지 감시가 가능하며, 봄과 가을에는 안개로 인하여 시계 제한을 받는다.

해안감시 요령은 동해안의 경우 방위목표가 없어 방위각을 측정 사용하며, 서해안은 조수 간만의 차이와 간석지의 인공방위목표를 선정하여 경계한다.

해안 감시초소는 주요항구 및 도서지역과 전 해안에 설치 운용한다. 감시인원은 4~5명으로부터 1개 분대로 편성된다.

해안장애물은 동·서해안으로 구분하여 지역별 상륙 가능성에 따라 A급(상륙 가능성 높은 해안), B급(침투가능 해안), C급(기타지역)으로 분류한 후 등급에 따라 관리한다. 지역별 상륙 가능성에 따라 분류한 내용은 【도표 3-31】과 같다.

【도표 3-31】 지역별 상륙 가능성에 따라 분류한 내용

구 분	내 용		
등 급	A급	B급	C급
동 해	장전, 원산	원산, 함흥	통천, 삼릉산
서 해	장산곶~몽금포, 비파곶	남포~청천강, 초도	청천강~압록강, 비파곶

그리고 지역에 상관없이 장애물을 설치 운용하고 있다. 장애불은 기본적으로 제 1선~제 5선으로 설치하여 운용되고 있다. 해상 및 해안 장애물 설치는 【도표 3-32】과 같다.

【도표 3-32】 해상 및 해안 장애물 설치

제 1선 (해상방어용 기뢰지대)	상륙가능한 해안 수로를 따라 집중적 기뢰부설
제 2선 (비폭발성 물속차단물지대)	어망장애물, 고슴도치형 장애물, 철조망 등 설치
제 3선 (반상륙정 기뢰지대)	파도지대 수심 1 ~ 2m 깊이 기뢰부설
제 4선 (지상 혼성지뢰지대)	20 ~ 40m 종심, 반땅크 및 반보병지뢰 설치
제 5선 (지상폭발성 차단물지대)	전기철책, 일반철책, 실장애물, 녹지장애물 등

해안지역의 장애물은 매우 견고하게 구축되어 있다. 하지만 주민활동이 많은 지역에는

불필요한 피해를 방지하기 위해 장애물이 미 설치되어 있다. 따라서 한국군 특수전 부대들은 북한군의 해상 및 해안 장애물 체계를 극복하기 위해 침투 전 지역별 다양한 정보를 획득하여 침투방법을 면밀히 연구해야만 성공적인 해상침투작전을 실시할 수 있다.

3. 해안방어체계

북한군은 레이다 감시가능 구역인 전탐권 구역을 기준으로 1단계 전탐권 외곽구역, 2단계 전탐권 구역, 3단계 육안식별 가능구역으로 구분하여 방어체계를 구축하고 있다.

현재 북한의 전탐기지내 감시자산(레이다)을 고려했을 시, 탐지거리를 90km까지로 한정하고 있다.

따라서 전탐권 외곽구역에서는 해상 및 항공정찰 자산에 의해 식별되며, 90km 이내 거리에서는 레이다와 육안에 의해 식별하여 타격하는 것이 특징이다. 해안방어 체계상의 감시 및 타격수단은 【도표 3-33】과 같다.

【도표 3-33】 해안방어 체계상의 감시 및 타격수단

구 분	거리	감시자산	타격수단				
			항공기	함정	지대함 미사일	해안포 (장사정포)	해안 초소
1단계 (전탐권 외곽)	90km 이상	항공기, 함정	0	0	-	-	-
2단계 (전탐권 구역)	27 ~ 90km	레이다	0	0	0	-	-
3단계 (육안관측구역)	27km 이내	레이다, 육안	0 (필요시)	0 (필요시)	-	0	0

1단계 전탐권 외곽구역은 해안으로붙 비교적 원거리인 90km 이상에서 침투 및 상륙하는 한국군 해상침투부대를 해·공군이 연합하여 탐색 및 식별 후 원거리 타격으로 1차 차단을 실시한다.

2단계 전탐권 구역은 27km ~ 90km 내에서 해안 레이다로 한국군 함정 및 공중자산을 탐지하여 조기경보를 실시하고 사거리가 가능한 지대함 미사일, 항공기, 함정에 의해 2차 공격을 실시한다.

3단계 육안관측 구역은 해안으로 접근하는 해상침투부대 및 상륙부대를 항공기, 함정, 지대함 미사일, 해안포, 장사정포, 지역 방어부대 등 육 · 해 · 공군이 전역량을 동원하여 해안지역에서 침투하는 한국군에 대하여 강력히 방어를 실시한다. 1단계 전탐권 외곽구역에서부터 3단계 육안관측구역 까지의 방어체계를 구축하고 있다.

4. 준군사조직 운용

준군사조직인 해안경비대를 운용하여 해안과 접해있는 6개도(황해남도, 강원도, 평안남 · 북도, 함경남 · 북도)에 각 1개의 해안경비여단을 운용하고 있으며, 1개의 해안경비여단 예하에는 8~12개 중대가 편성되어 있다.

그리고 노농적위군을 운용하여 해안지방에 부락단위로 노농적위군을 편성하여 해안포부대와 해안경비대의 경계병력을 보강하고 있다.

반항공방어 및 반공중기동전

북한은 한 · 미 연합공중자산의 위협으로부터 수도평양과 주요대상물을 성공적으로 방어하기 위해 공중방위능력을 지속적으로 강화해 나가고 있다.

공중방위를 위해 북한군은 고사총, 고사포 등을 이용하여 반항공방어와 반공중기동전을 실시하며, 제대별 대공화력을 보유함으로써 다중 공중방어체계를 구축하고 있다.

특히 개전초기 한 · 미 연합군의 공중 공격으로 부터 전투역량을 보존하기 위해 적 공중타격 방위(철벽작전)을 계획하여 전시 전력손실을 최소화하고 반격여건을 조성할 수 있도록 전략을 모색하고 있다.

1. 대공방어부대 편성 및 장비

북한군의 대공방어 수행은 군단급 부대에서부터 대대급부대까지 제대별 대공방어부대(구분대)와 장비가 편성되어 운용되고 있다. 또한 한국군 특수전요원의 침투가 계획되어 있는 후방지역에서는 교도사 · 여단 예하에 고사포 연대(대)가 편성되어 있다.

각 도에 편성되어 있는 후방군단 예하에는 반항공여단이 노농적위군 위주로 편성되어 반항공기구대와 고사포 구분대(상설 고사총 중대, 농촌 고사포 대대)를 운용되고 있다.

군단급 부대 예하에는 고사포연대가 편성되어 있으며, 6개의 중대로 편성되어 있고, 중대는 57mm 고사포 6문이 편제되어 있다. 저고도 대공무기인 57mm 고사포는 종심 깊은 대공방어 능력으로 보유하고 있으며, 레이더에 의해 사격통제가 이루어진다.

고사포연대의 임무는 기동부대 진출 엄호, 한국군 공중기동부대 소멸, 기동로상 중요한 교량, 도하장, 후방창고 등 엄호, 저고도 국지 방공작전 수행 및 고사포병대 조직 운용이다.

보병사단에는 고사포대대가 편성되어 있으며, 37mm, 57mm 고사포 등 3개 중대로 편성하고, 보유장비는 37mm 12문, 57mm 6문, 화승총 26기를 보유하며, 고사포(총)는 모두 견인화기로 편성되어 있다.

고사포대대 임무 및 운용은 기동부대 진출 엄호, 한국군 공중기동부대 소멸, 기동로상 중요한 교량, 도하장, 후방창고 등 엄호부대로 운용된다.

보병연대에는 화승총소대가 편성되어 지휘소 및 주요시설을 엄호한다. 보유장비는 소대에 저고도 지대공미사일(SA-7) 12정이 편제되어 운용된다.

2. 반항공방어

반항공방어는 적의 공중습격과 공중정찰을 방해하여 적의 공중습격에 의한 피해를 방지할 목적으로 조직하며 기동고사포(총)구분대, 방사포, 비행기사냥군조, 지원비행대, 저격무기의 협동동작으로 임무를 수행한다.

해당 지휘관은 모든 경우에 상급지휘관이 취한 대책을 고려하여 반항공방어를 조직하며, 이때 반항공방어에 참가하는 부대(구분대)의 임무(엄호대상물 또는 구역) 및 반항공방어 역량과 기재의 협동동작질서 및 신호방법 등을 규정해 준다.

북한군의 반항공방어체계는 총 3단계에 의해 실시되며, 전탐기지에서 표적이 식별되면 표적에 대한 제원을 확인하고 운용무기를 결정한 이후에 항공기, 지대공 미사일, 고사포(총) 등으로 격파한다.

반항공 기구대는 저속 및 저고도 항공기를 추락시키거나 사전에 거부할 목적으로 수소기구(에드벌륜)와 같은 공중장애물을 운용한다. 수소기구는 각 지역별 노농적위군 예하 반항공 기구대에서 계곡 또는 안부지역 등 항공기 예상 통과지점의 지상 200 ~ 500m 상공에 설치하여 운용한다.

반항공 감시초소는 북한군은 반항공 감시를 위해 연대급 이상 부대에서 반항공 감시초소를 운용하고, 대대급 이하에서는 반항공 감시병을 지정하여 공중감시 임무를 수행한다. 초소운용은 5명으로 초소장, 감시병(3명), 통신운용병으로 구분되며, 한국군 항공기의 접근 및 습격을 조기경보하기 위하여 2명 1개조로 경계 임무를 수행한다.

3. 반공중기동전

반공중기동전은 항공육전대, 직승기육전대 등 공중으로 침투하는 한국군 특수전 부대를 소멸하는 전투행동을 의미한다.

반공중기동전 구역은 한국군 특수전부대의 공중침투 및 착륙이 예상되는 구역에 공중기동부대들을 소멸하기 위해 구분대를 전개 및 배치한 구역을 말하며, 한국군의 행동기도와 방어종심의 지형조건을 잘 분석하여 선정한다.

반공중기동전 구역은 통상 사(여)단급 이상 제대에서 선정하며 경우에 따라 독립적으로 행동하는 연(대)대에서도 선정할 수 있다.

반공중기동전 작전구역은 한국군 특수전부대 공중침투예상지역을 중심으로 사방으로 포위하여 격멸할 수 있게 구분대를 편성하며 통제요소는 연(대)대 투쟁지역(구역), 각종 화력(포병 및 고사총 구분대) 진지, 기동로, 장애물구역, 연대지휘감시소, 후방지휘소 위치

반공중기동전투 준비는 한국군 반 공준기동부대 소멸을 위해 반공중기동예비대를 해부대 2제대에서 1/3역량으로 편성하고, 소부대 예비대들에게는 전투임무를 구체적으로 부여하고 사전에 준비한다.

한국군 공중기동부대의 착륙 예상지역에는 반공중기동전투를 위한 방어진지를 구축한다. 소규모 역량의 한국군 직승기(회전익항공기)육전대가 착륙할 수 있는 고지에는 은폐진지, 대공화력진지 등을 구축한다.

또한 한국군이 착륙 후 기동할 것으로 예상되는 지점에는 차단물과 지뢰지대를 형성하며 반 공중기동전투 참가부대가 적시에 투입할 수 있도록 기동로를 준비한다.

반공중기동전 참가부대의 기동은 한국군 공중기동부대의 투하(착륙)가 확실시되면 결심지도와 협동동작질서를 확정하여 부대(구분대)를 기동시킨다.

반공중기동전구역 전투서열은 대대에서 반공중기동전 실시할 경우는 포병대, 고사총 화력진지, 도로보장대, 예비대, 습격대, 비행기 사냥군조[37]로 구성된다. 중(소)대 전투서열은 매복조, 차단조, 수하화력기재, 예비대로 편성한다.

포병대는 구역방어대 후면에 위치하여 구분대들의 돌격을 지원하는데 편리하게 하며 76.2mm평사포, 반땅크 포병중대는 착륙된 한국군 직승기 육전대 및 특수전부대를 직접조준사격으로 섬멸한다.

구역방어대는 반공중기동전 수행을 위한 예비대는 2방어지대와 3방어지대에 배치하거나, 집결된 해당제대 2제대의 1/3역량으로 편성하고 기동성이 있는 전차와 차량을 할당하여 지역에 침투하는 한국군 공중기동부대를 소멸하는 임무를 수행한다.

고사총 화력진지는 고지 일대에 진지를 점령하여 지휘소, 포병대를 엄호하고 침입하는 한국군 직승기(회전익항공기)에 대해 사격을 실시하며, 착륙한 부대에 대해서는 지상사격도 가능토록 하고 도로 보장대는 예비대와 여러 구분대의 진출 및 전개를 보장할 수 있는 곳에 선정 배치한다. 공병 예비대, 화학 예비대는 주변 환경을 고려하여 연대 지휘감시소 주변에 선정 배치한다.

37) 적의 비행기, 탱크 따위를 공격하기 위하여 군인들로 구성된 조

소부대 예비대 및 습격대는 제1방어지대 이후부터 집단군 방어중심까지 한국군 특공대 행동 가능성이 가장 높은 지역에 대(중)대별 배치되며, 사단 경보병대대의 경우 2~3개 중대로 조직되어 기동타격대로서의 임무를 수행한다.

비행기 사냥군조는 한국군 항공기, 공중투하(착륙)할 수 있는 주변고지에 선정하며, 연대 화승총 소대의 1개 분대규모로 조직하여 예상착륙지점에 선 배치한다.
예상침투로 판단은 한국군 공중기동부대의 예상 침투로 판단 시 고려사항은 공중에서 식별이 용이한 곳, 강기슭, 철길과 도로 등을 연한 지형, 산기슭, 산골짜기 등이다.

반공중기동전투 타격구분대 편성은 신속한 이동을 위해 차량 등을 최기지역에 배치하고 구분대를 임명한다. 구분대 임무는 【도표 3-34】와 같다.

【도표 3-34】 구분대 임무

구분		부대	임무
구역방어대	우선투입구분대	0대대 0중대 0소대, 0대대 비반충포 0 · 0분대	상황발생 및 경보접수시 즉각 출동, 방어진지 점령
	증원 구분대	0대대 0중대(-1)	투하(착륙)규모 고려 증원
화력 지원		연포대, 박격포 중대	타격구분대 화력지원
반공중화력 지원기재		연대 화승총소대 0분대, 0대대 14.5mm고사총중대 0소대	타격구분대와 동시 투입, 직승기 및 보병구분대 사격

반공중기동전투를 위한 방어진지 준비는 한국군 투하(착륙)구역과 도주 및 소산 가능한 주요 기동로 위주 배치, 차단물 설치는 예상 착륙지점 및 침투로상에 반직승기차단물(말뚝, 돌담 등), 지뢰, 철조망 등 설치하며, 타격구분대의 기동로를 확보한다.

공중 이동하는 한국군 소멸은 육안 식별 시 이동항로 주변에 배치된 화승총 및 고사총구분대로 소멸하며 전방 제대 또는 인접 구분대로부터 지속적인 상황을 접수하고 확인한다.

공중침투(착륙)하는 한국군 소멸시에는 보병, 포병, 화승총, 고사총구분대 등의 가용한 모든 화력을 집중하여 공중에서 소멸하며, 착륙하여 보병을 하차시키고 있는 직승기는 포병화력을 집중시키고, 발사관, 비반충포 등으로 직접 조준하여 파괴한다.

착륙한 보병 구분대는 소산하여 재집결 이전에 포병화력을 집중하여 소멸하고 재집결을 위해 소산하는 보병 구분대는 방어진지를 이용 포위하여 소멸시키며 이동하는 보병구분대는 추격 후 포병화력 및 타격구분대로 포위하여 소멸한다.

특히 한번 식별된 적은 끝까지 격멸하는 것이 방어작전의 원칙으로써, 한국군 특전부대가 반공중기동전 작전구역에 들어와 수하기재를 통합하여 격퇴 하였다 하더라도 한국군 특수전부대 공중침투 예상지역에 대한 수색을 실시하고 사전에 도주예상로를 봉쇄하여 마지막까지 섬멸한다.

주요 고지상에는 구분대가 방어하고 있으며, 주 이동로 상에는 철조망과 지뢰지대와 같은 장애물을 설치한다. 또한 한국군 특수전 부대가 도주할 수 있을 것으로 예상되는 지역에는 잠복초를 설치하여 운용한다. 중대(-)와 소대규모의 구분대를 구역방어대로 편성하여 도주하는 한국군 특수전 부대를 추격하고, 감제고지에서는 저격수를 운용한다.

반특공대전

반특공대전은 북한 후방지역에서 주로 수적으로 열세인 한국군 특수전부대 요원들을 대상으로 대치된 전선 없이 불규칙적으로 진행되는 작전을 말한다. 즉, 전방에서처럼 전선을 사이에 두고 상호 지형 탈취 및 확보를 위하여 공격 · 방어작전을 수행하는 것이 아니라, 북한 후방지역에서 중요 대상물에 대해 한국군 특수전 부대의 조직적인 활동을 거부 · 방해 · 격멸하기 위하여 분산적으로 진행되는 작전을 말한다.

반특공대전은 주로 북한 후방지역을 책임지고 있는 후방군단 예하의 제반 작전요소를 통합하여 지역내의 모든 경계부대들과 협조하에 실시되는 작전활동이다. 반특공대전은 지역책임부대인 교도대, 노농적위군을 포함하여 핵심시설 및 장비를 방위하는 경보병부대까지 다양한 병종과 부대가 수행한다.

1. 반특공대전 분류

반특공대방어는 작전의 목적과 수행장소에 따라 **'대상물 경비방어'**, **'오지방어'**, **'공간지방어'**로 구분되며, 반특공대방어시 전투행동은 한국군 특수전부대에 대한 공격, 습격, 추격, 매복, 수색, 조우전투, 지뢰전으로 구분된다.

2. 반특공대전 수행방법

반특공대전은 한국군 특수전부대를 격멸하기에 앞서 작전지역을 이탈할 수 없도록 먼저 포위 및 차단한다는 원칙하에 예상되는 행동과 위치를 탐색하여 은밀하게 포위 및 차단한 다음 공격 또는 습격과 같은 전투행동으로 격멸하는 것이 핵심이다.

한국군 특수작전부대가 행동하는 지역 인근의 군부대와 민간 무력구분대(교도대, 노농적위군, 붉은청년근위대) 및 그 밖의 부대들을 투입하여 포위 및 차단작전을 수행한다.

연합부대(구분대)는 방어지대에서 수색을 실시한 후 한국군 특수전부대에 대한 공격과 습격, 매복, 추격 등의 전투행동을 실시하며 작전 종료 후에는 전투지역을 수색하여 잔재 역량을 소멸한다.

3. 반특공대 방어활동

반특공대전은 크게 반특공대방어와 반특공대방어시 전투행동으로 구분된다. 반특공대방어는 작전지역 내 **'핵심시설을 방어하는 대상물 경비방어'**와 한국군 특수전부대가 은거할 지역을 사전에 선점하여 격멸하는 **'오지방어'**, 그리고 대상물경비방어와 오지방어, 대상물 경비방어가 편성되지 않은 지역이나 한국군 특수전부대의 공중침투가 예상되는 지역에 편성하는 **'공간지방어'**활동으로 구분된다.

이러한 반특공대방어를 수행할 때 구체적으로 나타나는 전투행동이 공격, 매복, 조우전, 습격, 수색, 추격, 지뢰전으로 하나의 전투행동이 아닌 한가지 상황속에서 다수의 전투행동을 실시하게 된다.

반특공대전을 실시할 때, 북한군은 구분대 방어진지로부터 일정간격 이격하여 각종 근무초소를 편성하고, 예비대와 수하 화력기제를 이용하여 한국군 특수전부대를 방어한다.

잠복초는 주변으로부터 조화된 위장 경계진지로서 보통 3~5명으로 조직하며 밤(낮) 또는 하루를 기준으로 경계임무를 수행한다.

비밀감시초소는 3명~1개 분대규모로 구성하여 수일(주 · 야) 또는 하루 밤(낮)을 기준으로 경계임무를 수행한다. 비밀감시초소는 잠복초와는 달리 작전을 계획한 지휘관과 참모, 경계임무를 부여받은 인원만 운용계획에 대해 알고 있으며, 비밀리에 조직되어 운용한다.

잠복초와 비밀감시초소는 원칙적으로 구축하지 않고 지형지물을 그대로 이용하나 하루 또는 수일간 경계임무를 지속적으로 수행할 경우 지형에 맞게 진지를 구축할 수 있다.

순찰은 통상 잠복초와 비밀감시초소에 편성되지 않은 구분대의 예비병력으로 실시하며 공간지 및 주요 목지점에 대해서 2인 또는 3인으로 구성하여 도보 순찰을 실시한다.

비밀감시초소와 순찰 인원들은 해당지역에 맞게 민간인 복장으로 변장하여 행동할 수 있다. 따라서 한국군 특수전부대 요원들은 북한 후방지역에서 침투를 하거나 작전지역으로 이동 및 정찰 간 생존성 보장을 위해 반드시 북한군을 비롯한 주민들과도 조우해서는 안된다.

박격포나 기타 지원 가능한 화력기재는 배속된 구분대로 조직하며 근무초소들과 독립적으로 배치된 분대를 화력으로 지원하고 방어구역으로 침입하는 한국군 특수전부대를 제압할 수 있도록 운용한다.

대대급 구분대에는 82mm 박격포가 편성되어 있어 예하 구분대를 지원하고 경우에 따라 후방군단(여단) 포병부대가 지원되어 연포대가 편성된 가운데 120mm 박격포, 122mm 및 155mm 곡사포 등의 화력을 지원받아 운용된다.

중(소)대급 구분대의 진지는 주로 감시가 용이한 고지에 구축하고 분대진지는 독립적으로 배치하여 경계하는 형태로 구축한다.

진지에는 덮개를 씌운 참호와 교통호 및 엄폐호를 설치하며 병력투입이 제한되는 지역이나 근무초소사이로 침투해 오는 한국군 특수전부대를 제압하거나 발견할 수 있도록 반보병 축성장애물과 지뢰장애물을 통합하여 운용한다.

반보병 축성장애물은 나무장애물과 함정을 비롯한 여러 가지 장애물을 통합하여 위장되게 설치하고 반보병지뢰와 신호지뢰, 폭뢰 등을 설치하고 박격포병 및 저격무기 화력을 준비한다. 또한 전방과 측방에 수류탄과 인계철선을 이용한 반보병지뢰(크레모아)를 설치한다.

도(道) 경계상의 주요도로와 통행이 빈번한 주요지점, 지역 출입구 등에 차단소를 설치하여 통행자에 대한 신분을 확인한다. 안전기관 및 군부대 합동으로 5~6명이 배치되어 24시간 운용되며 통상 2명 1개조로 "조"를 편성하여 근무한다.

평양지역의 경우 호위사령부요원이, 기타 후방지역에서는 군부대와 안전기관에서 합동으로 운용한다.

차단소 좌·우측에는 벙커를 구축해놓고 기관총을 배치하여 운용하며, 운행차량의 적재물 및 탑승 인원과 군인 및 주민 등 통행자의 여행증 및 공민증을 확인하고 통제한다.

통행인이 많은 차단소는 검문검색 강화 및 초소인원을 증가하여 공민증(주민등록증), 여행 증명서를 확인하고 휴대품을 검열한다. 따라서 한국군 특수전부대가 차량 또는 기타 수송수단을 이용하여 이동 할 경우 이와 같은 차단소에 대한 극복대책을 반드시 수립할 필요가 있다.

예를 들면 수송수단을 협조하여 비밀리에 인원과 물자를 이동시켜야하는 비밀호송(Ratline)은 현지 북한주민과 동일한 공민증 및 여행자 증명서를 위조하여 휴대함으로서 차단소 경계인원으로부터 의심을 회피할 수 있도록 준비해야하며, 위장된 신분에 맞는 가장(변장)도 반드시 필요하다.

주민신고망은 한국군 특수전부재의 침투에 대비함은 물론 자체의 반 간첩활동의 일환으로 중첩되게 운용하고 있다. 주민신고체계는 인민반 및 직장 단위별로 조직되어 있으며, 직접 신고 및 사업소내 전화를 이용하여 신고할 수 있다.

주민감시체계는 국가 안전보위부와 인민보안성에서 주관하고 있으며, 마을 리·동 아래 20~40세대 단위로 인민반을 조직하여 주민 통제수단으로도 활용하고 있다.

반특공대 방어

반특공대방어는 한국군 특수전부대가 후방지역에 침투하여 은거지를 점령하거나 지역 내 **'중요대상물'**을 습격 및 파괴하지 못하게 할 목적으로 진행하는 작전형태를 말한다.

북한군은 반특공대방어 임무를 수행하기 위해 지역 내 주요고지, 한국군 특수전부대가 은거할 만한 지형 등에 잠복초 또는 비밀감시초소를 운용하며, 구분대의 예비대를 이용하여 주요지점에 대한 순찰을 실시하고 경계가 제한되는 사각지대에는 장애물을 설치한다.

1. 대상물 경비방어

북한군의 대상물 경비방어는 한국군 특수전부대의 습격 및 파괴활동으로부터 방어지역 내에 위치한 중요대상물(핵심시설)을 지키기 위해 실시되는 방어전술을 말하며, 수행주체에 따라 대상물 결비방어 시설을 분류한다. 수행 주체에 따라 분류한 대상물 경비방어 시설 현황은 【도표 3-35】와 같다.

【도표 3-35】 수행 주체에 따라 분류한 대상물 경비방어 시설 현황

수행주체	대상물 경비방어 시설
군부대	미사일기비, 전탐기지, TBM 저장시설, WMD 개발시설 등
전문경비부대 (인민경비대)	금수산 기념궁전(김정은 궁전), 노동당 청사, 특각 등
민간무력 구분대 (예비전력)	지역 내 주요공장, 기업소 등 생산기관
안전기관 (인민보안성)	터널, 역, 변전소, 급수시설 등 사회기반시설

군부대에 의해 방어되는 TBM(미사일발사대)저장시설과 WMD(대량살상무기) 개발시설의 경우 후방지역 방어부대 중에서도 전투력이 우수한 자로 편성된 경보병부대나 저격여단에서 대상물 경비방어를 실시한다.

최고사령관을 비롯한 북한 고위급 지도부 인원들이 각종 회의 및 지휘통제시설로 활용하는 특각의 경우 호위사령부와 지역 인민경비대, 인민보안성에서 방어한다.

대상물 경비방어는 한국군 특수전부대 요원, 정찰인원과 그 밖의 불순분자들이 대상물로 침입하는 것을 발견하여 타격할 수 있도록 조직하는 것으로, 내부경비방어와 외부경비방어, 외부경계로 구분하여 종심 깊게 편성한다.

또한 병력에 의한 경비 및 방어초소와 박격포와 같은 화력기재, 반보병지뢰 등의 장애물을 통합하여 견고하게 편성한다.

내부경비방어는 한국군 특수작전부대와 정찰인원 및 기타 시설물에 위협을 주는 대상물을 침입하지 못하게 방어하고, 습격 및 파괴행위로부터 방어하기 위하여 조직한다.

내부경비방어는 대상물로부터 가장 근접한 곳에 편성되어 방어선을 형성하며, 통상 수류탄 투척거리인 20~30m 정도 대상물과 이격되며 유리한 지형지물을 따라 차단물을 설치한다.

내부경비방어의 초소는 외부근무 초소와 내부근무 초소로 나누어 편성한다. 외부근무 초소로는 잠복초, 비밀감시초소, 순찰 등이 운용되며, 내부근무 초소로는 경비대상물별로 보초를 배치하며 경우에 따라 군견초소를 추가배치 운용한다.

외부근무초소는 장애물 지역을 따라 한국군 특전부대의 예상 침투로상에 배치하고, 초소간의 공백을 순찰을 통해 보완한다. 도로에는 차단소를 운용하며, 감시조건이 좋은 언덕 및 고지에는 감시초소를 배치하여 운용한다. 또한 대상물 경계의 중요도에 따라 위장된 진지내에 대공방어 수단인 고사포(총)을 배치하여 운용한다.

외부경비방어는 한국군 특전부대의 기관총 화력으로부터 대상물을 보호하기 위해 조직하며, 경비방어부대와 대상물 관리부서 일부 부대 및 증원된 민간무력구분대들로 편성한다.

외부경비방어는 대상물로부터 기관총 사거리를 고려하여 1km 내외로 이격된 지역을 따라 외부경비 방어선을 선정한다.

또한 침입하는 한국군 특전부대를 격멸하기 유리한 고지나 능선에는 소규모 부대를 배치할 수 있는 독립적인 방어진지를 구축하고, 예상침투로상에는 비밀감시초소 또는 잠복초를 운용하며 공간지에는 장애물을 설치하여 방어한다. 지원된 구분대의 예비대는 취약지역에 대한 감시와 순찰을 실시한다.

외부경계는 대상물 경비방어체계 중 가장 원거리에서부터 침투해 들어오는 한국군 특전부대를 식별하는 방어체계로서 조기에 발견하여 지휘부에 보고하고, 보고받은 지휘부가 내부경계를 강화할 시간을 제공한다. 통상 한국군 특전부대의 박격포 사거리를 고려하여 조직하며, 민간무력구분대 위주로 편성하여 작전을 진행한다.

외부경계는 경비방어 대상물로부터 한국군 박격포 사거리를 고려하여 2~3km 이격된 곳에 조직한다. 외부경계를 위하여 한국군 특전부대가 침투해 들어올 수 있는 예상 침투로상 잠복초, 비밀감시초소, 차단초소, 순찰 근무 등을 편성하지만 작전반경이 상대적으로 넓기 때문에 반드시 공간지가 발생하게 되는데 한국군 특수전부대는 이러한 공간지를 잘 판단하여 침투해야만 생존을 보장받고 원활한 특수전을 실시 할 수 있다.

2. 오지방어

오지방어란 한국군 특수전부대가 은거지를 점령할 목적으로 깊은 산의 인적이 드문 곳으로 침투할 것을 예상하여 실시하는 반특공대 방어의 한 형태이다. 즉, 한국군 특수전부대의 은거지 점령을 방해할 목적으로 북한군이 사전 선점하여 방어하는 활동이다.

북한군은 한국군 특수전부대의 입장에서 은거지로 선정할 수 있는 지역을 선정하여 그와 환경이 유사한 지역에서 오지방어를 실시한다. 오지방어을 위한 병력규모는 통상 증강된 보병소대급에서 보병 중대급으로 편성한다. 북한군이 판단하고 있는 한국군 특수전부대 은거지 선정 지역은 【도표 3-36】과 같다.

【도표 3-36】 북한군이 판단하고 있는 한국군 특수전부대 은거지 선정지역

구 분	은거지로 선정할 수 있는 지역
적 위 협	주민으로부터 이격된 깊은 산골
생 존 성	산림이 우거지고 식수획득이 용이하여 은거에 유리한 곳
도 주 로	중요한 산줄기나 능선이 연결되어 사방으로 기동하고 용이한 곳

오지방어을 위해 중(소)대는 지형지물과 화력 및 장애물을 효과적으로 이용할 수 있도록 큰 고지와 연결된 능선, 고지, 계곡, 수원지 및 자연동굴 등을 방어할 수 있도록 편성한다.

소대는 주요고지로부터 반경 2~3km, 중대는 반경 4~5km 안팎의 범위에서 방어진지를 편성한다. 이때 중(소)대는 고지로부터 2km이상 떨어진 봉우리에 1개 소대(분대)까지 규모를 추진하여 배치하기도 한다.

오지방어를 책임지고 있는 부대는 각종 경계진지들과 예비대, 수하 화력 장비들로 편성한다. 경계 진지에는 잠복초와 비밀 감시초소가 있으며 소대(중대)로부터 2km, 독립으로 배치된 분대로부터 1km 안에 배치한다.

오지방어 진지는 비밀리에 구축하고, 위장을 실시하며, 진지 구축은 밤이나 잘 보이지 않는 시기를 이용하여 은밀하게 구축하고 축성물들은 지형지물을 이용하여 주위 환경과 조화되게 구축 및 위장하며 흙과 나무로 설치하고, 기만을 위하여 위장진지를 구축한다.

예하 화력기재는 배속된 박격포병 부대로 조직하며 초소들과 배치된 분대를 화력으로 지원하고 방어구역으로 침입하는 한국군 특수전부대를 제압할 수 있도록 운용한다.

오지방어시 중대에는 대대예하의 82mm 박격포소대가 배속될 수 있으며, 경우에 따라 중대에는 후방군단(여단) 포병부대가 지원된다.

예비대는 중(소)대에서 근무초소에 투입되지 않은 중(소)대로 구성하며 중(소)대장 감시소에서 감시근무를 수행하고 필요시에는 순찰과 그 밖의 임무를 수행한다.

오지방어시 중(소)대는 시각 신호(수기, 신호탄, 예광탄, 플래시 불빛, 신호 등)을 기본으로 하고, 소리신호와 유선통신 수단들을 여건에 맞게 합리적으로 이용하며, 중대에서는 이밖에 무선통신을 이용한다. 시각신호 장비와 소리신호 장비를 이용할 때에는 비밀을 철지히 보장하면서 신호내용을 필요한 곳까지만 보낸다.

한국군 특수전부대 발견시 접근하는 한국군 특전부대가 소수일 때는 근접하여 기습사격으로 제압하고, 필요시 포로로 생포하도록 한다. 다수일때는 수류탄 투척거리까지 접근시키고, 기습으로 폭발장애물을 폭파시키는 것과 동시에 집중사격과 수류탄으로 강력한 화력을 집중한 후 과감한 돌격으로 제압한다. 도주시에는 화력으로 타격하면서 기계획된 신호로 보고하고 포 지원사격을 요청한다.

지뢰가 폭발되었거나 징후가 발견되면 근무초소와 감시소에서 즉시 상급지휘관에게 보고하고, 감시와 청취로 확인하며 그 결과를 신속히 보고하고 필요한 제반 대책을 강구한다.

보고를 받은 지휘관은 즉시 순찰조를 파견하여 확인하며 야간에는 날이 밝은 다음 순찰조를 파견한다. 순찰조는 지정된 통로를 따라 이동하면서 지형지물을 주의깊게 관찰하며, 수상한 흔적이나 징후를 발견하면 곧 감시와 화력지원을 준비시키고 추가적인 대비를 한다.

순찰할 때 발견한 흔적을 보존하면서 지휘관에게 보고하며 순찰조는 오지방어지역에 들어온 인원에 대해서도 무조건 단속하고 상급지휘관에게 보고한다.

방어지역에 침투한 한국군 특수전부대는 예비대와 수하화력기재 및 해당지역의 근무초소자가 제압한다. 도주시에는 포병과 사거리가 미치는 모든 무기의 화력을 집중하여 제압하고 즉시 추격을 실시한다.

한국군 특수전부대가 우세한 화력으로 공격시 근무초소 구성원들을 순차적으로 고지로 철수시키면서, 공격하는 한국군 특전부대를 포획 및 저격무기의 집중사격으로 제압하며, 고지를 견고히 방어하기 위한 대책을 강구한다.

한국군 특수전부대 제압 후 오지방어 지역으로 침입한 한국군 특수전부대를 제압한 후에는 반드시 전투지역을 수색하여 숨어있는 한국군을 완전히 섬멸한다.

포로와 노획한 무기 및 기타 장비들은 모두 집결시켜 상급지휘관에게 보고하며 철수는 지휘관의 명령에 의해서만 실시한다.

3. 공간지방어

오지방어와 대상물 경비방어가 편성되지 않은 지역에서 행동하는 한국군 특수전부대를 격멸하기 위한 반특공대방어의 한 형태이다.

즉 공간지방어는 오지방어지역과 대상물경비지역들 사이에 넓은 지역에서 행동하는 한국군 특수전 부대를 제압하기 위한 작전을 말한다.

공간지방어는 지역방어대의 예비대와 예하 구분대로 편성하며, 이 밖의 민간무력구분대, 사회안전기관들을 추가적으로 편성하여 운용할 수 있다.

공간지방어지역 선정시 고려사항은 강하 및 착륙이 예상되는 지역, 이동이 예상되는 주요 '목', 은거지로 활용 할 수 있는 자연동굴, 폐광, 식수터 등 이다

통상적으로 지역 책임부대가 대대일 경우에는 1개 중대규모, 여단일 경우에는 1개 대대규모가 예비대로 편성되어 그 일부가 공간지방어에 투입된다.

공간지방어에 투입되는 부대 및 규모는 책임지역 내 공간지의 중요성을 고려하여 부대운용 규모를 결정한다.

지역 책임부대의 예비대 병력으로 공간지방어에 병력을 투입하기 곤란할 시에는 민간무력구분대 및 사회 안전기관의 병력을 이용하여 군·관·민 통합으로 공간지방어를 실시한다.

한국군 특수전 부대의 공중침투(강하 및 착륙) 예상지역에는 한국군의 투입규모에 따라 1개 분대 ~ 소대규모의 매복대(조)를 편성하고, 대공 감시초소를 포함하여 투입된 규모내에서 조기에 격멸할 수 있도록 매복진지를 편성한다.

이동이 예상되는 주요 목지점에서는 잠복초, 비밀감시초소, 순찰, 지뢰지대 등을 편성하며 한국군의 은거지로 판단되는 지역에서는 식수획득이 가능한 계곡, 폐광, 자연동굴 등에는 지뢰 및 각종 부비트랩을 설치하고, 필요시 매복 및 잠복 등의 전투행동을 실시한다.

작전활동이 예상되는 지역에서는 한국군 특수전부대가 침투 · 정찰할 것으로 예상되는 주요고지와 능선의 목지점에 잠복초, 비밀감시초소를 편성 · 운용하고, 초소사이에 장애물을 운용한다. 그리고 은거 및 잠적이 예상되는 지역에 수색활동과 순찰활동을 통하여 이상유무를 확인한다.

반특공대 방어 시 전투행동

반특공대 방어 시 전투행동은 반특공대방어(대상물경비방어, 오지방어, 공간지방어) 간 지역내 모든 방어역량을 통합하여 적극적인 공세 행동으로 조기에 격멸하는 전투행동으로 공격 · 습격 · 매복 · 수색 · 조우전 · 추격 · 지뢰전 등 7가지 형태로 구분한다.

1. 공격

반특공대 방어 시 전투행동 중 공격은 북한군 후방지역 방어전술에 있어 가장 기본이 되는 전투수행방법이며, 일반적으로 대상물을 점령하거나 은거지에서 방어를 실시하는 한국군 특수전부대를 섬멸하기 위해 병력과 화력을 통합하여 실시하는 전투행동을 말한다.

일반병종 예비대(기동예비대)로 지정된 여단(대대)으로 편성 및 조직되나, 한국군 특수전부대의 규모, 방어지역의 지형조건에 따라 상이할 수 있으며, 대대급 구분대의 경우 독립적으로 편성 및 운용된다.

여단 120mm 박격포병을 예하 대대에 직속변경하며, 대대 82mm 박격포병은 중대에 직속변경하여 한국군 특수전부대를 섬멸하기 유리한 장소에 병력과 통합되도록 배치하여 운용한다.

여단(대대)의 전투서열에는 일반병종 예비대(기동예비대), 포위대(차단대), 습격대(조), 수하포병 구분대들이 포함된다. 포위대(차단대)는 보병부대와 민간무력구분대들로 수개 구분대를 조직하며 상황에 따라 공병구분대가 증강되어 운용한다. 포위(차단대)는 한국군 특전부대가 도주할 수 없도록 사방을 포위 및 차단・격멸한다.

여단 및 대대는 지휘감시소를 운용한다. 지휘감시소는 전투지역에 대한 감시에 유리하고 공격간 예하부대들을 효과적으로 지휘할 수 있는 고지에 배치한다.

공격을 실시하는 구분대는 공격 출발구역을 밤이나 잘 보이지 않는 시기에 한국군 특수전부대를 은밀히 포위 및 차단한 상태에서 점령한다.

포위 및 차단선은 감시와 사격에 유리하고 포위 및 차단 행동을 강화할 수 있는 계선을 따라 결정한다. 포위 및 차단은 한국군 특수전부대가 도주하지 못하도록 사방으로 실시하며 공격지대 가까이에 있는 예하부대 및 민간무력구분대들이 참여한다.

포위대(차단대)는 포위선 및 차단선을 점령하면 먼저 감시를 강화하고 사격진지 준비와 위장을 실시하며 지뢰를 매설한다. 공격개시 시간은 가능한 밝은 시간으로 결정하고, 포위 및 차단으로 제압한 후 전투지역을 수색한다.

지원된 포병구분대는 정해진 계획에 따라 한국군 특수전부대의 반격에 영향을 줄 수 있는 경계호 및 화기진지를 대상으로 사격을 실시하며, 습격대(조)들은 포병준비사격 밖에 있는 한국군 특수전부대의 은거지를 습격하여 통로를 확보하며, 주타격 구분대는 맹렬히 돌격하여 한국군을 섬멸한다.

북한군의 격멸전술은 먼저 한국군 특전부대가 소수일 때, 일제히 공격하는 압축 격멸전술과 비교적 많은 한국군 특수전부대를 지역별로 공격하는 분할 격멸전술, 포위된 한국군 특수전부대를 1개 방향으로 타격하면서 골짜기로 몰아 넣는 압축격멸전술을 운용한다.

2. 습격

습격은 일정한 곳에 머무르고 있는 한국군 특수전부대에 은밀히 접근하여 기습적으로 타격하여 섬멸시키는 전투행동을 말한다.

야간에 포위 및 차단을 실시하고 새벽에 주로 기습적으로 격멸한다. 습격은 주로 지역(구역)방어대의 기동예비대, 대대(중대)급 일반병종 예비대, 여단 내의 구분대들이 실시한다.

습격시 대대는 120mm 박격포 중대, 중대는 비반충포 소대, 82mm 박격포 중대, 소대는 82mm박격포 소대 또는 비반충포 소대의 역량이 복종변경되어 운용된다. 박격포와 비반충포 구분대는 예하 포병구분대와 통합운용하며, 경우에 따라 습격조(대)에 복종변경하여 운용한다.

통상 민간무력구분대는 공격과 마찬가지로 포위조(대)나 차단조로 운용된다.

2개 소대 이상의 규모는 "대"의 명칭을, 그 이하의 규모로 조직한 전투서열은 "조"의 명칭을 사용한다. 또한 병력의 규모, 지원가능 여부에 따라 추가적으로 예비대를 조직하여 운용할 수 있다.

전투서열의 기본요소가 되는 습격조(대)는 한국군 특수전 부대를 섬멸하는 임무를 수행하며 습격 대상물의 성격에 따라 여러개의 조로 편성된다. 포위조(대)는 보병구분대와 민간무력구분대로 1 ~ 수개를 조직하며 한국군 특수전부대를 도주하지 못하게 격멸한다.

예하 화력기재(구분대)는 편제 및 복종변경 된 박격포병 구분대로 조직하며 습격시에는 습격분조, 차단분조, 포위분조 등의 구분대 전투행동을 엄호 및 지원한다.

차단조(대)는 보병부대와 증원된 민간무력구분대들로 조직하며, 일반적으로 대대급 이하 구분대에서는 비반충포병부대와 82mm박격포부대가 복종변경될 수 있다. 차단조(대)는 1~5개를 조직하며 한국군 특전부대가 도주할 수 있는 목지점을 점령하고 도주하거나 외부로부터 저항하는 한국군 특전부대를 격멸하며, 지뢰와 폭발물을 휴대하여 전투를 수행한다.

예비대는 중대(대대)에서 통상 분대(소대)역량으로 조직하며 전투시 습격조(대)들을 증강하거나 불의에 제기되는 임무를 수행한다.

습격 준비 및 실시간 중대장(소대장, 대대장)은 전투임무를 부여받고 정찰시 습격대상물로 선정된 한국군 특수전부대의 상황을 파악하고 외부 및 내부경계의 조직과 배치 위치, 장애물구역, 은폐된 침투로 등을 확인한다.

습격개시신호에 따른 전투행동은 습격 개시신호는 보통 시각신호(수기, 신호탄, 예광탄, 플래시, 신호등)나 소리신호, 강력한 화력으로 타격을 한 다음 과감한 돌격으로 특수전부대 격멸, 습격 후 전투지역을 수색하여 살아남은 한국군 특수전부대를 끝까지 추격 및 격멸하는 전투행동으로 구분된다.

3. 매복

매복은 방어지대(구역)로 침입과 이동하는 한국군 특수전부대를 격멸하기 위해 실시하는 전투행동이며 구역 방위대와 대대의 기동예비대 또는 중대 예비대에 의해 실시된다.

중대에는 82mm 박격포 소대~중대, 비반충포 소대가 복종변경 되어 화력지원 구분대로 운용된다. 82mm 박격포소대는 분대단위(1문)로 매복조에 배속되며 중대에 82mm 박격포나 비반충포 구분대가 배속되지 않았을 때에는 보통 중대장의 예하 82mm 박격포를 운용한다.

비반충포 소대는 조별(2문씩)니아 건제로 매복조에 배속되고 경우에 따라 중대장의 수하화력기재로 이용한다.

북한군의 매복장소 선정은 먼저 일반적으로 상상할 수 없는곳으로 측방, 고개입구, 오솔길주변, 특별한 지형지물없는 구간을 선정하고 은거지로 이용할 수 있는 자연동굴과 식량획득 가능한곳, 대상물 주변(지휘소, 유도무기 진지, 군수공장, 비행장등)시설, 강하(착륙) 예상되는 언덕의 안부지역, 평평한 산 고지, 매복 간 위장이 용이한 지역을 매복장소 선정한다.

지형과 구분대의 전투역량에 따라 일변 매복, 양면 매복 또는 여러면 매복의 형태로 구분하여 실시된다.

일면매복은 이동이 예상되는 경로상의 어느 한쪽 방향으로 배치하는 형태이다. 지형 여건이 양면 또는 원형 매복이 불가능할 경우와 한국군 특수전부대이 반드시 통과할 것으로 예상되는 지점에서 실시된다.

양면매복은 험준한 계곡이나 애로지점 등 한국군의 이동이 예상되는 지역의 양쪽면에 병력을 배치하는 형태로서 충분한 병력이 가용할 때 실시하며 한국군 특수전부대가 충분히 살상구역 내로 진입하였을 때 일제히 공격하여 섬멸한다.

여러면 매복은 산으로 둘러싸인 분지나 삼차로 등 습격지점을 중심으로 삼면 이상 병력을 배치하는 형태로서 많은 병력이 소요된다. 이러한 여러면 매복은 통상 한국군 특수전부대를 유인하여 섬멸하는 형태로 진행되며, 사정거리 내로 진입하면 일제히 사격한다.

매복시 전투서열은 매복시 중대(소대, 분대)의 전투서열은 매복조(분조), 차단조(분조)로 구분되며 중대(소대)는 추가적으로 예하 화력기재를 가지고 있다.

매복조 배치방법은 매복조(분조)는 구분대의 기본역량과 기재를 할당하며 중대(소대)에서는 여러 개의 매복조(분조)를 조직할 수 있으며 배치방법은 매복조(분조)를 양면 또는 여러 면에 배치할 때 에는 서로 다른 높이에 배치하거나 상호 마주 향하지 않도록 교차하여 배치한다.

차단조(분조)는 매복구역에서 도주하는 한국군 특수전부대를 적시에 발견하여 격멸하며 자체방어에 유리하고 여러 방향으로 사격할 수 있게 배치한다.

차단조(분조)와 매복조(분조)간의 거리는 지휘와 화력연계의 가능성을 고려하여 선정, 수하화력기재는 사격에 유리한 고지(능선)에 배치한다.

매복조(분조)들 사이나 중대장(소대장)감시소와 가까운 곳에 배치하며, 비반충포 부대는 이동하는 한국군 특수전부대의 중대를 직접 조준사격으로 격멸할 수 있게 배치한다.

전투준비 및 실시는 매복 시 통상 중대장은 집결구역에서, 소대장(분대장)은 매복구역에서 전투를 지휘하고 통제한다.

타격시기는 매복조(분조)는 한국군 특수전부대의 전방경계조가 이동하고 본대가 살상지대에 진입했을 시 집중사격으로 격멸하며, 이때 박격포는 매복조(분조)의 사격개시

시점을 기준으로 계획된 화력을 지원한다. 또한 감제고지 및 사격이 유리한 지역에 배치된 비반충포는 직접 조준사격으로 한국군 특수전부대를 격멸한다.

한국군 특수전부대가 매복구역으로 부터 도주 할 경우에는 그 방향에 배치된 차단조의 화력과 포병화력으로 차단하며 일부 구분대는 한국군 특수전 부대를 추격하여 격멸한다. 매복전투가 종료되면 전투지역을 수색하여 격멸한다.

4. 수색

수색은 숨어있는 한국군 특수전부대를 찾아내어 격멸하는 전투행동으로 주로 한국군 특수전부대의 은거지나 임무지원지점, 감시소 등을 대상으로 실시된다.

수색은 진행하는 지형과 병력, 판단된 한국군 특수전부대의 이동, 기도 등에 따라 한면수색, 양면수색, 원형수색으로 구분한다.

한면수색은 수색지대(구역)의 어느 한쪽으로부터 맞은편을 향하여 실시하는 수색방법으로 일면수색이라고도 한다. 가용병력이 충분하지 않을 시에 실시되며, 수색 간 한국군 특수전부대의 도주가 예상되는 주요 목지점 상에 차단조가 매복되어 있어 접근하는 한국군 특수전부대를 격멸한다.

양면수색은 수색지대(구역)의 양쪽에서 실시되는 수색방법으로 충분한 병력이 가용하고 수색에 양호한 지역, 한국군 특수전부대의 활동이 확실시 되는 지역에서 주로 실시된다.

원형수색은 크게 두가지 방법이 있으며 지형과 상황에 따라 방법을 달리하여 수색하는 전술이고 한국군 특수전부대가 일정한 고지군 일대에 은거하고 있거나 작전활동을 하고 있을 경우 실시하는 수색형태이다.

원형수색은 지형의 특성을 고려하여 일반적으로 낮은 지역에서 높은 지역일대로 수색하며, 양방향에서 어느 한 지역을 중심축으로 수색해 나가는 방법이다.

낮은 지역에서 높은지역으로 기동하기 때문에 수색속도가 다소 느린 특성이 있다. 한국군 특수전부대는 이러한 수색 구분대의 취약점을 역이용하여 신속하게 작전지역을 이탈하여야 하며 이를 위해 작전 실시간 적의 수색에 대비하여 도주로를 잘 판단하여야 한다.

또 다른 원형수색은 양면수색 또는 한면수색을 실시하여 평지로부터 고지까지 수색을 완료하고, 한국군 특수전부대를 식별하지 못하였을 경우 실시할 수 있다. 수색지역 내 한국군 특수전부대의 은거가 의심된다거나 추가로 세밀한 수색이 요구될 때 실시한다.

고지에서부터 평지로 내려가면서 하향식으로 수색이 진행되기 때문에 수색 속도가 빠르며, 지역내 한국군 특수전부대와 조우시 유리한 지점에서 교전을 실시하게 된다.

그러나 고지에서 평지로 수색할수록 개인 또는 수색조가 담당해야 하는 수색정면이 확장되는 특징이 있다. 따라서 한국군 특수전부대는 적이 고지에서부터 내 훑는 수색을 실시 할 경우, 미리 선정해 놓은 예비 은거지 또는 은·엄폐가 확실한 지역으로 신속히 이동해야 생존성을 보장 받을 수 있다.

그리고 평지에 가까워질수록 수색조 또는 수색병력 간 거리가 이격되는 특징을 이용하여 수색간 발생되는 공간지를 잘 판단하여 숨어 있다가 도주해야 한다.

원형수색은 전면수색이라고도 하며, 충분한 병력이 가용하나 지형특성상 능선이 잘 발달되어 한국군 특전부대의 예상 도주로가 다수일 경우 사용하는 수색방법이다.
사방에서 수색하기 때문에 반드시 한국군 특수전부대가 은거하거나 작전활동을 실시하는 지역에서 실시되며, 양면수색과 마찬가지로 크게 두가지 수색방법이 있으며, 작전상황과 지형여건에 따라 방법을 달리하여 수색한다,

원형수색은 일정한 고지군에서 한국군 특수전부대의 은거지 활동 및 작전활동이 확실할 경우 실시한다.

주요지점에 차단조가 매복하여 한국군 특수전부대의 이동을 차단하며, 수색조는 잘 발달된 지맥과 능선을 중심으로 평지에서 고지군으로 수색활동을 실시한다. 평지에서 상향식으로 기동하기 때문에 다소 수색시간이 장시간 소요된다.

또한 한국군 특수전부대는 수색조와 조우시 상대적으로 유리한 지역에서 조우하게 되므로 근접사격시 제압에 용이하다. 하지만 수색조 제압 후 도주시 각 주요 지맥상에 차단조가 매복해 있어 반드시 유의해야 한다.

원형수색은 내 훑는 양면수색과 마찬가지로 평지에서 고지로 상향식 수색을 완료한 구분대가 한국군 특수전부대를 발견하지 못하였으나, 지역내 작전활동을 하고 있을 가능성이 높을 경우 또는 한국군 특수전부대의 흔적을 발견했을 경우 고지로부터 차단조가 배치된 지역까지 발달된 능선 및 지맥을 따라 의심 지역을 수색하는 방법이다.

고지에서 수색해 내려오는 북한군과 조우시, 한국군 특수전부대는 상대적으로 불리한 위치에서 교전하게 될 가능성이 높으므로 사전에 도주할 수 있는 방향을 잘 파악하고 있어야 하며 평지에 가까워질수록 적 방어부대가 수색해야 하는 반경이 넓어지므로 이러한 특성을 잘 판단하여 은폐 및 도주하여야 한다.

수색 간 한국군 특수전부대가 예상치 못한 방향으로 도주시, 끝까지 추격하여 격멸하며, 미 식별시 일정 간격을 두고 동일지역에 대한 수색활동을 반복하며 중대급 구분대는 독립적으로 수색을 실시할 수 있고, 주요 지형지물(동굴, 독립가옥)에 대해서 수색조(분조, 대)와 차단조(분조)를 편성한다. 통상 수색대는 2개 소대를 편성하고 수색분조는 1개 소대 ~ 분대급 구분대로 편성한다.

차단조(분조)는 한국군 특수전부대가 도주할 것으로 예상되는 주요 이동로상에 배치하며 1개 소대 ~ 분대급 구분대로 편성하여 운용한다. 또한 수색 간 정면이 확장될 경우와 한국군 특전부대와 조우 시 엄호조(1개 소대급)가 편성되어 공간지에 대한 경계와 전투간 병력을 지원한다.

북한군은 방어구역을 수색할 때는 원칙적으로 밤에 적을 포위하고, 날이 밝음과 함께 수색 시작, 수색방향의 지령지물(독립가옥, 계곡 등)을 면밀히 수색, 적 발견시 가까이에 있는 구분대로 소멸, 적이 달아나면 추격하여 소멸하는 특징을 갖는다.

따라서, 한국군 특수전 부대는 적의 포위망이 형성되면 수색활동이 활발한 주간보다는 야간에 도주하는 것이 바람직하다고 판단할 수 있으며, 작전 실시간 지형분석을 통해 수개의 도주로를 구상하여야 생존성을 보장할 수 있다.

5. 조우전

조우전은 반특공대방어를 실시하는 구분대의 방어구역 내에 편성된 감시초소(잠복초, 비밀감시초소)나 순찰 등에 의해 한국군 특수전부대를 식별시 격멸하기 위한 전투 행동이다.

북한군은 한국군 특수전부대와 조우하게 되는 경우를 다음과 같이 판단하고 있으며, 상시 조우전에 대비한 병력지원을 위해 지역 구분대 병력의 1/3 역량규모의 예비대를 편성하여 운용한다.

또한 조우전을 실시할 때, 한국군 특수전부대를 소멸하기 위해 한국군 특전수부대의 역량이 우세할 경우 도주하지 못하도록 근접전을 실시하며, 예비대의 지원을 받아 소멸하고 한국군 특수전부대가 도주할 경우를 대비하여 일부를 우회시켜 차단하며, 끝까지 추격을 실시하는 원칙에 의해 전투행동을 실시한다.

6. 추격전

추격은 한국군 특수전 부대에 대한 공격, 습격, 매복, 수색과 더불어 도주하는 한국군 특전부대를 소멸하기 위하여 실시하며 다음과 같은 특징이 있다.

먼저 추적과 배합하여 추격 진행, 필요시 군견 운용과 한국군 특수전부대 도주방행 및 예상 도주로 상 민간무력구분대 및 사회 안전기관 지원, 원칙적으로 낮에만 추격하고 야간에는 매복으로 전환, 수색을 동반하여 진행 등이다.

추격방법은 수색 간 의심되는 물체 발견시, 추적행동을 밀접히 배합하여 실시되며, 도주하는 한국군 특수전부대를 완전히 격멸하기 위하여 도주방향에 사전에 노농적위군, 교도대 또는 인민경비대 등을 배치하여 주요 목지점을 차단하고 군견을 운용하여 추적한다. 추적시 한국군 특수전부대를 식별하게 되면, 앞서 설명한 조우전으로 전투행동이 전환된다.

추격에는 보통 중대 이하의 구분대로 전투행동을 실시하며, 방어구역을 할당받은 구분대는 추격조(대)를 편성하며, 차단조는 도주방향에 민간무력구분대(노농적위군, 교도대, 붉은청년근위대 등)와 사회 안전기관(인민보안성, 인민경비대 등)이 배치되어 한국군 특수전부대를 소멸한다.

한국군 특수전부대의 도주방향에 신속한 기동이 필요할 경우, 우회조를 편성하는데 기동장비를 할당하여 사전에 선점하여 방어한다.

또한 한국군 특수전부대가 차량을 이용하여 도주시 이동 방향 상에 차단소와 도로 장애물을 설치한다. 그리고 변장한 한국군 특수전부대를 추격시에 인근 초소에 변장상채와 인원수를 통보하여 신원을 면밀히 확인하도록 대책을 강수한다.

따라서, 한국군 특수전부대는 차량을 이용하여 이동하거나 북한군이 의심할 경우에 대비하여 위장 및 기만대책을 반드시 강구하여야 생존성을 보장할 수 있다.

7. 지뢰전

북한 후방지역으로 침입하고 있거나, 침입하여 활동하는 한국군 특수전부대를 격멸하며, 행동을 구속하고 불안과 공포를 조성하기 위해 실시한다.

지뢰전은 모든 방어작전간 수행되는 전투행동으로서, 반특공대방어 시 시설물 주변 또는 한국군 특수전부대 침투 예상로, 초소와 초소사이의 공간지 등에 실시된다.

북한군은 지뢰전수행을 위해 예비지뢰를 항상 보유하고 있으며, 대대급 구분대에서는 별도의 관리창고를 두어 보관한다.

지뢰를 매설하는 시기는 시계가 제한된 야간에 은밀하게 매설한다. 필요시 주간에 매설하는 경우는 반드시 주변에 감시조 및 차단조를 배치하고 구역 내 반드시 한국군 특수전부대의 감시로부터 회피된 상황하에 매설할 수 있다. 지뢰전 수행 시 전투서열은 다음과 같다.

매설조는 지뢰를 설치하고 관리 및 통제한다. 감시조 및 차단조는 지뢰를 매설할 때 지뢰 매설지역으로 접근하는 인원을 통제하며, 한국군 특수전부대의 습격으로부터 매설조의 행동을 엄호한다.

IV

북한 교육

제1절

교육정책과 제도

교육 목표

북한은 광복 이후 사회주의체제 건설 과정에서부터 교육의 중요성을 강조하며 '무상의무교육제도'수립을 추진해 왔다. 북한은 '무상의무교육'을 사회주의체제의 우월성을 드러내는 제도라고 주장하였으나 1990년 경제난이 심화되면서 '무상의무교육제도'는 수업료만 없을 뿐 교과서, 학용품, 교복 등 학교생활에 필요한 물품을 개인이 구입해야 한다. 나아가 교육 기자재, 연료 등 학교 운영에 소요되는 각종 경비를 학생들이 부담하고 있다. 최근 '장마당' 등 시장이 활성화되면서 각종 부정 · 부패 현상이 학교교육에도 반영됨으로써 부정 입학과 성적 조작 등 각종 교육 비리가 행해지고 있다.

북한의 교육 제도는 사회주의 체제 유지에 필요한 인재 양성에 목적을 두고 운영되어 왔다. 이는 '사회주의 교육에 관한 테제'[1]와 '교육법' 등 교육 관련 법령에 명시된 교육의 목표와 이념에 잘 드러나 있다. 북한은 '공산주의적 인간' 양성을 위한교육정책 시행에 관한 제반사항을 규정한 법령을 제정하였다. 북한의 교육 관련법령은 취학전 교육, 초중등학교교육, 고등교육, 성인교육 등 분야별 교육목표, 교육과정 및 내용, 행정 및 운영 체계 등에 관한 사항을 명시하고 있다.

1) 논리를 전개하기 위한 최초의 명제

김일성 시기 북한 교육은 '사회주의 교육에 관한 테제(1977)'에 따라 '공산주의적 새 인간형'육성을 목표로 했다. 김정일 시기에는 기존의 교육 목표였던 '공산주의적 새 인간형'을 '주체형의 새 인간'으로 변경했다.

2012년 김정은 시기 첫 해에는 12년제 의무교육을 실시를 발표했다. 2013년 '전반적 12년제 의무교육강령'을 제시한 후 단계별 시행을 거쳐 2017년 '전반적 12년제 의무교육 전면시행'을 공표했다. 김정은 시기에 들어오면서 교육 예산이 증가하는 등 교육 부문에 대한 관심이 더욱 높아지고 있으며, 북한의 교육정책과 교육과정에 있어서 다양한 변화들이 생겨나고 있다.

2019년 개정 사회주의 헌법을 통해 기존의 견결한 혁명가, 지덕체를 갖춘 주체형의 새 인간을 목표로 했던 것에서, 참다운 애국자, 지덕체를 갖춘 사회주의건설의 역군으로 교육 목표를 변경했다.

김정은 시기의 교육정책은 '김일성-김정일주의자'로 자라나게 하기 위한 사상교육을 강조하면서도, 동시에 영어와 과학 · 기술교육, 교육정보화 추진을 강화하고 있는 특징이 있다.

교육행정 체계

북한의 교육행정은 노동당의 지도에 의해 수립되고 집행된다. 북한은 당-국가 체제로서 당이 국가 기구와 사회조직 일체를 통제 · 지도하고 있다. 이에 따라 교육정책의 수립과 지도는 노동당 중앙위원회 산하 과학교육부가 담당한다. 교육정책의 집행 및 행정은 내각의 교육위원회에서 담당하고 있으며 각급 교육기관은 당과 내각의 지도아래 교육을 실시한다.

북한의 교육행정 체계는 당, 내각, 학교 등으로 구성되는 3원 구조에 기초하고 있다. 당은 감독과 지시를 하고, 내각은 당의 지침에 따라 교육정책을 수립 · 구체화하며 학교는 당과 내각의 교육정책을 실시한다. 북한의 교육행정 체계는 【그림 4-1】과 같다.

【그림 4-1】 북한의 교육행정 체계

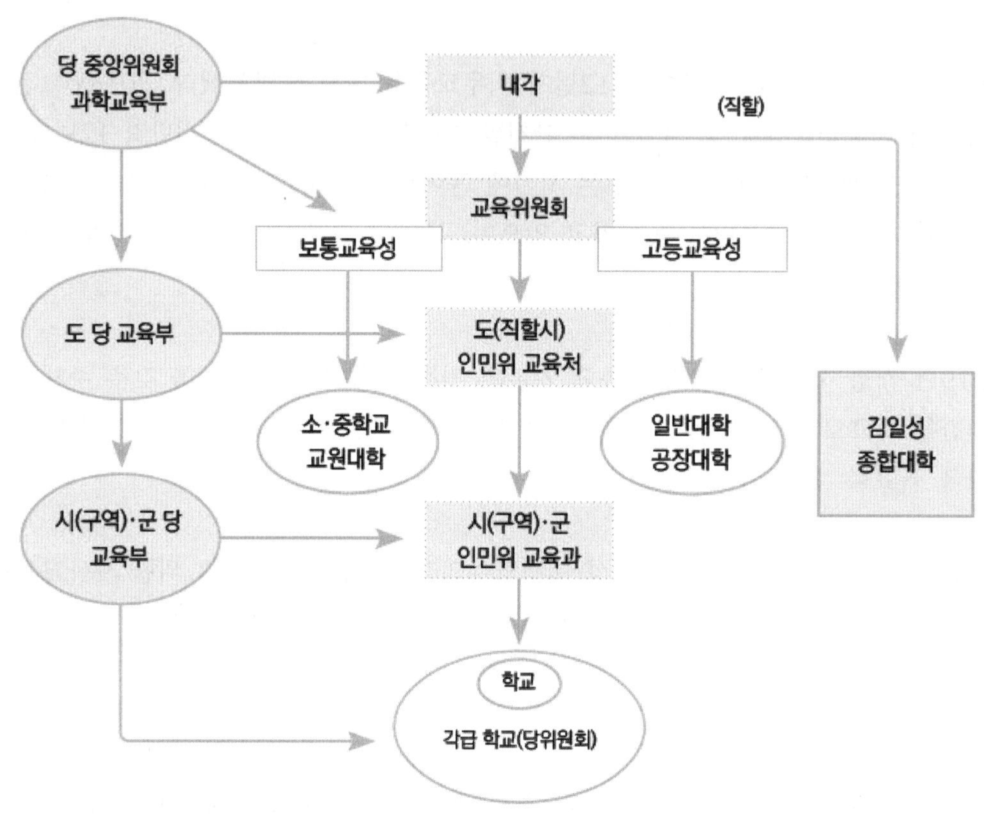

출처 : 통일부 통일교육원 북한이해

1. 노동당

교육과 관련된 당 중앙위원회의 결정을 하급 당 위원회와 내각에 지시 · 전달한다. 북한 체제의 특성상 당은 내각이나 일선 학교에 대해 권한을 우선 행사하고 인사나 교육 문제를 다룬다. 이에 따라 모든 학교는 형식상 교장이 책임을 지고 행정과 재정을 총괄하지만 실권은 학교에 파견된 당 위원회 위원장인 부교장이 교원들의 조직생활을 관리하고 사상교양 사업을 담당하고 있다.

2. 내각

행정 · 실무 업무는 내각의 교육위원회가 관장한다. 교육위원회 산하에 보통교육성과 고등교육성이 있다. 보통교육성에서는 유치원과 소학교·중학교 및 교원대학, 고등교육성에서는 일반대학과 사범대학을 각각 관장한다. 교육성은 교육 지침을 각 도 인민위원회 교육처로 하달하고, 인민위원회 교육처는 해당 시·군·구역 인민교육과로 송부한다. 각급 학교는 최종 하달된 내각의 교육지침에 따라 교육이 실시된다.

3. 학교

학교는 당과 내각의 지도 및 통제를 받아 교육을 실시한다. 학교의 행정조직은 학교장과 학교 단위 초급당위원회 위원장인 부교장, 각 분과와 경리주임 등으로 이루어져 있다. 중학교는 교과별 분과, 소학교는 학년별로 분과가 조직되어 있다. 또한 학교 당위원회가 있고, 이 당 위원회 산하에 교원사회 단체 및 학생사회 단체 등 사회·정치 활동 조직이 있다.

이와 같이 노동당이 실제 학교 운영 전반에 대해 지도·감독한다. 이에 따라 학교 당위원회 위원장은 학교 관리·운영의 책임자인 교장의 권한을 능가하기도 한다. 이런 점에서 북한의 교육행정 전반에 대해 당이 지도감독하고 있으며, 학교는 당의 정책과 노선을 관철하는 도구에 불과하다

교육 학제

북한의 학제는 5-6-4(6)년제이다. 소학교 5년, 중학교 6년, 대학교 4~6년으로 구성된다. 1972년부터 유치원 높은 반 1년, 소학교 4년, 중학교6년, 대학교 4~6년 등 11년제 의무교육을 실시해 오다 김정은 집권 후 최고인민회의 제12기 제6차 회의(2012.9.25.)에서 '전반적 12년제 의무교육'을 시행하는 법령 발표했다.

이 법령을 근거로 하여 2013년에 시범운영하고 2014년부터 전면 시행되었다. 현재 시행 되고 있는 북한의 학제(교육)은 소학교 5년, 초급중학교 3년, 고급중학교 3년으로 운영되는 보통교육과 고등전문학교 이상의 고등교육, 그리고 엘리트를 양성하는 특수교육 (영재학교, 외국어학교, 예·체능 분야의 특기자 교육, 출신성분에 따른 특수교육

등)으로 구분된다. 북한의 학제의 세부내용은 【그림 4-2】와 같다.

【그림 4-2】 북한의 교육학제

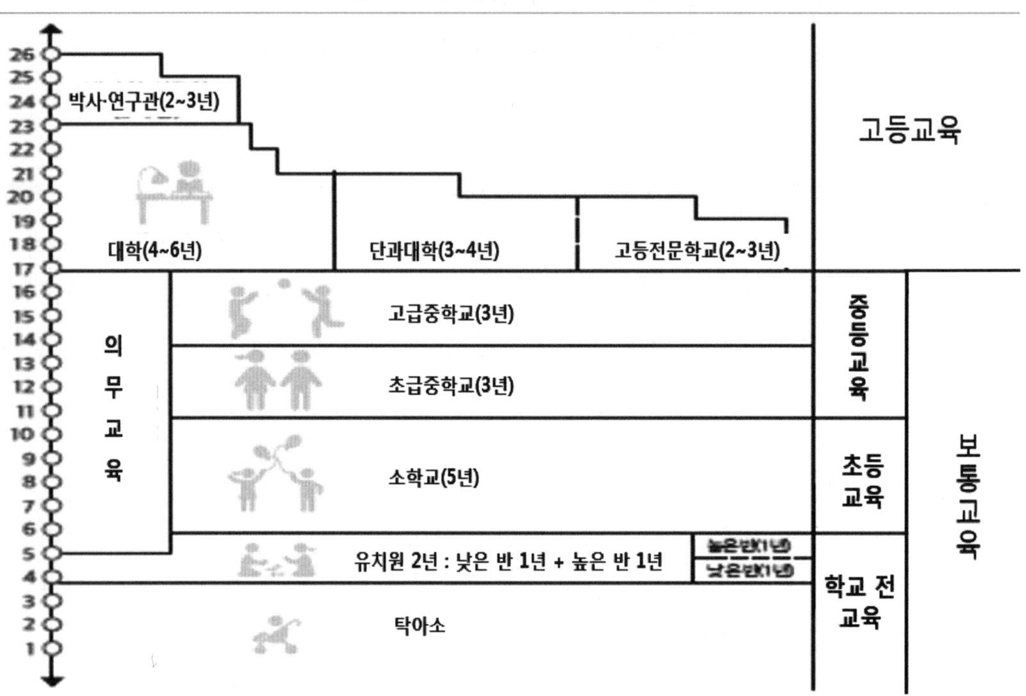

출처 : 통일부 통일교육원 2020북한이해

북한의 학제를 한국과 비교해 보면 소학교는 초등학교, 초급중학교는 중학교, 고급중학교는 고등학교, 고등전문학교는 전문대학, 단과대학과 대학은 한국과 같고, 연구관은 한국의 석사과정, 박사는 한국의 박사과정과 같다.

북한의 학기는 개학일이 4월 1일이다. 방학은 여름방학 (8.1~31)과 겨울방학(1.1~2.16), 봄방학(3월 말 1주일)이 있다. 3월에 학년말 시험을 치르고, 4월 1일 새 학년이 시작된다.

1. 보통교육

북한에서 보통교육은 가장 기본적인 기초지식을 가르치는 일반 교육으로서 취학전 교육, 초등교육, 중등교육으로 구성되어 있다. 북한은 광복과 더불어 「북조선학교교육실시조치법」을 제정하여 종래의 국민학교를 인민학교로 개칭하고, 예비반 1년 과정을 포함한 6년제 인민학교를 시작으로 교육을 실시하여 왔다.

수차례 학제 개편을 실시했고, 현재 지금은 2012년에 개편된 유치원 높은 반 1년, 소학교 5년, 초급중학교 3년, 고급중학교 3년 등 유치원과 초·중등 단계를 포괄한 12년제 의무교육제이다. 북한의 의무교육은 사회의 모든 구성원을 공산주의 인간형으로 키우기 위한 수단으로서 공산주의 혁명 사상을 체계적으로 학습시키기 위함이다.

북한에서 선전하고 있는 무상교육은 모든 자원이 국가소유로 되어 있고 모든 생산물 역시 국가가 소유하여 분배하는 사회주의 체제에서 특별한 의미가 없다. 더구나 인간 발달의 전면 육성을 명분으로 들어 학생들을 교육과 생산노동을 결합시켜 각종 노력동원 활동에 동원함으로써 무상교육의 의미를 무색하게 하고 있다.

북한 학생들의 노력동원 활동은 정규교과 과정으로 채택되어 있다. 소학교 학생의 경우 학교에서의 노동뿐만 아니라 농장에서 일손을 돕기도 한다. 중학교 학생들은 농번기에 연간 4주(1~4학년) 내지 10주(5~6학년) 동안 농사지원이나 건설현장의 노력봉사를 실시하여야 하며 모내기를 하는 5월에는 '봄전투', 7월에는 '김매기 전투', 가을걷이를 하는 9월 말에는 '가을 전투' 동원되어 20~30일간 농사지원활동을 실시한다.

교재와 기자재 구입, 학교 시설 개·보수 등 학교운영을 위한 제반 비용을 학생들이 부담하여야한다, 그래서 가정 형편이 어려운 학생들은 학교 교육으로부터 소외되고 있는 실정이다. 또한 이러한 경제적 부담으로 인하여 학생들의 결석률 증가, 취학률 급감 등 학생들의 학습 전반에 영향을 미치고 있다. 이러한 교육 현실을 감안하면 북한의 무상의무 교육은 선전과 달리 그 의미가 많이 퇴색되어 있다.

북한의 교육은 1990년 이후 사회주의권 붕괴와 경제난 등 대내외 환경 변화에 적응하기 위해 외국어와 컴퓨터 등 실리 중심의 교육과 수재교육 등을 강조하고 있다. 이에 따라 소학교에서 컴퓨터와 외국어 교육을 받게 하는 한편 지역별 특성에 따라 도시와 공업지대에 위치한 중학교는 수학과 물리 분야 과목, 농촌 지역 중학교는 생물과 화학 분야의 과목에 중점을 두고 교육한다. 1980년대 중반부터 세계화, 정보화시대에 발맞추어 정보·기술 분야의 인재 양성을 위한 엘리트 교육기관을 시·군 지역까지 확대 설치하였다.

그러나 이와 같은 인재양성을 위한 엘리트 교육은 교육의 양극화를 심화시키는 결과를 낳고 있다. 외국어 · 컴퓨터 교육 등 특수교육은 우수인재양성이라는 목적 아래 실시되지만 일부 특수계층에게만 기회가 부여될 뿐 일반 학생은 소외되고 있는 실정이다.

2. 고등교육

북한의 고등교육은 1946년 9월 1일 '북조선임시인민위원회'가 김일성종합대학을 평양에 설립할 것을 결정함으로써 시작되었다. 6 · 25전쟁 후 3개년 복구건설기에는 정치 · 경제 분야의 대학들이 신설되었고, 1957년부터 시작된 5개년 계획 기간에는 중등의무교육의 전반 실시를 위하여 중등 교원을 양성하는 교원대학과 사범대학이 확장되었다.

1960년에는 경제계획 수행에 필요한 기술자 확보를 위해 일하면서 배우는 공장대학 · 야간대학 설립이 결정되었으며, 제1차 7개년 경제계획(1961~1970) 기간에 공장대학이 증설되었다. 제2차 7개년 경제계획(1978~1984) 기간에는 부족한 학교 건설을 위해 소규모 공장대학, 통신대학, 전문학교 등의 증설 되면서 현재 북한의 고등교육을 위한 대학은 김일성종합대학, 김책공업종합대학, 고려성균관 등 3개의 종합대학, 일반 단과대학, 농장대학, 어장대학, 공장대학 등 산업체 부설 현장대학이 설립 · 운영되고 있다.

그러나 북한의 고등교육(대학 진학)은 보통교육과 다른 과정과 절차를 거쳐서 이루지기 때문에 일반주민들이 고등교육(대학 진학)에 입학하기란 매우 어렵다. 보통교육은 의무교육이기 때문에 별도의 시험 없이 입학하여 고급중학교 까지 마칠 수 있으나 고등교육(대학 진학)은 입학 추천을 위한 예비시험과 각 대학의 본시험 등 입학절차를 거쳐 이루어진다.

고등교육(대학진학) 인원 선발은 내각 교육위원회가 각 대학에 본시험을 위한 수험생 수를 정해 주고, 시 · 군 인민위원회 대학 모집과는 할당한 인원수를 바탕으로 예비시험에 합격한 학생에게 수험통지서를 발급해 준다. 예비시험을 거쳐 대학 추천을 받은 학생은 전체 고급중학교 졸업생의 약 20%이며, 이 가운데 시험에 합격되어 대학에 진학하는 학생은 평균 10% 수준이다.

고등교육(대학)에 합격되는 학생들은 성적보다는 출신성분이 확실하고 가정환경이 매우 좋은 학생들이 대부분이다. 북한에서는 이들을 '직통생'이라고 부른다. 시험에 떨어지면 남학생은 군대에 입대하고 여학생은 직장에 배치된다. 재수생은 없지만 군대나 직장에 배치되었다가 사회인으로 추천을 받아 다시 대학시험에 응시할 수 있는 제도는 있다. 응시할 수 있는 대학은 보통 시험성적 순에 따라 결정되지만 인성이나 소질도 중시돼 일종의 특례 입학이 가능하다. 또한 학교별 성적 차등을 인정하는 등급제 실시로 지역별 학력 차 등을 감안하여 합격기준이 다르게 적용된다.

90년대 중반, 경제난 이후 부정 입학, 성적 조작 등 교육 비리가 확산되면서부터 대학의 입학 요건은 성적과 출신성분 이외 교재·교복·숙식비 등 각종 교육 경비, 학교 시설 관리·유지와 같은 학교운영 경비 등을 부담할 정도의 경제력이 부가되고 있다. 이에 따라 실제 명문대학 내 당·정 간부, 외화벌이 지도원 등 권력층 자녀들의 부정 입학 사례가 많은 것으로 전해진다.

3. 특수교육

북한에서는 특수한 신분과 자질이 있는 학생을 대상으로 특수교육을 실시하고 있다. 특수교육 기관으로는 수재 양성을 위한 제1중학교, 평양외국어학원, 만경대혁명학원을 대표로 들 수 있다. 이 밖에도 금성학원, 평양음악학원, 남포중앙체육학원, 김정일예술학원 등 예·체능계학교가 있다. 이들 학교에서는 무용, 음악, 조형예술, 교예 등에 소질이 있는 특기자들을 가르친다.

북한은 과학기술 분야에 영재 육성의 필요성을 인식하면서 제1중학교를 설립하였다. 제1중학교는 "뛰어난 소질과 재능을 가진 학생들을 옳게 선발, 체계적인 교육을 시키라"는 김정일의 지시에 따라 1984년 평양에 처음 설립된 후 이듬해 남포, 개성, 청진, 혜산 등 각 도 소재지와 특별시로 확대되었고, 1999년에 전국 시·군·구역에 1개교씩 추가 신설되었다.

교육은 과학, 수학, 물리 등 이과계통의 과학자 양성을 위주로 하고 있어서 제1중학교에 입학하려면 출신성분만이 아니라 과학 및 수학 성적이 우수해야 가능하다. 제1중학교에서는 특수 교재(전문대 수준)로 자연과학, 컴퓨터, 영어 등을 학습하며 졸업 후에는 김일성종합대학과 김책공업대학에서 1대 1 교육을 받으면서 농촌지원 활동과 군 입대면제 등의 혜택을 받고 과학기술 분야의 중요 사업에 종사하게 된다.

외국어를 전문으로 하는 특수교육 기관으로는 평양외국어학원과 각 시 · 도에 설치 · 운영되고 있는 외국어학원이 있다. 평양외국어학원은 6년제 중학교 과정으로 영어, 중국어, 일어, 러시아어 등 8개 외국어를 중점적으로 교육시킨다. 입학 자격은 소학교 졸업자로서 혁명 유자녀, 영웅 칭호 수여자, 영예군인 자녀들 가운데 외국어에 소질이 있는 학생이다.

2011년 1월 북한은 보통교육법 제정에 이어 12월에 고등교육법을 제정하여 강성국가 건설에 필요한 일꾼 양성과 함께 기초 과학기술과 외국어 교육 강화를 강조하였다. 이러한 흐름은 김정은 집권 이후에도 이어져 '새 세기 산업혁명을 바탕으로 지식 경제 강국 건설'을 이끌 인재 양성을 목표로 '전반적 12년제 의무교육'의 새로운 학제 시행과 함께 첨단기술 교육이 강화되고 있다.

혁명학원은 국가에 공이 있는 사람들의 자녀를 대를 이어 국가에 충성하는 인물로 양성하기 위해 세워진 특수교육 기관이다. 만경대혁명학원, 강반석혁명학원, 남포혁명학원, 새날혁명학원, 해주혁명학원 등이 있다. 만경대혁명학원은 1947년 10월 인민무력부 산하 교육기관으로 설립되어 8년제로 운영되는 특수학교이며 입학 자격은 혁명 유가족 및 당 · 정 고위 간부 자녀들이다. 이들은 입학과 동시에 모두 기숙사 생활과 엄격한 군사조직 아래 의무교육을 받고 좋은 환경 속에 대우를 받으며, 졸업 후에는 군 또는 특수 요직에 진출한다.

제2절

교육과정과 학교생활

교육 과정

북한의 교육과정은 소학교(초등교육)과정, 중학교(중등교육), 대학교육 과정으로 구분된다.

1. 초등교육(소학교)

북한의 소학교는 2018년 기준으로 4,800개를 운영하고 있으며 학생 수는 1,613명이다. 1년에 총 34주간 교육을 진행하는데 1학기는 4월 1일 개학하여 16주 교육후 여름방학을 실시하고 2학기 18주 교육후 겨울방학을 실시하며 이외에 3월 말에 1주일간의 봄방학을 실시한다. 소학교 재학 5년 동안 국어 등 총 13개 과목을 교육하도록 편성되어 있다. 특히 2008년 9월부터 소학교 3학년 이상 학생들에게 영어 · 컴퓨터 교육을 실시하고 있다.

교육내용은 크게 정치사상, 과학기술, 체육, 예능, 국방, 외국어 등 여섯 가지로 나눌 수 있다. 주당 수업시간은 국어 · 수학 · 자연 · 체육 · 음악 · 도화공작 순으로 하여 국어가 전체 수업시간의 3분의 1, 수학이 4분의 1 수준으로 두 과목의 시간 배당이 전체의 57%를 차지하고 있다.

2014년부터 적용되고 있는 소학교 새 교육과정에는 유치원 과정과 함께 교과의 통합과 탐구활동이 강조되고 있다. 음악이 음악무용으로 변경되고 새로 도입된 소학교 1학년 교과서에는 그림 이야기형식을 활용하여 탐구학습을 강조하고 있다. 특히 '경애하는 김정은 원수님 어린 시절'과목이 신설되는 등 전체적으로 정치사상 교과 시간이 소폭 증가하였다.

북한에서 사용하는 교과명 중 한국과 다르게 부르는 교과명이 있다. 한국의 과학을 자연, 실과는 정보기술, 음악은 음악무용, 미술은 도화공작, 도덕은 사회주의도덕으로 부른다. 나머지 과목은 한국과 동일한 교과 명을 사용한다. 북한의 소학교 수업모습과 교과서는 【사진 4-1】과 같다.

【사진 4-1】 북한의 소학교 수업모습과 교과서

출처 : 통일부 통일교육원 2020북한이해

북한의 교육과정은 주당 교수시간과 집중교수시간으로 구분하여 운영하고 있는데 집중교수과목은 자연, 정보기술(컴푸터)이다. 1·2학년은 자연, 4·5학년은 정보기술을 각 1주간 집중교육을 실시한다. 북한의 소학교 교육과목은【표 4-1】과 같다.

【표 4-1】 북한의 소학교 교육과정

구분	교과명	학년별 주당 수업시간				
		1학년	2학년	3학년	4학년	5학년
1	위대한 수령 김일성 대원수님 어린시절	1	1	1	1	1
2	위대한 령도자 김정일 원수님 어린시절	1	1	1	1	1

3	항일의 녀성영웅 김정숙 어머님 어린시절	1				
4	경애하는 김정은 원수님 어린시절	1	1	1	1	1
5	사회주의 도덕	1	1	1	1	1
6	수학	4	5	5	5	5
7	국어	7	7	7	7	7
8	자연	1주	1주	2	2	2
9	음악무용	2	2	2	2	2
10	체육	2	2	2	2	2
11	도화공적	2	2	2	2	2
12	영어				2	2
13	정보기술(컴퓨터)				1주	1주

출처 : 통일부 통일교육원 2020북한이해

2. 중등교육

중등교육의 경우 기본 6년제로 진행되다 2012년 학제 개편에 따라 초급중학교 3년과 고급중학교 3년으로 분리 운영되고 있다. 이에 따른 중등학교의 교육과정은 '지식경제강국'을 이끌 과학기술인재 양성을 위한 '기초과학, 컴퓨터 기술, 외국어 교육'과 자립적인 학습능력과 창조적 능력의 배양, 실험실습 교육을 강조하는 방향으로 개편되었다.

2-1. 초급중학교

북한의 초급중학교는 2018년 기준으로 2,300개를 운영하고 있으며 학생 수는 1,014명이다. 주당 수업시간이 32시간이며 교육과정은 정규 수업시간 이외 과외학습, 소년단생활, 과외체육 등으로 편성되어 있다. 교과목은 초급중학교 16개 과목으로 편성되어있다. 초급중학교 교육과목은 【표 4-2】와 같다.

【표 4-2】 초급중학교 교육과정

구분	교과명	학년별 주당 수업시간		
		1학년	2학년	3학년
1	위대한 수령 김일성 대원수님 혁명력사	2	2	
2	위대한 령도자 김정일 원수님 혁명력사		2	2
3	항일의 녀성영웅 김정숙 어머님 혁명력사	1		
4	경애하는 김정은 원수님 혁명력사	1	1	1
5	사회주의 도덕	1	1	1
6	국어	5	5	5
7	영어	4	4	4
8	조선력사	1	1	2
9	조선지리	1	1	1
10	수학	6	6	6
11	자연과학	6	6	5
12	정보기술	2주	2주	2주
13	기초기술	1	1	1
14	체육	2(1주)	2(1주)	2(1주)
15	음악무용	1	1	1
16	미술	1	1	1

출처 : 통일부 통일교육원 2016북한이해

교과목과 시수의 편성은 과학기술과 외국어 교육을 강조하는 교육과정 개정방향에 따라 수학에 이어 자연과학과 외국어 교과의 시수가 가장 많이 편성되어 있다. 외국어 교과의 경우 영어 교과의 수업시간 수 비중이 확대되었다.

2-2. 고급중학교

북한의 고급학교는 2018년 기준으로 2,300개를 운영하고 있으며 학생 수는 1,056

명이다.

주당 정규 수업시간은 34시간이며 정규시간 이외 과외학습과 청년동맹 생활과 과외체육 등의 수업이 편성되어있다. 교과목은 총 22개 과목으로 세부내용은 【표 4-3】과 같다.

【표 4-3】 북한의 고급중학교 교육과목

구분	교과명	학년별 주당 수업시간		
		1학년	2학년	3학년
1	위대한 수령 김일성 대원수님 혁명력사	3	2	
2	위대한 령도자 김정일 원수님 혁명력사		2	4
3	항일의 녀성영웅 김정숙 어머님 혁명력사		1/2	
4	경애하는 김정은 원수님 혁명력사	1	1	1
5	당정책	1주	1주	1주
6	사회주의 도덕과 법	1	1	1
7	심리와 론리			1주
8	국어문학	3	2	3
9	한문	1	1	1
10	영어	3	3	3
11	력사	1	1	2
12	지리	1	1	1
13	수학	5	5/4	4
14	물리	5	4	2
15	화학	3	4	2
16	생물	3	3	3
17	정보기술	2	1	1
18	기초기술	2주	3주	3주
19	공업(농업)기초			4
20	군사 활동 초보		1주	1주
21	체육	1	1	1
22	예술		1	1

출처 : 통일부 통일교육원 2016북한이해

3. 고등교육 (대학교육)

북한의 단과대학은 2018년 기준으로 160개이며 종합대학은 330개이다. 대학생 수는 단과대학생이 186명, 종합대학생이 333명이다. 교육과정은 학교와 전공별로 다르나 대체로 정치사상 교과, 일반 교과, 일반기초, 전공기초, 전공 등 다섯 가지 영역으로 구분되어 있다. 정치사상 교과와 외국어, 체육 등 일반 교과는 전공과 무관하게 모두 이수해야 한다.

일반기초 과정은 전공 학과의 특성에 맞게 지정한 과목과 전 대학에 규정된 공통 과목으로 구성된다. 전공기초는 전공에 필요한 준비 과목으로 강좌별로 결정되고 전공은 지정과목과 선택 과목이 있다.교과영역별 수업시간 비중을 보면 대학의 설립 목적이나 성격에 따라 교과 영역비중이 다르지만 보통 정치사상 교과 25%, 일반 교과(외국어, 체육) 10~15%, 일반기초 10~40%, 전공기초 10~40%, 전공 10~15% 등이다.

북한은 정보화 추세에 부응하여 실용주의 교육정책을 추진하면서 정보통신 및 컴퓨터교육 강화를 목적으로 대학에 컴퓨터공학부, 정보공학강좌, 정보공학과를 설치하여 IT 중심 학부로 대학 제도 개편을 시도하였다. 또한 대학에서 정보교육, 생명과학, 나노과학기술 교육의 강화를 위해 여러 학과 및 학과목을 통폐합하여 새로운 학과와 학과목을 신설하고 이에 따른 교육과정안을 개편하고 있다.

교육 내용

북한이 학교교육에서 중요하게 다루는 내용은 정치사상, 과학기술, 체육으로 구분된다. 정치사상 교육은 김일성·김정일의 혁명사와 혁명활동, 과학기술 교육은 일반과학과 전문기술을 각각 가르친다. 체육 교육은 노동과 국방에 필요한 체력향상을 목적으로 한다. 최근에는 외국어 교육과 컴퓨터 교육을 강화하고 있다.

북한의 교육과정에서 가장 중요하게 강조되는 교육은 사상교육이다. 정치사상교육의 목표는 지도자에 대한 충성심 배양이다. 이에 따라 소학교와 중학교에서 김일성 가계 우상화, 즉 '백두산 3대 장군'(김일성, 김정일, 김정숙)의 위대성에 관한 교양을 기본으로 한 '어린시절'이나 '혁명활동' 등 교과목을 배운다. 최근 김정은 집권 이후 개정된 교과과정에서는 김정은의 혁명활동과 혁명역사까지 가르치고 있다. 초급중학교에서는 '김정은 혁명활동'을, 고급중학교에서 '김정은 혁명력사'교과목이 새롭게 편성되었다.

대학의 경우도 전공과 관계없이 '주체철학', '혁명역사', '주체정치경제학' 등을 이수해야 한다. 북한의 정치사상 교육에는 반미 · 반일 등 반제국주의의 투쟁과 대결을 강조하는내용과 자본주의 문화유입을 경계하는 계급교양도 주요 내용을 이루고 있다. 북한의 대미 적대 및 투쟁 의식은 청소년을 대상으로 반미 교육과 함께 제국주의 사상 및 문화 침투를 배격하는 교육 강화, 청소년 · 학생을 대상으로 하는 군 입대 장려교육에도 활용되고 있다.

북한은 경제난으로 인한 사회 전 분야에 걸친 사상 이완의 방지를 위해 정치사상 교육을 강화함과 동시에 실리교육을 강조하면서 세계화와 정보화의 진전에 따른 외국어 교육과 과학기술 교육도 강화하고 있다. 2000년에 들어와 러시아어보다 영어와 중국어가 인기있는 외국어가 되었다. 특히 영어의 비중이 높아졌다. 대부분 중학교에서는 영어를 외국어 과목으로 지정하도록 하는 한편 평양외국어대학의 영어과 정원을 대폭 늘리고 다른 어학 전공자도 영어를 필수 과목으로 수강하도록 하고 있다.

외국어 교육을 문법에서 회화 위주로 전환시켜서 외국어 실기 능력과 일상회화 수준을 높이려고 노력하고 있다. 또한 일부 대학에서는 외국어의 자질을 높이기 위한 방안으로 전공과목 교재를 원서로 채택하는 한편 강의도 외국어로 진행하도록 하기 위해 자연과학부문 교원들을 대상으로 '전공과목 외국어 교수 경연'을 개최하기도 하였다.

컴퓨터 교육은 1990년대 말부터 정규 교과로 편성되어 강화되기 시작하였다. 2001년에는 만경대학생소년궁전과 평양학생소년궁전, 금성 제1중학교와 제2중학교에 컴퓨터반을 개설하고 전국의소학교 졸업자 가운데 선발된 소수의영재들이 컴퓨터 기술을 배울 수 있게 하였다. 만경대학생소년궁전은 평양시 만경대 구역에 위치한 과외교육 기관이다. 소학교~중학교학생들의 과외 활동을 위해 건설된 일종의 학생회관 가운데 규모가 가장 큰 곳을 '학생소년궁전'으로 부르고 있다. 주요 시설로는 2,000석 규모의 극장과 도서관을 비롯해 과학기술, 체육, 문화예술 등 각 부문의 소조실과 활동실 200여개가 갖춰져 있다. 여기에 체육관, 수영장, 과학기술제품 전시장 등이 있다.

특히 만경대학생소년궁전은 평양학생소년궁전과 함께 평양의 대표 청소년 시설로 특기가 있는 다양한 분야의 수재 양성을 위한 특수교육 기관으로서의 기능을 하고 있다. 2000년대 이후 교육에서의 실리주의 표방은 김정은 집권 이후 교육의 전문성과 효율성의 강조로 나타난다. 이를 위해 과학기술 교육, 특히 정보통신과 컴퓨터 교육의 강화를 통한 인재 양성과 함께 중등 및 고등교육에서 수재발굴과 양성에 중점을 두고 있다. 이 같은 교육정책은 김정일 시대의 과학기술인재 양성과 연속선상에서 "지식경제 시대가 요구하는 '창조형 인재' 양성"을 강조한데 따른 것이다.

김정은이 전국교육일꾼대회(2014.9.5)에서 지식경제 시대가 요구하는 '창조형 인재' 양성을 강조하였으나 '자율성'이 허용되지 않는 북한체제의 특성상 그 성과를 기대하기 어렵다고 할 수 있다.

이 같은 북한 교육과정의 기본적인 특징은 다음과 같이 요약할 수 있다. 우선 북한의 사상교육 강화는 교육을 사상혁명의 핵심 수단으로 간주하는 것으로 교육과 정치가 결합되어 있다는 점이다. 또한 교육과정에 기초기술 교육과 실습 또는 생산노동 등이 포함되어 있어 북한의 교육은 생산활동과 직접 결합되어 있다. 또 다른 특징은 교육의 내용과 방법이 국가에 의해 일방적으로 하달되고 있어 학습자가 선택 할 수 있는 권리는 존재하지 않는다는 점이다.

교육 방법

북한의 교육방법은 '사회주의 교육에 관한 테제'에서 규정된 다섯 가지 사회주의 교육방법에 기초하고 있다.

첫째, '깨우쳐 주는 교수교양'으로, 학생들 자신의 사고 활동으로 교수 내용을 깨닫게 함으로써 그들의 '창발성'을 발전시키는 교육방법이 강조되고 있다. 이 교육방법에는 설명을 통한 교육, 토론과 논쟁을 통한 교육, 문답식 학습을 통한 교육, 직관을 통한 교육, 실물을 통한 교육, 긍정 감화 교육 등이 있다. 설명을 통한 교육은 담화 형식으로 진행되는 교육을 의미하고, 토론과 논쟁을 통한 교육은 다른 학생들과의 의견 교환으로 폭넓은 견해를 쌓도록 하는 방법이다.

문답식 학습방법은 같은 책상에 앉은 학생끼리 서로 묻고 대답하는 형식으로 진행된다. 특히 각종 시험에 대비한 문제집을 교사가 미리 작성하여 학생들에게 나눠 주면 답안집을 만들어 서로 도와가며 공부하는 데 활용된다. 직관교육, 실물교육은 교수내용을 직관으로 이해하도록 학습수단으로 실물을 많이 활용하여 이론과 실기교육의 조화를 강조하는 것이다. 예컨대 공장 견학과 지원을 통하여 학생들이 교과서에서 배운 내용을 직접 경험하도록 교육하는 것을 말한다.

긍정 감화 교육은 사상학습과 그것을 실천하는 과정에서 모범사례를 대중 앞에 발표하고, 그것을 통해 학생들이 자신을 총화하고 분발하도록 이끄는 사상교육 방법이다. 북한에서 대중을 동원하는 방식의 전형 가운데 하나인 '…따라 배우기' 운동이 이 교육방식의 한 사례이다.

둘째, 이론교육과 실천교육, 교육과 생산노동의 결합이다. 이는 학생들을 공산주의 혁명 인재로 키우는 데 필요한 방식이다. 학생들이 현실 속에서 지식을 배울 수 있도록 혁명전적지 및 혁명사적지의 답사와 생산노동에 참여하도록 독려하고 있다.

셋째, 조직생활과 사회정치 활동의 강화다. 조직생활과 사회정치 활동은 학생들을 정치사상 측면으로 단련하고 혁명적으로 교양하는 데 목적이 있다. 이에 따라 북한 학생들은 학생소년단, 청년동맹에 가입하여 녹화근위대 활동을 하고 사회주의건설 지원 운동에 참여하여야 한다.

넷째, 학교교육과 사회교육의 결합이다. 교육은 학교만이 아닌 사회관계 속에서 이루어지므로 후대 교육을 전 사회사업으로 진행해야 한다는 것이다. 이에 따라 북한의 교육은 학교 이외에 학생소년궁전, 학생소년회관, 소년단 야영소, 도서관 등 사회교양 시설들을 거점으로 한 정치사상 강연, 과학토론회 발표 모임 등 다양한 소조활동으로도 이루어진다.

다섯째, 취학 전 교육, 학교교육, 성인교육의 병행이다. 이 방법은 사람들의 사상과 품격이 어릴 때 형성되어 일생 동안 공고히 발전된다는 전제 아래 사회의 모든 성원에게 일생 동안 지속된 교육이 실시되어야 한다는 주장에서 나온 것이다.

북한은 취학 전 교육에서부터 성인교육에 이르기까지 구성원 각각의 수준에 맞게 평생교육을 받을 수 있는 교육체계를 확립·운영하고 있다고 주장한다. 북한은 단순한 지식 습득만이 아닌 지적 능력과 지식탐구 방법의 향상을 위해 지능교육을 강조하고 있다.

이를 위해 암기능력 중심의 교육에서 창의력을 강화시키는 교육으로 전환시켜 시험을 암기테스트 방식에서 탈피하여 실기 위주로 실시하는 한편 컴퓨터 등을 이용한 현장실습 교육을 강화하고 있다. 이른바 사고능력 배양, 지능교육을 위해 학교마다 과목별 지능문제 만들기, 소논문 집필, 지능문제풀이 경연, 멀티미디어 자료개발 등을 실시하고 교수방법 강습, 과목별 교수교양경험 발표회, 교수방법 토론회 등을 실시하고 있다.

교원들의 교육방법에 대한 연구와 교재개발을 독려하기 위해 새로운 교수법을 개발한 교사에게 '새 교수방법 등록증'을 수여하고 우수 교원에게 '10월 8일 모범 교수자' 칭호를 수여하고 있다. '10월 8일 모범 교수자' 칭호는 김정일이 2003년 무봉 중학교 현지지도를 실시한 것을 기념하여 우수 교원에게 칭호를 수여한 제도이다.

2006년부터 지역 간 경쟁으로 교육의 물적 토대와 질 향상을 위한 '모범 교육군 칭호 쟁취운동'을 전개하고 있다. 한편 교원의 자질향상의 방법으로 새로운 교수방법이나 교육자료에 대한 아이디어를 제안한 교원에게 창안증을 부여함으로써 교원 간의 자질향상을 위한 경쟁을 유도하고 '교수안 및 교안자료 전시회, 교편물 전시회, 소론문전시회' 등의 방법도 활용하고 있다.

김정은 집권 이후 강조하고 있는 지식경제시대가 요구하는 '창조형 인재' 양성을 위해 기존의 교육내용과 교육방법 및 교육평가 방법의 개선을 요구하고 있다. 분석종합, 판단추리 능력과 상상력, 창조력, 언어 및 문자와 그래프표현 능력과정보산업시대의 요구에 맞는 열람, 습작, 계산능력, 창조적인 학습능력 등이 교육을 통해 함양해야 할 능력으로 제시되고 있다.

중등교육에 있어 평가방법의 개선방향으로 '원리적인 인식과 응용능력' 위주의 평가가 제시되며 이 방식은 대학입학 시험에서도 적용되고 있다. 또한'교육사업의 정보화',

'교육의 현대화' 강조에 따라 지식경제 시대에 맞는 교수매체의 멀티미디어화, 컴퓨터와 인터넷기반 교육의 발전, 학습환경 및 교수방식의 설계 중시와 교육에서 인공지능의 연구 심화 등 다양한 교육기술의 변화를 모색하고 있다.

이 같은 새로운 교육과정이 운영되기 위해서는 교사와 교육시설, 기자재 등 여건 마련이 관건이며 특히 정보기술 등 일부 과학기술 관련 교과의 내용은 컴퓨터 등 첨단교육 시설이 없이는 정상적인 실행이 불가능하다. 또한 북한교육에서 정치사상 교육이 강조되는 상황과 창조형의 인재 양성은 병행하기 어렵다고 할 수 있다. 따라서 교육의 질을 향상시키기 위한 일련의 노력들은 북한교육이 기본적으로 북한체제가 원하는 구성원, 즉 체제순응형 인간을 육성한다는 데 목적을 두고 있는 한 소기의 목적을 달성하기란 어려울 것이다.

학교생활

1. 수업과 과외활동

북한의 교육시간은 학교별로 다르다. 소학교의 수업시간은 하루 평균 5시간으로, 과목당 45분 수업에 10분 휴식을 원칙으로 한다. 중학교의 수업시간은 초급중학교가 6시간, 고급중학교가 7시간이다. 대학은 하루 4강좌를 기준으로 하며 강좌당 90분간 수업을 진행한다.

수업은 보통 오전 8시에 시작한다. 소학교의 경우 8시에 1교시를 시작하여 12시35분까지 5교시를 마친다. 3교시와 4교시 사이에 20분간 '업간체조' 시간이 설정되어 있으며, 5교시를 마치고 1시간 30여 분 동안 점심시간을 갖는다. 중학교의 경우 점심시간 이후의 오후 교과시간이 있어 1~2교시가 더 진행된다는 점에서 차이가 있을 뿐 교과운영 전체는 소학교와 유사하다.

대학생의 경우 등교 후 30분간 독보와 수업 전 검열이 실시되며, 8시 반부터 오전 강의가 시작된다. 오전에 3강좌를 마치고 오후 1시 30분부터 점심시간이며 오후 강의는 4시에 시작하여 1강좌를 하고 5시 반에 정규강의가 종료된다. 그러나 농촌지원이나 노력지원 등으로 수업에 결손이 있는 경우는 1강좌를 더하여 7시까지 강의를 할 때도 있다.

북한에서는 우리와 같은 과외는 실시되지 않음을 원칙으로 한다. 예·체능 과목위주로 교원들에게 불법 과외를 받기도 하지만 과외 받는 학생의 비율은 지역·계층별 격차가 크다. 우리의 과외에 가장 근접한 것이 소조활동이다.

소조활동이란 특정 과목을 중심으로 방과 후에 교원의 지도를 받는 보충수업이다. 소조의 종류로는 수학소조, 외국어소조, 예체능소조 등이 있다. 매일 방과 후 2~3시간 실시된다.

북한 학생들의 과외활동 특징은 노력동원과 조직생활이다. 앞에서 언급된바와 같이 북한의 교육은 생산 활동과 결합되어 있어서 모든 학생은 생산 활동에 참여해야 한다. 학생의 사회의무 노동은 1959년부터 정규교육의 일환으로 실시되어 왔다. 소학생은 연간 2~4주, 중학생은 연간 4~10주, 고등전문학생은 연간 10주, 대학생은 연간 12~14주로 상급 학교로 올라갈수록 동원 기간이 길어진다.

북한의 주민은 모두 조직생활을 해야 하기 때문에 만 7세가 되면 누구나 소년단에 가입하게 된다. 만 14세가 되면 소년단 생활을 끝내고 김일성사회주의청년동맹에 가입하고, 소년단 일원의 상징인 붉은 머플러 대신 왼쪽 가슴에 청년동맹 휘장을 달게 된다. 또한 청년동맹 가입 후 곧바로 교내 군사조직인 붉은청년근위대에 들어가게 된다.

군사교육 훈련은 남녀 학생 모두에게 해당된다. 대학생이 되면 준군사 조직인 대학교 교도대에서 6개월간 군사훈련을 받게 되며, 교도대 복무 졸업증이 없으면 대학을 졸업하지 못한다. 북한의 학교는 그 자체가 군대식 대열로 편성되어 있다.

2. 학생의 일탈과 처벌

북한 학생들은 학교 규칙과 조직생활(소년단, 청년동맹 등)에 의해 규율 통제를 받지만 다양한 형태의 저항과 일탈 행위를 하기도 한다. 북한 학생의 일탈 행위는주로 결석을 비롯한 각종 학교규율 위반과 용의복장 불량, 흡연과 음주, 이성 교제 등의 생활규율 위반이다.

경제난 이후의 규율 위반 행위는 절도와 마약(빙두) 거래 · 복용 등 불법 행위를 비롯해 장발, 쫑대바지(쫄바지), 외국어가 쓰인 옷 등 '자유주의', '황색바람' 등으로 불리는 자본주의 문화 유입에 따른 모방 행위 등의 특징을 보인다. 이 같은 학교규율 위반 현상은 특히 1990년대 경제난 이후 심각해지고 있다. 이는 경제난 이후 가족 해체와 북한사회 전반의 통제 이완에 따른 것이라 할 수 있다.

학교규율 위반 학생에 대한 처벌 권한은 청년동맹에 있다. 물론 교원들도 수업태도가 불량한 학생이나 숙제를 하지 않은 학생 등에게 처벌을 하지만 기본적으로는 소년단이나 청년동맹에서 벌을 준다.

3. 교원

북한에서는 교사 · 교수를 통칭하여 교원이라고 부른다. 선생님이라는 호칭도 사용하며 대학 교원의 경우 교수라고도 한다. 유치원 교사는 교양원으로 불린다. 일반 교원의 경우 임금은 노동자의 상급 수준을 받고 대학 교원은 거의 장성급에 해당하는 임금을 받으며, 학부모와 학생들로부터 존경과 우대를 받는 등 북한에서 교원의 사회적 지위는 높은 편이었다.

경제난 이후 국가 혜택이 축소되고 학교관리와 운영비용의 상당 부분이 학부모에게 전가되면서 교원의 처우와 인식이 나빠졌다. 교원들도 끊임없는 업무와 배급 중단에 따른 생활고로 교직을 선호하지 않고 있다.

교원들은 직업 혁명가라고 하여 마음대로 조직생활에 빠질 수 없고 장사나 퇴직할 수도 없는 사회책임과 도덕성이 요구되는 신분이다. 따라서 생계비에 턱없이 부족한 월급만으로 생활을 유지하기 힘들어지면서 경제난 이후 교원은 인기 없는 직업으로 전락하였다.

도시 지역의 남성 교원들은 대부분 아내들이 장사해서 생계를 유지하고 농촌에서는 뙈기밭 농사로 연명하기도 한다. 미혼 여성 교원들은 질병이나 결혼 등을 빙자하여 휴직한 후 장사에 나서고, 기혼 여성 교원들도 직접 장사에 나서기 위해 결근하기도 한다. 또한 교원들은 몇 조로 나뉘어 시 · 군 당 교육부 모르게 7~10일씩 교대로 식량을 구하기 위해 장사에 나서고, 학교에 남은 교원들이 학급 몇 개를 맡아 수업을 진행하기도 한다.

몇몇 교원들은 성적 조작, 입시 부정과 같은 불법 행위나 비밀 과외학습 지도 등으로 생계비를 충당하기도 한다. 이와 같이 교원에 대한 사회적 인식과 지위가 저하됨에 따라 사범대 졸업생 가운데 출신 성분이 좋은 학생들은 보위부나 안전부 또는 시 · 군 교육기관이나 군 당 지도원 등 권력기관으로 진출을 선호한다.

교원이 되기 위해서는 교원양성 대학을 나와야 한다. 교원양성 대학은 사범대학과 교원대학으로 구분되고, 각 도에 1~2개가 설치되어 있다. 사범대학은 4년제(중학교 교원양성), 교원대학은 3년(소학교 교원과 유치원 교양원을 각각 양성)이다. 대학에서는 교원 충당을 위해 주간의 정규교육 이외에 통신 · 야간교육을 실시하며, 교원의 능력 향상을 위한 재교육도 실시한다. 최근 의무교육 기간 연장에 따라 부족한 교원들을 충원하기 위한 방법으로 시, 군별로 교원 양성반을 운영하고 있다.

주요 교원양성 기관은 김형직 사범대학, 김정숙 사범대학 등이 있다. 교사의 주요 업무는 교육이지만 방과 후 학습부진 학생 또는 우수 학생의 학습지도를 한다.

월요일에 학습과 총화(회의)시간, 화요일과 목요일에는 분과 모임을 하며 나머지는 교재연구를 위한 시간이다. 중학교 교원의 분과 모임은 수업내용을 준비하고 토론하는 시간이다. 이 모임은 혁명역사분과, 역사지리분과 등 9개 분과로 구성된다. 또한 교원들은 갖가지 노동 현장에 동원되기도 한다. 철도공사 지원, 주변농장 지원, 식수, 국토정리 등 시기마다 제기되는 노력동원과 봄 · 가을 학교에서 실시하는 여러 가지 노력동원이 있다.

V

북한 경제

제1절

경제체제의 특징

국가소유 위주의 사회주의 소유제도

북한은 정권 초기부터 자력갱생 노선, 중공업 우선 노선, 군사·경제 병진 노선을 경제정책의 기조로 삼고 사회주의식 공업화를 추진해 왔다. 이들 정책기조는 김정일 시대의 선군경제 건설, 김정은 시대의 경제건설·핵무력 건설 병진노선으로 각각 계승되고 있다.

1960년대 이후 5차에 걸친 장기 경제계획을 시행하였지만 이들 계획은 완충기를 설정할 정도로 실패하였다. 북한 경제는 1970년대 후반부터 저성장 → 침체 → 마이너스 과정으로 전개되어 왔다. 북한 경제는 2000년대 들어와 플러스성장세를 6년간 나타낸 후 2006년 1차 핵실험 이후 다시 침체 추세를 보이다가 2011년 이후 미미하게 플러스 성장세를 유지하고 있다.

북한은 1998년 개정 헌법에서 생산수단은 국가와 사회협동단체가 소유(제20조)하며, 이는 생산수단의 사회적 소유가 국가소유(제21조)와 사회협동단체 소유(제22조)로 구분되는 것을 의미한다고 명시하고 있다. 국가소유는 전체 인민의 소유로서 나라의 모든 자연자원, 철도, 항공, 운수, 체신, 중요 공장, 기업소, 항만, 은행 등에 대한 소유뿐만 아니라 대상에는 제한이 없음도 규정하고 있다.

사회협동단체 소유는 해당 단체에 소속되어 있는 근로자들의 집단소유로서 토지, 농기계,선박, 중소공장, 기업소 같은 것이 대상으로 되어 있다. 북한에서 협동적 소유 분야는 농업 부문의 협동농장이 전형을 이룬다. 북한당국도 일부 개인소유를 인정하고 있지만 이것은 어디까지나 생산수단에 대한 사회적 소유의 토대 위에서 발생된 것이기 때문에 소비를 목적으로 하는 소유에 한정한다고 규정하고 있다.

북한당국이 인정하는 개인소유의 대상은 텃밭을 비롯한 개인부업경리에서 나오는 생산물, 합법 경리 활동으로 얻은 수입, 근로자들의 노동소득 몫, 이들 수입으로 구입한 소비품 등으로만 구성되고 생산수단을 대상으로는 할 수 없게 되어 있다.

북한은 사회주의 국가의 소유제도가 국가소유 즉 전 인민적 소유제 위주여야 한다고 강조하고 있다. 협동적 소유는 "소상품 생산을 기초로 하는 사적 소유로 부터 전 인민적 소유로 발전하는 과정에서 나타나는 불완전한 소유 형태"이므로 "협동적 소유는 협동단체 성원들의 자원적 의사에 따라 점차 전 인민적 소유로 전환시켜 나간다"고 헌법(제23조)에 규정하고 있다.

북한에서 협동적 소유는 철저하게 중앙집중적 계획관리 아래에 놓여 있도록 했기 때문에 협동적 소유 역시 사실상 전 인민적 소유 형태와 다를 바 없다고 할 수 있다. 그리고 북한은 소상품 경제 형태를 완벽히 소멸시키고 개인소유는 근로소득과 일용 소비품에만 한정함으로써 사회주의국가들 가운데에서도 가장 엄격한 국가소유 위주의 사회주의 생산관계를 구축했다고 볼 수 있다.

그러나 이와 같은 국가소유 위주의 엄격한 사회주의 소유제도는 경제난 이후 시장경제 활동을 통한 주민들의 재산 축적 현상이 확대되면서 점점 이완되고 있는 현실이다. 주민들이 장사나 식당 운영 등 각종 개인경제 활동으로 벌어들인 돈을 화폐 자산 형태로 보유하고, 이를 가동 및 운영이 중단된 소규모 공장·기업소나 상업기관 등에 비공식적으로 투자함으로써 사실상 생산수단의 사유화 현상이 일부 나타나고 있다. 종합시장이나 장마당의 매대도 매매 또는 양도되고 있다. 주민들 사이에는 관할 기관에 뇌물을 주고 '국가주택 이용 허가증'(입사증)의 명의를 변경하는 식으로 주택의 개별 거래가 이루어지는 등 주택의 개인 사유화 현상도 일부분 나타나고 있다.

북한이탈주민들에 따르면, 현재 북한 주민들은 소토지, 살림집, 매대를 '3대 재산권'

대상으로 인식하고 있다고 한다. 개인경제 활동으로 사유 재산의 축적이 가능해지면서 개인 재산 관념이 부동산으로까지 확장되고 있는 것이다.

최근 북한에는 제도상으로 사회주의 국가소유제를 유지하고 있지만, 현실에서는 다양한 형태의 사유 현상들이 등장하여 '은폐된 재산권' 현상까지 등장하고 있다.

중앙집권적 계획경제와 집체적 경제관리 방식

북한은 1958년 토지 및 생산수단의 사회주의 생산관계가 구축되어 중앙집중적 계획경제를 실시할 수 있는 기반을 확립하였다. 이에 따라 자신들의 경제를 "중앙집권화된 경제이며 유일적인 국가계획에 따라 계획적으로, 균형적으로 발전하는 사회주의 경제", "통일적으로 지도·관리되는 경제"라고 규정하고 중앙집권적 계획경제 체계를 구축해 나갔다. 이는 중앙의 계획기구(국가계획위원회)가 당의 지침을 받아 인민경제 계획을 수립하고 이를 분야별 각 경제 단위에게 생산과 소비, 수요와 공급 등 명령을 내려 경제 단위들이 이를 집행하는 계획경제 체계를 1960년대 초에 구축한 것이다.

북한의 계획경제 체계는 다른 사회주의 국가들보다 철저하게 계획의 일원화·세부화 체계를 강조하는 '명령형' 계획경제 체계였다. 여기서 '계획의 일원화 체계'란 경제계획의 작성 및 집행을 국가계획위원회를 중심으로 하여 공장, 기업소, 협동농장 등 하부 단위에 이르기까지 일원화된 체계로 수행하는 것을 말한다.

한국의 정부 부처에 해당되는 내각의 각 성(省), 위원회, 지방인민위원회들도 각기 계획을 작성하지만 이들 수치는 모두 중앙에 있는 국가계획위원회에 집결되어 통제와 조정을 받아야 한다. 북한은 이렇게 일원화된 체계이어야만 각 경제 단위가 당과 국가의 이익보다 자신들의 이익을 우선 추구하는 기관본위주의, 지방본위주의, 주관주의 등이 타파되고 계획의유일성이 보장된다고 인식했다.

국가계획위원회는 노동당 중앙위원회에서 결정된 정치 사업과 경제정책을 반영해서 계획지표를 수립해야 하므로 결국 이런 과정을 거쳐 경제 사업에서 수령 및 당이 지도

하는 '유일적 계획화'가 가능하다고 보았다.

북한의 계획화 체계는 다른 사회주의 국가들과 비교해 볼 때 중앙 집중 성격, 하부 경제 단위들의 자율성 범위, 당에 의한 통제 등 모든 면에서 가장 엄격했다. 대부분의 사회주의 국가들은 계획지표가 '명령지표' 보다 '지도지표' 성격을 띠었고, 공장 내부의 경제 활동까지 계획지표화하지 않았다. 예컨대 개혁 · 개방 이전의 중국은 중앙 단위의 계획지표는 큰 방향의 8개 정도였다. 이에 비해 북한은 1960년대 후반에 중앙 단위의 계획지표가 1만 개가 넘을 정도였다.

이러한 엄격한 계획의 일원화 · 세부화는 1970년대 이후 경제가 고도화되고 복잡해지면서 점차 이완되어 나가고 효율적으로 집행될 수 없었다. 1980년대 이후로는 경제난 때문에 변형된 방식으로 작동될 수밖에 없었다. 즉 경제난에 의한 재정 위기로 '계획의 일원화 · 세부화 원리'에 따른 중앙집중적 계획화 체계 자체가 불가능해진 것이다.

이에 따라 북한의 경제체제는 더 이상 과거처럼 엄격한 중앙집권적 명령경제 및계획체계로 작동되지 않고 있다. 북한 당국은 1990년대 중반부터 전략상 중요하고 국가 차원에서 해결해야 하는 중요 경제 지표들(국방공업, 기간산업, 선행 경제부문들의 경제지표)만 중앙의 국가계획위원회에서 계획해 관리하고 있다. 그 밖의 경제 지표들은 해당 기관이나 공장 · 기업소에서 자체 계획을 세워 해결하도록 하는 '변형'된 계획화 체계를 운용해 오고 있는 실정이다.

전략 부문을 제외한 대부분의 경제 단위들에 계획지표로서 '물량지표'가 아닌 '액상(금액)지표'를 부과하고 있다. 계획지표의 형태로 '액상지표'가 부과되면서 각 경제 단위는 본래의 생산 활동과 상관없이 시장을 활용해 계획지표를 달성하는 현상이 점차 확대되었다. 그리고 계획지표를 수행한다는 명분하에 비합법적 시장 지향적 경제활동도 확산되어 나갔다. 한편, 북한은 이러한 중앙집권적 계획경제 체계를 구축하면서 공장, 기업소, 협동농장에 북한 특유의 경제관리 방식도 도입했다.

동구 사회주의 국가들의 경우지배인 유일 관리제(소련), 노동자평의회에 의한 노동자 자주관리방식(유고) 등 다양한 형태의 경제관리 방식을 모색하였다. 북한은 1960년대 이후 이른바 '청산리방법', '대안의 사업체계'라는 명칭 하에, 도 농촌경리위원회(산하 조직은 군 협동농장경영위원회 · 리 협동농장관리위원회), 기업소 · 공장 당 위원회에 의한 집단적 경제관리 방식을 도입한 이후 지금까지 유지하고 있다.

북한에 따르면 이들 관리 방식은, 경제 사업에 대한 당·국가·유일적 지도와 정치사상에 의거한 경제 사업, 철저한 계획화가 수행되도록 집체적 지도와 유일적 지휘가 배합되는 관리 방식이라는 것이다. 즉 공장, 기업소의 생산 및 경제 활동을 공장 당 위원회의 집체적 지도와 책임 아래 수행하도록 한다는 것이다. 공장 당 위원회는 당비서, 지배인, 기사장, 부지배인, 직장장, 직장 부문 당비서, 작업반장, 일부생산현장 노동자 등으로 구성된다. 공장·기업소 내의 대표 구성원들이 경영 활동에 참여하는 것 같지만 기업의 모든 경영 활동이 노동당 중앙위원회의 의사와 결정에 근거하여 진행되도록 하였다.

제2절

경제정책 기조

자립적 민족경제 건설 노선

자립적 민족경제 건설 노선이란 "남에게 예속되지 않고 제 발로 걸어 나가는 경제, 자기 인민을 위하여 복무하며 자기 나라의 자원과 자기 인민의 힘에 의거하여 발전하는 경제건설 노선"이라는 것이다. 즉 생산수단 및 최종 재화의 생산을 자체 조달을 기본으로 하여 대내 수요를 충당하고, 확대재생산을 할 수 있는 여건도 자체 인민경제 구조 내에서 해결한다는 것이다.

이는 인민경제를 완결된 자립형 경제 구조로 만드는 것을 목표로 하는 경제건설노선이다. 또한 사회주의 경제발전을 내부 자원의 동원에 의거해 성취하겠다는 수입 대체형 경제발전 노선으로서 비교우위 발전론을 거부하는 경제건설 노선이다.

모든 국가는 경제발전에 필요한 모든 요소를 완벽하게 국내에서 조달할 수 없고, 다른 나라보다 우위에 있거나 뒤떨어진 생산 요소들을 보유하고 있다. 따라서 모든 재화 생산을 자체 해결하기보다, 비교 우위에 있는 생산 요소를 활용해 상품을 생산하고 다른 나라들과 무역 관계를 맺는 것이 경제의 효율성과 생산성을 높이게 된다.

과거 마오쩌둥 시절 중국 역시 이 발전 노선을 기본 경제건설 노선으로 삼음으로써 많은 경제력 낭비와 비효율성을 초래했었지만, 1978년 이후 비교우위 발전론으로 경제정책 기조를 수정하고 국제경제 질서에 적극 편입해 나감으로써 경제성장을 도모할 수 있었다. 반면, 북한은 여전히 비교우위 발전론을 제국주의 착취론 이라고 거부하며 자력갱생론을 경제정책의 한 기조로 강조하고 있는 실정이다.

다만, 사회주의 경제권의 붕괴로 과거처럼 엄격한 자력갱생론에 의거한 경제의 확대재생산이 불가능한 환경에 처하면서, 최근에는 부분 완화된 '개방형' 자력갱생론을 내세우고 있다. 즉 1991년 나진 · 선봉 경제무역지대, 2002년 개성공업지구(2002년 10월), 금강산관광지구(2002년 11월) 등을 설치하고, 김정은 시대에 들어와서는 「경제개발구법」을 제정(2013.5.29)하여, 2015년 12월 현재 중앙급 경제특구 5개, 중앙급 경제개발구 4개, 지방급 경제개발구 17개를 지정하고 있다.

북한은 '자력갱생'은 우리혁명의 승리를 위한 근본 담보이다"라고 주장하면서도 다른 한편으로는 경제환경의 변화에 조응해 국내 경제와 분리된 경제특구를 점진적으로 확대하는 '개방형'자력갱생 정책을 추구하고 있는 것이다.

중공업 우선 발전 노선

중공업 우선 발전 노선은 '자립적 민족경제'를 전면 구현하는 수단으로 채택된 노선이다. 북한은 "사회주의 공업화의 중심은 중공업의 선차적 발전에 있다. 기계제작 공업을 핵심으로 하는 강력한 중공업을 창설하여야 자립적 공업체계를 확립하며, 인민경제의 전면적 기술재건도 실현할 수 있다"라고 주장했다.

이 경제건설 노선은 중공업 우선 불균형 성장 전략을 기본으로 하면서 과거 소련, 중국 등이 '사회주의 발전법칙'으로 오랫동안 신봉해 온 경제발전 전략이기도 했다. 자본주의 국가들과 체제 경쟁을 해야 했던 사회주의 국가들은 급속한 시간 내에 "미국을 따라 잡자", "영국을 따라잡자"라는 구호를 내걸고 급속한 생산력 발전을 추구했다.

그리고 이를 위해 소비를 위한 분배를 최대한 억제하고 저축을 증대시키는 한편, 중앙에 집중된 축적 자본을 특정 산업부문, 특히 군수산업이나 생산수단 부문에 집중 배분하는 정책을 시행했다.

한국과의 체제 경쟁에 주력한 북한 역시 이러한 논리에 따라 1960~70년대에 인민경제비 투자 지출에서 70% 이상을 중공업 부문에 편중 배분하는 정책을 시행했다. 그 결과 북한의 산업 구조는 구소련처럼 중공업 부문 위주로 편성되었지만, 1970년대 후반부터 농업·경공업 부문이 극심하게 낙후되는 산업 구조의 불균형 현상이 초래되었다.

중공업 우선 발전 노선은 '90년대 이후 에너지난, 기초원자재난, 외화난이 도래하면서 더 이상 고수하기 어려운 환경에 처하게 되었다. 이에 김정일 정권은 군수공업 부문의 확대재생산 유지를 위해 중공업 우선 발전 노선을 국방공업 우선 발전 정책으로 변경하고, 군수부문과 연관된 일부 중공업 부문의 생산력 유지에만 역점을 두었다.

경제·국방 건설 병진 노선

「경제·국방 건설 병진 노선」은 김일성시대의 경제정책 기조로 채택된 노선이다. 이는 경제 발전과 군사력 강화를 동시에 추구한다는 것이다. 병진 노선은 소련·중국 등 사회주의 선도 국가들이 자본주의 진영과의 체제 경쟁에서 군사력의 우위를 확보하기 위해 추진한 정책이었다. 사회주의 진영 내 독자 노선과 한국과의 체제 경쟁에서 군사력 우위를 의도했던 북한은1966년 노동당 중앙위원회 전원회의에서 이 노선을 당의 경제건설 노선으로 확정했다.

당시 김일성은 국방에서의 자위를 실현하려면 경제건설과 국방 정책을 옳게 배합해야 한다고 하면서 병진 노선의 당위성을 주장했다. 북한은 구소련·중국과 달리 인민경제의 규모가 사실상 소규모이기 때문에 병진 노선이 적합하지 않음에도 이를 경제 정책의 기조로 채택한 것이다.

이 노선이 채택된 이후부터 북한의 군사비 지출은 매년 총 예산의 약 10% 비중에서 1967~1971년 5년간 30% 이상 증액되었다. 1970년대 이후부터 현재까지 군사비 지출은 매년 총 예산의 14~17%로 편성되고 있다.

북한의 병진 노선은 북한 경제 구조를 왜곡시키는 기본 토대로서 오늘날까지 북한 경제에 많은 문제점을 야기하고 있다.

첫째, 중공업이 기계·화학공업을 중심으로 군수산업에 계열화됨으로써 북한의 산업을 '군민복합형'으로 변모시키고, 군수산업과 민수산업 간의 구별을 어렵게 만들었다.

둘째, 군수생산 계획을 인민경제 계획보다 우선시함으로써 북한 민수산업과 소비경제의 발전을 심각하게 위축시키는 결과를 가져왔다.

셋째, 경제난 이후 군수산업이 단순히 국방경제에만 한정되지 않고 점차 시장을 활용해 잉여 경제적 효과를 얻기 위한 독립된 경제 공간의 성격으로 발전해 나가도록 만들었다. 즉 북한 경제 내에 '군 경제'라는 특권경제영역을 확대시켰다.

선군경제 건설 노선

「선군경제 건설 노선」은 김정일시대의 경제정책 기조이다. 이는 "국방공업을 우선 발전시키면서 경공업과 농업을 동시에 발전시키는 노선"으로 정의된다. 김정일 정권이 공식 출범한 1998년 당시 북한은 잇따른 자연 재해, 기근과 더불어 공장 가동률이 심각한 수준으로 추락해 있던 최악의 경제 위기 상황이었다.

일부 기관들은 당시 북한 민수산업 부문의 공장 가동률을 약 20% 수준으로 추정할 정도였다. 게다가 김정일 정권은 1993년 제1차 핵 위기이후 핵 개발 의지를 지속 표명함으로써 대외적으로도 국제사회와의 관계가 악화되고 있는 상황이었다. 이에 김정일 정권은 한편으로 최악의 경제 위기로부터 탈출하고, 다른 한편으로 이른바 김일성 사회주의 체제도 보전하는 체제생존전략으로 선군혁명 노선을 채택했다.

핵 등 대량살상무기 개발을 지속 강화해 나가고, 군수경제를 유지하는 것이 김일성 사회주의체제를 보존시킨다고 판단한 것이다. 이에 따라 '80년대 후반에 비해 절반 수준으로 위축된 국가재원을 군수산업유지 · 강화에 집중 투입하고 민생경제는 사실상 자력갱생 원리에 맡기는 이원화된 경제정책을 시행했다.

김정일 정권은 선군경제 건설 노선에 의한 국방공업 우선 발전 정책이 북한 특유의 산업구조를 유지시켜, 경제난 회복 이후의 북한 발전 수준을 이른바 '단번 도약' 수준으로 유도할 수 있다고 주장했다. 기존의 병진 노선에 의해 국방공업, 중공업이 북한 산업경제의 주요 부문으로 구축되어 있기 때문에, 이 부문부터 회생시키는 국방공업 우선 발전 정책을 추진함으로써 경제 회복의 기본 토대가 빠르게 구축된다는 논리를 주장했다.

또한 국방공업의 발전을 통한 첨단 과학 및 기술 발전이 다른 경제 부문의 발전도 추동해 나갈 수 있게 된다고 강조했다. 그러나 이는 체제수호 입장의 왜곡된 논리로서, 중공업 우선 발전 정책보다 북한의 산업 구조를 더욱 왜곡시키고 민생경제 회복에 최근까지 애로를 조성하고 있다.

국가는 군수생산 지표 달성을 우선시 하는 계획화 사업에만 주력하기 때문에, 민수산업 분야는 '90년대 파괴된 생산력 수준에서 쉽게 회복되지 못하고 있다. 또한 북한당국이 정책적으로 의도하지 않은 시장화 확대 현상을 초래함으로써, 제도와 경제 현실간의 괴리 현상을 확장시켰다.

경제 · 핵 무력 건설 병진 노선

김정은 정권은 2013년 3월 31일 당 중앙위원회 전원회의의 결정을 통해 김정일의 선군경제 건설 노선보다 더욱 확장된 「경제 · 핵 무력 건설 병진 노선」을 경제정책의 기조로 채택했다.

김정은 정권은 현시대에서는 핵 무력 강화가 '혁명발전의 합법칙적 요구'이므로 이를 결코 포기하지 않고 지속시켜 나갈 것이며, 경제건설도 동시에 병행할 것이라고 주장하고 있다. 즉 선군경제 건설 노선처럼 핵무력 강화가 과학기술 발전을 초래하고, 이것이 다른 경제 부문의 발전도 추동할 것이라는 논리를 내세우고 있는 것이다.

그리고 경제·핵 무력 건설 병진 노선은 "국방비를 추가적으로 들이지 않고도 전쟁 억지력과 방위력의 효과를 결정적으로 높임으로써 경제건설과 인민생활에 보다 힘을 집중할 수 있게 되었다"라고도 주장하고 있다. 김정은 정권의 병진 노선이 이전의 병진 노선들보다 인민생활 향상에 좀 더 비중을 두는 정책인 것처럼 선전하고 있는 것이다.

그러나 김정은 정권의 경제·핵무력 건설 병진 노선은 기존 북한 경제의 모순을 더 심화시킬 수밖에 없을 것으로 보인다. 그 이유는 다음과 같다.

첫째, 김정은 정권의 병진 노선 역시 국가의 투자 재원 배분에서 민생경제 부문을 배제할 수밖에 없어 시장의 부분 활용 정책 도입이 불가피하기 때문이다. 그런데 현재 시장은 북한 경제 내에 구조화되어 있는 상황으로서 기존처럼 체제 내부의 부분 개선 조치 수준에 한정된 정책만으로는 민생경제의 활성화가 어려운 현실이다. 김정은 정권의 주장대로 인민생활의 향상을 위해서는 1980년대 중국처럼 경제정책 의 기조 변화를 근본적으로 모색해야만 한다.

둘째, 경제·핵 무력 건설 병진 노선은 국제사회의 대북제재 강화로 인해, 외부 자본의 유입 자체를 어렵게 하기 때문이다. 북한 경제는 20년 이상 지속된 경제 위기로 '빈곤의 함정'에 처해 있고, 이것은 외부로부터 재원이 투입되지 않는 한 극복될 수 없는 현실이다. 김정은 정권이 병진 노선을 고수하는 한 북한은 내부 자원 동원에 의한 경제 활성화 정책을 시행할 수밖에 없고, 내부 자원의 동원은 장기적으로 '자원의 유한성' 때문에 한계에 부딪힐 수밖에 없다.

제3절

경제 현황

거시적 현황

북한은 1965년 이후 거시경제 총량 지표를 공식 발표를 하지 않고 있다. 정치상황의 필요에 따라 간혹 일부 지표만 언급하고 있으나, 이는 체제 선전 차원에서 발표하기 때문에 신뢰할 수 없다.

그나마 한국은행이 1991년부터 유엔의 국민계정체계를 적용해 북한의 거시경제 통계를 추정하여 발표하고 있다. 하지만 이 또한 북한의 실물경제 파악에는 한계가 있다. 그 이유는 북한의 명목 국민총소득(Gross National Income)과 1인당 국민소득 추계 시 다양하게 입수되는 북한의 산업별 생산량 추계치를 토대로 하되, 남한의 물가·환율 통계치를 적용하기 때문이다. 그래서 북한경제 통계는 실제와 다소 차이가 있음을 유의해야 한다.

1. 국민소득 추이

한국은행이 추계한 북한의 국내총생산(Gross Domestic Product) 통계에 의거해 한국 통계청이 발표한 2022년 기준 북한의 국민총소득 및 경제 성장률은【표 5-1】과 같다.

【표 5-1】 북한의 국민총소득 및 1인당 국민 총소득

(단위: 십억 원, 만 원)

구 분	명목 GNI(십억 원)			1인당 GNI(만 원)		
	북한	남한	남/북(배)	북한	남한	남/북(배)
2010	30,048.7	1,381,435.9	46.0	124.2	2,787.7	22.4
2020	34,970.4	2,075,410.3	59.3	137.9	4,003.8	29.0
2021	36,253.2	2,245,326.5	61.9	142.3	4,337.2	30.5
2022	36,704.2	2,351,837.0	64.1	143.0	4,551.4	31.8
2023(잠정)	**40,859.9**	**2,443,318.1**	**59.8**	**158.9**	**4,724.8**	**29.7**
'22년 대비	11.3%	3.9%	-	11.1%	3.8%	-
'10년 대비	36.0%	76.9%	-	27.9%	69.5%	-

출처 : 대한민국 한국은행

2014년 북한의 명목 국민총소득은 약 34.2조원(한화 기준)으로서 한국의 1/44, 1인당 국민소득은 138.8만원(한화 기준)으로 한국의 1/21에 불과하다. 2018년 북한의 명목 국민총소득은 약 35.9조원(한화 기준)으로서 한국의 1/53, 1인당 국민소득은 138.8만원(한화 기준)으로 한국의 1/26에 불과하다. 이는 1990년 남북한 국민총소득 격차가 약 1/11, 1인당 국민총생산 1/5에서 더욱 확대된 것이다. 향후 남북한 경제력 격차는 북한의 경제난이 해소되지 않는 한 더욱 확대되어 나갈 수밖에 없을 것이다.

2. 산업별 성장률 추이

2000년대 들어 북한의 산업성장률은 2003년까지 여전히 마이너스 였다. 2004년 이후 연평균 1%대와 마이너스 2%대를 3~4년 주기로 반복하였다. 2012년 김정은 정권 출범 이후 광업·제조업 부문 성장률은 2015년 마이너스를 기록하였고, 2016년에 각기 8.4% 및 4.8%라는 다소 높은 성장세를 나타냈지만, 2017년 들어 다시 하락세에 들어갔고 아후에는 더욱 감소하였다.

김정은 집권 이후 제조업 부문에서의 부분적인 진전은, 과거보다 실용적인 산업정책을 취한 결과로 평가된다. 즉 기계류 및 설비 자재 의 수입 증가에 의한 일부 공장기업소의 생산 기반 확충, 과학기술중 시정책과 결합된 국산화정책, 그리고 돈주의 역할에 기초한 시장활 용 정책 등을 복합적으로 추진한 결과에 기인한 것으로 판단되고 있 다. 김정은 정권은 빠르게 단기적 성과를 보일 수 있는 건설 사업들 (백두산영웅청년발전소, 미래과학자거리 · 여명거리 등 평양 아파트 건설, 문수 물놀이장 · 마식령 스키장 · 해당화관 등 다수 위락시설 등)을 추진하며 화장품, 문구류, 신발 · 의류, 일용 식품류 등 일부 경공업 공장의 기술개건을 시행했다.

북한은 제7차 당대회에서 '국가경제발전 5개년 전략'을 발표하며 기간산업 정상화, 에너지 문제 해결 을 사회주의 강성국가 성취의 우선적 과제로 강조하고 있다. 그리고 김정은이 제7차 당대회 사업총화 보고에서 "경제 전반을 놓고 볼 때 어떤 부문은 한심하게 뒤떨어져 있으며 경제 부문들 사이 균형이 제대로 보장되지 않고, 선행 부문이 앞서 나가지 못하여 경제발전에 지장을 주고 있다."라고 언급할 정도로, 기초 에너지 · 소재 분야의 정상화를 산업경제활성화의 기본 전제로 인식하고 있다. 그러나 김정은 정권의 연이은 미사일 발사, 핵실험에 대응한 국제사회의 대북제재 강화로 인해, 북한의 의미 있는 산업경제의 발전은 상당 기간 어려울 것으로 예상된다. 북한은 '자강력 제일주의', '내부 예비 동원' 등을 내세우며 산업경제의 위기를 자체적으로 돌파하려 하지만, 자본 및 투입 요소의 부족 문제를 근본적으로 해결하기 어려 울 것으로 보인다. 북한의 주요 산업별 성장률 추이는 【표 5-2】와 같다.

【표 5-2】 북한의 주요 산업별 성장률 추이

(단위: %)

구 분	북 한			남 한		
	2021	2022	2023(추정)	2021	2022	2023(추정)
경제성장률	-0.1	-0.2	3.1	4.6	2.7	1.4
농림어업	6.2	-2.1	1.0	3.4	0.8	-2.6
광공업	-6.5	-1.3	4.9	6.5	2.4	1.7
(광업)	-11.7	4.6	2.6	4.7	-9.6	1.3
(제조업)	-3.3	-4.6	5.9	6.5	2.5	1.7
전기 · 가스 · 수도업	6.0	3.5	-4.7	1.7	3.5	-2.9
건설업	1.8	2.2	8.2	-0.9	0.9	3.1
서비스업	-0.4	1.0	1.7	4.3	3.8	2.1

출처 : 대한민국 한국은행

부문별 현황

1. 기초 원자재 생산

북한의 산업생산력은 아직 1980년대 후반 수준을 회복하지 못하고 있다. 이는 기초 원·부자재 생산력이 1990년대 급격하게 하락한 이후 정상화가 되지 않고 있기 때문이라고 할 수 있다. 사실 기초 원·부자재의 부족은 에너지 부족으로 인한 공장 가동률 저하에 기인한다. 에너지 공급 감소로 철강·시멘트·화학·비료 등 기초원자재 생산이 하락하게 되고, 이는 다시 중간재와 최종 소비재 부문의 생산력 하락으로 이어지게 되었다.

몇 가지 주요 원자재 공급량 추이를 통해 북한의 기초 원자재 생산력 실태는 철광석·비철금속·강철·시멘트·비료 등 주요 기초 원자재공급량이 1990년대 이후 계속 감소하고, 2000년대 들어와서 미미한 회복 추세를 보이다가 2009년 이후 다시 정체 상태를 보였다.

2014년 경우, 1991년 대비 철광석 생산의 경우 약66.9%, 강철 약 38.5%, 비철금속 약 38.3%, 비료 약 62.4% 수준에 머물러 있고 시멘트만 유일하게 약 29.1% 증가한 것으로 나타나고 있다. 이는 시멘트 생산 부문이 자본투자 규모가 작은데다가, 북한의 대표 시멘트공장인 상원 시멘트연합기업소에 대한 해외자본 투자가 있었기 때문이다. 북한은 경제난에도 불구하고, 평양-남포 고속도로, 평양 10만 가구 아파트 건설, 백두산영웅청년발전소 건설 등 대규모 건설 사업에 주력해 시멘트공장 설비 투자를 우선 시행했었다.

2018년 기준 북한의 기초 원자재 생산 능력은 철강공업은 제선 4,628천 톤, 제강 5,791천 톤이며 비철금속은 아연 305천 톤, 연 93천 톤이다. 화학비료는 1,907천 톤, 시멘트는 5,832천 톤의 생산 능력을 보유하고 있다.

2. 에너지 생산

북한의 에너지 부족 문제는 북한의 산업 가동률을 떨어지게 하는 직접적인 원인이며, 식량난과 더불어 북한 경제 회복의 최대 관건으로 되어 있다. 현재 북한의 에너지 공급량은 수요량의 절반에도 미치지 못하고 있는 실정이다.

2-1. 원유 도입

북한은 1990년대 이후 최근까지 원유 도입의 대부분을 중국에 의존하고 있으며, 최근 10년간 대중 원유 도입량은 연평균 50만톤 내외로 추정된다.

원유의 대부분은 군 경제와 관련된 산업 및 기간산업 부문, 가장 불가피하게 요구되는 수송 · 운송 분야, 일부 석탄 화력발전소에서의 착화용 등에 주로 이용되고 북한 가계의 난방 · 취사용 목적의 사용량은 극히 미미한 수준이다.

에너지 경제연구원에서 북한이탈주민을 대상으로 한 조사에 의하면, 북한 가정의 석유 소비는 2011년 기준 전체 수요량의 약 8.6%에 불과한 것으로 나타났다.

북한의 가정연료는 나무류, 무연탄, 갈탄, 진탄 등 가공되지 않은 석탄류 순으로 조사됐다. 2018년 기준 북한의 원유수입량은 3,883천 배럴이며 정제능력은 1,116,281천 배럴이다.

2-2. 석탄 생산

북한은 원유 도입에 어려움을 겪게 되자 산업의 정상화는 곧 석탄 생산의 정상화에 달려 있다고 보고, 석탄을 '공업의 식량, 인민경제의 생명선'이라고 강조해 왔다. 그러나 북한의 석탄생산량은 2000년 22,500천 톤에서 2014년 27,090천 톤, 2018년 18,080천 톤 이다.

북한은 사회주의 공업화 초기부터 자력갱생발전 노선에 따라 산업 에너지를 석탄에 의존하는 '주탄종유(主炭從油)'정책을 취해 왔다.

즉 석탄 에너지에 토대를 둔 공업생산 체계를 구축하였다. 이 때문에 북한의 1980년대 석탄 생산은 이미 심부화(深部化) 현상이 심각하게 진행되었다. 또 채탄 장비 노후화, 신규 설비 투자부족, 자재 공급 애로까지 겹치면서 1980년대 후반부터 이미 석탄 생산량의 감소추세를 나타내고 있었다.

여기에다 1990년대 중반에 3년 연속 일어난 대규모 홍수는 서해안 일대에 집중되어 있던 많은 탄광을 붕괴시켰고, 당시 수해를 본 탄광들 가운데 많은 곳이 아직도 과거 수준으로 복구되지 못하고 있는 상황이다.

2-3. 전력 생산92

원유 도입량과 석탄 생산량의 급격한 감소는 심각한 전력난으로 연결되어 전력 생산량 또한 1980년대 후반 수준을 회복하지 못하고 있다. 북한의 발전량은 2003~2008년 6년간 연평균 5% 정도의 증가세를 나타내기도 했지만, 2009년 이후 다시 하락세를 나타냄으로써 1990년 수준에 못 미치고 있다. 그런데 사실 1990년 발전량 자체도 그 당시 수요량의 약 40% 수준에 지나지 않은 것으로 알려져 있어, 북한의 전력난은 1980년대 중반부터 진행되어 왔다.

북한 당국은 극심한 전력난을 해결하고자 강 · 하천을 활용한 중소형 발전소를 '고난의 행군' 이후 약 6,800여개를 건설했다. 그러나 이들 중소형 발전소들은 소규모인 관계로 산업 정상화에 도움이 되지 않았고 낙후된 설비 사용과 일정하지 않은 강우량으로 인해 효용성이 떨어졌다.

북한 당국은 수력을 이용한 전력생산능력을 증대하기 위하여 2000년 이후 강원도 원산청년발전소, 자강도 희천발전소, 양강도 백두산영웅청년발전소 등 중 · 대형 수력발전소 건설 정책으로 전환했지만, 현재 신설 발전소 중 제대로 가동되는 것은 몇 개 되지 않은 것으로 알려지고 있다.

북한 당국은 2000년대 초반 '에너지문제 해결 3개년 계획'(2003~2005년)을 세우고, 북창 · 평양 화력발전소 등 핵심 석탄 화력 발전소의 노후화된 발전 설비교체 및 보수, 일부 탄갱의 기술 개선 및 설비 현대화 등을 내용으로 하는 정책을시행하기도 했었다. 메탄가스 등 대용 연료 개발 및 풍력, 태양열, 조력 등 대체 에너지의 활용을 모색하기도 했다.

최근에는 국가차원에서 전력산업 복구가 난망을 보이자, 개별 가정, 소규모 서비스기관 · 공장 기업소들이 중국으로부터 9W, 11W, 100W 등 소형 태양광 집열판과 축전지 등을 수입해 일상생활에 필요한 전기를 자체 생산해 사용하고 있는 실정이다.

그러나 이는 생활경제 차원의 소규모 투자에 기초한 것으로서, 북한전력문제의 근본적인 해결책이 되지 못하고 있다. 북한 전력산업의 정상화는 외부로부터 대규모 자본투자가 도입되어야만 가능하다. 2018년 기순 북한의 전력 생산능력(발전 전력량)은 249억kwh이다.

3. 식량 생산

북한의 식량난은 1970년대 중반에 도입된 이른바 '주체농법'이라는 북한식 농정의 실패, 사회주의 집단영농 생산 방식으로 인한 농업생산력 침체 등으로 인해 이미 1980년대 중반부터 진행되었다. 1980년대에도 북한의 식량생산량은 평균 415만 톤 정도에 불과하여 정량배급 기준으로 이미 평균 200여 만 톤의 부족 현상을 나타냈다. 이로 인해 북한은 1987년부터 1인당 배급량을 평균700g에서 22%를 감량한 546g만을 배급하였다. 다만 이 당시에는 소련을 비롯한 사회주의 국가들의 지원 등으로 기근 문제가 본격 제기되지 않았을 뿐이다.

그러나 북한은 1990년대 들어와 소련을 비롯한 사회주의 국가들의 지원 및우호무역이 중단되고, 경제난으로 인한 농업 원자재 생산 급락, 연속된 자연재해 등으로 식량생산량도 400만 톤 이하로 급감하면서 심각한 기근에 직면하게 되었다.

기근이 가장 심각하게 진행된 것으로 알려진 1995~1997년(고난의 행군) 3년간 식량생산량은 평균 354만 톤에 불과, 감량배급(1인당 546g/일) 기준으로도 식량 부족량이 평균 164만 톤에 이를 정도였다.

2000년대 들어와서는 양호한 기상 조건, 남한의 지속적인 비료 지원과 국제사회의 농업 지원, 북한 당국의 식량 증산 정책 등에 힘입어 400만 톤 대 생산량을 회복하고, 김정은 집권 이후인 2014년에는 '고난의 행군' 이후 사상 최대치인 507만 톤의 생산량을 기록했다.

북한이 매년 평균 상업적으로 약 30만 톤 정도의 식량을 수입하는 것을 감안하면, 2014년과 2015년도는 식량 부족량이 10만 톤 내외로서 고난의 행군 시기 이후 가장 식량 부족량이 적은 상황이다. 이 때문에 김정은 정권은 식량문제만을 매년 '주공전선'

으로 삼던 과거와 달리, 농업 외 수산·축산분야도 강조하며, 곡물 이외 단백질 섭취 문제에도 역점을 두고 있다.

그러나 북한의 식량문제가 완전히 해소되고 있다고 평가하기에는 아직 이르다. 우선 북한 농업 생산력이 농업 인프라의 부족과 가뭄·홍수 등 기후조건에 크게 영향을 받고 있어 여전히 불안정하기 때문이다. 또 분배체계의 왜곡, 경제 양극화현상의 확대 등으로 외부지원이 필요한 계층이 여전히 존재하고 있다. 유엔 기구는 북한 전체 인구에서 식량 절대량 부족 인구를 약 15~20%이며, 인구의 약 절반 정도가 만성 영양실조 계층이라고 발표했다.

4. 대외 무역

북한 경제는 냉전시대에 자력갱생 발전 노선을 경제정책 기조로 하고, 구소련이 원유 등 전략 물자들을 사회주의 우호 무역에 따라 대부분 공급해 주었기 때문에 대외무역 의존도가 거의 10%가 넘지 않는 구조였다. 대외경제관계는 북한 내수시장에서 생산되지 않은 생산요소들의 수입을 위해 최소한 수준으로 유지되었다. 경제난 도래 이전 북한의 무역액은 1990년 42억 달러가 가장 높은 규모였다.

그러나 1990년대 구소련의 체제전환과 중국의 개혁·개방으로 북한의 대외무역은 1998년 14.4억 달러까지 추락하였다. 북한은 탈냉전 이후 시장경제 체제로 단일화된 국제경제 질서 변화에 대응해 새롭게 대외경제관계 구축을 모색해야 했었다. 그러나 개혁·개방을 지체함으로써 북한 산업생산력 유지에 필요한 투입 원자재 수입 곤란과 더불어 외화난에 직면하게 되고 무역의 붕괴도 겪게 되었다

북한의 대외무역은 2000년대 이후 점진적으로 회복세를 나타내 2014년에는 76억 달러로, 1990년 대비 약 81%의 증가세를 나타냈다. 이는 상대적으로 큰 성장세이다. 경제성장율이 2000년대 전·후반기로 플러스, 마이너스 기복을 보이고, 연평균 1% 내외의 성장세를 나타낸 것에 비한다면, 북한의 대외무역액은 2000-2014년간 연평균 약 20%씩 성장한 것이다. 그러나 2000년대 이후 북한 대외무역의 양적 성장내용은 북한 경제의 기초 생산력 회복에 토대를 두고 전개된 것으로 보기 어렵다 그 이유는 다음과 같다.

첫째, 무역수지의 만성적 적자와 함께 확대된 내용을 보이고 있기 때문이다. 북한의 무역수지 적자는 90년대 연평균 4.9억 달러에서 2000년대 이후 매년 8억~10억 달러로 늘어났다. 북한 경제의 미미한 회복세와 시장의 발달로 인해 수입은 급증한 반면, 수출은 1차 자원에만 의존함으로써 수출 증가률이 수입 증가률에 못 미쳐 왔던 것이다.

둘째, 대외무역이 중국과 남한에 편중되는 구조, 특히 중국에 대한 무역 의존도가 압도적으로 증대하는 형태로 전개되어 왔기 때문이다. 북중 무역은 1999년 25%에 불과했지만, 2014년 북한 대외무역의 90.1%의 비중을 차지하고 있다. 2010년 '5.24조치' 이후 남북경협이 개성공단사업으로 한정된 반면, 북중 경제 관계는 투자협력, 위탁가공, 노동력 수출, 일반교역 등 전방위 적으로 전개되고 있는 실정이다. 한 국가의 대외경제 부문이 어느 한 국가에 90% 가까이 의존되어 있는 것은 흔치 않은 경우라 할 수 있다. 북한의 대중국 의존도가 급증하게 된 것은, 북한의 대중국 광물자원 수출 급증, 경제회복을 위한 설비자재의 수입 증가, 시장의 발달로 인한 소비재 수입의 급증, '5.24 조치'로 인한 남북경협의 위축 등이 복합적으로 작용한 것으로 보인다.

셋째, 북한의 무역규모 확대는 기초 원자재, 공업완제품, 에너지, 식량 등을 주로 수입하고, 수출은 1차 자원(광물자원, 동물제품, 수산물 등) 및 위탁가공 제품에 편중되는 후진국형 구조로 전개되어 왔다는 점이다. '1년 북한은 대중국 교역에서 무연탄 등 광물성 연료(40.3%), 철강석(11.9%) 등 광물성 제품을 52.2% 수출하고, 식량·에너지·설비자재·완성 공업제품 및 소비제품 등을 중국으로부터 수입하고 있다.

김정은 정권은 정책적으로 무역의 다변화, 다종화를 위해 노력하고 있지만 현재와 같은 대중국교역 일변도, 완성제품 수입, 1차 자원 수출이라는 후진국형 교역구조는 단기간내에 개선될 전망이 크지 않다고 할 수 있다. 이는 국제사회의 대북제재로 인한 외자도입의 곤란, 산업 생산력의 정체가 쉽게 해결되기 어렵기 때문이다.

북한의 대외무역액은 2014년 76억 달러를 정점으로 2015년 62억 달러(-17.9%), 2016년 65억 달러(+4,5%), 2017년 55억 달러(-15%), 2018년 28억 달러(-48.8%)까지 추락하였다. 그러나 2023년 북한의 무역총액(남북교역 제외)은 27.7억 달러로 전년보다 74.6% 증가하였으며, 남한(12,748억 달러)의 1/460배(0.2%) 수준이고 북한의 수출 규모는 3.3억 달러, 수입은 24.4억 달러로 전년대비 각각 104.4%, 71.3% 증가하였다.

2023년 북한의 최대 수출 품목은 '조제우모와 솜털 및 그 제품'으로 전체의 51.6%를 차지하며, 다음 '철강(10.6%)', '광, 슬랙 및 회(10.2%)' 등의 순이며 수출 상위 5개 품목 중 전년 대비 '조제우모와 솜털 및 그 제품', '철강', '광물성연료, 광물유'는 증가하고, '광, 슬랙 및 회', '견'은 감소하였다. 북한의 최대 수입 품목은 '광물성연료, 광물유'로 전체의 18.4%를 차지하며, 다음은 '플라스틱 및 그 제품'(8.6%), '조제우모와 솜털 및 그 제품'(7.0%) 등의 순이다.

제4절

경제정책 변화와 개혁 · 개방 전망

북한의 경제난은 산업연관 관계를 단절시키고 경제의 전 부문에 걸쳐 축소재생산을 초래하였다. 그러나 북한은 투자 재원을 군수공업 및 연관 기간산업 분야에 집중 투입하고, 민생경제는 자력갱생에 맡기는 경제정책을 추진해 오고 있다. 김정일은 선군경제 건설 노선을, 김정은 시대는 '경제 · 핵무력 건설 병진 노선'을 추진하고 있다. 이 때문에 시장화 개혁을 시행하지 않은 채 시장을 묵인하다가 다시 통제하는 경제정책을 반복하고 있다.

시장의 활용과 통제

1. 시장화 현상

주민들의 민생경제를 자력갱생 원리에 맡긴 북한의 정책은 점차 '아래로 부터의 시장화' 현상을 확산시켜서 2000년대 초에 북한 경제 내 시장이 양과 질로 구조화되는 상황을 초래하였다. 1980년대 후반부터 식량 및 생필품 부족이 확산되자 기존의 10일장 형태로 열리던 합법 농민시장이 상설시장으로 변모되고, 1990년대 중반 배급제가 마비되자 주민들은 1990년 말 부터 장마당(상설시장)에서 식량 · 공산품 등 주민들의 일상생활에 필요한 모든 제품을 거래하기 시작하였다. 북한의 대표적 종합시장은 【그림 5-1】과 같다.

【그림 5-1】 북한의 대표적 종합시장

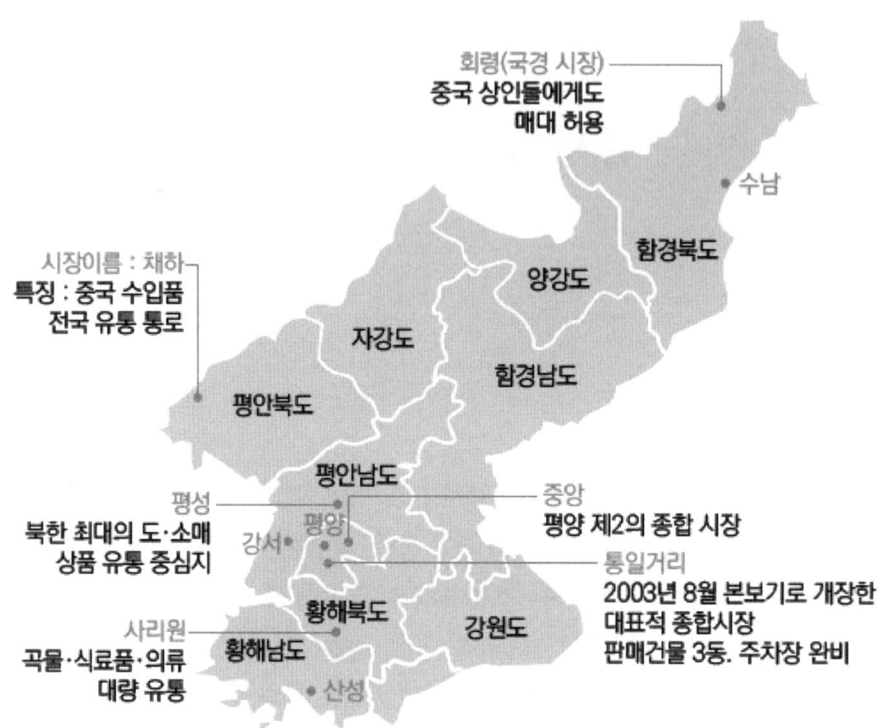

출처 : 통일부

처음에 북한 주민들은 배급제가 중단될 당시 생존을 위한 식량 획득 목적으로 '단순 거래자'로서 농민시장에 등장했었다. 그러나 점차 국경무역 개방 및 국가재산의 전유·약탈·탈취 등을 통해 식량과 생필품들이 장마당에 유입되자 여러 차례교환 활동으로 부가가치와 교환가치를 획득하는 원리를 인식하고 상업 자본을 축적하기 시작하였다.

장마당 참여 주체들은 처음에는 '등짐장사'로 출발하였지만 점차 지역 간에 부족한 물자를 유통시켜 이익을 얻는 장사인 '되거리장사', 철도·차량을 이용한 도매 장사인 '달리기장사' 및 '차판장사' 등으로 분화해 나갔다.

또한 계획경제 부문 내의 국영기업소 및 생산 단위들은 계획 체계 작동의 핵심인 '자재공급체계'가 마비됨에 따라, '계획지표'가 아닌 '기업 자체 지표'에 따라 경제 활동을 하게 되고, 물량지표가 아닌 액상(금액)지표로 국가계획 활동을 하기 시작했다. 즉 본래 그 국영기업소의 생산 활동과 상관없는 무역 활동이나 상업 활동 등으로 국가납부금을 내거나 투자자인 '돈주(전주)'와 결탁해 생산 활동을 시작했다.

이로 인해 계획경제 활동 내에서 합법적인 비계획(시장) 활동 또는 불법적인 비계획(시장) 활동이 확산되었다. 1990년대 중반 이후 북한경제 내에 시장화 현상이 양적으로 확산될 수 있게 된것은, 1995년 공장 · 기업소 · 기관별로 식량 문제를 알아서 자체 해결하라는 김정일의 지시가 결정적 요인으로 작용한 것으로 알려졌다. 이에 각 경제 단위는 식량을 자체 조달해야 하는 상황에 직면하게 되면서 각기 외화벌이 회사를 조성해 상업 및 무역 활동을 시작하였고, 이는 북한의 유통시장이 확장되는 요인으로 작용했다.

특히 '고난의 행군'으로 군부가 협동농장, 공장, 철도, 운수, 체신 등 경제 부문의 전 영역에 걸쳐 경제 활동의 대체자로 등장하고 군경제 기관들에 의한 비계획적 경제활동이 증가되면서, 북한의 시장공간은 양적으로 확산되어 나갔다. 여기에다 1990년대 후반 이후 군 · 당 등 특권기관들이 자본을 보유한 이른바 신흥 부유층인 '돈주'들과 결탁해 비계획 경제 활동의 영역을 확대 재생산해 나가면서, 북한평양 통일거리 종합시장 지방의 장마당의 시장은 북한경제 내에 질적으로 구조화되기 시작했다. 결국 시장화 현상은 유통 부문을 넘어 생산 부문에까지 확산되고, 시장 활동의 행위자도 일반 주민뿐만 아니라 당 · 정 · 군 기관들에까지 확대되는 현상으로 발전하게 되었다.

2. 시장 기능의 부분 제도화

시장화의 양적 확산과 질적 구조화 현상은 북한 당국으로 하여금 계획 기능의 분권화와 시장 기능의 부분 활용을 모색하도록 압박했다. 그 이유는 다음과 같다.

첫째로 재정위기의 지속으로 인해, 국가의 모든 재원을 국방공업과 이와 연관된 기간산업 및 중공업 부문에 집중 투입하고, 여타 경제 부문들은 불가피하게 일부분을 시장 메커니즘에 맡길 수밖에 없었기 때문이다.

둘째로 국방공업 우선 발전을 위해서는 여타 경제 부문들로부터 잉여 경제의 이전이 요구되었고, 이를 위해 시장기능의 부분 도입에 의한 생산성 증대 및 경제의 활성화가 필요하였다.

셋째로 이미 북한경제 내에 구조화 조짐을 나타내고 있는 시장공간을 국가의 통제 아래 관리할 필요성도 제기되었기 때문이다.

이에 따라 북한은 2002년 7월 1일 시장기능의 부분 활용을 주요 내용으로 하는 '7·1경제 관리개선조치'를 발표하였다. 7·1조치는 「국영기업소, 협동농장 등 각 경제 단위의 경제 활동에서 경영 분권의 부분 허용」, 「수입(수익)을 기준으로 하는 경영지표 변경, 「시장가격 수준으로 국정가격의 현실화, 「협동농장 분조 축소와 개인경작지 규모 확대」, 「주민들의 모든 소비품 및 식량 거래를 허용하는 종합시장」, 「기업소 간 원자재 거래를 허용하는 사회주의물자교류시장」, 「수입물자들의 시장 거래를 허용하는 수입물자교류시 등의 개설」, 「물질적 인센티브제의 도입」 등을 핵심 내용으로 하는 조치였다.

이 조치는 계획경제 시스템을 유지하면서 시장기능을 부분 활용하고, 궁극에는 계획경제 시스템을 정상화하려는 의도를 내포했던 '체제내적 개혁'의 성격을 가진 조치였다. 당시 북한 당국은 '선군경제건설 노선'을 경제정책의 기조로 하는 가운데 '실리사회주의 노선'이라는 정책노선을 병행적으로 강조했었다. 북한 당국에 따르면, '실리사회주의 노선'이란, 사회주의 원칙을 지키면서 경제 활동의 성과에서 실리를 최대로 내야 한다는 논리이다.

김정일 정권은 군수생산 부문은 계획경제 시스템을 통해 국가가 관리하고, 민수생산 부문의 경우 시장기능의 부분 활용을 통해 자력 활성화하도록 한다는 관점에서, 시장기능 일부를 부분 제도화 했던 것이다. 그러나 7·1 조치는 "계획형 경제관리 내에서의 부분 시장 허용"이라는 정책 의도를 무색하게 할 정도로, 부문별 시장(사금융, 노동, 생산, 유통, 주택 등)의 부문별 양적 성장·심화와 더불어 계획경제 부문조차 시장에 의존하는 시장화 현상의 확대를 더욱 더 초래했다. 이에 북한 당국은 2005년 10월 이후 7·1 조치를 후퇴시키고 시장을 단계별로 통제해 나가기 시작했다.

3. 시장 통제

7.1조치 시행 이후 2000년대 중반 경 북한의 시장은 생계형 형태에서 부의 축적공간으로 발전되어 나갔으며, 이를 활용해 부를 축적하는 신흥 부유 계층도 형성되는 단계에까지 이르렀다. 다양한 형태의 개인 경제활동(임노동, 장사, 개인 경작, 개인 가정교사, 개인 식당운영, 개인 숙박업 등)이 급속도로 성장하면서 계획경제부문에서의 노

동력 이탈 현상이 확대되어 나갔다.

나아가 계획경제 부문이 점차 시장경제 부문에 침식당하거나 의존하는 현상도 나타났다. 인민경제 내에 군 경제, 당 경제 등 특권경제 부문의 비중이 더욱 높아지는 현상도 나타났다. 특권경제 기관들이 권력을 배경으로 합법을 내세운 불법 행위로 시장에서 부를 축적하는 현상이 초래된 것이다. 이 과정에서 극심한 양극화와 부패경제 확대 현상도 나타났고, 북한 주민 대부분의 소득 취득과 소비 생활이 공식경제가 아닌 '장마당 경제'에 의존하는 현상이 심화되었다.

이에 북한 당국은 심각한 체제 위협 의식을 느끼고 2006년부터 단계적으로 시장 통제 정책을 추진해 나갔다. 처음에는 종합시장의 개장시간 제한, 장사 여성의 연령 제한, 매대의 폭 및 장사 품목 수 제한, 메뚜기 장사꾼(종합시장에 고정 판매대가 없는 장사꾼) 단속 등의 수준 이었지만, 2008년 이후 종합시장마저도 철폐하려는 시도를 시작했다.

그러나 시장을 철폐하려는 북한 당국의 조치는 주민들의 저항에 부딪힐 수밖에 없었다. 경제난 이후 북한 주민들에게 공식 임금은 의미 없는 금액인지 오래였고, 주민들은 시장을 통해 대부분 생계를 유지하고 있었기 때문이다. 그럼에도 불구하고, 북한 당국은 2009년 상반기 "시장은 비사회주의의 서식장이요, 자본주의의 본거지"라고 하면서 대규모 도매시장의 대명사인 평양 인근의 평성시장을 폐쇄하고, 계획경제 체제의 복원을 위해 2009년 11월 30일 화폐 개혁을 전격 단행하였다.

4. 화폐 개혁

화폐 개혁은 예고 없이 신·구 화폐를 1:100 비율로 교환하는 조치였다. 이때 가구당 북한 원화 10만원(후에 50만원으로 조정)을 교환 상한선으로 설정했다. 이와 함께 종합시장 철폐, 외화사용 거래 금지, 여러 당·군 산하에 난립되어 있는 무역회사들의 무역성 산하로 귀속 등의 조치들도 동시에 시행함으로써 중앙집중적 계획경제 시스템을 복원하려는 의도를 명백히 했다.

구 화폐를 모두 회수하고 새로운 화폐만 사용을 허용함으로써 국가의 발권능력 회복과 함께 재정 확충을 도모했다. 2009년 당시 북한은 김정은을 3대 후계자로 공식화하고, 이른바 2012년 강성국가 건설을 위한 건설 사업들을 많이 추진하고 있었기 때문에 막대한 재정자금들이 요구되고 있었다.

또한 3대 세습 체제의 안정적 구축을 위해 급격히 성장하고 있던 시장세력들을 통제할 필요성도 제기되고 있었다. 그러나 화폐 개혁은 시행 직후북한 경제에 심각한 혼란을 야기하였다. 북한이 이른바 2012년 강성국가 건설을 위해 2008년부터 시행해 온 경제정책들에 많은 타격을 주었다.

첫째, 북한 원화 가치의 추락과 북한 경제의 위안화·달러화 현상을 가속화시켰다. 둘째, 김정은 정권 출범 초기에 이르기까지 극심한 인플레이션을 초래했다. 예컨대 쌀 1kg의 가격이 화폐 개혁 직전인 2009년 11월 초에 비해 2013년 11월 말 약 250~300% 수준으로 크게 인상되었다. 셋째, 장마당 경제의 침체와 더불어 국영기업소, 계획경제 부문까지도 더욱 위축시킴으로써 재정의 위기를 더욱 악화시켰다.

공급 능력 확충이 뒷받침되지 않는 화폐 개혁은 실패할 수밖에 없었다. 오히려 북한 경제 내에 시장화 현상이 구조화되어 있으며, 과거와 같은 계획경제 시스템이 사실상 복원될 수 없음을 확인해 준 계기가 되었다. 결국 북한 당국은 2010년 2월초 이후 재차 종합시장 및 외화 거래 허용과 특권기관 산하 무역회사들의 활동도 인정할 수밖에 없게 되었고, 이후 시장에 대해 김정은 정권 출범 때까지 묵인 정책을 시행했다.

2009년 발행된 북한의 신화폐

5. 시장 기능의 부분 활용 재시도

2012년 4월 공식 출범한 김정은 정권이 직면한 북한경제의 문제점은 첫째, 김정일 정권 말기 희천발전소 건설 등 몇몇 대규모 건설사업들을 추진했지만, 북한의 산업생산력은 아직 1980년대 후반 수준으로 회복되지 못하면서 김정은 정권의 물적 기반을 조성해주지 못하고 있었다.

둘째, 극심하게 확대된 경제의 양극화를 해결하고 민생경제를 활성화해야 하는 과제를 안고 있었다. 김정일 시대의 선군경제정책과 시장의 부분 활용→통제→묵인의 반복으로 민생경제가 더욱 악화되어 3대세습 정권의 경제적 기반을 취약하게 만들었다.

셋째, 경제관리 체계를 개혁하지 않으면 경제의 위기 상황이 더욱 악화되는 모순에 직면하고 있다. 이미 시장이 북한경제 내에 구조화되고 있음에도 불구하고, 시장 기능을 제도화하지 않음으로써 경제의 양극화 확대와 더불어 특권 세력들의 지대소득 확대만을 초래하고 있다. 즉 시장 활동에서 산출되는 부가가치 및 잉여가치가 국가의 재정으로 유입되어 산업경제 정상화에 투입되는 경로가 만들어지지 못하고, 국가의 통제에서 벗어난 암시장만을 확산시켜 왔을 뿐이다.

이에 김정은 정권은 2013년 3월 31일 당 중앙위원회 전원회의를 통해 경제·핵무력 건설 병진 노선을 경제정책의 기조로 선포하면서, '우리식 경제관리 방법'을 일부 경제단위에서 실시하고 있다. 즉 김일성 시대부터 북한의 핵심 경제정책 기조인 군사·경제 병진 노선을 단지 명칭만 변경해 유지하면서도, 구조적으로 고착되어 있는 시장화 현상 일부를 수용해 경제의 효율화와 생산성 증대를 도모하려 하고 있다.

'우리식 경제관리 방법'은 과거 '7·1조치'의 내용이 대외적으로 공개되고 경제 각부문별로 전격 추진되었던 것과 달리 아직 대외적으로 그 전모가 공표되지 않았다. 북한은 "우리식 경제관리 방법을 확립하는 것은 경제강국 건설과 인민생활 향사회주의 강성국가상을 위한 투쟁을 다그치는 관건적 고리"라고 하며, 내부에서 시장기능 부분 활용 조치들을 재도입·시행하고 있음을 밝히고 있을 뿐이다. 노동신문이나 조선신보, 해외 언론과의 북한 경제학자 인터뷰 등을 통해 알려진 내용은 다음과 같다.

첫째, 농업분야에서 '분조관리제하의 포전담당책임제'를 일부 지역과 협동농장에서 시행하고 있다. 포전담당책임제는 협동농장의 최종 작업조인 분조(15~20여명, 50정보) 내에 포전을 담당하는 최종 노동단위를 3~5명으로 구성하고, 1인당 약 1정보씩 토지를 분배해 당국이 제공한 농자재 비용과 국가 몫 납부 후 초과 생산물을 국가와 농민 간에 일정 비율로 분배하는 것을 내용으로 하고 있다. 북한 당국자는 포전담당책임제 도입을 통해 농민의 생산의욕이 제고되어 식량 증산 효과를 보게 되었다고 주장하고 있다. 그러나 이 제도는 아직 일부 지역에서만 조심스럽게, 지역별로 변형된 방식으로 실시되고 있는 것으로 보인다. 그리고 실행 과정에서 군량미 수매 우선 원칙, 비현실적인 계획 수매량, 기존 협동농장 조직체계의 유지, 분배 토지등급의 차이, 분배 토지면적의 편차, 여전한 주체농법의 강조 등으로 인해 그 효과가 아직 명확하지 않다.

둘째, 공장·기업소에 '사회주의 기업 책임 관리제'를 도입해 독립채산제 및 경영분권화 조치를 확대하고 있다. 특히 지방공장의 경우 국가계획 외 기업소 자체 계획을 허용해 생산량, 생산물의 품질, 가격 · 임금 결정 등에 있어서 일부 권한을 부여하고, 초과 생산품의 시장판매를 허용하고 있다고 한다. 그러나 아직 '대안의 사업체계'라는 기업관리 체계가 유지되고 있고, 전력 · 자본 · 원부자재 부족 등으로 인해 일부 수출기업 외에는 큰 성과를 거두지 못하고 있는 실정이다. '우리식 경제관리 방법'에서 시행하고 있는 경제관리개선조치 내용들은 사실상 2002년 7.1경제관리개선조치 및 2004년 확대조치 방안을 대부분 재시도하는 것이라고 볼 수 있다. 7.1조치 실험 중단→시장의 통제와 묵인의 반복 속에 제도와 현실간의 격차가 더욱 확대된 상황을 사후적으로 일부 수용한 것이다. 다만 김정은 정권은 김정일 정권에 비해 상대적으로 유연한 시장정책을 시행하고 있는 것으로 판단되고 있다.

그러나 김정은 정권은 '우리식 경제관리 방법'이 당의 지도, 사회주의 집단적소유제 원칙을 구현하는 가운데 시행하는 것으로서 "유연한 집단주의 경제관리체계"라고 주장하고 있다. 따라서 '우리식 경제관리 방법'역시 '체제내적 개혁'이라는 한계성을 안고 시행되고 있어 향후 추진방향을 지속적으로 관찰할 필요가 있다.

제한적 대외 개방 정책

1. 모기장식 개방과 4대 특구 개설

북한은 1990년 사회주의 경제권의 붕괴로 산업연관 관계의 단절 현상이 야기되자 대외경제 개방을 모색하기 시작했다. 소련으로부터 우호가격으로 제공받아왔던 원유, 코크스, 기초 원자재 등을 이제는 국제시장에서 정상 교역의 무역 관계로 조달해야만 하는 상황에 직면했기 때문이다. 그러나 개혁 · 개방을 체제 위협 요인으로 인식하는 북한은 '문은 열지만 모기장을 치고 문을 연다'는 의미의 '모기장식 개방론'을 내세우고 1991년 12월 처음으로 함경북도 최북단 항구 도시인 나진 · 선봉을 경제특구로 지정하고 외국인 투자 관련법 등을 제정하였다.

북한은 처음에 나진 · 선봉 경제특구를 중계무역, 수출가공, 관광 및 금융중개 기능을 수행하는 국제 교류의 거점으로 육성한다는 계획을 세웠다. 이를 위해 외자를 공업 부문 약 36억 달러, 인프라 부문 약 9억 달러, 서비스 부문 약 1억 달러 등 총 투자 건수 119개에 47억여 달러를 유치한다는 계획을 세우고 1996년 9월과 1998년 9월 두 차례에 걸쳐 투자 포럼을 열었다.

그러나 2000년 12월 말까지 이 지역에 대한 투자는 약 1억 2,000만 달러의 투자 유치에 그쳤다. 그나마도 대부분 호텔, 식당, 카지노, 운수업, 상업 등 서비스 분야에 편중되었다. 투자자도 화교자본이 약 70%, 조총련 자본이 약 20%를 차지하여 서방 자본의 투자는 미미하였다. 북한은 '모기장식 개방론'에 기초해 내륙 지역과 차단된 나진·선봉 지역을 경제특구로 지정·운영하려고 했지만 성공할 수 없었다.

대외개방은 대내 개혁과 동시에 진행해야 성공 가능성이 높아진다. 북한은 대내경제의 개혁조차 시행하지 않았고남한 자본의 접근도 허용하지 않았다. 2000년대 들어오면서 북한은 자력으로는 '90년대 붕괴된 산업경제를 정상화시킬 수 없음을 인식하고 변방의 경제특구를 확대해 나갔다. 2002년 7·1 조치를 시행하면서 「신의주특별행정기본법」, 「개성공업지구법」, 「금강산관광지구법」 등을 제정하여 나진·선봉 경제특구와 신의주·개성·금강산까지 더하여 4대 경제특구를 지정하였다.

신의주는 특수행정 단위로 중앙의 관할 아래에 두지만 자율적인 입법권, 사법권, 행정권을 부여하려고 했다. 정치제도 면에서는 홍콩식을 경제특구 제도 면에서는 사회주의 계획경제 토양 위에 시장경제 제도를 도입한 중국의 선천 특구를 선별 혼합한 방식의 내용을 각각 담고 있었다. 그러나 북한이 당시 계획한 '신의주특별행정구'는 중국의 초대 행정관으로 임명된 화교 사업가 양빈이 중국 당국에 탈세혐의로 체포되면서 무산되었다. 개성공업지구와 금강산관광지구는 남한 자본이 단독 투자·개발하는 형태의 특구로 개설되었다.

그러나 「개성공업지구법」, 「금강산관광지구법」 조항이나 남북한 합의와 달리 개성공단과 금강산관광지구는 북한의 대남전략과 남북관계 변화에 영향을 받고 있다. 금강산관광지구는 2008년 우리 관광객 피격으로 잠정 중단되어 있고, 개성공단은 북한의 제2차 핵실험이 시행된 2009년 이후 몇 차례 중단 위기를 겪었다. 2013년 상반기에 166일간이나 잠정 중단되는 사태가 있었지만 아직까지 운영되고 있다.

2. 대중국 개방 확대

북한은 2010년 천안함 폭침 등 연이은 대남 도발로 남북 경협이 위축되자, 대중국 개방을 더욱 확대하는 조치를 취하고 외화를 확보하는 방향으로 대외경제 정책을 변화시켰다. 2011년 황금평·위화도를 새로운 경제특구로 지정하고, 이를 나선 경제무역지대와 함께 중국과 공동 개발하기 시작했다. 그리고 중국의 동북 3성지역과 북한 북부 접경 지역의 교량, 도로, 철도 등 교통인프라를 확대·연결하기로 합의했다.

당시 북한이 나선, 황금평·위화도 경제특구를 중국과 공동 개발하려 했던 것은 북·중 간 정치적 요인도 있지만 경제적 수요도 작용했다. 우선 중국은 제11차 5개년 경제개발계획(2005~2010년) 추진 이후 향후 경제 성장의 견인차로 동북 3성 지역을 주목했다. 따라서 동북 3성 지역 개발에 주변 지역인 몽골, 러시아, 북한과의 접경지역 연계발전이 절실했었다.

특히 2009년 9월 중국의 국가전략으로 확정해서 추진하고 있는 '창지투(창춘·지린·투먼) 개발개방선도구'의 개발에 북한의 나진항을 이용한 동해로의 출로확보가 절대 요구되고 있었다. 반면 북한의 입장에서는, 2009년 2차 핵실험 이후 강화된 국제사회의 대북제재와 2010년 5.24조치의 돌파, 그리고 2012년 강성국가 달성을 위한 경제건설 등으로 북중 경협이 필요했다.

그러나 2013년 북한의 제3차 핵실험과 장성택 숙청 등 북한 내부 정세 변화 요인으로 인해 양 지역 경제특구 개발은 답보 상태에 머물고 있다. 우선 북·중 간에 4대 산업(정보산업, 경공업, 농업, 상업)을 육성하기로 합의한 황금평·위화도 경제특구의 경우, 형식상 관리위원회 건물만 건축된 후 사실상 추진되지 않고 있다. 나진·선봉 특구의 경우 중국 자본 투자가 주로 식당·가라오케·물류업 등 서비스 업종위주이고, 인프라 및 제조업 부문 투자는 적극 추진되지 않고 있다. 이는 중국 자본의 대북 투자 역시 북핵 문제가 해결되지 않고, 북한이 국제사회의 대북제재를 받는 상황에서 리스크를 고려할 수밖에 없기 때문이다.

3. 경제개발구 신설

김정은 정권 출범 이후 북한은 나선, 황금평·위화도, 금강산, 개성공업지구 등 4대

중앙 특구 외에 지방에도 경제개발구를 개설하고 있다. 2013년 5월 29일 「경제개발구법」을 제정한 이후 순차적으로 경제개발구 설치를 발표함으로써 2015년 12월 현재 중앙급 경제특구 5개, 중앙급 경제개발구 4개, 지방급 경제개발구 17개 등 총 26개에 이른다. 북한이 기존에 발표한 5개의 경제특구(나선 경제특구, 황금평 · 위화도 경제특구, 개성공업지구, 원산 · 금강산관광지구, 신의주 국제무역지대)를 제외하면, 김정은 정권이 새롭게 지정한 결제특구 · 경제개발구는 무려 21개나 된다.

김정은 정권의 경제개발구 추진은 기존 북한의 대외개방 정책보다 확대된 내용들을 보여주고 있다. 그것은 첫째, 중국식 경제특구 정책을 모방해 경제특구 · 개발구를 중앙급 · 지방급으로 이원화하고 있다는 점이다. 이는 지방 정부에도 경제특구를 개설할 수 있는 권한을 부여하고 지방 정부가 주체가 되어 지방경제를 활성화하도록 허용한 것이다. 그러나 지방급 경제개발구들은 개설 규모가 최저 1.5㎢~최고 5㎢(평균 3㎢)이고, 목표 외자유치 규모도 1억 달러 내외 수준에 지나지 않고 있다.

둘째, 기존의 종합 경제특구가 아닌 각 지방 정부들이 보유한 비교우위 요소를 기초로 특화된 경제개발구들을 추진하고 있다. 2015년 10월까지 발표된 경제특구 · 경제개발구들을 유형별로 보면, 경제개발구 5개, 공업개발구 4개, 농업개발구 3개, 관광개발구 · 특구 4개, 수출가공구 3개, 첨단기술개발구 1개, 국제녹색시범구 1개 등이다.

셋째, 기존과는 달리 경제개발구 지대 밖의 북한 기업이 새로운 "경제특구 · 경제개발구에 진출할 수 있게 하고"(경제개발구법 제20조), 지대 내의 외국자본이 지대 밖의 북한 기업들과 연계될 수 있도록(경제개발구 기업창설규정 제21조) 제도화하였다. 나진 및 개성공단에 진출한 기업들은 지대 밖 북한의 기업들과 위탁가공 내지는 생산공정의 분업관계를 맺을 수 없었다. 그러나 북한의 경제개발구 정책은 근본적으로 많은 어려움에 직면해 있다. 우선 외자유치가 쉽지 않은 여러 현실 여건이 존재하고 있다. 북핵 문제로 인한 국제사회의 대북제재 지속, 북한의 시장개혁 지체, 개성공단의 반복적인 중단 위기 사례, 전력 부족과 열악한 인프라, 낙후된 물류 체계, 시장경제 의지 및 전문가 부족, 김정은 정권의 내부 불안정 요소 등이 외자유치를 어렵게 만들고 있는 것이다.

중국이 경제특구 정책을 통해 경제성장을 이룩할 수 있었던 것은, 중국 정부가 국제질서에 적극 편입하는 대외정책을 시행하며, 최고 지도자가 개혁 · 개방 의지를 확고하게 밝혔기 때문이다. 또한 경제특구 지역과 국내 산업 · 시장의 연계를 위한 대내 시장 개혁을 중단 없이 지속해 나가고, 중앙 · 지방 정부가 외자유치에 필수적인 법제도 및 인프라를 조성하였기 때문이다.

외자유치의 관건은 그 나라 정부에 대한 신뢰가 형성되고 인프라 등 자본 유치의 여건이 마련되는 데 있다. 따라서 북한이 대외개방과 개혁을 동시에 시행하는 종합계획을 제시하고 핵개발 포기 의지를 적극 표명하지 않는 한 경제개발구 정책은 한계를 보일 수밖에 없을 것으로 보인다.

북한 경제의 개혁 · 개방 전망

김정은 정권은 20년 이상 지속되고 있는 경제난과 추락한 산업생산력을 복구해야 하는 과제를 안고 있다. 이를 해결하기 위해서는 세계 시장질서에 적극 편입하여 해외자본을 활용하는 경제개발 전략을 수립하지 않으면 안 된다.

또한 제도는 계획경제이지만 현실은 시장화가 확산되고 있는 경제체제의 모순을 해결하고, 시장화 확대를 통해 산출되고 있는 부가가치들을 경제 개발을 위한 투자 재원으로 활용해 나가야 한다.

그러나 김정은 정권은 선대 정권의 연장선상에서, 경제 · 핵무력 건설 병진노선 기조를 전제로 한 '우리식의 경제관리 방법', 경제개발구 정책을 추진하고 있다. 핵 능력 강화와 경제개발을 동시에 모색하는 병행전략을 여전히 추구하고 있다.

김정일 정권보다는 다소 민생경제 회복에 비중을 두는 것으로 보이지만 여전히 중국식 개혁 · 개방정책을 거부하며 '북한식' 변화전략을 고수하고 있다. 즉 본격적인 경제개발 정책을 추진하지 않고, 체제유지 분야에 재원 배분의 우선순위를 두는 경제정책을 여전히 전개하고 있다.

또 다른 한편으로는 제2차 하노이 북미정상회담 이후 북한의 베트남식 경제개혁에 대한 관심이 높아지고 있으며 북한의 경제상황과 개혁동향으로 보면 이미 가격자유화 등 시장경제로의 이행 조짐들이 나타나고 있다.

북한은 이미 1980년대 중국의 시장사회주의 단계에 진입한 상태이고 가격자유화와 분권화에 기초한 시장화가 확대되고 있는 점, 그리고 김정은 위원장이 여러 차례 경제발전의 절박성 등을 강조하고 있는 점을 고려할 때 향후 어떤 형태로든 경제개혁과 성장을 위한 추가적인 정책을 내놓을 가능성이 높다. 다만 이러한 정책적 결단은 북미간 핵협상 진전정도에 따라 영향을 받을 것이다.

북한은 사회주의 국가들의 체제 전환 이후 '북한식 변화'의 모색과 중단을 반복해 오고 있다고 할 수 있다. 시장에 대한 통제와 묵인 속에'90년 이후 북한 시장화 현상이 양적 · 질적으로 지속 발전되어 온 양상과 달리, 제한된 개방과 시장 기능의 부분 활용이라는 양면 정책을 시행→중단→재시도 등으로 반복해 왔다.

이로 인해 북한이 시도하는 '변화정책'들은 현실적으로 확장되고 있는 시장화 현상을 적극적으로 제도화하지 못하고, 아래로부터의 압박을 사후적으로 수용하는 소극적 조치들에 머무르고 있다. 그 결과 오늘날 북한 경제체제는 제도와 현실간의 괴리가 크게 확장되고 이중 경제체제로 평가받고 있다.

김정은 정권은 향후 이러한 모순을 해소할 적극적인 개혁 · 개방정책을 추진할 것으로 전망되지 않는다. 북한체제의 내재적 딜레마가 김정은 정권의 선택지에 제한을 가져올 수밖에 없기 때문이다. 북한의 경제난 극복과 경제개발을 위해 개혁 · 개방이 불가피한데, 이것은 북한식 세습 체제의 내구력에 손상을 입히고 체제전환요소를 확장시켜 나갈 가능성이 높다. 결국 김정은 정권은 향후에도 '북한식 변화경로'를 반복해 나갈 것으로 보이며 이는 장기적 추세 속에서 북한 경제체제의 이행기적 성격을 누적시켜 나갈 것으로 보여진다.

부록

1. 북한의 핵 개발 경과 및 평가
2. 북한의 미사일 개발 경과 및 평가
3. 남북 군사력 현황
4. 북한군 군사용어
5. 북한군 교육훈련 변천과정
6. 북한군 보병부대 교육훈련
7. 북한 언론출판의 실체
8. 북한무역 특징과 추이
9. 참고문헌 및 증언

부록1

북한의 핵 개발 경과 및 평가

핵 기반시설 구축

북한은 6·25 전쟁이 끝난 직후 전후 복구와 동시에 원자력에 관한 기초연구, 인력양성 등 핵에너지 활용을 위한 기반체계를 구축하기 시작하였다. 1955년 김일성종합대학 물리학부에 핵물리강좌를 개설하였고, 1956년에는 국가과학원(구 과학원)에 핵물리실험실을 설치하였다.

특히 1956년「북·소 원자력협력협정」을 체결하면서 구소련 드브나 핵연구소에 과학자들을 파견하여 선진기술 확보 및 전문인력 양성의 기초를 마련하였다. 1959년에는 중국과도 원자력협력협정을 체결하였다. 1963년 구소련의 도움을 받아 연구용 원자로를 도입하였고, 이를 토대로 1965년부터 평북 영변에 대규모 핵단지를 조성하기 시작하였다. 이와 동시에 평산, 순천, 박천 등의 우라늄 광산 개발과 채광된 우라늄을 정련하기 위한 시설 등도 건설하였다. 이처럼 북한은 풍부한 우라늄 자원을 바탕으로 핵시설들을 차례대로 건설하기 시작하였다.

핵 개발 본격화

북한은 1980년대 들어 무기급 핵물질 생산시설구비, 우수한 핵 전문인력 양성, 핵실험장 건설 등 핵무기 개발을 위한기반시설을 확장하면서 본격적인 핵 개발에 착수하였다. 영변에 조성된 핵단지에 플루토늄 생산에 필요한 핵심시설인 원자로, 재처리시설, 핵연료제조공장 등이 차례대로 완공되었다.

북한은 자체 기술력으로 개발한 5MWe 흑연감속용 원자로를 1986년 완공하여 가동하였으며, 사용후핵연료를 재처리할 수 있는 방사화학실험실을 1990년 완공하였다. 이와 동시에 영변 단지 내 50MWe 흑연감속용 원자로가 1995년 완공을 목표로 착공되었고, 태천에는 200MWe 흑연감속용 원자로 건설 계획을 수립하였다. 1989년 프랑스 상업 위성에 의해 영변 핵단지가 노출되면서 북한의 비밀 핵 개발 의혹이 제기되었다.

이후 국제 사회의 압력에 의해 1991년 북한과 국제원자력기구 간 안전조치협정이 체결되었다. 1992년 국제원자력기구의 핵사찰이 이루어졌다. 그러나 국제원자력기구의 사찰 결과 북한의 핵활동신고 내역에 중대한 불일치가 발견되면서 북한의 핵 개발 의혹은 더욱 논란이 되었다. 추가 확인을 요구하는 국제원자력기구의 특별사찰 요청은 북한의 「핵 비확산조약(NPT)」 탈퇴 선언으로 이어졌고 클린턴행정부는 군사 옵션까지 검토하였으나 1994년 북미 간 「제네바 기본합의」타결로 북핵 문제가 극적으로 봉합됨으로써 북한의 핵 활동은 이후 2002년까지 한동안 동결되었다.

그러나 북한은 「제네바 기본합의」에도 불구하고 1990년대 중반에 파키스탄의 지원을 받아 비밀리에 우라늄 농축 프로그램을 추진하였다. 이러한 우라늄 농축 추진에 대해 북한은 한동안 존재 자체를 부인하였으나, 2010년 미국의 헤커 박사를 초청하여 우라늄 농축시설을 대외에 전격 공개함으로써 국제 사회의 우려를 가중시켰다. 2002년 부시 행정부는 「제네바 기본합의」의 불완전성과 북한의 우라늄 농축활동 의혹을 제기하며 「제네바 기본합의」 파기를 선언하였고 북한에 대한 중유 지원과 경수로 건설 중단을 선언하였다.

이에 북한도 합의 파기를 선언하고 국제원자력기구 사찰관 추방, 영변 핵시설의 동결 해제, 사용 후 핵연료봉의 재처리 조치를 취함으로써 핵물질 생산을 전격적으로 재개하였다.

이후 북한은 2003년과 2005년 두 차례에 걸친 재처리를 통해 상당량의 플루토늄을 확보하였으며, 2005년 2월 핵무기 보유 선언에 이어 2006년 10월 함경북도 길주군 풍계리에서 최초의 지하 핵실험을 감행하였다.

당시 우리나라 기상청에 의해 탐지된 인공지진파의 강도는 약 3.9mb로 측정되었으며 이를 토대로 평가된 핵폭발 위력은 1kt 미만이었다. 이러한 핵실험 결과에 기초하여 분석된 북한의 핵기술 수준은 실전에 운용하기에는 미흡하였으나 최소한의 핵폭발 장치를 제조하고 폭발시킬 수 있는 단계에는 도달한 것으로 평가되었다.

핵능력 고도화

북한은 1차 핵실험 이후 핵탄두의 위력 증대, 미사일 탑재, 대량생산 등에 초점을 맞추고 핵능력 고도화에 더욱 박차를 가하였다. 북한은 6자회담이 진행되던 2008년 말까지 영변 핵단지 내 주요 핵시설에 대한 불능화 조치를 단행하며 핵물질 생산을 잠정 중단하였다.

그러나 검증 문제에 대한 의견 불일치로 6자회담이 더 이상 개최되지 못하면서 2009년에 북한은 불능화가 진행 중인 핵시설을 재가동하였고, 같은 해 5월에는 2차 핵실험까지 감행하였다. 2차 핵실험에서 보여준 핵폭발 위력은 1차 핵실험보다 한층 증가한 약 3~4kt의 위력으로 추정되었다.

그러나 이는 과거 히로시마와 나가사키에 투하된 핵무기의 위력에는 미치지 못하는 것으로, 실전에 사용하기에는 여전히 기술 수준이 미흡한 것으로 평가되었다. 북한의 핵실험 현황은 【표 부록 -1】과 같다.

【표 부록-1】 북한의 핵실험 현황

구분	1차	2차	3차	4차	5차	6차
일 시	2006. 10. 9. (월) 10:36	2009. 5. 25. (월) 09:54	2013. 2. 12. (화) 11:57	2016. 1. 6. (수) 10:30	2016. 9. 9. (금) 09:30	2017. 9. 3. (일) 12:29
규모(mb)	3.9	4.5	4.9	4.8	5.0	5.7
위력(kt)	약 0.8	약 3~4	약 6~7	약 6	약 10	약 50

출처 : 대한민국 국방부 2022 국방백서

2012년 이후 북한은 경제·핵 무력 건설 병진노선을 내세우면서 핵·미사일 능력 고도화를 위한 행보에 박차를 가하였다. 그 결과 2013년 2월, 2016년 1월과 9월, 2017년 9월 등 4차례의 추가 핵실험을 감행하였다.

특히 6차 핵실험에서 보여준 핵폭발 위력은 약 50kt으로 이는 과거 핵실험에 비해 현저히 증대되어 수소탄 시험을 시행한 것으로 평가되었다. 수차례 핵실험 직후 북한은 핵보유국임을 강조하면서 핵탄두의 표준화·규격화·소형화·경량화·다종화 달성을 주장하였고 핵탄두와 미사일의 대량생산 및 실전배치 의사 등을 표명하였다.

2024년 11월 23일, 한미 간 핵 협의그룹의 미 국무부 측 대표가 북한이 7차 핵실험을 위한 준비를 끝냈고 남은 건 정치적 결단뿐이라고 전하면서 핵 사용을 포함한 북한의 공격에 대비하기 위해선 한미 동맹을 더 발전시켜야 한다고 강조했다.

KBS 워싱턴 김지숙 특파원은 뉴스를 통해 “정권 교체기를 틈탄 북한의 도발 가능성을 주시해 온 미국이 북한이 7차 핵실험을 위한 장소 준비를 마치고 정치적 결단만 남겨두고 있다고 평가했습니다.”라고 보도했다.

알렉산드라 벨/미 국무부 군비통제·억제·안정 부차관보는 미국은 북한이 풍계리에서 7차 핵실험 부지 준비를 마쳤고, 정치적 결단만 남겨둔 상태라고 평가했고 북한의 대륙간탄도미사일, ICBM 시험발사 등을 언급하며 이는 북한이 탄도미사일 프로그램을 진전시키겠다는 의지를 보여주는 거라고 지적했다. 특히 최근 북한이 무모하고 불안정하게 행동하고 있다면서 핵 사용을 포함한 북한의 잠재적인 공격에 대비하기 위해 한

미 동맹을 발전시켜야 한다고 강조했다.

해리 해리스/전 주한 미국 대사는 "저는 김정은이 핵무기를 절대 포기하지 않을 것이라고 믿습니다. 우리가 협상을 통해 김정은이 핵무기를 포기하게 만들 수 있다고 생각하는 건 순진한 발상이라고 생각합니다."라고 했다.

북한의 미사일 개발 경과 및 평가

북한은 핵 · 고폭탄 · 화생무기 장거리 투발능력을 보유하기 위해 1960년대 중반부터 미사일 개발 프로그램에 인력과 자원을 투입하여 왔다. 1976년 이집트로부터 스커드-B를 도입하여 역설계를 통해 스커드 미사일의 자체 생산에 성공하였고, 이를 개량하여 1988년에 작전배치를 완료하였다.

1990년대에는 사거리 1,300km인 노동미사일을 개발하여 작전배치를 완료하였고, 이를 기반으로 1998년에는 대포동 1호를, 2006년과 2009년, 2012년, 2016년에는 대포동 2호를 위성 발사 명분하에 발사하였다.

2016년에는 신형 고출력 미사일 엔진인 백두산 엔진 개발에 성공하여 핵탄두 탑재가 가능한 탄도미사일 개발의 기반을 구축하였다. 2016년 8월에는 구소련의 잠수함발사탄도미사일 기술을 활용하여 신포급 잠수함에서 잠수함발사탄도미사일(북극성)을 시험 발사하였다.

또한 구소련의 잠수함발사탄도미사일(SLBM) 기술을 도입하여 사거리 3,000km 이상의 중거리 미사일인 무수단을 시험발사 없이 2007년에 작전배치 하였고, 다양한 종류의 탄도미사일 시험발사를 지속하였다.

2017년 이를 지상형으로 개조한 북극성-2형을 2차례 시험 발사하였다. 2017년 5월과 8월, 9월에는 중거리 탄도미사일급으로 평가되는 화성-12형을 시험 발사 하였고,

2017년 7월과 11월에 대륙간 탄도미사일급으로 평가되는 화성-14형과 화성-15형을 시험 발사하였다.

2019년 5월 4일 오전 9시 6분부터 27분까지 강원도 원산 호도반도 일대에서 단거리 미사일로 평가되는 미사일 여러 발을 동해상으로 발사했다. 발사된 미사일은 약 70km에서 100km를 비행했다.

2020년 10월 10일 당 창건 75주년 열병식장에서는 신형 SLBM 동체에 '북극성-4'란 글씨가 찍혀 있는 미사일을 공개했다. 최초 SLBM인 북극성-1형이나 2019년에 발사한 북극성-3형 보다 직경이 약간 커진 것으로 전문가들은 추정했다.

2025년 10월 10일 당 창건 80주년 열병식장에서는 신형 대륙간탄도미사일 화성-20형을 공개했다. 이는 미국 본토를 직접 타격할 수 있는 전략무기를 내세워 열병식을 통해 자신들의 핵무력을 과시한 것으로 보입니다. 북한이 노동당 창건 80주년 기념 열병식에서 공개한 신형 대륙간탄도미사일 화성-20형 은【사진 부록-1】과 같다.

【사진 부록-1】 2025년 10월 10일 공개한 신형 화성-20형

출처 : 연합뉴스

2017년 1월1일 이후 북한 미사일 개발·발사현황은 2017. 2. 12. 평북 구성에서 북극성-2형 미사일 발사, 2017. 3. 6. 평북 동창리에서 SCUD-ER 미사일 발사, 2017. 3. 22. 강원 원산에서 무수단 미사일 발사(실패), 2017. 4. 5. 함남 신포에서 화성-12형 미사일 발사(실패), 2017. 4. 16. 함남 신포에서 화성-12형 미사일 발사(실패), 2017. 4. 29. 평남 북창비행장에서 화성-12형 미사일 발사(실패)하였다.

2017. 5. 14. 평북 구성에서 화성-12형 미사일 발사, 2017. 5. 21. 평남 북창에서 북극성-2형 미사일 발사, 2017. 5. 29. 강원 원산에서 SCUD 계열 미사일 발사, 2017. 7. 4. 평북 방현에서 화성-14형 미사일 발사, 2017. 7. 28. 자강 무평에서 화성-14형 미사일 발사, 2017. 8. 26. 강원 깃대령에서 단거리 탄도미사일 발사, 2017. 8. 29. 평양 순안비행장에서 화성-12형 미사일 발사, 2017. 9. 15. 평양 순안비행장에서 화성-12형 미사일 발사, 2017. 11. 29. 평남 평성에서 화성-15형 미사일 발사 후 2018년에는 미사일을 발사하지 않았다.

2019. 5. 4. 강원 원산 호도반도에서 단거리 미사일 발사, 2019. 5. 9. 평북 구성에서 단거리 미사일 발사, 2019. 7. 25. 호도반도에서 신형전술유도탄(KN-23)발사, 2019. 8. 6. 황남 과일군에서 신형전술유도탄(KN-23)발사, 함남 함흥에서 신형전술유도탄(KN-23)발사, 2019. 9. 10. 평남 개천에서 신형전술유도탄(KN-23), 2019. 10. 2. 강원도 원산에서 잠수함발사탄도미사일(SLBM) 북극성-3형을 발사하였고, 2020년에는 2월 9일과 3월 3일, 3월 21일, 3월 29일, 4월 14일 등 총 5회 발사하였다.

2021년 1월 22일, 3월 21일, 3월 25일, 9월 11~12일, 15일, 28일, 30일(9월에만 5회 발사), 10월 19일 등 2021년에 총 9회 발사하였고, 2022년 종 43회에 걸쳐 발사하였다. 2023년에는 총 30회를 발사하였고, 2024년에는 총 21회, 2025년 9월 현재 총 11회를 발사였다.

2025년 북한이 미사일 도발을 분석해 보면 먼저 국제사회에 대한 도발이었다. 이는 탄도 궤적으로 발사되는 북한의 모든 발사체는 UN 안보리 결의 위반이라는 사실을 잘 인지하고 있는 북한은 이를 이용한 것이다.

다음은 미국에 대한 도발이다. 이는 한·미 군사 훈련 기간 중 발사되는 경우와 북태평양으로 발사되는 경우, 그리고 미국의 정치적 이벤트 직전에 발사되는 경우에 미국 언론과 당국자는 대체로 이를 미국에 대한 도발로 간주하기 때문이다.

그리고 일본에 대한 도발이다. 이는 일본 상공을 통과해 발사되는 경우와 일본 EEZ 및 그 근해에 낙탄한 경우에 이를 일본에 대한 도발로 간주하기 때문이다.

마지막은 대한민국에 대한 도발이다. 이는 북한의 미사일 개발 진전은 상태는 사거리 및 형태에 관계없이 현존하는 대남 위협이므로 응당 대남 도발로 간주되기 때문이다.

남북 군사력 현황

2022년 기준

한국군	병력	북한군
36.5만여 명	육군	110만여 명
7만여 명 (해병대 2.9만여 명 포함)	해군	6만여 명
6.5만여 명	공군	11만여 명
–	전략군	1만여 명
50만여 명	합계	128만여 명
200만여 명	예비병력	762만여 명
한국군	**육군 군사력**	**북한군**
12개(해병대 포함)	군단(급)	15개
36개(해병대 포함)	사단	84개
32개(해병대 포함)	여단(독립여단)	117개
2,200여 대(해병대 포함)	전차	4,300여 대
3,100여 대(해병대 포함)	장갑차	2,600여 대
5,600여 문(해병대 포함)	포	8,800여 문
310여 문	다련장 / 방사포	5,500여 문

발사대 60여 기	지대지 유도무기	발사대 250여 기
한국군	**해군 군사력**	**북한군**
90여 척	전투함정	420여 척
10여 척	상륙함정	250여 척
10여 척	기뢰전함정 (소해정)	20여 척
20여 척	지원함정	40여 척
10여 척	잠수함정	70여 척
한국군	**공군 군사력**	**북한군**
410여 기	전투임무기	810여 기
50여 기	공중기동기	350여 기
190여 기	훈련기	290여 기
740여 기	헬기(육 · 해 · 공군)	290여 기

출처 : 대한민국 국방부 2022 국방백서

부록4

북한군 군사용어

1. 감시소(監視所)

전투마당을 직접 보면서 구분대를 지휘하기 위하여 설비한 곳. 감시소는 보병(포병) 중대장과 소대장을 위하여 설비하며, 여기에서 중대장과 소대장들은 한국군과 자기 구분대의 상태와 전투행동을 보면서 그들을 지휘한다.

2. 거점(據點)

'주요 지점', '요새'라는 뜻으로 사용되지만 이는 대대급 구분대들이 역량을 집중시키는 지역이다. 대대는 '거점', 소대는 '지탱점'이라 칭한다.

민경초소와 북방한계선 어간의 중요한 지형지물이나 주요 접근로상에 중화기 및 야포 등으로 무장된 중·소대 규모의 보병부대를 배치하여 거점관리와 비무장지대 출입을 통제하는 임무를 수행하는 초소

3. 거짓사격이전(~射擊移轉)

포병준비사격시 구성되는 사격방법의 일종. 은폐부에 있는 한국군이 포병준비사격이 종료된 것으로 착각하여 진지를 차지하게 한 후 재차 화력습격으로 더 많은 한국군을 소멸하기 위해 실시한다.

4. 결심지도(決心地圖)

북한군의 '지휘관 및 참모 사업순차' 중 5단계 지휘관의 '결심채택' 내용을 지도에 도식한 전투문건, 결심지도는 상급지휘관의 승인 후 효력이 발생되는 문건이다.

사단(연대)의 경우 사단장(연대장), 참모장, 정치지도위원이 서명하고 집단군사령관 또는 군단장(사단장)의 비준을 받아 효력이 발생한다.

5. 경계초소(警戒哨所)

민경초소(북한군 GP) 후방의 개활지나 계곡 등에 보병 분대~소대 규모를 배치하여 민경초소간의 공백지대에 대한 경계 보강임무를 수행하는 초소로써, 보병대대 예하 소속이다.

6. 공격출발진지(攻擊出發陣地)

공격을 개시하기 위하여 차지하는 진지. 준비된 한국군 방어진지에 대한 공격시 한국군과 접촉한 상태 하에서 선정하며, 통상 야음을 이용하여 공격 전야 또는 공격개시 수 시간 전에 점령한다. 은밀한 부대전개와 한국군의 집중타격으로부터 보호받을 수 있도록 한국군 방어전연으로부터 1km 정도 이격된 고지 전사면에 선정한다.

전투서열의 은밀한 배치와 신속한 진출을 보장하기 위하여 공격출발구역에 설치하는 보병, 땅크(자동포) 진지.

7. 교호식(交互式) : 서로 엇바뀐다는 의미로써 상호 교차식을 의미함.

8. 구분대(區分隊)

부대를 구성하는 전술적 조직의 단위로써 대대 (해군에서는 편대)에서 분대급 까지의 부대를 이르는 말이다. 지상군의 경우 보병과 포병들은 그 이름을 따서 보병은 보병 구분대 · 보병부대 · 보병연합부대로, 포병은 포병 구분대 · 포병부대 · 포병연합부대 등으로 부른다. 땅크(전차)의 경우에는 '땅크병 구분대'라 칭하고 그 이상의 제대를 칭할 때는 '땅크 부대', '땅크 연합부대'와 같이 '병'자를 붙이지 않는다.

9. 단도사격(短刀射擊)

전술적 사명에 따라 구분하는 저격무기 사격의 일종. 가까운 거리에서 정해진 한 방향에 최대 발사속도로 불의에 사격하는 것. 방향에 따라 정면 · 사면 · 측면 단도사격으로 구분한다. 측면 단도사격은 목표가 피탄권 안에 더 많이 놓이게 되므로 가장 효과적이다.

10. 돌격선(突擊線)

공격부대의 돌격지시를 위하여 돌격 대형으로 전개하여 돌격을 개시하는 지상의 가상선. 돌격선은 목표와 공격 개시시간이 있으며 식별이 용이해야 한다.

돌격하는 구분대가 돌격을 개시하는 가상선으로 한국군에게 압력을 가하기 위하여 〈시〉시간을 고려 중대장급 이상 지휘관이 결정한다.

포병화력의 지원하 공격시에는 포탄안전한계를 고려하여 통상 한국군 방어전연으로부터 200~300m의 거리에 선정하고 포병의 지원 없이 은밀히 접근한다.

불의에 공격시에는 수류탄 투척거리를 고려하여 20~30m의 거리에 선정한다.

11. 돌격대상물(突擊對象物) : 보병중(소)대의 돌격 목표.

12. 대집중사격(大集中射擊)

포병 집중사격의 일종으로 1개의 포병군(연대) 이상의 역량이 1개 또는 일정한 지역내 위치한 수 개의 표적에 화력을 집중하는 사격이다.

한국군의 표적군 또는 표적대 사격과 유사한 개념이다. 이는 수 개의 집중사격 표적을 묶어서 표시하며, 표적 명칭은 조류 이름으로 부여한다.

13. 면적사격(面積射擊)

일정한 넓이를 가지고 있는 지역에 대한 사격으로, 일명 '정보사격'이라고도 한다.

14. 민경대대(民警大隊)

비무장지대 내의 경계임무를 전담하는 부대로써 지역에 따라 상이하나 통상 6~10개 중대로 편성되어 비무장지대 내에 상주하고 있다. 민경대대의 **평시 임무**는 책임지역 DMZ에 대한 경계임무 수행 및 전방에 대한 적정 감시, DMZ 내의 정전협정 사항을 감시하고 한국군의 도발행위를 억제하여 DMZ 내의 안전도모, 자기 방어구역(책임지역) 내에 침입하는 간첩 및 암해분자(불순분자) 체포 · 소멸, 전선의 한국군에 대한 동향 감시(병력 및 장비 활동, 부대 배치 교대, 시설 및 장애물 설치) 등이다.

전시 임무는 책임지역 방어계선 고수 및 북한군 공격보장으로 제1단계, 전방지역 한국군 초소 공격 · 점령 · 후속 공격부대에 인계, 제2단계, 사단예비대로 재편성하여 사단 작전지역 내에서 반특공대 작전임무 수행이며 제3단계는 의명 사단의 연대 예하 전투대대로 운용하는 것이다.

15. 민경초소(民警哨所)

군사분계선(MDL) 부근의 최전방 감제고지상에 위치하여 각종 시설을 지하화하고 증간된 민경소대 규모를 배치하여 한국군 군사활동 감시와 비무장지대를 경계하는 초소. 민경대대 소속이며, 한국군의 GP와 유사한 개념이다.

16. 반돌격(反突擊)

방어시 방어종심에 침입한 한국군을 맞받아가면서 진행하는 돌격으로써 한국군의 돌격에 반대하여 진행하는 전투행동.

방어에서 가장 중요한 전투행동으로써, 방어작전시 주도적으로 한국군의 공격을 격퇴하는 공세적 방어전투 행동이다.

반돌격을 실시하는 목적은 방어지대에 침입한 한국군을 포위 소멸하여 진지를 회복하고 방어전연 전방의 유리한 계선까지 점령하는 데 있다.

사단급 이하 제대에서는 '반돌격', 군단급 이상 제대에서는 '반타격'이라는 용어를 사용한다.

17. 방위목표(方位目標)

구분대의 지휘 및 협동동작을 용이하게 하고 사격목표를 지시 하기 위해 식별이 용이한 특정지물에 선정하는 참조점. 상황에 따라 방위목표가 목표로 될 수 있으나, 전부는 아니며 군사행동에 편리하도록 방향이나 목표를 찾기 쉽게 정해 놓은 지형지물을 말한다.

부대 지휘와 사격목표를 지시하기 위하여 방향과 방위각을 지정하기 위한 지점을 말하며, 군사행동에 편리하도록 방향이나 목표의 식별이 용이한 지형지물(교량, 독립수, 교차로, 산정산 등)을 말한다.

전투시 대대급 이하 부대들의 방향유지, 사격지휘의 편리성 보장 등과 같은 다양한 전투임무 수행에 이용하기 위해 사전에 설정해 놓은 지형지물을 말한다.

방위목표 일련번호를 부여하며, 우에서 좌로(북한군 입장에서). 가까운 곳에서 먼 곳으로 부여한다.

18. 반땅크지탱점(~支撑點)

돌격하는 한국군 땅크 및 장갑차를 소멸하기 위하여 제1제대 대대(중대)의 방어구역 내 반땅크화력기재와 반장갑 차단물을 배합하여 반장갑화력체계를 이룬 구역. 한국군 땅크가 장갑차가 침입할 수 있는 방향에 연(대)대, 제1제대와 1제대의 대대(중대)에서 조직한다.

화기배치 개념은 한국군 땅크 위협방향의 방어전연 전방으로부터 도로를 따라 방어 종심에 이르기까지 측면 및 교차사격이 가능하도록 배치한다. 반땅크지탱점은 반땅크 포병, 고사기관총, 땅크, 발사관 및 기타 반장갑화력 기대로 조직한다. 경우에 따라 중대 반땅크지탱점이 없이 대대 반땅크지탱점을 형성 할 수 있다.

한국군 땅크가 집중적으로 행동할 수 있는 방향에서 중대 반땅크지탱점의 규모는 중대 방어구역과 일치될 수 있다. 대대 반땅크지탱점의 규모는 대대 방어구역과 일치될 수도 있고, 대부분 또는 일부분이 포함될 수도 있다.

반땅크지탱점 정면은 선수 참호계선에서 한국군 땅크(장갑차)의 행동반경과 그에 배치된 반장갑화력기재의 배치를 고려하여 선정한다. 반땅크지탱점 종심은 중대 방어구역내에서 한국군 땅크(장갑차)의 행동 가능구역(도로, 야지 등)과 종심상의 화력기재 배치 및 예비화력진지를 고려하여 선정한다. 반땅크지탱점 도식시 정면과 종시을 고려하면 된다.

19. 벽호(壁壕)

참호나 교통호의 옆 벽에 사람 또는 탄약, 작은 기재들을 은폐시키기 위하여 파놓은 좁고 긴 홈.

20. 병종(兵種)

한국군을 직접 칠 수 있는 역량과 기재를 가지고 싸움을 벌릴 사명과 임무를 지닌 군종의 주요 구성부분을 이루는 연합부대, 부대, 구분대를 말하며, 한국군의 '전투부대'와 유사한 개념이다. 이러한 육군의 주요 병종에는 보병, 포병, 땅크병 등이 있다.

21. 보충참호(補充塹壕)

참호와 참호 사이, 지탱점과 지탱점 사이, 진지와 진지사이에 보충적으로 설비하는 참호.

22. 보통집중사격(普通集中射擊)

1개의 포병대대 또는 1개의 포병군으로 1개 표적에 사격하는 것. 보통집중사격시 가담하는 포병의 문 수는 통상 1정보당 1문이며, 표적 명칭은 계획제대에 할당된 고유번호 순서로 부여한다.

23. 복종변경(服從變更)

배속 해제, 지휘권 이양, 배속 변경이라고도 하며, 지휘권을 이양하면서 배속이 변경되는 것이다.

24. 부동조애사격(不動阻礙射擊)

방어시 공격하거나 후퇴하는 한국군을 격퇴 또는 소멸하기 위하여 포탄을 일정한 계선에 일선형으로 떨어지게 하는 사격. 부동조애사격 계선은 반드시 관측이 가능한 곳에 계획해야 하며, 동시에 북한군 자신이 피해를 입지 않도록 안전거리를 고려하여 결정한다.

25. 배비변경(配備變更)

부대들이 받은 임무를 수행하기 위하여 관하구분대와 부대에 대한 배속된 화력기재와 역량들의 배치를 달리한다는 뜻으로써 부대들이 받은 임무를 수행하기 위한 집단을 새롭게 조직하기 위하여 역량과 기재를 한 구역으로부터 다른 구역으로 옮기는 것.

26. 배속(配屬)

어떤 구분대나 부대가 다른 구분대, 부대, 연합부대의 지휘관에게 복종하면서 그가 주는 임무를 수행하는 것.

27. 배합전(配合戰)

작전간 두 가지 이상의 전투형태 및 기능을 결합하여 실시하는 작전으로써, 군사전법의 기본을 이룬다. 즉 전투 형태와 방법, 전투지역은 서로 다르나, 부대간 상호 작전(전술)적 연계를 맺고 하나의 군사적 목적을 위해 함께 싸우는 것. 배합전에 기본 형태에는 '정규전과 유격전의 배합', '대부대와 소부대의 배합'이 있으며, 운용제대에 따라서는 전략적 배합, 전술적 배합으로 구분된다.

28. 배후타격(背後打擊)

부대타격의 일종으로 일부 부대 또는 사(여)단을 종심깊이 우회(상륙)시켰을 경우 또는 항공육전대(직승기육전대), 습격부대, 소부대가 연합된 역량으로 한국군 배후를 타격하는 전투행동을 할 수 있을 경우에 적용한다.

29. 비밀감시초소(祕密監視哨所)

경계지역 또는 주방어지대에 은밀히 설치하여 한국군의 계속적인 공격으로 방어지역이 점령되었을 때 계속 잔류하는 부대로써, 한국군의 '잔류부대'와 유사한 개념이다.

30. 빈익측(~翼側)

방어부대의 좌·우측에 비어있는 지대적 공간으로써, 저격무기(소총, 기관총 등) 화력으로 장악되지 않는 곳을 의미하는데 기관총 유효사거리 1km를 기준으로 고려한다.

31. 사계(射界)

사격계선으로 거치적 거림이 없이 사격할 수 있는 범위를 말하며, 통상 각종 화기별 유효사거리내에서 지정한다. 기본사계, 보충사계가 있다.

32. 소개지점(疏開地點)

전진과정에서 실시하는 공격시, 종심으로부터 도보로 진출하는 보병구분대가 전투전서열로 전개하기 위하여 선정하는 지점으로써, 통상 한국군 방어전연으로부터 보병대대는 3~5km, 보병중대는 2~3km 계선에 선정한다.

33. 수성포(守成砲) : 대전차미사일(AT = 1, 2, 3, 4)을 의미한다.

34. 수하구분대(手下區分隊)

전투서열에 포함되지 않은 편제 및 배속된 포병, 고사포병 및 기타 구분대로 조직한 부대, 집단군(군단)은 고사포병연대(대대)와 그밖의 포병 등으로 편성하고, 사단은 반항공방어대에 포함되지 않은 고사포병대대와 그밖의 포병으로 편성한다.

연대에서는 120밀리 박격포대대나 방사포중대(포병군 미편성시), 고사기관총소대를 수하구분대로 편성 · 운용하고 보병대대는 82밀리 박격포중대, 비반충포소대 등을 수하구분대로 편성 · 운용한다.

35. 수하포병(手下砲兵)

지휘관이 직접 자기 수하(지휘)에 두고 운용하는 포병으로써, 제대별 지휘소와 가까운 곳에 위치시킨다.

36. 순차적 임무(順次的任務)

공격시 전투임무를 최근임무와 차후임무, 이후 공격방향으로 구분하여 부여받은 임무를 말하며, 순차적 임무를 부여하는 것은 전투(작전) 실시간 역량과 기재를 합리적으로 이용하고 협동동작과 부대지휘를 효율적으로 보장토록 하는 데 있다.

37. 습격조(襲擊組)

한국군 지휘체제 마비, 주요화기 진지습격, 정황에 따라 중요지형지물 점령하기 위해 수행하는 조

38. 〈시〉 시간(~時間)

제1제대의 보병이 한국군 방어진지의 제1참호에 돌입하는 시간으로 사단장 이상의 지휘관이 결정한다. 공격하는 제1제대의 보병 및 땅크가 한국군 방어진지 제1참호에 돌입하는 시간이다.

〈시(C)〉시간의 어원은 러시아어의 "Секунда(쎄쿤다) : '초'의 의미"에서 생긴 것이다.

〈시(C)〉시간의 목적은 적 전선에 동시 압력, 아군의 화력집중 방해 ➔ 공격출발진지 출발시간은 차상급부대 지휘관이 결정하며, 적과 거리가 가장 먼 제대부터 출발하도록 명령하며, 전투분비 완료시간은 〈시〉시간에서 역으로 계산된 부대 출발시간을 고려한다.

39. 신변기자재(身邊器資材)

군대가 군사행동시 편제상 지니고 있는 기재 대신 쉽게 쓸 수 있는 몸에 지닌 기재나 물건. '신변기재' 또는 '신변자재'라고도 한다.

40. 영구화점(永久火點): 철근콘크리트나 철판과 같은 구조물로 구축한 화기진지

41. 역량과 기재할당표(力量~器材割當表)

한국군의 전투편성과 유사한 것으로 전투임무 달성을 위해 부대별로 전투력을 할당한 표.

42. 우회대(迂廻隊)

한국군의 익측과 후방으로 우회하여 작전(전술)적으로 중요한 계선(대상물)을 점령하고, 한국군이 퇴각하거나 증원하지 못하게 하며, 한국군의 익측과 후방을 타격하여 한국군 집단에 대한 포위실현을 위해서 운용되는 부대. 집단군(군단)은 1개 연대 또는 그 이상, 사(여)단은 1개 대대 역량으로 편성한다.

43. 유생역량(有生力量) : 싸움에 참가하는 생물체(사람, 군마, 군견 등)를 이르는 말.

44. 예비진지(豫備陣地) : 기본진지에서 임무수행이 불가능해졌거나 부적합하게 되었을 경우 기본진지 대신 점령하는 진지

45. 이동조애사격(移動阻礙射擊)

포병 계선사격의 일종. 북한군이 방어시 돌격하는 한국군의 땅크와 장갑차를 격파하기 위하여 이들의 접근방향에 수 개의 계선을 계획하여 순차적으로 실시하는 포병사격, 이동조애사격의 개시는 장갑목표들이 최초 계선에 도달 하는 순간에 시작되며, 목표들이 해당 계선상 포탄의 파열효과 범위를 벗어날 때까지 최대의 급속사격으로 진행된다. 이후(다음) 계선에 대한 사격이전은 지휘관의 신호(지시)에 의하여 진행된다.

46. 익측(翼側) : 부대(구분대) 서열(전투서열, 전투)의 오른쪽과 왼쪽.

47. 인접점(隣接點)

한 부대(구분대)와 연달아 다른 부대(구분대)가 있는 경우 그 부대(구분대)들 사이를 인접점이라고 하며, 익측 및 인접점 보장을 잘 하려면 우선 관하 부대(구분대)들에게 분계선을 올바로 정해주어야 한다.

48. 일반병종(一般兵種)

육군이 작전과 전투를 벌리는 데 있어서 기본 역량으로 되는 병종. 육군에서 보병(기계화보병, 장갑보병)이 기본 병종이므로 육군의 전투와 작전은 보병이 없이는 거의 수행할 수 없으며 육군의 강력한 타격 역량인 땅크병도 보병과 같이 자립적으로 수행하며 항공육전병들도 항공육전작전을 벌릴 때 수송기(직승기)를 타고 행동할 따름이지 땅에 내려서는 보병과 같은 전투행동을 벌려 임무를 수행한다.

일반병종에는 보병(기계화보병, 장갑보병), 연합부대(부대), 땅크 연합부대(부대), 항공육전 연합부대(부대) 등이 있다.

49. 일반병종예비대(一般兵種豫備隊)

사(여)단급 이상 제대에서 보병 외에 땅크, 공병, 화학 등 병종 및 전문병종 등으로 편성하는 예비대.

50. 임무계선(任務界線): 임무를 위해 통제 및 협조를 위하여 일정한 한계를 나타내는 선.

51. 인입포병(引入砲兵) : 추가로 편성 및 운용되는 포병.

52. 원형방어(圓形防禦)

사방 그 어디에서 침입하는 한국군들도 쳐 물리치고 구역을 튼튼히 지킬 수 있게 조직된 방어를 의미한다.

어느 방향에서 공격하는 한국군이라도 물리칠 수 있도록 원형으로 진지를 구축한 방어를 말한다.

53. 저격무기(狙擊武器)

권총, 보병총, 자동보총, 중기관총, 기관총 등 한국군을 겨누어 쏘아 잡는 무기를 통틀어 이르는 말. 저격무기에는 가까운 거리에서 한국군의 유생역량을 소멸하며 사수의 신변을 보호해 주는 권총, 화력과 총창 및 총탁으로써 노출된 목표, 노출되어 있거나 위장한 유생역량 등을 소멸하는 보병총, 기병총, 기관단총, 반자동보총, 자동보총, 기관총, 한국군 비행기를 비롯한 여러 가지 공중목표를 소멸하는 고사기관총 등이 있다.

54. 전문병(專門兵)

자기의 전투기술기재를 가지고, 주로 군종 · 병종들의 싸움을 보장(지원0하는 사명을 가진 구분대, 부대, 연합부대를 말하며, 한국군의 전투지원 및 전투근무지원 부대와 유사한 개념이다.

55. 전면적 화력권(全面的火力圈)

소총 유효사거리를 고려한 방어전연으로부터 500m 이내의 지역으로써, 한국군의 전진을 최후적으로 방어전연 전방에서 격멸하거나 돌파하지 못하도록 하기 위해서 계획한다.

사격은 한국군이 돌격을 실시하기 직전 및 돌격 실시간에 소화기를 비롯한 모든 화기가 참가하도록 계획한다.

최후 저지사격 구역으로, 어떠한 정황 조건하에서도 한국군의 공격을 격파할 수 있도록 모든 화력을 집중 지향한 구역.

전면적 화력권 내에는 집중사격, 부동조애사격이 포함되고 단도화기사격 및 이동조애사격 일부가 포함된다.

사격은 방어전연 전방에서 한국군의 돌파를 저지 · 격멸하기 위하여 최대 발사속도로 실시하며 방어간 실시하는 사격의 종류는 아니다.

56. 전투서열(戰鬪序列) : 전투임무를 성공적으로 수행하기 위하여 편성된 역량과 기재의 전개된 집단. (구성 · 배치 · 전술 · 교육훈련 · 전투능률 등의 요소)

57. 전투경계(戰鬪警戒)

한국군의 공격을 조기에 경고하고 기습을 방지하며 한국군의 근접사격의 정찰, 포병관측을 방해할 목적으로 운용하며 방어시 상급지휘관의 명령으로 연대 전투경계와 대대 전투경계가 조직될 수 있다.

전투경계는 통상 기관총 · 비반충포로 증강되며, 경우에 따라 박격포 · 반땅크포 등이 추가될 수 있다. 전투경계 진지는 화력과 장애물로 엄호되고 제1방어지대의 화력지원을 받을 수 있는 거리에 지탱점 형식으로 구축한다.

연대 전투경계는 제1제대 연대의 제2제대 대대에서 증강한 중대 역량을 지정하여 방어전연으로부터 4~6km, 대대 전투경계는 제1제대 대대의 2제대 중대에서 증강한 소대역량을 지정하여, 방어전연으로부터 2km까지의 거리에 파견한다.

58. 전호(戰壕)

화력으로부터 인원과 무기 및 전투기술기재들을 보호하며 사격의 편리를 보장하기 위하여 땅을 파서 설치한 구조물. 병사가 은폐하여 전투를 할 수 있게 구축한 호 또는 개인호

59. 정보(町步) : 넓이의 단위로써, 1정보는 100m × 100m이다.

60. 조애사격(阻礙射擊)

일정한 시간 동안 지정된 계선이나 구역에 표적을 계획하여 포, 박격포, 방사포 등으로 사격을 실시하는 것으로써 부동조애사격과 이동조애사격이 있다.

61. 주위방어(周圍防禦)

사방으로 달려드는 한국군을 다 막을 수 있게 방어지역을 원형방어 체계로 편성하고 종심깊은 전투서열을 편성하며, 방어구역(지탱점)들 사이에 교차 화력에 의한 화력연계를 보장하여 방어지역(구역) 안에 화력이 미치지 못하는 사각지대가 생기지 않도록 방어하는 것.

62. 주체전법(主體戰法)

김일성이 독창적으로 창조한 전법이라고 강조하는 것으로써, 무장투쟁에서 사람, 군인대중을 기본으로 하여 해결하며 자체의 힘으로 한국군을 때려 부수고 자신을 보호하는 혁명적 전법이라고 강조한다.

대표적인 주체전법으로써 배합전, 산악전, 야간전, 갱도전, 기동전, 기습전 등을 제시하고 있다.

63. 중간지(中間地)

부대 배치상 비어 있는 종·횡적 모든 간격을 의미하는 말로써, 저격무기(소총, 기관총 등)의 화력으로 장악되지 않는 지대적 공간을 말하는데 기관총 유효사거리 1km를 기준으로 고려한다.

64. 중심고리(中心고리)

사물 현상들의 연관 관계에서 다른 고리를 통제하며, 연쇄적인 활동에서 결정적 역할을 담당하는 중심축으로, 부대 지휘통제 활동의 핵심 요소를 이루는 말.

65. 지탱점(支撐占)

보병(기계화보병) 구분대들과 포, 박격포, 땅크들을 배치하고 거기에 의거하여 임의의 방향으로 쳐들어오는 한국군을 다 물리칠 수 있게 준비된 중대(소대) 방어구역의 전체나 그의 기본부분.

역량과 기재를 배치하여 임의의 방향으로부터 공격하는 한국군을 격퇴 소멸할 수 있게 준비된 중(소)대 방어구역.

66. 직일관(直日官)

대대급 이상 제대의 직일 담당 군관. 대대급 이상에서는 군관을 '직일관'으로 임명하고, 중대에서는 하사관을 '직일병'으로 임명한다.

67. 직일화기(直日火器)

지정된 사격구역을 부여받고 대기사애에 있는 각종 화기 또는 한국군의 불의의 공격을 방지하기 위하여 대기상태에 있는 각종 화기.

68. 직일화력기재(直日火力器材)

전투환경에서 시급히 요구되는 임무수행과 한국군의 기습공격을 격퇴시키기 위해 대기상태에 있는 각종 화기.

69. 직접경계(直接警戒)

상급지휘관이 파견한 경계에 관계없이 부대 자체에서 직접 조직하는 경계. 경계구역을 따로 지정받지는 않지만 한국군의 공격을 경고하고 침투 및 기습을 방지할 목적으로 조직하며, 기본방어지대 제1제대 대대의 중대에서 방어전연 200~400m 계선까지의 범위 내에서 복초, 감시, 순찰 및 잠복(매복)의 방법으로 운용된다.

70. 직접적인 화력연계

구분대 또는 화력기재로 상호 엄호할 수 있도록 화력을 편성하는 것. 포초로 한국군을 소멸할 때에는 포위처럼 병력으로 한국군을 완전히 둘러막지 않고 구분대간 화력협동 하 한국군을 소멸하게 된다.

71. 진지(陳地)

한국군과 싸우기 위하여 전투서열을 배치하는 곳. 진지에는 유생역량을 위한 진지와 화력기재를 위한 진지가 있다.

구분대나 부대들이 차지하고 싸울 수 있게 여러 가지 시설물들을 갖추어 놓은 곳 또는 그런 지대.

공병부대에 의하여 점령된 장소 혹은 지역으로써 주어진 목표상에 사격을 지향시킬 수 있는 화기, 부대 또는 인원이 위치할 수 있는 곳으로 형태별 진지, 용도별 진지로 구분한다.

72. 차단물(遮斷物)

지나다니지 못하게 가로 막는 물건. 한국군이 마음대로 행동하지 못하도록 하며 한국군의 유생역량과 기재를 소멸파괴하기 위하여 인공적으로 설치하는 여러 가지 폭발물과 비폭발물을 통틀어 이르는 말.

73. 참호(塹壕)

전호와 전호, 전호화 화력진지 등을 연결해 놓은 호. 사수를 위한 점호와 기관총이나 그밖의 무기의 좌지(사대), 그리고 엄폐로들이 좁고 긴 전호를 말하며 1, 2, 3참호가 있다.

74. 척후대(斥候隊)

행군서열 편성시 첨병의 일부. 한국군 병력·구성·배치에 대한 첩보제공, 이동지역에 대한 지형의 특징 및 정찰결과 보고, 한국군과 조우시 후방에 침투하여 관련첩보 수집보고 등의 임무를 수행하는 구분대. 연대급 행군시의 경우 정황에 따라 소대 또는 분대 규모의 척후대를 운용한다.

75. 척후(斥候)

행군서열 편성시 첨병의 일부. 행군이나 기동을 보장하기위하여 행군대열의 앞뒤나 좌우에 일정한 거리를 두고 행군 경계 임무를 수행하는 구분대나 병사를 일컫는 용어

행군간 감시와 청취정찰 및 보고 임무를 수행하는 구분대. 연대급 행군시 첨병의 임무를 수행하는 지휘관이 분대 또는 전투원 역량으로 척후를 조직하며 파견한다.

76. 총적 임무(總的任務)

총체적인 기본임무. 한국군 정황이 불명확하거나 시계가 제한되는 주간전투 또는 야간전투시 임무를 부여하는 것으로써 준비된(강화된) 한국군 방어를 공격할 때 사단 이하부대는 경우에 따라 총적임무를 부여받을 수 있다.

총적임무는 전투임무를 순차적으로 부여하기 곤란할 때 즉 부대들이 공격지대 안의 한국군을 선두와 후미에서 동시에 타격하는 방법으로 임무수행시 순차적으로 임무를 부여하기 곤란할 때 부여한다. 총적임무의 깊이는 해당 제대의 공격지대 종심과 동일하며 통상 전투임무를 순차적으로 부여할 때의 차후임무계선과 일치한다.

77. 포위소멸구역(包圍消滅區域)

한국군 집단을 완전히 둘러막아 소멸시키는 구역으로써, 포위소멸구역 위치를 선정시에는 한국군 주력이 철수하여 집결이 가능하고 퇴로 차단이 용이한 지역을 고려한다.

78. 포초(包抄)

북한군 공격시 주요 전투행동의 일종. 정면에서 행동하는 관하부대와 한국군의 우측 또는 후방에서 행동하는 관하부대가 직접적인 화력연계 하에 한국군을 소멸하는 전투행동. 포초로 한국군을 소멸할 경우에는 포위처럼 한국군을 완전히 둘러막지 않아도 된다.

79. 포병집중사격(砲兵集中射擊)

포병사격의 일종으로 '면적사격' 또는 '정보사격'이라고도 한다. 일정한 수의 포병 역

량을 집중하여 한 곳에 빠른 시간 안에 포탄이 많이 떨어지게 하는 사격.

중요 접근로상에 공격하는 한국군 유생역량을 소멸하기 위해 가용한 화기가 동시에 집중적으로 실시하는 사격. 포병집중사격은 보통집중사격과 대집중사격, 면적사격으로 구분되며 포위전과 포초의 비교는 다음과 같다.

포위전의 목적은 한국군을 포위소멸하는 데 있다. 포위와 포초는 유생역량을 소멸하는 전투행동이라는 점에서 유사하나 포위는 한국군을 일정한 지역(구역)으로 유인 집결시켜 역량과 화력(포초)으로 둘러막아 소멸하는 것

포초는 일정한 지역(거점)의 한국군을 화력으로만 둘러막아 소멸하는 것이다. 포초는 포위 실현의 한 부분으로 포함할 수 있다.

80. 평사포(平射砲)

직사포의 일종으로, 비교적 심하게 굽지 않은 탄도(사각 20° 이하)로 사격하는 포이다. 일반적으로 포탄의 첫 속도가 빠르고 포신이 길며 (구경의 70배 정도) 포탄의 비행거리가 먼 것이 특징이다.

해안포, 함상포, 땅크포들도 탄도학적 분류에서는 평사포에 속한다. 포의 구경은 20~405mm 까지이고, 포탄으로는 유생역량과 화력기재를 소멸하기 위한 파편탄과 장갑목표를 소멸하기 위한 철갑탄을 사용한다.

81. 화점(火點)

기관총이나 포 및 그밖의 사격무기들이 사격할 수 있도록 총구멍 또는 화구를 내고 웃설미를 씌운 축성물.

갱도내 화점은 교통호로 연결되어 있으며 통상 두께 30cm 정도의 콘크리트로 설비되어 있다. 화점은 상호지원이 될 수 있도록 설비되며, 한국군의 포격 및 폭격으로부터 동시에 2개 이상의 화점의 피해를 방지하기 위하여 화점간의 거리를 최소 30m 이상 이격하여 설치한다.

1개의 화점에 통상 2~3개의 화구가 설치되어 여러 방향에 사격을 가할 수 있으며 경우에 따라 1개의 방향에 화력을 집중하기 위하여 수 개의 화구를 동일한 방향에 설치할 수도 있다. 화구의 구조는 통상 가로 50cm, 세로 30cm로 설치되며 철문을 부착하여 운용하고 있다.

82. 협동동작(協同動作)

부대에 맡겨진 전투임무를 성과적으로 보장하기 위하여 보병, 포병, 땅크, 공병을 비롯하여 각 병종, 전문병, 연합부대, 부대, 구분대들의 전투행동을 목적, 시간, 장소 및 시간상으로 일치시키며 돕는 것. (서로 전술적 연계 하에 작전하는 것)

83. 협동동작조직(協同動作組織)

'지휘관 및 참모 사업순차'의 8단계 과정. 지휘관이 부여된 임무를 성과적으로 수행하기 위하여 전투간 각 부대(구분대)의 행동을 시간, 장소 및 임무별로 일치하도록 조직하는 것.

84. 함화공작(喊話工作)

공격작전시 한국군 방어진지 전방 또는 후방지역에서 소규모 부대가 꽹과리, 피리, 북, 총성, 함성, 횃불 등을 사용하여 대규모 부대인 것처럼 기만하는 심리전 전술의 일종.

85. 호송포(護送砲) : '호송포병'과 동일 개념

공격시 기동부대의 진출에 따라 기동부대를 후속하면서 공격을 방해하는 한국군 화력기재를 직접조준사격으로 격파시키는 포병, 호송포병은 통상 76.2밀리 평사포와 82밀리 비반충포를 운용하며, 제1제대 중대의 2제대 소대와 함께 전진하면서 중대상의 지시를 받아 행동한다.

공격시 운용되는 포로써 직접 보병 전투서열 안에서 행동하면서 보병과 땅크의 전진을 방해하는 적의 화력기재 및 유생역량을 진압(소멸)하고 보병(장갑보병) 및 땅크 구분대들의 돌격을 지원하는 임무를 수행한다.

호송포들은 포병준비사격 시기에 반화점투쟁에 참가한다. 호송포는 기동부대에 배속되어 화력으로 엄호하도록 계획된다. 공격출발진지 내에서 사격진지를 편성하여 기동부대의 진출에 따라 기동부대를 후속하면서 구간이동으로써 진지를 변환한다.

부록5

북한군 교육훈련 변천과정

북한의 김일성은 1948년 2월 8일 북한 최초의 정식 군사무력인 '조선인민군' 창설 시부터 1993년 4월 김정일에게 국방위원장직을 넘겨 줄 때까지 북한군 대원수 / 최고 통수권자로서 남침의 야욕 아래 전반적인 군사체계를 갖추고, 질적 향상을 위한 군사교육훈련을 체계적으로 발전시켜 왔다. 김정일은 1980년 10월 노동당 6차 대회에서 당 군사위원으로 선출되어 군부에 직접적인 영향력을 갖게 되면서부터 1990년 5월 국방위원회 제1부위원장, 1991년 12월 조선인민군 최고사령관, 1993년 4월 국방위원장으로의 선출과정을 거쳐 김일성에 의해 후속체제를 결속하고, 국가와 군에 대한 완전한 통수권을 장악하여 김일성이 구축한 군사체계와 훈련체계를 더욱 강화해 나아갔다. 김일성·김정일 집권 시기별로 특징은 김일성 집권기에는 초기 구소련 및 중공군 훈련방식을 모방하다가 산악 및 갱도전 등의 김일성식 주체 전법을 창조하여 한반도 실정에 맞는 훈련방법을 모색하는 것이 특징이며, 김정일 집권기에는 김일성式 재래식 훈련방법에 추가하여 현대전에 부응할 수 있는 기능별 훈련과 합동 및 배합훈련을 강화하였다.

초창기 (1945. 10 ~ 1950. 5)

1. 평양학원 창설 : 1946. 2. 8

김일성이 보안대 간부 양성을 위해 창설하였으며, 각국에서 입국한 군 출신 공산주의자들을 입교시켜 당 조직과 보안대, 기타 기관 간부요원 양성을 목적으로 정치사상 교육 실시하였다. 현재의 '김일성 군사정치대학'의 전신이다.

2. 보안대 훈련소 설립 : 1946. 6

보안대원 및 철도경비원 양성을 목적으로 4개의 훈련분소를 설립하여 2주간의 신병 군사 훈련을 실시하였다.

3. 중앙 보안간부학교 창설 : 1946. 6

각 지방에 거주하는 극렬 좌익분자를 대상으로 약 4개월간의 군사 정치교육을 실시하였다. 현재의 '강건종합군관학교'의 전신이다.

4. 보안 군사 간부 훈련대대부 설립 : 1946. 8

보안대 지도와 행정 등을 목적으로 설립한 대대부이다.

5. 북한군 및 군 간부 양성기관 개편 : 1947. 5. 17

보안간부훈련 대대부를 인민 집단군으로 개편 확대하였고, 각 훈련소를 보병사단 또는 여단으로 개편하였다. 그리고 중앙보안 간부학교를 제1군관학교로 개칭하였으며 정치군관을 양성하기 위해 평양학원을 제2군관학교로 개칭하였다.

6. 조선인민군 창설 : 1948. 2. 8

북한은 정권수립(1948. 9. 9.)전에 인민 집단군(각 훈련소 및 보안대)을 개칭하여 조선인민군을 창설한다.

7. 대부대훈련 및 특수훈련 실시 : 1946. 2 ~ 1950. 6

조선인민군 창설 직후 소련군이 철수하고 북한에 잔류한 소련군 고문단과 군사대표단의 지도하에 보병 2개 사단과 전차 및 포병부대 등이 참가한 합동훈련과 장애물 통과, 적진 돌파 등의 대부대훈련과 특수훈련을 실시했다.

8. 민간 군사훈련실시 : 1948. 8

남침에 필요한 예비 군사력 확보의 필요성을 인지한 북한당국은 각 도에 민청 훈련소를 개설하여 예비 병력을 양성한다.

당시의 고등중학교 이상의 모든 학교에 군관을 배치하여 학생의 군사훈련을 전담케 하였고, 만 17세 이상 40세까지의 남·여를 총동원하여 군사훈련을 실시하였다. 그리고 민간인을 대상으로 조국 후원회를 조직하여 군사물자를 강제로 헌납토록 한다.

6.25 동란기(1950. 6 ~ 1953. 7)

1. 신병훈련소 설립 : 1950년 후반

6.25 전쟁 중 전장에서 손실되는 전투병력 보충을 목적으로 신병훈련소를 설립한다. 국부적으로 후방지역에 주둔한 소부대에서 신병을 양성하여 전장에 전투원을 보충한다.

2. 제1군관학교를 강건군관학교로 개칭 : 1950. 10. 1

3. 고등군관학교 신설 : 1951. 1월, 부적한 중견간부 중점 양성목적

4. 제2군관학교를 김책군관학교로 개칭 : 1952. 2월, 정치군관 양성

5. 각종 군관학교 창설 : 1951년 ~ 1952년

6.25 전쟁 장기화에 필요한 군관양성과 전투양상에 부합한 다양한 병과의 군관양성 및 기술병 양성을 목적으로 포병, 전차, 통신, 고사포, 위생, 후방, 군의, 수의 등 각종 군관학교를 창설했다.

교육훈련체제 확립기(1953. 8 ~ 1959 초반)

1. 신병 교육 제도변경 : 1953년 후반

6·25 전쟁간 설치한 신병훈련소(2개)를 폐지하고 연대급 이상 각 부대에서 직접 신병을 신병교육을 실시하는 제도로 변경.

2. 교육훈련 기본방침하달 : 1954. 9월

민족보위성(현 총참모부) 명령 제5호와 북한군 총사령부 명령 제 2호로 교육훈련 기본 방침을 하달하는 등 연간 교육훈련 강령에 의거 계획적인 정규교육을 실시하도록 교육훈련제도를 개혁한다.

3. 군관 교육 제도변경 : 1955. 9월

1년 미만이었던 군관 양성교육 기간을 2년 과정과 3년 과정으로 신장시키고, 기성군관을 대상으로 6개월에서 1년 간 재교육을 실시한다.

4. 군사교육기관통합 : 1955. 10월

제1종합 군관학교를 설립하여 보병, 정치, 통신, 공병, 화학, 후방, 수송 군관을 양성하고, 제1종합 군관강습소를 설립하여 포병, 전차, 군의, 수의를 제외한 기타 병과 기성군관의 재교육을 실시하는 등 각 병종 또는 특기별로 분산되었던 군사학교를 통합하고 교육통제의 단일화를 실현 한다.

5. 군관 자격시험채택 : 1956. 1월

군관학교에 자격시험제도를 도입하고 일반대학교를 대상으로 학교 군사훈련을 강화한다.

6. 고등군관학교를 김일성 군사대학으로 개칭 : 1956. 10월

정치군관과 고급군관을 양성하며 기성군관들을 대상으로 보수교육을 시작한다.

7. 사관(부사관) 양성기관 통합 : 1959. 1월

사단급에서 실시하던 사관 양성기관을 폐지하고 민족보위성 및 군단별 하사관학교를 설치

전투력 강화기(1959년 중반 ~ 1967년 후반)

1. 노농적위군 편성, 민간 군사훈련 강화 : 1959. 2월

일부지역에서 운용되던 자위대를 해체하고, 중공의 민병대를 벤치마킹하여 지역과 직장, 학교단위로 노농적위군을 조직하고, 교도대를 조직하여 예비전력을 강화한다.

2. 대부대 기동훈련 실시 : 1960년 초반

전술교리 발전에 따라 각 군 및 제 병과 합동 대부대 훈련의 필요성을 인식하고 연간 부대훈련과는 별도로 상부계획에 의한 사단급 이상 지·해·공군 합동 대부대 기동훈련을 실시한다.

3. 일부 교육기관개편 : 1960년 후반

제1종합 군관강습소를 해체하고, 제1종합 군관학교에서 군관보수교육을 실시하며 제1종합 군관학교에서 운영하던 정치 군관반을 분리하여 김책정치군관학교를 창설한다.

독립작전 수행능력 보강기 (1968년 초반 ~ 1970년 말)

1. 전술교리 개발 및 특수전부대 창설 : 1968년 ~ 1970년 후반

유격전 수행을 위한 경보병 및 특수부대를 창설하고 조직을 보강하며 1969년에 한국의 특전사와 성격이 유사한 특수 8군단을 창설한다.

한국 실정에 적합한 정규전 및 비정규전의 배합과 산악전, 야간전 등의 특수전술교

리를 개발하고 특수전부대의 독립작전 수행능력 완비에 주력한 각종 군사 훈련을 강화한다.

속전 능력 강화기 (1980년 초반 ~ 현재)

1. 핵무기 및 장사정포 개발, 기계화 · 땅크 · 포병부대 창설 : 1980년 ~ 현재

침략수단의 약화를 우려, 한반도 핵 전장화를 겨냥한 핵무기 개발을 착수하고, 현대적 무기와 장비의 자체 생산체제를 구축한다.

현대화에 부합한 교육훈련을 실시하고, 특수전부대를 재편성한다. 무장의 경량화와 각종 장사정포를 개발하는 등 군 현대화에 주력하고, 속전속결 전략에 부응하는 대규모 기계화 부대를 창설하고, 기동훈련을 강화한다.

부록6

북한군 보병부대 교육훈련

북한군 보병부대는 정치학, 일반체육, 전투체육, 특수체육, 대열(제식), 지형(독도법), 규정, 위생학, 반화학(화생방), 공병학, 사격, 전술훈련 등의 과목을 교육훈련 한다.

정치학

정치학 교육은 장병들을 유일사상으로 무장시켜 오직 노동당과 김정은을 위해 생명을 바칠 수 있는 장병으로 육성시키기 위하여 각종 정치교양 활동과 집회 및 보도활동을 전개하고 있으며, 군사교육의 주요과목(전술, 사격 등) 과 거의 같은 비율의 시간을 정치학에 배정하여 세뇌교육을 실시하고 있다.

이는 불굴의 혁명정신과 애당, 애국적인 영웅주의 사상으로 정신 무장된 혁명전사로 육성시켜 당의 군대라는 것을 자각시키고, 당의 정책과 수령의 교시에 무조건 맹종하여 충성할 수 있도록 군사학 교육에 선행하여 실시하고 있다.

특히 최근에는 김정은 우상화를 위한 유일사상체계 확립에 중점을 두고, 병종과 임무 및 상하 직책에 구애됨이 없이 더욱 강화하고 있다.

정치학은 당과 김정은에 대한 충성심 함양, 당 지시에 기계적인 임무완수 능력 배양, 고도의 혁명사상 견지에 목표를 두고 교육하고 있다. 교육책임은 소대는 소대장(민경소대는 소대 정치지도원), 중대는 중대정치지도원이 담당하여 일일교육은 소대단위로, 주간교육은 중대단위로 소대 또는 중대 병실에서 실시한다. 교육은 간부조(군관) 및 하전사조로 구분하여 간부교육은 대대급 이상의 각급 제대에서 계급별로 조 편성하여 월 1회 실시한다. 교육내용은【표 부록 6-1】과 【표 부록 6-2】와 같다.

【표 부록 6-1】 정치학 교육내용

구 분	내 용
혁명전통 학습 (김부자 우상화)	· 혁명 전통계승 · 김일성을 혁명가 가정에서 태어나 1세기에 두 제국주의 (미 · 일)를 타도한 위대한 영도자 김정일은 천재이므로 대를 이어 받들어야 한다. ※ 김부자의 성장과정, 업적, 교시와 권력세습에 따른 우상화를 집중교육
공산주의 사상 (당의 유일사상)	· 김일성의 주체사상 외에 다른 사상은 존재하지 않음 · 당의 유일사상 입각하여 사고 및 행동해야 함 ※ 사상체제를 확립시켜 공산주의 맹신자로 만드는 세뇌교육
주체사상	· 혁명과 건설의 주인은 인민대중임 · 모든 일에 외세의 간섭 없이 '내가 주인이다'라는 주인의식을 가지고 자기운명은 자기가 개척해야 한다.
주체적 전쟁관점	· 통일은 무력으로써 달성되므로 전쟁은 꼭 치러야 한다. · 장차 전쟁은 북한만의 힘으로 치러야 하므로 전쟁을 무서워하지 말고 싸우면 반드시 이긴다는 생각을 갖자.
계급 교양학습	· 정치, 경제, 사회, 문화 등 모든 면에서 사회주의체제 우월 · 현 사회는 자본주의하에서의 착취 계급인 자본가와 피착취 계급인 노동자 간의 계급투쟁임 · 혹사와 강요를 감수하고 침략행위를 정당화시켜 무력혁명 투쟁에 참가시키려는 교양교육
당 정책 학습	· 당에서의 제시하는 당면 시정방침과 정책을 전파 · 시행한 사업 중 우수하게 목표를 달성시킨 과업을 과대 선전
교시 및 지시	· 김일성은 정치, 경제, 사회, 문화 등 모든 분야에서 지도적인 지침서에 의거 획기적인 발전을 가져왔다고 허위 선전

구 분	내 용
	· 김정일을 김일성과 같은 격으로 우상화하기 위한 사상무장 학습
국내 · 외 정세	· 남한과 미 · 일 · 중 · 소 등 서방국가와 동구권 국가들의 정세 변동 사항을 공산측과 북한 측에 유리하게 선전 · 적개심을 높이고 희생과 단결을 호소하는 사상교육

출처 : 북한이탈주민 증언 등 자료종합

【표 부록 6-2】 월별 정치상학 중점

월	중 점	비 고
1	· 김정은 신년사 · 김정은 교시 · 김정은 업적과 우상화	1984년 1월 8일 (김정은 생일 : 1. 8)
2	· 김정일 업적	김정일 생일 : 2. 16 (광명성절)
3	· 주체적 전쟁 관점	
4	· 전반기 : 김일성 · 김정일 우상화 · 후반기 : 북한군 창건 관련 내용	김일성 생일 : 4. 15 (태양절) 북한군 창건일 : 4. 25
5	· 군사규율 강화 · 패배주의	
6	· 6 · 25 전쟁 · 미제, 일제의 잔인성	6 · 25 상기
7	· 사회주의 제도의 우월성	
8	· 계급교양	8 · 15 광복절
9	· 국민 유대 강화 · 북한 헌법	북한정권 창건일 : 9. 9
10	· 당의 유일사상 체제 · 유일지도 체제 · 10대 원칙	노동당 창건일 : 10. 10
11	· 월동준비 철저 · 훈련준비 철저	
12	· 훈련의 질을 높이자(실질적 훈련)	

출처 : 북한이탈주민 증언 등 자료종합

체육

체육훈련의 목적은 군인들을 전투마당에서 계절, 일기, 지형조건에 구애됨이 없이 험한 산악과 벼랑, 크고 작은 강·하천, 습지와 깊은 눈길 등 통과하기 어려운 지대를 능숙히 극복할 수 있는 무쇠 같은 체력을 가지도록 하며 용감성과 대담성, 강의성, 인내성, 민활성, 불굴의 의지 등을 키워 펄펄 나는 일당백의 싸움꾼으로 준비시키는데 있다. 각종 전투기술을 육체적으로 보장하고 나아가서 공산주의 혁명과업 수행과정에서 겪어야 할 제반 악조건을 인내, 극복할 수 있는 강인한 체력단련과 정신력을 연마함으로써 부대 전투력을 증강시키고 육박전 수행능력을 배양시키기 위하여 체육을 높은 비중을 두어 실시하고 있다.

특히 개인의 체력 향상보다 집단의 일원으로 단체목표에 무조건 맹종하여 조직적인 힘을 발휘할 수 있도록 단체훈련에 주력하고 있다. 이와 같은 체육은 교육계획상의 훈련시간에만 국한하지 않고 매일 아침 도수체조를 비롯하여 과외시간을 최대로 이용하여 소대 또는 분대단위로 각종 체육을 간단없이 실시함으로써 강인한 체력으로 계속 단련시키고 있다.

또한 체력 향상과 정확한 체력을 파악하고 체육에 대한 관심도를 고취시키기 위하여 매년 1회, 정기적으로 체력검정을 실시하여 합격수준 미달자는 진급 추천 시 탈락시키는 등 강제력을 행사하고 있다.

그리고 어린 나이에 조기 입대(저성장)와 급식질의 수준저하로 인해 발생한 왜소한 체위 향상을 위해서 키 크기 운동을 실시한다. 북한군은 체육활동을 적극 권장하고 있으며 일반·전투·특수체육으로 구분하여 교육한다. 세부내용은 【표 부록 6-3】과 같다.

【표 부록 6-3】 일반 · 전투 · 특수체육 교육내용

구분	내용
일반체육	· 아침운동 : 도수체조와 몸 부위별 단련체조, 걷기, 달리기, 격술 · 도수(인민군)체조 : 도수 13개 동작 · 몸 부위별 단련 5개 동작 · 기계체조 : 철봉, 평행봉, 전회, 중량물, 종합기재 · 구기운동 : 축구, 배구, 농구, 탁구 · 달리기 : 100m, 2㎞, 4㎞, 마라톤
전투체육	· 육박전투 : 단도조법, 보병삽조법 · 장애물 극복훈련 : 천연 및 인공장애물 극복 · 행군 : 평지(10 ~ 12㎞), 산악(8 ~ 10㎞) · 수영 : 500m 이상 수영능력 구비
특수체육	· 격 술 · 유 술 · 권 투 · 대 련

출처 : 북한이탈주민 증언 등 자료종합

1. 일반체육

1-1. 아침운동

아침운동은 도수(인민군)체조, 걷기, 달리기, 격술 등을 실시한다. 도수체조에는 군인체조와 몸 부위별 단련체조가 있는데 먼저 도수체조는 근육의 운동기능을 촉진시키며 심장활동과 폐활량을 크게 하고 뼈마디들의 신경계통들을 발달시켜 강한 육체적 부담도 이겨낼 수 있는 능력을 키워주는 체조로 순서는 ① 담보운동 ② 가슴운동 ③ 팔운동 ④ 목운동 ⑤ 어깨운동 ⑥ 옆구리운동 ⑦ 등배운동 ⑧ 몸통운동 ⑨ 팔돌리기 ⑩ 뜀뛰기운동 ⑪ 허리돌리기 ⑫ 팔다리운동 ⑬ 쉼쉬기운동 순이다.

몸 부위별 단련체조는 목, 어깨, 팔, 가슴, 등, 배, 몸통 등 몸의 일정한 부위의 근육을 단련시킬 목적으로 실시하는 체조로 순서는 ① 목운동 ② 어깨운동(팔을 들어올리기, 팔을 들어 뒤로 보내기) ③ 몸통운동(몸통비틀기, 등배운동, 등배몸통운동, 허리운동) ④ 다리운동(무릎 굽혀 펴기, 앞으로 차기, 옆으로 차기, 휘돌려 차기) ⑤ 두 명이 함께하는 체조 (손바닥 맞대고 밀기, 손을 잡고 당기기, 다리굽혀 펴기, 옆으로 허리 굽히기, 허리 펴기, 등대고 넘기기) 순이다.

달리기는 아침운동의 기본 방법이며 도수체조를 한 다음 실시한다. 12월에는 연병장과 병영주변을 이용 평지도로를 따라 실시하고 1월부터는 오솔길(도로)을 따라 실시한다. 3월부터는 산악 길을 이용하여 달리기를 실시한다. 달리기는 점차 거리를 늘이거나 같은 거리 안에서 시간을 줄이는 방법으로 실시하며 거리는 통상 1.5 ~ 2.5㎞ 이다.

격술훈련은 달리기를 한 다음 실시하며 손 타격훈련, 대련동작, 기재에 의한 훈련, 형(품새) 동작 등을 실시한다.

1-2. 기계체조

기계체조는 매년 교육계획상에 그해의 목표를 제시하여 중대단위로 설치되어있는 철봉 및 평행봉 등을 이용하여 체육시간과 과외시간에 소대 또는 분대단위로 실시한다.

기계체조는 철봉운동과 중량물운동, 평행봉운동과 전회(마루운동)운동, 종합기재운동 등을 배합하여 진행한다.

철봉운동은 1~4종으로 구분하여 실시하는데 1종은 팔굽혀 펴기이며, 2종은 다리 걸고 오르기, 3종은 허벅다리 걸고 오르기, 4종 흔들어 차오르기이다.

평행봉도 1~4종으로 구분하여 실시한다. 1종 팔굽혀 펴기, 2종 앞뒤로 팔굽혀 펴기, 3종뒤로 흔들어 오르기, 4종 몸 흔들어 팔굽혀 펴기이다.

전회(마루)운동은 1~4종으로 구분하여 실시한다. 1종 앞뒤로 구르기, 2종 앞으로 한쪽 어깨대고 구르기, 3종 달리다가 도약하여 한쪽 어깨대고 앞으로 구르기, 4종 옆으로 돌기이다.

32㎏의 중량물을 이용하여 실시하는 중량물운동도 1~4종으로 구분하여 실시한다. 1종 중량물을 머리위로 올리기, 2종 중량물을 가슴팍에서 머리위로 들어올리기, 3종 중량물을 한쪽 어깨에 메고 달리기, 4종 중량물을 한손에 들고 달리기이다.

종합기재운동은 1~3종으로 구분하여 실시한다. 1종 손과 발을 써서 밧줄 오르기, 2종 밧줄을 잡고 수직 담벽 오르기, 3종 경사 사다리 오르기이다.

1-3. 구기운동

구기운동은 단체 체육의 한 종류로 실시하여 경기기술과 단결력을 높이고 신체적, 정신적 결속을 도모할 목적으로 축구, 배구, 농구, 탁구 등을 실시한다.

1-4. 달리기(구보)

구보는 매일 아침에 실시하며 경우에 따라서는 단독무장 구보도 실시한다. 그 외 체육시간 준비운동시관과 교장 이동 간에 실시하며, 100m 달리기와 마라톤도 실시한다. 상황에 따라 방독면을 착용한 상태에서도 구보를 실시하기도 한다.

2. 전투체육

2-1. 육박전투

육박전투는 화기를 사용할 수 없을 정도로 적에 근접하였을 때 이를 신속 과감히 섬멸할 수 있도록 근접 전투기술과 체력 및 완강한 공격정신 배양을 위하여 실시한다. 단도조법과 보병삽조법을 교육한다.

단도조법은 침투나 습격 등의 은밀한 행동이 요구되는 상황에서 사용하며 1형 · 2형 · 3형 · 4형으로 구성된 형(품새)을 교육한다. 1형과 2형은 단도공격이고, 3형과 4형은 도수방어로서 모두 10개의 동작으로 이루어져 있으며 동작내용은 【표 부록 6-4】와 같다.

【표 부록 6-4】 단도조법 1형 · 2형 · 3형 · 4형 동작

구 분	동 작	비고
1형 (상으로 타격)	전투준비 → 하로 타격 → 우하로 타격 → 좌하로 타격 → 직선으로 타격 → 뒤로돌아 → 우하로 타격 → 좌하로 타격 → 직선으로 타격 → 차려	상체부분 공격 (단도공격)
2형 (하도로 타격)	전투준비 → 상으로 타격 → 우상으로 타격 → 좌상으로 타격 → 직선으로 타격 → 뒤로돌아 → 우상로 타격 → 좌상으로 타격→ 직선으로 타격 → 차려	하체부분 공격 (단도 공격)
3형 (상으로 방어)	전투준비 → 상으로 막아 → 오른손으로 쳐 → 왼손으로 쳐 → 하로 막아 → 뒤로돌아 → 오른손으로 쳐 → 왼손으로 쳐 → 하로 막아 → 차려	도수로서 상단 단도 공격을 방어

구 분	동 작	비고
4형 (하로 방어)	전투준비 → 하로 막아 → 오른손으로 쳐 → 왼손으로 쳐 → 하로 막아 → 뒤로돌아 → 오른손으로 쳐 → 왼손으로 쳐→ 하로 막아 → 차려	도수로서 하단 단도 공격을 방어

출처 : 북한이탈주민 증언 등 자료종합

보병삽조법은 공용화기 사수나 소총을 휴대하지 않은 병사가 육박 전투 시 총창의 대용무기로사용할 수 있도록 고안된 것으로 총 9개 동작을 연속적으로 실시한다. 먼저 전투준비 자세실시 후 우로 물리치고 목 타격 → 우로 돌려 물리치고 목 타격 → 우하로 물리치고 목 타격 → 우하로 물리치고 목 타격 → 좌하로 물리치고 무리치고 올려치고 타격 → 왼쪽, 오른쪽, 왼쪽 찔러 → 좌하로 물리치고 무리치고 올려치고 타격→ 차려→뒤로돌아 아래로 3회 타격 순으로 진행하는 동작이다.

2-2. 장애물 극복훈련

장애물 극복훈련은 기동에 제한을 주는 천연 및 인공장애물을 극복 통과 하는 훈련으로서 대대단위로 설치되어 있는 장애물 극복훈련장에서 월 1 ~ 2회 정도 하는 훈련을 실시하고 있다. 그 중 산지횡단은 부대 주변 산악을 이용, 과외시간에도 수시로 실시하고 있으며, 낙오자가 발생하면 전원 완전 도달 시까지 계속 반복 실시하여 단체심을 높이고 인내심과 강인성을 배양시키며 유격전 수행능력을 연마시킬 목적으로 교육한다.

장애물의 종류는 다양하나 대체적으로 일선 보병부대에서 실시하는 장애물 극복훈련은 먼저 참호에 뛰어들기와 참호에서 뛰어나오기 및 참호 뛰어넘기 → 철조망 극복 → 수직 담벽 극복 → 교통호 엄개구간 극복 → 나무장애물 극복 → 외나무다리 건너가기 → 밧줄에 매달려 건너가기 → 철길 다리 건너기 → 유통 다리 건너가기 → 습지대 극복 → 산지횡단 훈련 → 높은 담벽 극복 → 눈 극복 이다.

2-3. 행군

행군은 매일 실시되는 구보(경우에 따라 방독면 착용)를 포함한 주 · 야간 행군, 내한 극복을 위한 동계 행군 및 각종 악조건 하에서 중무장하여 급보로 실시하는 강행군 등 다양하게 실시하고 있다.

보통행군은 주 1회 정도 완전무장(20㎏, 신병 15㎏)하여 평지 및 굴곡이 심한 산악지에서 10 ~40㎞를 실시하며, 강행군은 매 분기 1회 정도 전술훈련에 선행하여 와전무장(25㎏)을 하고 소로 및 험준한 산악지 등의 악조건하에서 40㎞ 이상을 숙영하면서 실시한다.

행군속도는 완전무장으로 시간당 평지에는 10~20㎞, 산악지에서는 8~10㎞를 극복하도록 강요하고 있다. 통상적인 행군시기 및 거리는 매주 1회 10~50리(4~20km), 매월 1회 100~200리(40~80km), 동계훈련 종료 전 100~300리(40~120km) 실시하며 대부분의 부대가 10~50리(4~20km) 행군을 실시하고 국경경비대와 민경대대를 제외한 보병 및 특수전부대 등 100리(40km) 행군을 실시한다.

보병부대는 동계훈련 판정검열 시만 300리(120km), 특수전부대는 200리(80km), 300리(120km) 행군을 실시한다.

행군 간 상황조치 훈련을 실시하는데 통상 적 포탄 낙하 시 행동, 가상 적기 출현 시 대공사격 자세 및 요령, 적 출현 시 행동 등, 적 화점 발견 시 은폐 및 습격방법 등의 훈련을 실시한다.

2-4. 수영

도하작전 및 하천 장애물 극복을 위하여 200m 이상 수영할 수 있는 능력을 갖도록 훈련하고 있으며, 최근에는 500m 이상 수영할 수 있ㄷ록 강조하고 있다. 수영은 하천을 통상 이용하고 있으나 대부분의 사단 단위 부대에서는 강 및 저수지를 이용, 3~4개의 수영훈련장을 설치하여 사단급에서 지원하는 교관(통상 10여명) 지도하에 대대단위로 연 1회(7~9월초) 3일간씩 숙영하면서 단계별로 훈련을 실시한다. 단계별 훈련내용은 【표 부록 6-5】와 같다.

【표 부록 6-5】 단계별 수영훈련내용

단계	훈련내용	비 고
1단계 (1일차)	· 지상동작 훈련 (기본체조, 수영 동작 요령 숙달)	중대별 실시

단계	훈련내용	비 고
2단계 (2일차)	· 수영연습 (평영, 자유형)	수심 1.5m 이하
3단계 (3일차 오전)	· 천막에 개인 장구류를 포장하여 그 위에 개인화기를 거치 후 도하 (도하훈련)	소대별 실시 도강 폭 : 50m
4단계 (3일차 오후)	· 수영능력 측정(합격 기준은 시간측정) 수영복에 구명의 착용한 상태	개인별 실시 거리 : 100m

출처 : 북한이탈주민 증언 등 자료종합

3. 특수체육

3-1. 격술

격술훈련은 전투마당에서 손, 발, 머리 등 여러 가지 타격수단 등을 이용하여 공격 및 반공격으로 적을 단매(한번)에 때려 눕힐 수 있는 높은 체력과 용감성, 대담성, 민첩성, 담력을 키울 목적으로 실시한다.

1981년 이후 총참모부 전투격술 연구소에서 보급한 "조선 인민군 전투 격술"이라는 책자를 중대단위까지 배포하여 신 전투 격술을 숙달시키고 있다.

신 전투 격술의 특징은 종전의 손동작 위주에서 태권도를 모방한 손, 발, 머리를 배합한 동작이다.

진행순서는 서막(준비동작), 1형(손동작), 2형(발동작), 3형(손, 발, 머리 배합동작), 종막(종료동작)으로 구분하여 실시한다.

격술훈련의 준비동작에서는 군인체조, 몸 부위별 단련체조, 행동의 신속성을 동반하는 운동을 포함하여 신경계통을 발달시키고, 근육, 관절 등을 윤활하게 하는 운동을 시킴으로써 그 어떤 육체적 부담도 이겨내고 훈련의 강도를 높일 수 있게 한다.

격술훈련의 기본부분에서는 자세, 힘, 속도, 중심유지와 호흡조절이 하나의 운동동작으로 이루어지는 동시에 공격과 방어, 방어와 반공격기술을 높이도록 개별연습, 조별연습, 집체(소대~대대)엽습, 대련연습 등을 여러 가지 기재를 이용하거나 기재 없이 서로 밀접히 배합하여 진행한다.

격술훈련의 종료동작에는 온몸의 긴장되었던 근육을 풀어주기 위한 유연한 운동을 하며 깊은 호흡을 한다.

3-2. 유술

유도와 유사한 동작으로 기초 동작훈련, 메치기 기술훈련, 굳히기 기술훈련으로 구분하여 실시하며 훈련방법은 숙련 동작훈련, 자유 동작훈련, 연습 시합 등으로 실시한다.

기초 동작에는 넘어 가는법, 자세와 잡기, 중심 이동법, 힘의 작용과 그 이용법, 중심 기울어뜨리기, 만들기와 걸기 등이 있다.

메치기기술에는 업어치기, 한 팔 업어치기, 허리 뜨기, 빗당겨치기, 허리후리기, 어깨우로 돌리기 등이 있으며 굳히기 기술에는 뼈마디 꺾기 훈련, 조르기, 누르기 등을 연습한다.

3-3. 권투

권투는 기본자세, 이동, 기본 타격법, 방어법, 막고 치기 등으로 구분 실시한다. 기본자세는 앞으로 이동, 뒤로 이동, 왼쪽으로 이동, 오른쪽으로 이동, 왼쪽으로 돌기 이동, 오른쪽으로 돌기 이동이 있다.

권투의 치기는 곧추치기, 올려치기, 옆으로 치기 등으로 구분하며 방어법에는 받쳐막기, 쳐 막기, 몸 비켜 피하기, 몸 낮추어 피하기, 이동방어돌기, 종합 방어 등이 있다.

막고 치기는 상대자의 치기를 막고 그에게 치기를 하는 반공격기술이다. 막고 치기는 반드시 어느 한 막기 동작과 결합하여 수행하게 되며 훈련방법은 상대자의 치기를 한번 막은 다음 치기를 하는 방법과 상대방의 치기를 연속 막고 치기를 하는 방법이 있다.

3-4. 대련

대련의 훈련종류는 1대2 대련, 1대3 대련, 1대5 대련으로 구분하여 실시한다.

4. 개인·제대별 체육기재 보유기준

체육 교육을 효과적으로 진행하기 위하여 개인·제대별 체육기재 보유기준을 규정하고 있다. 개인·제대별 체육기재 보유기준 【표 부록 6-6】과 같다.

【표 부록 6-6】 개인·제대별 체육기재 보유기준

구 분	종 류	보유기준	비 고
개 인	모래주머니	1조	무장 행군 시 발목 착용
소 대	철 봉	1개	쇠 파이프
	평행봉	1개	쇠 파이프
	자갈상자	1개	역기 대용
	총창던지기표적	1개	1.5m × 30cm
	권투글러브	2조	가죽
	샌드백	1개	가죽(모래)
중 대	높이뛰기막대	1개	·
	매트	2장	3 × 3m, 소털
	뜀틀(도마)	1개	높이 1.2m
	격파대	1개	길이 5m, 지름 20cm 통나무에 새끼줄 감음
	모래함	3개	수도 단련용
	담 넘기판	1개	3 × 2m
	발판(스프링보드)	1개	도마 운동 시 사용
	공	3~4개	축구, 배구 농구공
	탁구대	1개	목재 또는 시멘트
대 대	초시계	1개	·
	종합기자재	1개	종합장애물
	축구장	1개소	·
	농구장	1개소	·

출처 : 북한이탈주민 증언 등 자료종합

대열 (제식훈련)

대열과목은 교육시간 외에 집합하는 시간을 이용하여 사관장 지도하에 10~20분간 실시하고 있으며, 지 · 해 · 공군 공통으로 실시한다.

교육과목 도수동작, 경례 동작, 집총동작, 창격전(총검술)이며 교육방법은 최초 교관이 간단한 설명을 실시한 후 중요 동작에 대한 시범을 실시하며, 소대 또는 분대단위로 실습을 진행한다. 교관은 정과 교육은 소대장이 담당하며, 과외교육은 사관이 담당한다. 교육 장소는 중대 연변장 또는 야외 교장에서 실시하며, 병실 주변 공터에서도 실시한다.

1. 도수동작

도수동작은 기본자세, 정지간 방향전환, 행진, 행진 간 방향전환 등의 동작에 대해 교육한다. 기본자세 동작에는 차려 · 쉬어 · 정돈, 정지 간 방향전환은 우로 돌아(반우로 돌아) · 좌로 돌아(반좌로 돌아) 동작이 있다.

행진 간 방향전환은 행진 간 정지 · 행진 간 전환 · 제자리 걸어가 · 우로 굽어가 · 좌로 굽어가 · 우로 돌아가 · 좌로 돌아가 · 뒤로 돌아가 등의 동작을 훈련한다.

2. 집총 동작

집총동작은 방향전환 및 행진, 정지 간 집총동작으로 구분하여 훈련하고 있다. 방향전환 및 행진 훈련은 정지 간 방향전환 · 행진 간 집총사격 · 행진 동작을 훈련하며 정지 간 집총동작은 ① 세워 총 → ② 걸어 총 → ③ 지어 총(비켜 걸어 총) → ④ 앞에 총 → ⑤ 어깨 총 → ⑥ 총창 꽂아 → ⑦ 높여 총(들어 총) → ⑧ 검사 총 → ⑨ 받들어 총 순으로 훈련한다.

3. 경례동작

경례동작은 도수 시 경례와 집총 시 경례, 대열 경례, 보고 시 경례로 구분하여 훈련한다. 훈련 동작은 정지 간 경례 · 정지 간 경례 동작을 훈련한다. 그러나 보고 시 경례는 상관에게 보고 · 검열 시 · 단체 행동 시 동작을 교육한다.

4. 창격전(총검술)

창격전은 능숙한 창격 사용과 완강한 공격정신을 주입시키고 돌격전 및 근접 전투에서 과감성을 발휘하여 일격 필살의 육박전 능력을 배양하기 위하여 실시한다. 동작은 36개 동작으로 구분하여 연속적으로 실시한다. 동작순서는【표 부록 6-7】과 같다.

【표 부록 6-7】 창격전 36개 동작

① 전투준비 → ② 1보 앞으로 → ③ 2보 뒤로 → ④ 좌로 물리쳐 → ⑤ 옆으로 총탁으로 때려 → ⑥ 좌로 전투준비 → ⑦ 우로 돌아 → ⑧ 우로 물리쳐 → ⑨ 앞으로 찔러 → ⑩ 뒷방향 총탁으로 때려 → ⑪ 앞으로 전투준비 → ⑫ 뒤로 돌아 → ⑬ 좌로 돌면서 좌하로 물리쳐 → ⑭ 앞으로 총탁으로 때려 → ⑮ 뒷 방향에서 전투준비 → ⑯ 탄창으로 때려 → ⑰ 상으로 막아 → ⑱ 총창으로 쳐 → ⑲ 총창으로 베어 → ⑳ 총탁 높이 들어 → ㉑ 때려 → ㉒ 뒷방향에 전투준비 → ㉓ 우 뒤로 돌아 → ㉔ 우 하로 물리쳐 → ㉕ 앞으로 찔러 → ㉖ 좌로 짧게 찔러 ㉗ 왼볼 막아 → ㉘ 앞으로 총탁으로 때려 → ㉙ 전투준비 → ㉚ 손 바꾸어 총, 방향변화 총, 우 뒤로 돌아 찌르고 전투준비 → ㉛ 좌로 돌면서 좌로 물리친 후 총탁으로 때리고 좌로 전투준비 → ㉜ 우로 돌면서 우로 물리친 후 앞으로 찌르고 뒷방향 총탁으로 때리고 앞으로 전투준비 → ㉝ 좌로 돌면서 좌하로 물리친 후 총탁으로 때리고 오른발 뒤로 전투준비 → ㉞ 2보 뛰어 찌른 후 뒷 방향 총탁으로 때리고 앞으로 전투준비 → ㉟ 우 뒤로 돌면서 우하로 물리친 후 앞으로 찌르고 전투준비 → ㊱ 세워 총

출처 : 북한이탈주민 증언 등 자료종합

지　형 (독도법)

지형교육은 지도의 정확한 사용과 방향 및 거리의 신속한 판단 등으로 전투임무를 원활히 수행할 수 있게 하기 위해 실시한다. 교육방법은 이론식 교육으로 간단한 내용을 설명하고 야외에서의 주야실습을 통하여 과목 내용을 숙달시킨다.

소대장이 교육을 담당하고 실습 시는 사관이 지도한다. 교장은 이론 교육은 병실 또는 야외 실습현장에서 실시하고, 실습은 야외 교장에서 실시한다.

1. 방위 판정교육

자기 위치 또는 일정한 지점의 방향을 판정하기 위한 방위 판정교육은 지남침(나침반)에 의한 방법, 그림자에 의한 방법, 태양과 시계에 의한 방법, 독립수에 의한 방법, 나무연륜(나이테)에 의한 방법, 별에 의한 방법, 달에 의한 방법, 지도에 의한 방법 등을 교육한다.

2. 거리 판정

거리 판정 교육은 목측에 의한 방법, 보폭에 의한 방법, 음향과 섬광에 의한 방법 등을 교육한다.

3. 지도 판독법

지도의 좌표 판독법교육은 대략좌표 판독법과 세부좌표 판독법을 교육한다. 좌표판독은 먼저 종좌표를 읽은 다음에 횡좌표를 읽는다. 대략좌표 판독법은 지도의 1개 좌표 구역을 4등분하여 좌상에서 우하로 ㄱ, ㄴ, ㄷ, ㄹ의 문자를 부여한 후 판독하고자 하는 지점의 자료를 읽는다. 세부 좌표 판독법은 지도의 1개 좌표구역을 종과 횡으로 각각 1,000등분하여 판독하고자 하는 지점의 좌표를 읽는다.

지도에 사용되는 색채교육은 색체별 지도에 표기하는 용도를 교육한다. 지도에 사용되는 색체는 흑색(인공지물), 청색(배수 관계, 강, 호수, 바다), 녹색(수림 및 식물), 황갈색(등고선), 갈색(밀집 건물, 폭 2.4~4m의 4급 도로), 주황색(폭 4~6m의 3급 도로), 적색(폭 6~8m의 2급 도로)등을 사용한다.

군사지도의 축적 교육은 1:100만에서 1:2만 5천까지 사용하며, 사단급 이하에는 1:5만과 1:2만 5천을 주로 사용하여 교육한다.

등고선 교육은 고도 100m 간격마다 굵은 갈색선으로 표시하며 숫자로 고도를 표시하는 계속선, 계곡선 사이에 고도 20m 간격마다 가느다란 갈색선으로 표시하는 주곡선, 계곡선과 주곡선만으로는 정확한 고도를 표시할 수 없는 지형에서 주곡선 사이에 표시한 간곡선, 정확한 고도를 표시할 수 없는 낮은 지형에서 주곡선이나 간곡선 사이에 5m 간격마다 짧은 갈색점선으로 표시하는 조곡선에 대하여 교육한다.

4. 방위각에 의한 이동교육(실습)

방위각에 의한 이동교육은 부여된 방위각과 거리에 의거 목표를 찾는 실습으로 수명 1개조(통상 3명)로 나침반을 휴대하여 주·야에 걸쳐 실시한다. 이동 간 중간 목표를 설정하여 그곳에 도착하면 새로운 방위각과 거리를 부여받아 이동한다.

5. 사경도 작성

통상 분대장급 이상이 작성하며, 작성내용에 포함되는 내용은 목표방향을 확정하고 도면에 남북방향 표시, 도면 하부에 자기 위치 표시, 필요한 지형지물에 자기 위치에서 선을 그음, 거리를 측정하여 선상에 기입하고 작성일자 기록 등을 포함하여 작성한다.

규 정

군 기율과 예절을 성실히 준수하고 군인의 의무를 모범적으로 수행할 수 있도록 하기 위하여 규정교육을 실시한다. 교육과목은 내무규정, 위수 규정, 기율 규정이며 교육방법은 교관이 규정을 간단히 설명하고 내용을 완전 암기시키는 방법이다. 교관은 소대장과 중대장으로 편성되어있으나 통상 소대장이 실시한다.

1. 내무 규정

군인이 수행할 기본적 의무와 일상 병영생활에 필요한 각종 제도를 규정한 것으로 군인의 임무, 군인의 배치, 내무당번(일직근무), 야영근무, 군인 상호관계, 내무생활, 군인의 보건 등이다.

2. 위수 규정

위수 구역 내의 기율질서 유지에 필요한 각종 규정으로 위수 근무책임, 위수 근무요령, 열병식, 군기 및 표창의 수여와 접수, 시위 및 군중대회에서의 군인역할, 명예 위장대(의장대)이다.

3. 기율 규정

상벌과 소청사항을 규정한 것으로 보상제도, 책벌제도, 소송 및 청원제도이다.

위생학

위생학 교육은 중대단위로 교육을 실시하며 이론교육 실시후 실습을 진행한다. 교관은 대대 군의이며, 중대단위의 위생지도원이 조교역할을 수행한다. 교장은 통상 병실에서 실시하고, 실습은 야외에서 실시할 경우도 있다. 교육과목과 내용은 【표 부록 6-8】과 같다.

【표 부록 6-8】 위생학 교육과목 · 내용

과 목	내 용
개인위생	· 신체보호법, 건강증진 요령 등
행군 시 위생	· 동상 및 무좀예방, 발싸개 사용법, 신체보존법, 휴식 간 위생 등
전염병 및 예방대책	· 전염병의 개념, 예방조치, 내무위생 등
계절적 위생	· 동상예방, 감기예방, 일사병예방 등
부상자 응급조치	· 붕대사용법, 인공호흡 요령, 지혈방법 등

출처 : 북한이탈주민 증언 등 자료종합

반화학 (화생방)

현대전에서의 화생방전을 대비하기 위하여 개인방호 및 제독요령과 화학정찰법 등을 습득시키고 있으며 모든 전술훈련과 비상훈련 시에는 반드시 반화학 교육을 선행하여 실시할 것을 강조하고 있다.

특히 일반 보병분대의 1개 분대를 화학분대로 잠정 편성하여 평소 연대의 화학참모의 순회교육을 통해 유사시 화학요원으로 활용할 수 있도록 예비역량을 양성하고 있다. 교육방법은 최초 기초적 이론을 설명한 후 실습을 통하여 세부동작을 습득시킨다.

교관은 소대장이 담당하며 실습시 사관이 지도하며 교장은 이론교육은 병실에서 실시하고 실습훈련은 야외교장에서 실시한다. 교육과목과 내용은 【표 부록 6-9】와 같다.

【표 부록 6-9】 반화학 교육과목 · 내용

과 목	내 용
방독면 훈련	· 방독면 명칭 및 구조 · 방독면 휴대 및 사용방법 · 오염지역 극복 및 제독훈련 · 방독면 착용 후 숙달훈련
화학전하에서의 개인방호	· 독해물(화학작용제)의 종류 및 오염징후 · 독해물로부터의 방호법 및 응급처치법 · 화학전하에서의 각개병사의 행동 등
생물학전하에서의 개인방호	· 생물학 작용제의 종류 · 방호기재 및 방호법
원자상황에서의 개인방호	· 원자 폭발의 형태 · 원자무기의 피해요소 · 원자습격 시 각개병사 행동 · 방호법 · 오염지대 극복 및 후과(잔류방사선) 근절대책 등
종 합 훈 련 (단계적 훈련)	· 공격 출발 진지에서의 행동 · 화학오염 조우 시 행동 · 화학오염 장애물 극복 및 전투행동 · 화학오염 터널통과 및 응급처치 · 화학오염 하 참호 전투행동 숙달 · 화학오염지역 이탈 후 행동

출처 : 북한이탈주민 증언 등 자료종합

공병학

전호설비(야전축성)와 차단물(장애물) 설치와 극복요령 등을 숙달시켜 야전에서 전투임무를 원활히 수행할 수 있도록 하기 위하여 교육을 실시한다. 특히 일반 보병대대의 1개 소대를 공병소대로 잠정 편성하여 기회교육을 통해 유사시 공병요원으로 활용할 수 있도록 예비역량을 양성하고 있다.

교육방법은 간단한 축성, 장애물, 지뢰 등에 대한 이론교육과 시범교육을 실시한 후 실습을 통하여 숙달시킨다. 교관은 소대장이 담당하며 실습시 사관이 지도하고, 교장은 통상 야외훈련장에서 실시한다. 교육과목과 내용은 【표 부록 6- 10】과 같다.

【표 부록 6-10】 공병학 교육과목 · 내용

과 목	내 용
전호설비 및 위장	· 각종 전호의 구조 및 설비 · 야전 시설물 및 장애물 설치 · 축성재료 위장 및 굴호 · 조립식 축성 시설물 설치 · 급조진지 이용법
폭 파	· 폭약 및 뇌관의 종류, 특성, 사용법 · 폭파요령 및 방법(전기 및 비전기식), 안전대책 · 토양 및 얼음, 도로 및 시설물 폭파
지 뢰	· 지뢰의 종류, 구조 및 작용원리 · 지뢰매설 및 위장 · 지뢰탐지 요령 및 제거법 · 지뢰원 구조 및 설치 · 취급법 및 안전대책
장애물 설치 및 극복	· 장애물 설치 방법 및 위장 · 장애물 극복방법과 통로 개척법 · 장애물 강화방법(보조 장애물 설치)

출처 : 북한이탈주민 증언 등 자료종합

개인화기 사격

사격은 주요 교육과목이 하나로서 각 교육과정마다 많은 시간 비중을 두고 실시하고 있으며, 병종과 부대임무 및 장비된 화기의 차이로 인한 사격과정은 일정하지 않다.

그러나 모든 사격훈련은 상이한 지형과 전투상황 하에서 각종 표적을 적시에 명중시킬 수 있도록 야간 및 이동목표 사격을 강조하고 있으며, 어떠한 악조건 하에서도 대적할 수 있는 사격술을 향상시키고 있다.

또한 제한된 실탄으로 최대의 성과를 높이기 위하여 매일 일정한 조준연습을 실시하고 연중 수회로 구분한 각종 실탄사격을 실시함으로써 일발 필승의 사격술을 강조하고 있다.

경쟁의식을 통한 사격의 질을 높이기 위하여 매년 중대급 이상 부대의 사격 경연대회를 실시하고 있다.

교육방법은 최초 각종 화기의 기계 및 조준연습을 실시하여 화기에 대한 기초지식과 사격요령을 완전히 습득한 후 실탄사격을 실시한다.

실탄사격은 교육사격과 전투사격으로 구분하여 각종 전투 상황 하에서 주·야간 실시하며 최종적으로 방독면으로 착용하여 사격한다.

사격은 단계별로 구분하여 2~3개월마다 1회씩 연속적으로 실시하고 있으며, 사격교관은 기계 및 조준훈련은 소대장이 담당하며 실탄사격은 상급 부대의 군관지도하에 중대장이 진행한다.

교장은 훈련내용에 따라 구분되어있다. 기계훈련은 병실 또는 연병장을 사용하고, 조준훈련은 중대 조준훈련장을 사용한다. 실 사격 훈련은 교육사격과 전투사격으로 구분되어 있는데 교육사격(소총 · 기관총사격)은 대대 및 연대 사격장을 사용하고, 전투사격은 연대급 이상 부대에 설치된 사격장을 사용한다.

1. 사격술 예비훈련

사격술 예비훈련은 기계훈련과 자세훈련, 조준훈련, 격발훈련 과목으로 구분되어 있다. 과목별 훈련내용은 【표 부록 6-11】과 같다.

【표 부록 6- 11】 사격술 예비 훈련과목 · 내용

과 목	내 용
기계훈련	· 화기의 종류 및 사용법 · 구조 및 제원 · 특 성 · 분해 결합 · 고장배제 · 주유 및 보관법 · 탄 약
사격자세	· 엎드려 사격자세 · 꿇어 사격자세(무릎쏴) · 앉아 사격자세(앉아쏴) · 서서 사격자세(서서쏴) · 대공 사격자세 · 진지사격(돌격사격)
조준훈련	· 창안식 조준연습 한국군의 조준간과 흡사한 훈련기체를 사용하여 조문(가늠자)과 조성판(가늠쇠)의 정렬을 한 다음 표적을 이용하여 정조준 훈련 · 10m 조준연습(2인 1조) 조준틀에 소총을 얹어 10m 전면의 조준판에 총을 지향시키고 표적의 1/100로 축소한 조준술을 이동시켜 표시한다. 이를 3회 반복하여 3각으로 형성된 조준점의 크기에 따라 평가한다. · 실거리 조준연습 실거리에서 각종 자세를 취하여 실탄 장전부터 격발단계까지의 조준요령을 고정(부동목표) 및 이동목표와 단독 목표 및 집단목표 등으로 나누어 반복 연습한다.
격발훈련	· 총신 위에 작은 돌을 얹어 놓고 격발 시에 떨어지지 않도록 숙달시킨다.

출처 : 북한이탈주민 증언 등 자료종합

2. 실탄사격

실탄사격은 교육사격(1종 · 2종사격)과 전투사격(3종 · 4종 · 5종)으로 구분하여 실시한다.

2-1. 교육사격

사수에게 사격규정 및 요령과 무기사용법 등을 숙지시킨 후 측정된 거리에서 고정목표(원형, 반신형)를 정확히 명중시킬 수 있는 능력을 배양할 목적으로 실시되는 사격이다. 1종 사격과 2종 사격으로 구분 실시한다.

1종 사격은 고정표적에 대한 단발 영점사격으로서 부대에 최초 전입한 신병에게 기본 사격술을 숙달시키기 위하여 실시하고, 2종 사격은 5개의 고정표적에 대하여 단발로 하향사격을 실시한다.

2-2. 전투사격

전투상황 하에서 부여된 사격임무를 달성할 수 있도록 측정되지 않은 거리(미지거리)에서 각종 목표를 명중시키는 능력과 화력 및 기동을 상황에 적합하게 연결시키는 3종과 4,5종 사격으로 구분하여 실시한다,

3종 사격(각개전투 사격)은 각종 전투상황과 지형, 계절 및 주·야 조건하에서 제한된 시간 내에 각종목표를 명중시키는 사격으로서 돌연 및 이동표적에 대하여 사격좌지(위치)를 이동하면서 1개 표적당 15초 이내에 사격한다.(이동시간 포함)

4종 사격(부대 전투사격)은 방어 시 전투사격으로서 소부대 단위로 전투상황 하에서 사격하는 것으로 지휘자의 화력 지휘능력과 병사 상호간의 유기적인 화력 협조능력을 갖게 한다. 이 부대 전투사격에는 분대, 소대, 중대 전투사격 등이 있다. 5종 사격(부대 전투사격)은 공격 시 전투사격으로 4종 사격과 동일하다.

교육사격과 전투사격(종별사격) 세부내용은 【표 부록 6-12】와 같다.

【표 부록 6-12】 교육사격과 전투사격(종별사격) 세부내용

<table>
<tr><th colspan="2">구분</th><th>표적형태</th><th>시간</th><th>사거리</th><th>사격자세</th><th>발수</th><th>평가</th></tr>
<tr><td rowspan="2">교육사격</td><td>1종</td><td>원형표적</td><td rowspan="2">제한 없음</td><td>100m</td><td>엎드려쏴</td><td>3</td><td>우 : 9~10점
량 : 7~8점
급 : 5~6점
락 : 4점 이하</td></tr>
<tr><td>2종</td><td rowspan="2">가슴, 반신, 전신형 표적
5개 고정 표적</td><td>150m</td><td>첫목표: 엎드려쏴
기타:임의 자세</td><td>3</td><td>우 : 3
량 : 2
급 : 1
락 : 0</td></tr>
<tr><td>전투사격</td><td>3종</td><td>표적 당 15초</td><td>200~ 400m</td><td>엎드려쏴,
서서쏴,
꿇어쏴,
앉아쏴</td><td>5</td><td>우 : 4~5발
량 : 3발
급 : 2발
락 :1 발</td></tr>
</table>

구분		표적형태	시간	사거리	사격자세	발수	평가
	4, 5종		표적 당 20초	200~ 500m	임의자세	10	우 : 9~10발 량 : 7~8발 급 : 5~6발 락 : 3~4발
야간사격	2종	전신형 표적	15초 출현, 15초 은폐	200m	엎드려 쏴	3	우 : 3발 량 : 2발 급 : 1발

출처 : 북한이탈주민 증언 등 자료종합

3. 사격 요령

화기의 기계훈련과 조준 및 자세훈련을 완료한 후 사격에 대한 규칙과 동작 및 안전사항을 숙지시켜 실탄사격을 실시하는데 먼저 출발위치에 정렬(화선 후방에 약 10m) 후 사격자 순번에 따라 탄약 공급수로부터 실탄을 수령하고, 좌지수(사로수)에 따라 1명 또는 수 명씩 화선(사격선)으로 이동, 사격준비신호로 화선에서 사격준비, 사격개시신호로 사격실시(결함발생시 사격중지), 사격이 끝나면 “사격 끝” 보고 후 탄창을 제거하고 지시에 의거 무기검사, 사격 결과를 확인하고 다음 사수와 교대 후 퇴장 순으로 실시한다.

사격은 사격 지도자(상급부대 군관)와 사격 집행자(중대장)의 지시에 따라 실시하며 사격간은 붉은 기를 사격장에 게양한다.

사격시간 초과 또는 중요목표를 명중시키지 못하면 사격을 중지시키고 반복사격으로 합격 후 다음 과정을 실시한다.

사격방향에 각종 장애물을 설치하여 전투상황과 연관된 사격요령을 숙달시키고, 목표의 출현은 사수가 예견하기 어렵도록 각종 상황(장애물 통과, 오염지역 통과)과 동시에 이루어지도록 전장 감시력과 민첩한 사격술을 동시에 구비시킨다.

전투사격은 사격과정에 부하되는 전술상황을 조성하여 완전무장으로 실시하고, 야간사격 은 조명기재(불빛, 탐조등, 조명탄 등)로 조명 또는 자체로 윤곽이 나타나는 조명

목표를 실 거리에서 사격한다.

자동무기는 가급적 단발사격을 금하며 점사로 실시하며 사격평가는 최상급부대에서 판정하며 우, 량, 급, 락 등급으로 판정한다.

매일 소대별로 사격술 예비훈련을 30분간 실시하며 사격술 훈련 및 실탄사격 전에 정치 사상교육을 실시한다.

전술훈련

전술훈련은 부대 교육과목 중 가장 많은 비중을 차지하고 있는 과목으로서 각개 전투훈련으로부터 사단급 이상의 대부대 기동훈련까지 광범위하게 실시하고 있다.
이와 같은 점투경험 요소와 유격전술 등을 배합시켜 산악, 수림, 야지, 하천 등 각종 지형을 이용한 주·야 구분 없는 실전적인 훈련을 제반 악조건 하에서 반복 실시하고 있다. 또한 소부대 훈련은 기습공격에, 대부대 훈련은 기동에 중점을 두고 시시하며 속전능력을 배양하고 있다. 전술훈련 과목은 각개전투, 분·소대 전술, 야외전술훈련(중대-연대), 각개전투 및 분·소대 전술 과목이다.

교육방법은 먼저 이론 및 시범식 교육을 실시하고 실습을 한다. 이론 및 시범식 교육은 과목과 연관되어 있는 과목 중 기 실시한 타 과목의 내용숙지 정도를 문답식으로 확인하고 목적 및 학습문제를 보충 설명하며 중요한 내용에 대해서는 실시한 후 분(소)대별로 지정된 장소에서 실습을 진행한다.

각개전투 실습은 과목내용을 각 단계별로 구분하여 상이한 지형과 전투상황에서의 동작 및 행동을 개별적으로 실시하며, 미숙한 동작을 반복시켜 완전 습득하도록 한다.

분·소대 전술훈련은 원칙적으로 각개전투 교육이 완료된 후 과목 내용 전체를 순서에 입각하여 연속적으로 진행한다. 교육과목별 교육내용은 【표 부록 6-13】과 같다.

【표 부록 6-13】 전술훈련과목별 교육내용

과목	교육내용
각개전투	· 위　장　　　　　　　· 이　동(약진, 포복, 지형지물 이용법 등) · 전투대형　　　　　　· 공격 시 병사의 동작 · 보초 근무 등　　　　· 방어 시 병사의 동작
분대전술훈련	· 공격 시 보병분대　　· 방어 시 보병분대 · 행군 간 보병분대　　· 주둔 간 보병분대 · 매복 시 보병분대　　· 수색 시 보병분대 등
소대전술훈련	· 공격 시 보병분대　　· 방어 시 보병분대 · 행군 간 보병분대　　· 주둔 간 보병분대 · 매복 시 보병분대　　· 수색 시 보병분대 등

출처 : 북한이탈주민 증언 등 자료종합

야외전술훈련은 부대 주둔지로부터 이격된 새로운 지역을 선정하여 수일간 야영을 하면서, 각종 작전형태의 전투상황 하에서 훈련을 실시한다. 전방 배치부대는 중대급 단위로 실시하고 일반부대는 중대에서 연대급까지 실시하며 지휘관의 지휘능력과 산악 및 하천을 포함한 야전에서의 전투기술, 주·야간의 돌발적인 상황 처리, 병과 및 부대 간의 협조와 지원 능력 등을 배양하고 독자적이며 속전적 전투력을 강화시키기 위하여 실시하고 있다.

또한 교육훈련의 총화(검열)라 하여 최종적으로 연대 전술훈련을 실시하여 연중훈련을 총 결산하고 있다.(단, 전방 배치부대는 중대 전술훈련으로 대치) 각 야외전술훈련은 필히 핵 및 항공 상황 하에서의 조건을 고려하고 정규전과 유격전 및 특수전을 배합 또는 결합한 전술로 기동(행군)에 중점을 두고 실시하고 있으며 중대(전투기본단위) 전술훈련은 공격전술훈련 1회, 방어전술훈련 1회로 각각 실시하고 대대급 이상은 공격전술훈련만 실시하고 있다.대부대(사단급 이상) 기동훈련은 부대교육 계획에 포함되지 않고 별도 상부 훈련계획에 의거 실시하고 있다. 제대별 야외전술훈련 세부내용은 【표 부록 6-14】와 같다.

【표 부록 6-14】 제대별 야외전술훈련 세부내용

제 대 별		중 대	대 대	연 대
훈련주기(연간)		1~2회	1회	2년 1~2회 정도
훈련기간(1회)		2~3회	4~5일	6~10일
훈련지역		8~12km	16~20km	50km 이상 광범위한 지역
참가부대 (협동부대 구성)		· 중대 (비반충포, 박격포 등)	· 대대 예하 전 중대 (박격포, 야포, 방사포 등)	· 연대 예하 전 부대 · 지원부대(전차, 포병 등)
훈련 통제		1명(대대 군관)	5~6명 (연대 군관)	20여명(사단 및 연대 군관)
훈련 요령	1 단계 비상훈련	통상 새벽에 발령, 갱도에 진입 후 전투 준비, 집결지로 이동		
	2 단계 집결지행동	각종 상황처리 및 공격 / 방어 준비		
	3 단계 공격	공격출발진지로 이동하여 통상 일몰 후 행동하며 야간 또는 여명공격으로 일출 전에 목표 점령		
	4 단계 방어	각종 상황 하에서의 주 · 야간 방어훈련		

출처 : 북한이탈주민 증언 등 자료종합

부록7

북한 언론출판의 실체

북한은 공산주의 언론관에 기초하여 언론의 기능을 "인민을 교육하고 당과 정부의 정책을 선전하며 인민을 공산주의 사회 건설에 동원하고 비판과 자아비판을 고무"하는 것으로 설명한다. 북한에서 언론은 정치사회화의 도구인 것이다. 북한은 헌법 제67조에서 "공민은 언론·출판·집회·시위와 결사의 자유를 가진다"고 명시함으로써 북한에서 언론의 자유가 보장되고 있다고 선전한다. 그러나 북한에서 언론은 "인민대중을 사회주의의 건설에 더욱 힘차게 다그치는 데 이바지"할 때만 자유를 보장받을 수 있다. 북한 언론인의 중요 임무는 당 정책 및 혁명사업의 선전과 옹호이다.

북한은 출판물을 "당과 대중을 연결시키는 중요한 수단이며 당이 내세운 정치·경제·문화건설의 과업 실천을 위해 근로대중을 조직·동원하는 힘 있는 무기"로 설명한다. 북한 출판물의 중요 기능은 대중을 교양하고 당 정책에 따라 대중을 조직·동원하는 것이다.

신문

북한의 신문은 모두 기관지로서 당과 내각, 각종 단체나 문화예술 선전 조직에서 발간하는 공식 매체이다. 모든 신문은 노동당 내 선전선동부 신문과의 감시·감독을 받는 동시에 내각의 출판총국 신문과의 행정지도를 받아 제작·발간된다. 북한 신문의 종류에는 전국의 독자를 대상으로 하는 중앙지, 수도시민을 독자로 하는 수도신문, 특정 지방의 근로대중을 대상으로 하는 지방지로 구분된다.

대표적 중앙지로는 노동당 기관지인 「노동신문」, 내각의 기관지인 「민주조선」, 김일성-김정일주의 청년동맹 중앙위원회 기관지인 「청년전위」 등의 3대 신문이 있다. 수도신문으로는 평양시 당위원회 기관지인「평양신문」이, 도별 노동당위원회가 발행하는 12개 정도의 지방지가 있다.

분야별로는 「체육신문」, 「교원신문」, 「철도신문」 등이 있으며 조선인민군 기관지인 「조선인민군」, 해외홍보용 주간지인 「The Pyongyang Times」가 있다. 이 중 「노동신문」, 「민주조선」, 「청년전위」 등 3개 중앙지와 각 시·도 당위원회에서 발간하는 지방지 등은 일간지이다.

기관별로 발행하는 신문은 격일간이나 주간지로 발행되며 발행 부수도 많지 않다. 신문 기사의 종류에는 당의 노선과 정책을 다루는 사설, 사상적·사회정치적으로 중요한 내용을 밝히는 논설, 김일성·김정일 교시나 공동사설을 쉽게 풀이한 해설, 정치문제의 의미를 다루는 정론, 정치적 문제를 분석하고 평가하며 주장하는 논평, 단평, 정세 해설, 사론, 단론, 관평, 덕성기사, 영도기사 등 총 29가지가 있다.

1. 노동신문

노동신문은 노동당중앙위원회의 기관지로서 노동신문사가 발행하는 북한의 대표 신문이다. 1945년 11월 1일 '정로'라는 제호로 출발했으며, 1946년 9월 1일 신민당 기관지인 '전진'을 통합하여 현재의 「노동신문」으로 개칭되었다.

「노동신문」은 대내외 주요 현안 및 어떤 사건이 발생했을 때 정론이나 사설 등으로 북한의 입장을 대변한다. 기본의무는 당의 노선과 정책을 해설하고, 사회와 인간을 혁명적으로 개조하며, 노동당의 조직 강화와 유일사상체계를 확립하는 것이다.

지면의 편집은 김일성·김정일·김정은 행적, 정치·교양, 경제, 문화, 남한정세, 국제정세로 이루어진다. 총 6면 내외로 발행되는 조간신문인데 특별한 사건을 다룰 때에는 총 9~10면까지 발행하기도 한다.

김일성 · 김정일 · 김정은 관련 기사는 반드시 1면에 실리며, 김일성 · 김정일 · 김정은 등의 이름이나 교시 내용을 인용하는 경우에는 다른 글자보다 눈에 띄도록 크고 진하게 표기한다. 「노동신문」은 철저한 검열을 거쳐 국가기관이나 당원에 한정하여 배포되며 그 권위는 절대적이다.

2. 민주조선

민주조선은 북한의 입법기관인 최고인민회의 상임위원회 및 내각 기관지이다. 「민주조선」은 1945년 10월 평안남도 인민위원회 기관지인 「평양일보」로 출발하여 1946년 6월 북조선 임시인민위원회의 기관지인 「민주조선」으로 창간되었다. 그 후 1947년 2월 다시 북조선인민위원회의 기관지로 바뀌었다가 1948년 9월 현재의 위치로 고정되었다.

민주조선의 기능은 「노동신문」의 기본 임무와 비슷하지만 정부(내각) 기관지라는 특성상 편집에서 행정실무적인 문제를 많이 다룬다. 민주조선사에서 대형 판으로 주 6회 발행되며 정권에서 채택한 결정 사항이나 정령 · 법령 등을 상세하게 취급한다. 편집의 경우 「노동신문」과 같이 1면과 2면의 내용은 주로 김일성 · 김정일 · 김정은 등의 정치지도 동향과 사진, 이들에게 보내온 외국의 축전이나 편지 내용, 우상화 선전 시 · 수필 등을 게재하고 있다. 통상 4면으로 제작되고 화요일 및 금요일과 특별한 날 등은 6면으로 증면된다. 「노동신문」 다음으로 권위를 인정받는 신문이다.

3. 청년전위

청년전위는 김일성-김정일주의청년동맹의 기관지로서 1946년 1월 17일 '북조선민주청년동맹'창립과 함께 「민주청년」이라는 이름으로 발간되기 시작했다. 이후 몇 차례 이름이 바뀌다 1996년 「청년전위」로 개정되었다. 청년전위는 세대 간 차이가 벌어지고 있는 시대에 맞춰 청년층에 대한 사상적 단속을 염두에 두고 만들어진 일간지이다.

청소년들에게 주체사상을 학습시키며, 노동당의 노선과 정책을 선전하여 이의 완수를 위한 헌신을 권고하고, 김일성 · 김정일 · 김정은에게의 충성교육을 임무로 한다. 청년전위의 기사 내용은 「노동신문」에 실린 여러 문제를 청소년과 결부시킨 것이 대부분이다.

잡지

북한에서는 전문지와 학술지 모두가 잡지에 속하며, 주요 잡지로는 근로자, 청년생활, 농업근로자, 조선녀성, 조선문학, 조선예술 등이 있다.

1. 근로자

근로자는 조선노동당출판사 산하의 '근로자사'에서 월 30만 부씩 발행하는 당중앙위원회 정치이론 기관지이다. 「근로자」라는 제호는 김일성이 지었다고 하며, 1946년 10월 월간으로 창간되었다가 이후 월간과 반월간을 반복하다가 1966년 월간으로 정착되었다. 중앙과 지방의 당 및 행정, 근로단체 간부들과 사회과학 부문, 교육 부문, 양성기관 일꾼들을 기본 독자로 한다.

주요 임무는 당 간부를 대상으로 노동당의 시책과 그 관철을 위한 방도 제시, 당의 노선과 정책 선전, 김일성 유일사상체계 확립, 공산주의 교양 등이다.

2. 천리마

북한이 발간하는 대표적인 '대중교양 종합잡지'이다. 북한에서 '종합잡지'란 정치, 경제, 문화 등 모든 부문의 자료들을 다양한 형식과 방법으로 편집하는 잡지를 칭한다. 각계 각층 군중들을 독자대상으로 하는 잡지로, 사회생활의 모든 부문의 자료들을 종합적으로 수록하여 근로대중을 교양시키는 데 적극 이바지하고자 제작되고 있다.

천리마에는 대중교양 종합잡지의 성격에 맞게, 당정책 교양, 혁명전통 교양, 사회주의적 애국주의 교양을 위한 자료들과 국제 정세, 경제건설 소식, 역사, 지리, 과학, 산림, 보건위생, 가정상식과 관련한 지식과 자료들, 연재소설, 시를 비롯한 문학작품, 문화 예술, 우리 민족의 고유한 풍습과 풍속 등 다방면의 글이 실린다.

노동자, 농민, 지식인, 군인, 청소년 등 광범한 범위의 대중들 전체를 독자대상으로 하고 있다. 1959년 1월 22일에(국립미술출판사 발간) 창간되어, 현재는 문학예술출판사의 천리마사에서 월간으로 발행되고 있다.

3. 조선녀성

조선민주녀성동맹 중앙위원회 기관지이다. 1946년 9월 6일에 창간되어(조선녀성사 발간), 현재는 근로단체출판사에서 월간으로 발행되고 있다. 「조선녀성」은 "녀성들을 주체사상으로 무장시키고 혁명화, 로동계급화하여 그들을 사회주의 건설투쟁에 이바지하도록 교양・육성하는 것을 기본사명으로 하고 있다."고 밝히고 있다. 이를 위하여 여성들의 계몽과 발전을 위한 지침서로 창간되었다.

대중정치잡지의 성격에 맞게 여성 운동 발전과 여성 문제 해결에 관한 당의 방침들을 적극 해설・선전하는 글들과 '조선민주녀성동맹'의 사업 경험에 대한 글을 지속적으로 소개하고 있다. 또한 북한 사회에서 원하는 여성들의 긍정적 모범의 예를 소개함으로써, 이 방향으로 여성들을 선도하는 역할을 맡고 있다.

4. 조선문학

조선문학은 1946년 '문화전선'으로 창간되어 1947년 「조선문학」으로, 1948년 「문학예술」로 발행되다가 1953년 「조선문학」으로 다시 발행된 조선작가동맹 중앙위원회 기관 잡지이다.

주체적인 문예이론과 사상을 널리 선전하며 김일성과 김정일의 작품을 비롯해 고전문학작품, 우수한 시, 소설과 문학평론, 논설 등을 싣는다. 주된 독자는 문학예술전문가와 근로자들이며 월간 발행된다.

5. 조선예술

조선예술은 1967년에 창간된 예술 부문 종합잡지로 월간 발행되는 조선문학예술총동맹의 기관지이다. 배포대상은 예술 부문의 전문가, 예술인들, 예술 소조원 및 일반대중이다. 초기에는 연극과 무용 부문의 예술잡지로 출발했지만 1968년 제4호부터 「조선미술」, 「조선영화」, 「조선음악」을 통합하였다.

예술 부문의 작품창작과 창조활동에서 거둔 성과, 경험, 우수한 예술작품을 소개하여 예술인들의 정치실무적인 능력과 예술기량을 높여주고 문화예술발전에 이바지하는 것을 목적으로 한다.

방송

북한에서 방송은 내각 소속인 조선중앙방송위원회의 지도 밑에 운영되며, 신문과 같이 당 정책과 국내외 정세를 대내외에 선전 · 보도한다. 북한의 방송사업 체계는 방송업무 자체를 지도 · 조정하는 당 차원과 방송국의 시설 기재 관리 및 사무를 담당하는 내각 차원으로 이원화되어 있다.

조선중앙방송위원회는 방송 업무 일체를 계획 · 총괄하는 기관으로서 방송 기능과 규제 기능을 동시에 한다. 조선중앙방송위원회 산하에 각 도(직할시)방송위원회가 있고, 그 아래에 군 방송위원회가 있으며 하부기관으로 유선방송 중계소가 있다. 방송위원회 중앙조직으로는 라디오총국, 텔레비죤총국, 문예총국이 있다.

북한은 조선중앙TV를 1999년부터 태국 통신 위성 '타이콤 5'를 통해 아시아와 아프리카, 유럽 일부 지역 등에, 2015년부터는'인텔샛'을 통해 미주 지역에 송출하고 있으며, 2015년 2월 9일부터는 조선중앙TV 위성 방송을 디지털 고화질 HD로 전환하였다

1. 라디오 방송

라디오 방송에는 북한 주민을 대상으로 하는 '조선중앙방송'과 '평양유선방송', 대남방송인 '평양방송', 러시아어, 영어, 프랑스어, 중국어, 일본어, 아랍어 등 외국어로 서비스하는 대외 방송이 있다.

조선중앙방송은 1945년 10월 14일 김일성의 '조국개선 환영 평양시군중대회'를 중계 방송함으로써 출발했다. 이후 1967년 제1중앙방송(대내)과 제2중앙방송(대남 및 대외)으로 분리됐다가 1972년 제1중앙방송은 조선중앙방송으로 개칭되었다.

'평양방송'은 1967년 조선중앙방송에서 분리돼 제2중앙방송으로 출발했으며, 1972년 11월 '평양방송'으로 개칭되었다. 뉴스는 대부분 조선중앙통신이나 「노동신문」 등 관영 매체의 보도, 사설, 논평, 논설기사 등을 인용 · 보도한다. 1989년부터 개설된 '평양FM 방송'은 대남 선전용 방송으로 북한의 혁명가곡과 베토벤, 브람스, 비발디 등 클

래식 음악을 방송한다. 또한 북한에는 '제3방송'으로 불리는 독특한 유선방송이 있다. 북한의 전 가구를 유선방송망으로 연결하여 스피커를 통해 주민들에게 당국의 메시지를 전달한다.

2. 텔레비전 방송

북한의 텔레비전 방송에는 '조선중앙텔레비죤'을 비롯하여 '만수대텔레비죤', '용남산텔레비죤', '체육텔레비죤'등이 있다. 북한의 대표 방송인 '조선중앙텔레비죤'은 1963년 '평양방송국'으로 개국하여 1970년 '조선중앙텔레비죤'으로 명칭을 바꾸었고, 1974년 김일성 62회 생일을 계기로 컬러 방송을 시작했으며, 1999년 노동당 창당 54주년을 맞아 위성방송을 시작했다.

방송 시작 시간은 평일(월~토)에는 오후 5시, 일요일과 명절에는 오전 9시부터였는데 2013년 8월부터 평일에는 오후 3시, 일요일과 명절에는 오전 9시로 변경되었다.

주요 프로그램은 김일성 · 김정일 · 김정은 우상화이며, 특징은 영화나 연극을 녹화하여 방송한다는 점이다. 최근 영화와 스포츠 방영이 증가했으며 2014년에는 아시안게임에서 북한이 우수한 성적을 거둔 경기를 집중 방송한 바 있다. 2015년 8월 15일 광복 70주년을 기념하여 '체육텔레비죤'이 개국하였다. 김정은 시기 북한의 방송은 체육프로그램이 증가하는 특징을 보이고 있다.

북한 텔레비전 방송은 전체적으로 선전 · 선동의 성격이 강하지만 최근에는 작품의 소재와 내용에서 남녀 문제, 주민생활, 사회 갈등을 다루는 등 다양화되고 있다. 또한 화질에도 주의를 기울여 2015년부터 기존의 표준화질SD 방송을 중단하고 고화질(HD) 방송으로 전환송출을 시작하였으며(4:3 화면 비율), 2017년 12월부터'중앙TV'를 고화질 풀화면(16:9 화면 비율)으로 송출하였다. 트위터, 유튜브, 페이스북, 인스타그램 등 SNS에 20여 개의 계정을 운영하고 있다.

부록8

북한무역 특징과 추이

'01~'18년 북한무역 특징

1. 북한 무역 10대 국가 추이

2001년에서 2018년 북한의 대외무역 상위 10개국의 비중 평균은 중국(50.3%), 한국(17.8%), 인도(4.7%), 일본(3.4%), 태국(2.7%), 브라질(2.4%), 러시아(1.9%), 독일(1.2%), 싱가포르(1.0%), 사우디(1.0%) 순 이다.

2001년에서 2018년 북한의 대외무역 평균 비중 상위 10개국을 제외하고, 연도별 북한의 10대 무역 상대국은 주로 멕시코, 파키스탄, 카타르 등 중동 · 아프리카 및 중남미 국가 등 다수의 국가들이다.

북한의 무역 상대국은 국제기구 통계상 2001년 130개국 이후 지속적으로 증가하여 150여 개국을 유지하였으나 강화된 대북제재로 2018년 141개 국으로 감소하였고, 북한 무역상대국 중 두 자리 수 비중을 차지했던 국가는 한 · 중 · 일이며 나머지 국가들은 인도 · 태국 · 러시아를 제외하고 대체로 1~2%이하의 낮은 비중이다.

2001년 일본 · 중국 · 한국 순에서 일본의 독자제재 및 개성공단 가동으로 인한 남북교역증가로 2010년 중국 · 한국 · 인도 순으로 변화했고 **최근 2018년에는 개성공단 폐**

쇄 및 강화된 대북제재로 인해 중국 · 인도 · 러시아 순으로 변화하였다.

북한과 한국, 중국, 일본간 교역은 상호 보완적인 구조보다 경쟁적인 구도로 이루어졌다. 2001년 북한의 대외무역 1위였던 일본은 납치자 문제 및 안보관련 캐치올 규제 등으로 북한과의 교역이 급격히 줄어들었고, 그 기간 중국과 한국의 교역은 증가하였다.

2010년 한국의 5.24조치로 개성공단을 제외하고 남북교역이 전면 중단되자 북한과 중국간 거래는 급격히 상승하였고 2016년 개성공단이 폐쇄된 후 북한과 중국의 교역은 더욱 증가하여 현재 중국은 북한 대외무역의 90%의 비중을 점유하고 있다.

북한과 동남아간 교역은 2000년대 초반 약 10%내외 비중을 차지하다가 북한의 1차 핵실험으로 인해 UN 대북제재가 시행된 이후 지속적으로 감소하였다. 반면 인도의 경우 오히려 2006년 본격적인 UN 대북제재가 시행된 후 급격히 증가하였다가 급격히 감소하여 현재 북한의 무역의 1~2% 내외 비중을 점유하고 있다. 북한과 인도간 무역이 급격히 증가하였던 2006년에서 2010년에 급증한 주요품목은 정제유로 북한의 대인도 수입이 급증 하였으며 북한산 TV용 수신기는 대인도 수출이 급격히 증가했었다.

러시아는 2001년에서 2018년 기간에 북한 무역의 평균 비중 7위(1.9%)를 차지하였으며 주요교역품목은 정제유, 곡물의 대북수출과 가구, 악기의 대북수입을 실시하였다. 독일은 같은 기간 동안 북한 무역의 평균비중 8위(1.2%)를 차지하였으며, 네덜란드(0.7%), 프랑스(0.3%), 스페인(0.3%), 이탈리아(0.3%), 영국(0.2%) 등 북한과 교역이 있었다. 러시아는 북한의 접경국 으로서 세관신고 공식통계 이외 연료 및 곡물 등 품목에서 원조성 지원 및 비공식 거래 가능성, 북한 건설 · 벌목 노동자의 극동지역 파견으로 인한 외화수입 등 다양한 경협관계가 존재한다.

중남미 국가인 브라질은 2001년에서 2018년 기간에 북한 무역의 평균 비중 6위(2.4%)를 차지하였고, 주요교역품목은 정제유, 곡물의 대북수출과 가구, 악기의 대북수입을 실시하였다. 그 외 멕시코(0.7%), 페루(0.3%), 베네수엘라(0.3%) 등이 북한과 교역이 있었다.

2. 북한 수출 10대 품목 추이

2001년에서 2018년 기간에 북한 수출 상위 10개 품목의 비중 평균은 **무연탄(18.8%)**, 철광석(4.2%), 남성방한외투(2.1%), 여성방한외투(1.7%), 아연(1.6%), 정제유(1.6%), 오징어(1.3%), 남성바지(1.2%), 남성외투(1.0%), 견과류(0.9%) 순이었다. 북한은 70-80년대 이후 산업이 고도화 되지 못하여 제품 경쟁력이 부족하여 비교적 가공과정이 적고 매장량이 풍부한 무연탄, 철광석, 마그네사이트 등의 광물과 오징어, 견과류 등의 1차 산품, 저렴한 노동력을 활용한 의류 임가공 제품에 편중된 수출구조였다.

특히 무연탄, 철광석 등의 광물 수출은 2001-18년 북한 수출의 약 28% 의류 임가공제품의 경우도 개별품목을 합산할시(HS61, 62 합산) 약 36%에 달하여 광물과 의류 임가공품 수출은 평균적으로 북한 수출의 약 2/3 비중을 차지한다.

무연탄과 철광석을 포함한 대다수 광물의 수출은 2017년 8월 UN 대북제재 결의안 2371호에 따라 전면금수조치 되었고, 의류 임가공품 또한 2017년 9월 UN 대북제재 결의안 2375호에 따라 전면금수조치 되었다.

3. 북한 수입 10대 품목 추이

2001년에서 2018년 기간에 북한 수입 상위 10 품목 비중 평균은 원유(6.9%), 정제유(3.7%), 경유(3.6%), 정미(1.8%), 대두유(1.3%), 대형화물차(1.1%), 유연탄(1.1%), 합섬직물(1.2%),가공철광석(1.0%), 밀가루(0.9%) 순이었다. 북한의 수입은 생활 및 산업생산 등에 필요한 원유 및 석유제품, 유연탄 등 연료 수입이 가장 큰 비중을 차지했는데 이는 UN 대북제재는 민생용을 고려하여 원유 및 석유제품의 대북 금수조치에 상한선을 적용(원유 연간 400만 배럴, 정유 연간 50만 배럴한도)했기 때문이다.

북한의 수입은 다양한 품목이 평균적으로 고른 비중을 차지하고 있다. 북한의 수입품목은 석유(14.2%), 기계류(6.9%), 전자류(6.4%), 운송기기(4.3%), 곡물(4.1%), 플라스틱류(3.8%), 인조직물(2.9%), 철강(2.9%), 유기화학류(2.6%), 광물류(2.5%), 식용기름(2.0%) 순이다.

기계류와 전자류수입은 PC, 변압기, TV, 휴대폰 등을 중심으로 꾸준한 수요가 있으나 제품과 부품의 종류가 다양하여 세부품목으로 분류 시 평균적으로 각각 1% 미만의 수준이다. 그리고 수출에 필요한 원부재자재 및 기계류의 수입비중이 상당하고 광산개발에 필요한 굴삭기, 화물차, 타이어 등의 기계류와 임가공 제품 수출에 필요한의류 및 전자부품 등 원부자재의 수입이 상당부분 차지한다. 식량류인 쌀, 밀가루, 대두유, 비료 등 식량 관련 수입수요는 꾸준하다.

북 · 중 무역통계에 의한 북한무역 추이

1. 북한-중국 무역추이

중국은 북한의 대외무역에서 약 91.8%의 비중을 차지하는 북한의 최대 무역상대국으로 대북제재 이후에도 동맹국이자 접경국가로서 지속적인 교역을 이어오고 있다.

북한의 對中 무역구조는 수입의 비중이 절대적이며 대북제재가 지속되고 있어 무역의 적자구조는 심화되고 있다. 또한 2019년 2월 28일, 2차 북미회담이 결렬된 이후 북 · 중간 무역은 非제재품목(식량, 시계, 가발 등)을 중심으로 증가(2019년 6월누계 전년대비 15.3%↑)하고 있다.

2. 북한의 중국수입 주요 품목별 동향

최근 북한의 對中수입 주요품목은 非제재품목인 식자재(대두유, 밀가루, 과일, 글루탐산 등)와 비료, 임가공 재료(시계부품, 합섬편물 및 직물)가 주를 이루며 수입시 한 품목에 집중되지 않고 다양한 품목을 수입하고 있다.

대북 수출제재(UN 안보리 결의안 2397호)로 기계, 전자 등 기존 북한의 주요 對中 수입품목들이 급감하였으나, 제재로 급감하였던 의류 임가공 원재료들(합섬 편물, 직물 등)은 다시 증가추세이다.

외국의 의류 임가공 원재료 대북수출이 제재대상은 아니나 이를 수입하여 가공한 의류 완제품을 북한이 수출하는 것이 제재대상으로 2017년 북한산 의류의 금수품목 지정 후 의류 원재료에 대한 대북수출이 급감하였었다.

非제재품목인 사과, 쌀, 대두유, 밀가루 등 식자재와 비료, 건축자재인 플라스틱바닥재, 시계조립을 위한 시계부품 등 非제재품목의 對中 수입증가하고 있으며 2019년 상반기 감소한 북한의 대중수입품은 2018년 6월 기준시 (사과 98.9%↑, 밀가루 914.9%↑, 담배 239.0%, 질소비료 91.4% 등)큰 폭으로 증가하였다.

북한에서 외화벌이 간부로 근무했던 북한이탈주민 최OO씨의 증언에 의하면 "사과와 감귤은 보관이 용이하고 값이 비교적 저렴한 과일로 예전부터 중국으로부터 수입이 많았었다. 최근 몇 년 사이 북한 장마당을 통해 북한 근로자의 벌이 증가로 구매력이 상승하면서 수요와 수입이 동반하여 늘어나고 있으며 가격도 예전에 비해서 떨어졌다. 제재품목이 아니므로 북한 외화벌이 회사들이 북한내 유통 및 판매를 늘려 수입이 향상되었을 것이다."

비료는 UN 대북제재에 명시되어있는 품목은 아니지만 비료재료의 폭탄전용 가능성으로 인해 전략물자로 분류되어 있으나, 중국은 바세나르 협약국이 아니기 때문에 북한과 비료거래 가능하기 때문에 거래가 있을 것으로 추정하고 있다.

북한의 對中수입품목은 주로 대두유, 밀가루, 과일, 글루탐산 등의 **식자재**와 시계부품, 섬유직물 등의 **임가공 원재료**가 주를 이루고 있다. 북한은 제재로 인한 유휴 노동력 활용과 외화수급을 위해 非제제 품목인 **시계임가공을 개발하여 시계부품 수입을 늘렸으며** 의류임가공의 경우 대북제재로 북한산 의류수출이 금지되었지만 의류 원자재의 북한반입이 금지되어있지는 않아 **최근 의류 원자재에 대한 북한의 수입증가는 비공식적인 경로의 의류수출이 다시 증가하고 있음을 추정케 한다.**

3. 북한의 중국수출 주요 품목별 동향

북한의 對中수출은 제재로 인한 석탄과 의류임가공 금수조치로 현재 수입에 비해 수출은 미미하다. 그러나 **제재를 피해 시계, 가발, 축구공 등 일부 임가공 제품과 텅스텐 등 일부 광물류에** 한정하여 수출하고 있을 것으로 전문가들은 판단하고 있다.

기존 주요 수출품목인 석탄과 의류 임가공품은 유엔안보리 대북제재 2371호(석탄수출 전면금지), 2375호(섬유수출 전면금지)에 의해 수출이 금지되어 2017년부터 수출이 급감하였고, 현재는 공식적인 통관이 이루어지지 않고 있다.

그러나 북한은 유엔안보리 대북제재로 어려워진 외화수급을 타개하기 위하여 노동력을 활용한 **非제재 임가공품목**(시계, 가발, 축구공 등)과 **非제재 광물류**(몰리브데넘, 텅스텐* 등)의 수출은 2018년 상반기(6월 누계) 대중수출이 전년대비 **2천2백 %로 급성장**하였다.

시사점

2000년대 북한 무역은 대외정세변화와 대북제재에 따라 주요무역 상대국의 변화가 있었다. 먼저 일본은 2001년 북한 대외무역의 30% 비중을 차지하는 최대 무역상대국이었으나 일본인 납치문제와 유엔대북제재로 인해 2007년부터 사실상 교역이 중단되었다.

한국은 2001년 이후 북일교역 급감과 더불어 개성공단 활성화로 북한과의 교역이 급증하였으며 2016년 개성공단 폐쇄 전까지 중국에 이어 북한의 2대 교역국이었다. 그러나 2010년 한국의 5.24조치에 따른 남북교역 중단, 2016년 개성공단 폐쇄로 남북교역은 전면적으로 중단된 상태다.

반면 중국은 북한의 특수관계 동맹국으로서 2000년대 경제성장과 더불어 대북교역이 꾸준히 증가하였으며 북일교역과 남북교역의 중단으로 인한 북한무역을 독점하고 있는 상태다.

북한의 주요 교역 대상국(한중일 제외)으로는 인도, 태국, 싱가포르 등의 남방국가들과 러시아, 독일 등의 유럽국가, 브라질 멕시코 등 중남미 국가들이 있다.

북한의 수출은 낮은 산업경쟁력으로 1차 산품과 노동력을 활용한 임가공 제품에 의존하는 구조이다. 2001년에서 2018년 기간 중 북한 수출은 무연탄, 철광석 등 광물 수출이 평균적으로 약 36%, 의류 임가공품이 약 17%로 광물과 의류 임가공품의 수출 비중이 절반이상을 차지하는 편중된 수출구조였다.

그리고 일부 기계(7.9%)와 전자기기(6.8%) 수출은 전자집적회로, 공조기 등 임가공 중간재가 다수를 차지했고 수산물(6.3%), 과채류(1.2%) 수출은 오징어, 명태, 게 등 신선신품과 임가공 식품 중심이었다.

북한의 수입은 2000년대 들어 가속화된 시장화와 기술의 발전으로 다양한 품목과 규모 로 이루어지고 있으며, 북한의 수입품목 크게 4가지로 분류된다. 먼저 원유, 정제유, 코크스 등의 에너지 수입과 광산개발을 위한 화물차, 굴삭기, 타이어 및 임가공 제조를 위한 섬유직물 원부자재 등을 수출하기 위한 수입, 그리고 쌀, 옥수수, 사료, 감미료, 비료 등 민생관련 식량류 수입이며, 최근에는 기술의 발전과 시장화 확산으로 인한 공산품(전자제품) 수입 등 이다.

따라서 향후, 유엔의 대북제재 상황(유예 · 완화 · 해제)에 따라 경쟁력과 수요가 있는 품목을 중심으로 북한의 교역상대국이 한국, 일본 등으로 다변화될 가능성이 매우 높다.

참고문헌 및 증언

1. 대한민국 정부 문헌

대한민국 국방부, 「2022 국방백서」

대한민국 통일부 통일교육원, 「2022 통일문제이해」

대한민국 통일부 통일교육원, 「2024 통일문제이해」

대한민국 통일부 통일교육원, 「2022 북한이해」

대한민국 통일부 통일교육원, 「2024 북한이해」

대한민국 통계청, 「2024 북한의 주요통계지표」

육군본부, 「국가와 안보」, 국군인쇄창, 2020년

2. 일반 문헌

육군군사연구소, 「북한의 도발, 그리고 평화의 모래성」, 국군인쇄창

이중근편저, 「6 · 25 전쟁 1129일 요약본」, 우정문고, 2013년

김수경 · 이규창 · 도경옥 · 홍재환 공저, 「북한인권백서」, 2019년

3. 신문 · 방송 · 인터넷

조선일보, 연합뉴스, SBS, YTN, MBC, KBS, TV조선

KBS 뉴스, 미 “북, 7차 핵실험 준비 끝, 2024년 11. 23.

한국민족 문화 대백과사전

한국학 중앙연구원, 향토문화전자대전

나무위키, 위키백과, 다음백과,
조선무역동반자, 자유주의 진보연합 공식 블로그

4. 증언

전) 북한군 상좌 박 OO (북한군 보병사단 참모장)
전) 북한군 대위 김 OO (북한군 땅크여단 중대장)
북한이탈주민 김 OO, 한 OO, 최 OO 선생 등 9명

저 자

시 종 성(施 宗 成)

現) CAROLINE UNIVERSITY OF U.S.A 교수
(부총장 역임)
現) 국제사이버대학교 특임교수 (국방인재개발센터장)
現) 유원대학교 국방인재개발학과 협력교수
現) 통일안보전략연구소 전문연구위원
前) 여주대학교 특수전과 초빙교수
前) 국가정보기관 북한이탈주민 신문관

경영학 박사 (국방 · 안보 전공)

이 충 희(李 忠 熙)

現) 유원대학교 통일교육연구소장
現) 유원대학교 국방인재개발학과 협력교수
前) 여주대학교 국방장비과 초빙교수
前) 군산대학교 학군단장(예, 대령)

경제학 박사 (통계학 전공)

김 남 용(金 南 龍)

現) 유원대학교 국방인재개발학과 협력교수
現) 육군 3사관학교 정치외교학과 교수
現) 홍익대학교 일반대학원 국방 AI 융합학과 교수
前) 해병대 1사단 부사단장 역임(예, 대령)

정책학 박사 (조직관리 전공)